KB160694

스타트업의 지배구조에 관한 법적 연구

이나래

　연세대학교 법과대학을 졸업하고, 제50회 사법고시를 합격하고 제41기로 사법연수원을 수료하였다.

　키움증권, 이베이코리아, 카카오페이지 등에서 사내변호사로 근무하면서 회사의 사업모델과 관련한 법률 이슈와 회사의 지배구조 관련 법률 이슈 검토 등을 담당했으며, 현재는 법률사무소 블리스의 변호사로 스타트업과 벤처캐피탈 회사 등에 법률 자문과 투자계약서, 주주간 계약 검토 등을 진행하고 있다. 업무 경험을 토대로 학문적 연구를 계속하여 2018년 2월 '가상통화의 법적 성격에 대한 연구'라는 주제의 논문으로 서울대학교 법과대학에서 석사 학위를, 2023년 8월 '스타트업의 지배구조에 관한 법적 연구'라는 주제의 논문으로 서울대학교 법과대학에서 박사 학위를 받았다.

## 스타트업의 지배구조에 관한 법적 연구

초판 1쇄 인쇄 ｜ 2024년 05월 03일
초판 1쇄 발행 ｜ 2024년 05월 10일

지 은 이　이나래

발 행 인　한정희
발 행 처　경인문화사
편　　집　김지선 한주연 이보은 김숙희
마 케 팅　하재일 유인순
출판번호　제406-1973-000003호
주　　소　경기도 파주시 회동길 445-1 경인빌딩 B동 4층
전　　화　031-955-9300 팩　　스　031-955-9310
홈페이지　www.kyunginp.co.kr
이 메 일　kyungin@kyunginp.co.kr

ISBN　978-89-499-6798-1 93360
값 30,000원

# 스타트업의 지배구조에 관한 법적 연구

이 나 래

경인문화사

# 서 문

　스타트업을 통한 혁신과 경제성장을 이루려고 하는 정부의 적극적 정책과 IT 기술의 발전에 따라 미국 실리콘밸리 스타트업을 모델로 하는 '스타트업' 형태의 회사가 증가하고 있다. 스타트업은 회사의 주식이 공개시장에서 거래되지 않고 정보가 공개되지 않아 조합적 성격을 가진 폐쇄회사의 특수한 형태로 상장을 최종적인 목표로 하는 과도기적 회사를 지칭한다. 스타트업의 지배구조가 일반적인 주식회사와 다른 특성을 가짐에도 불구하고 스타트업의 특성에 주목해서 스타트업의 지배구조에 대해 법적인 관점에서 수행된 연구가 부족했다. 그러나 스타트업의 양적 성장을 넘어 질적 성장을 이루기 위해서는 스타트업의 지배구조의 바람직한 규율을 통해 지배구조상 발생하는 문제를 해결해야 한다. 그래서 본 논문은 스타트업의 지배구조에 주목해서 지배구조상 발생하는 문제를 규명하고, 현재 법률과 계약으로 지배구조상의 문제를 어떻게 규율하고 있는지 현황을 검토한 뒤 현재 규율상의 한계를 밝혀서 스타트업 지배구조 규율에 대한 개선방안을 제시하는 것을 목적으로 한다.

　스타트업 지배구조상 발생하는 문제는 스타트업의 특수한 자금조달 방법과 임직원에 대한 보상 방식에서 기인한다. 창업자의 기술력과 사업모델에 대한 비전 이외의 자산이 없는 스타트업은 전통적 방식의 자금조달은 어렵고, 모험투자자인 벤처투자자로부터 우선주식의 형태로 투자를 받는다. 여러 단계에 걸쳐 벤처투자자로부터 투자를 받는 과정에서 스타트업의 지분 구조가 계속 변화하고 보통주주인 창업자의 지분이 희석된다. 최근에는 스타트업 자금 조달 활성화를 위해 일반투자자인 엔젤투자자나 개인투자조합이 스타트업에 보통주식으로 투자하는 경우도 증가하고 있다. 또한, 스타트업은 유능한 임직원을 고용하기 위해 주식형태의 보상을 적극적으로 이용하고 임직원이 주식매수선택권 등을 행사해서 임직원이자 보통주주로서의 중첩적 지위를 가진다.

스타트업 자금 조달 과정에서 스타트업의 주주는 벤처투자자인 우선주주와 창업자나 임직원 등 보통주주가 층위를 이루는데, 스타트업의 창업자의 경험부족이나 사익추구 등으로 다른 주주들 간에 전통적 맥락의 대리인 문제가 발생한다. 그러나 스타트업에 대한 정보는 대부분 공개되지 않아서 이사회나 주주 또는 외부 규제기관이 대리인 문제를 발견하고 해결하기 어렵다. 스타트업 주주들은 스타트업의 성공에 대한 전체적인 이해관계는 일치하지만 스타트업이 온건한 하락세에 있는 경우에 회사 매각, 다운라운드 후속투자 유치 등과 관련해서 우선주주와 보통주주간, 우선주주 상호간, 보통주주 상호간에 이해관계가 달라진다. 스타트업의 우선주주인 벤처투자자 내부에서도 업무집행조합원과 출자자인 유한책임조합원간의 중층적 대리인 문제와 이해상반의 문제가 발생한다. 또한, 스타트업의 이사회는 벤처투자자의 지명이사를 비롯한 창업자 등 주요 주주의 이해관계를 대변하는 이들로 구성이 되어서 대리인 문제를 감시하거나 주주간의 이익충돌을 조정하는 역할을 사실상 수행하지 못한다.

이처럼 스타트업 지배구조상 문제가 발생함에도 스타트업의 주식이 공개시장에서 거래되지 않아 시장을 통한 통제는 어렵고 법률과 계약상의 규율을 통해 해결해야 하는데, 스타트업 지배구조상의 특징에 대한 고려없이 일반 회사에 대한 법규정을 적용하는 것만으로는 스타트업 지배구조상의 문제를 제대로 규율하지 못한다. 특히, 스타트업 지배구조의 과도기적 특성과 이질적인 주주 구성 및 이사회 구성 등이 충분히 반영되지 않은 현행 규율로는 스타트업의 지배구조 상의 문제를 규율하기에 충분하지 못하다. 또한, 벤처투자에 관해 제정된 특별법 역시 벤처투자에 관한 특별법과 여신전문금융업법에 따른 이원화된 체계를 구성하고 있어 양자 간에 규제 차익이 발생하고, 벤처투자자에 대한 행위 규제 이외의 측면을 규율하지 않고 있다.

스타트업 지배구조에 적용되는 법률상의 한계를 보완하고자 벤처투자자 등이 계약을 통해 추가적인 사전 동의권, 정보요청권, 이사지명권 등을 부여받지만, 엄격하게 주주평등의 원칙을 해석하는 견해에 따르면 그 법적 효력이 인정되지 않을 우려가 있다. 또한, 벤처투자자는 출자자인 유한책임조합원에 대한 의무로 인해 투자 회수 방법을 확보하는 것이 중요한데, 간주청산우선권을 약정하더라도 그 법적 효력이 인정되지 않을 가능성이 높고 상환권을 행사하더라도 사실상 행사 재원이 없을 가능성이 커서 투자 회수 방법이 제한적이다. 스타트업이 발달된 미국에서는 계약을 통해 벤처투자자에게 지배권을 분배하고 간주청산우선권을 통한 투자 회수를 가능하게 하여 스타트업 투자의 높은 위험에도 불구하고 벤처투자가 활발해졌다는 점을 고려할 때, 우리나라에서 계약을 통한 지배권 분배의 어려움과 투자 회수의 어려움은 벤처투자 활성화에 걸림돌이 되는 주요 요인이다.

그리고 스타트업이 유능한 임직원을 채용하기 위해서는 주식 보상 제도를 적극적으로 활용할 필요가 있는데, 벤처기업법상 주식매수선택권에 대한 규정은 부여 절차나 행사 기간, 행사 요건 등을 엄격하게 정하고 있고 강행규정으로 해석될 가능성이 높아서 스타트업이 자율적으로 주식매수선택권을 활용하기 어렵다. 또한, 성과조건부 주식은 주식매수선택권보다 주식 보상의 성격이 강함에도 불구하고 매우 제한적으로만 이용되고 있다. 그리고 창업자를 감시하고 주주 간의 이해관계를 조정하는 등의 역할을 수행해야 할 스타트업 이사회는 주주들의 이해관계를 대변할 뿐 실질적인 역할을 수행하지 못하고 형해화 되는 경우가 많다. 특히, 스타트업의 자금 조달 과정에서 벤처투자자 지명이사의 수가 증가하는데, 이들은 이중 신인의무자로 스타트업에 대한 의무 이행과 지명주주인 벤처투자자의 이익이 상반될 때 양 측 모두에 대한 의무를 이행하기 어려워서 의무 간의 충돌 문제가 발생함에도 이런 측면에 대한 논의가 부족하다.

따라서 본 논문에서는 스타트업의 양적 성장을 뛰어넘는 질적 성장을 위한 지배구조 규율에 대한 개선방안을 제안한다. 먼저, 스타트업 생존에 필수적인 자금조달 활성화를 위해 벤처투자에 대한 이원적인 법제를 통일하고, 벤처투자조합 내에서 조합원 간의 법적 권리와 의무를 명확히 할 필요가 있다. 또한, 스타트업 투자에 수반되는 높은 위험을 고려해서 벤처투자에 관한 특별법상의 전문개인투자자로 개인투자조합 등에 대한 출자 자격을 제한하고 스타트업과 업무집행조합원에 전문개인투자자에 대한 설명의무를 부과하여 일반투자자의 보호를 도모할 필요가 있다.

다음으로, 스타트업의 자금 조달 방법과 지배권 분배에 대한 약정 및 주식 보상에 대한 자율성을 허용할 필요가 있다. 스타트업의 경우 벤처기업법 개정을 통해 다양한 종류의 주식을 발행할 수 있도록 해서 유연하게 자금 조달을 할 수 있도록 하고, 벤처투자자와 약정을 통해 사전동의권, 정보 요청권, 이사 지명권 등을 합의한 경우에는 실질적인 주주평등원칙에 따라 합리적인 범위 내에서 그 효력을 명확히 인정하는 것이 바람직하다. 또한, 벤처투자 활성화를 위해 벤처기업법상 스타트업에 한해서는 상환권 행사에 대한 재원을 지불불능 기준과 이익잉여금 기준으로 구체화할 수 있도록 하고, 정관에 근거를 두고 간주청산우선권을 약정한 경우 그 효력을 인정할 필요가 있다. 그리고 스타트업이 임직원에게도 주식보상제도를 통한 인센티브를 적극적으로 부여할 수 있도록 벤처기업법상 주식매수선택권에 대한 규정을 임의규정으로 해석하고 주주총회에서 이사회에 위임해서 행사 요건이나 부여 대상 등을 확정할 수 있도록 하고, 벤처기업법상 성과조건부 주식이 활발히 이용될 수 있도록 법제를 정비해야 한다.

　마지막으로 스타트업 지배구조에 대한 규율에 자율성을 부여하는 대신 이사의 신인의무를 강화하고 벤처투자자 지명이사의 스타트업에 대한 법적 의무의 내용을 실질에 맞게 구체화할 필요가 있다. 벤처투자자 지명이사의 이중신인의무자로서의 현실을 고려해서 이사의 비밀유지의무나 회사기회유용금지 의무의 내용을 구체화하고, 지명이사가 스타트업의 이익의 범위 내에서 지명주주인 벤처투자자의 이익을 고려할 수 있도록 행위규범을 해석하는 법리를 발전시킬 수 있다. 또한, 스타트업의 매각이나 후속 투자 결정 등 주주 간의 이해관계가 상반되는 사항에 대한 이사회의 결정에 대해 사후적으로 이사가 스타트업과 주주 전체의 이익을 위한 고려를 했는지 여부를 기준으로 의무 위반 여부를 판단하는 법리를 발전시켜서 이사의 신인의무를 강화할 필요가 있다.

# 차 례

제 1 장

서 론

## 제1절 연구의 배경과 목적

### I. 연구의 배경

#### 1. 스타트업의 발전

애플, 구글, 메타 등으로 대표되는 다국적 빅테크 기업들은 실리콘밸리의 스타트업으로 시작해서 전세계의 이용자들을 대상으로 서비스를 제공한다. 이들의 성공을 필두로 많은 나라들이 미국의 스타트업 모델을 벤치마크해서 혁신 기술을 바탕으로 한 성장의 동력을 찾고 있다. 우리나라도 4차 산업혁명에 따른 변화에 발맞춰 스타트업을 성장시키기 위한 정책을 추진해서 2010년부터 2021년까지 스타트업 관련 생태계가 3배 이상 성장했고,[1] 스타트업에 대한 벤처투자조합 신규 결성액은 최근 10년간 연평균 32.5%의 성장률을 보였다.[2] 이와 같이 스타트업을 통해 기술 기반의 성장을 이루고 청년 고용을 활성화하며 경제성장을 촉진시키고자 하는 정부의 다양한 지원 정책은 스타트업 생태계 발전의 원동력이 되었다.[3]

스타트업 발전의 본격적인 시작은 2000년대 초반 IT 기반 정보통신 회사의 성공을 의미하는 벤처 붐에서 찾아볼 수 있다. 1990년대 말 인터

---

[1] 중소벤처기업부 보도자료, 창업·벤처 생태계, 11년동안 3배 이상 성장, 2022.5.25.
[2] 송민규(2023), 4쪽.
[3] 중소벤처기업부 보도자료, 한국 창업 생태계의 변화 분석, 2021.4.26(창업 관련 생태계의 주요지표 변화 추이를 기반으로 2000년대 초반을 '제1벤처붐'이 일었던 시기로, 2016~2020년을 '제2벤처붐'이 일었던 시기로 봄).

넷 보급율 증가와 IMF 구제금융을 계기로 회사의 구조조정이 이루어지면서 인력이 재편되었고, 이는 IT 기반 정보통신 회사들의 성공으로 이어졌다.[4] 이후 미국발 전세계적인 IT 버블의 영향과 창업자 및 투자자의 모럴해저드가 문제되면서 열기가 주춤했다가 최근 정부의 적극적인 지원 정책과 1996년 설립된 코스닥 시장의 발전에 힘입어 첨단기술에 기반한 스타트업이나 기존 서비스를 혁신하는 스타트업들이 다수 출현하고 있다.[5] 이런 스타트업 열풍으로 제조업 중심의 경제 구조에서 IT 기술을 바탕으로 하는 바이오 또는 기술 기업으로 다변화되었고, 스타트업으로 시작해서 오늘날 코스피(KOSPI) 시가총액 상위를 차지하는 네이버, 카카오 등과 같은 기업들도 생겨났다.

　스타트업의 발전에 따라 우리나라 경제 구조도 IT 기술에 기반한 고부가가치 산업을 중심으로 재편되고 있다. 스타트업 발전 전에는 제조업 중심으로 대기업에 부품을 납품하거나 대기업의 하청을 받아 매출을 일으키는 중소기업의 육성이 중시되었다.[6] 그러나 인터넷과 스마트폰의 보급으로 IT 기술을 이용한 사업모델의 가능성이 열리면서 인터넷 등 신기술을 기반으로 모험자본의 지원을 받는 스타트업이 출현했다. 쿠팡, 넥슨, 우아한 형제들 등 성공한 스타트업의 사례들이 나타나면서 스타트업을 통한 IT 산업의 발전이 제조업의 대안으로 자리잡게 되었다. 정책 지원에 따른 성장으로 2019년 기준 우리나라의 스타트업에 대한 투자 자금은 OECD 국가들 중 상위 5위를 기록했고,[7] 스타트업은 우리

---

4) 이인찬(2003), 59쪽("IMF 외환위기를 극복하기 위한 구조조정 과정을 겪으면서 대기업 부문에서 벤처기업 부문으로, 전통산업 부문에서 IT산업 부문으로 자원이 급속히 이동하였다.").

5) 한국일보, 벤처기업의 역사 '그것이 알고싶다', 2019.3.28(https://www.hankookilbo.com/News/Read/201903271194072378); 관계부처 합동 보도자료, 제2벤처 붐 확산 전략, 2019.3.6.

6) 중소벤처기업부 보도자료, 한국 창업 생태계의 변화 분석, 2021.4.26(1991년부터 1997년까지를 창업기업 활성화를 위한 1기로 구분하고 "제조업 창업 활성화를 위해 공장설립 규제 완화 등이 강조되던 시기"라고 설명함).

나라 경제의 중요한 축이 되었다. 2022년 기준으로 1조원 이상의 기업가치를 평가받는 '유니콘'으로 불리는 스타트업이 23개로 늘어나고[8] 금융, 이커머스, 패션 등의 산업에서 새로운 서비스를 만들어내고 임직원을 대규모 고용하고 모험자본의 투자를 받으면서 성장해가고 있다.[9]

## 2. 스타트업 지배구조 검토의 필요성

이와 같은 스타트업 생태계의 양적 발전에도 불구하고 질적인 발전 측면에서는 부족한 점이 많다. 특히 최근 우리나라 및 미국의 유명 스타트업의 실패 사례는 스타트업의 지배구조 강화를 통한 질적 성장의 필요성을 여실히 보여준다. 벤처투자가 활성화되면서 벤처투자자로부터 천억원 단위의 투자를 받았던 뱅크샐러드, 부릉, 그린랩스, 오늘회와 같은 스타트업은 차기 유니콘 스타트업으로 기대를 받았지만 2022년 하반기부터 재무구조 악화로 임금이나 대금 지급도 어려운 상황에 놓이면서 구조조정을 진행하거나 매각 또는 청산을 하고 있다.[10] 또한, 2016년경 쿠팡에 이어 두번째 유니콘으로 주목받았던 옐로모바일 역시 벤처투자자로부터 대규모 자금을 유치하고 적극적인 인수 전략을 통해 빠르게 성장했으나 창업자의 사익추구와 지배구조의 부재로 실패했다.[11] 가상

---

7) OECD.Stat 사이트(https://stats.oecd.org/Index.aspx?DataSetCode=VC_ INVEST#, 2022.6.30 확인), 2020년과 2021년의 통계는 일부 국가의 데이터가 빠져있어 2019년 데이터를 기준으로 설명하였다.

8) 미국의 Aileen Lee가 최초로 사용한 용어로, 미국에서는 10억 달러 이상의 가치를 인정받는 스타트업을 유니콘 기업으로 지칭한다[Fan(2016), p.586]; 중소벤처기업부 정책브리핑, '기업가치 1조 이상' 유니콘기업 총 23개⋯5곳 늘었다, 2022. 7.21.

9) 중소벤처기업부 정책브리핑, '기업가치 1조 이상' 유니콘기업 총 23개⋯5곳 늘었다, 2022.7.21.

10) 이창균, 돈줄 마른 스타트업, 2022.10.1. 중앙선데이(https://www.joongang.co.kr/article/25106079#home).

11) 옐로모바일의 사업지주회사에 근무한 경험을 바탕으로 문제를 지적한 책으로 최

자산이 주목받던 2018년 무렵에는 스타트업들이 블록체인 기술을 내세워 가상자산 등을 통해 자금을 조달한 후에 약속한 서비스를 개발하지 않고 사업을 접는 소위 먹튀 현상이 다수 발생했다.12) 이런 사례들은 벤처 투자를 통한 외형적 성장 이외에도 스타트업의 지배구조 정립이 필요하다는 점을 여실히 보여준다.

스타트업 생태계가 가장 발달한 미국 역시 유니콘 스타트업으로 큰 주목을 받았던 위워크와 테라노스의 실패에 지배구조의 부재가 원인의 하나로 지적되었다. 위워크는 공유오피스를 제공하는 사업모델을 통해 창업자의 강력한 리더십으로 급속도로 성장해서 투자자로부터 대규모 자금을 유치하고 2019년 470억 달러의 가치평가를 받아 투자받았으나, 창업자 개인이 터널링 등으로 통해 사익을 추구하고 투자자를 속여왔음이 밝혀졌다.13) 테라노스 역시 바이오 산업에 혁신을 가져다줄 것으로 기대되었으나 허위의 사실을 기반으로 투자를 받고 대중들에게 서비스를 제공했다는 사실이 드러났다.14)

스타트업의 지배구조 부재로 인해 발생하는 문제는 스타트업에 투자한 벤처투자자에 한정되지 않고 엔젤투자자, 스타트업의 임직원 및 나아가 스타트업의 서비스를 이용하는 시민들에게까지 피해를 준다. 스타트업의 수가 늘어나고 투자받는는 금액과 고용 임직원 수가 증가함에 따라 커진 스타트업의 사회적 영향력에 비례해서 스타트업의 지배구조 상의 실패로 인한 피해의 영향도 커진다. 스타트업 단계에서 지배구조

정우(2020).

12) 김남이, 박준식, "처벌법 없다" 손놓은 금융위⋯'코인 먹튀' 어디에 하소연 하나요, 2022.2.3, 머니투데이(https://news.mt.co.kr/mtview.php?no=2022020213353792975); 오세성, 가상화폐거래소 연다더니⋯ICO로 모은 30억 '먹튀', 2018.11.9, 한경닷컴(https://www.hankyung.com/finance/article/201811091140g).

13) 위워크의 몰락과 관련한 분석으로 Langevoort& Sale(2021), pp.1350-1357.

14) Erin Griffith, Elizabeth Holmes is Sentenced to More than 11 Years for Fraud, The New York Times, Nov.18, 2022(https://www.nytimes.com/2022/11/18/ technology/elizabeth-holmes-sentence-theranos.html).

를 확립하지 않으면 스타트업이 성공하여 기업공개에 이르더라도 상장 이후 일반투자자에게도 큰 피해를 입힐 위험이 있다. 한 예로, 독일의 지급결제 서비스 회사인 와이어 카드(Wire Card)는 스타트업으로 시작해서 독일 거래소에 상장하고 아시아를 중심으로 사업을 확장했으나, 2020년 감사 결과 10억 달러 이상의 자금을 허위로 계상했다는 점이 알려져서 파산 절차를 밟고 있다.[15] 전기트럭을 만드는 미국 스타트업인 니콜라(Nikola)는 기업인수목적회사(Special Purpose Acquisition Company, 이하 "SPAC")를 이용해 나스닥(NASDAQ)에 상장했으나 실제로 보유하지 않던 전기트럭 제조기술을 보유한 것처럼 허위로 공시해온 점이 확인되면서 창업자가 대표이사직을 사임한 후에 주가가 급락했다.[16]

스타트업에 이런 문제가 발생하는 주된 원인은 스타트업이 빠른 성장을 추구하는 과정에서 지배구조의 중요성이 간과되고 스타트업의 특성을 고려한 지배구조 규율 체계가 부재한다는 점에서 찾을 수 있다. 스타트업은 벤처투자자의 투자를 통해 빠른 성장을 하는 것을 목표로 삼는데, 그 과정에서 지배구조를 정립하지 못하는 경우가 많다. 창업자는 혁신적인 아이디어와 비전으로 스타트업을 이끌어가는 핵심적인 역할을 하지만 관련 경험이나 전문성이 부족하거나 수익 구조를 만들거나 내부통제 제도 등 시스템을 만드는 데 미숙한 경우가 많다.[17] 창업자가 빠른 성장에 대한 압박으로 적절한 시스템을 갖추어 지배구조를 정립하

---

15) Liz Alderman, Christopher F. Schuetze, In a German Tech Giant's Fall, Charges of Lies, Spies and Missing Billions, June 26, 2020, The New York Times(https://www.nytimes.com/2020/06/26/business/wirecard-collapse-markus-braun.html).

16) Jack Ewing, Founder of Electric Truck Maker Is Convinced of Fraud, October 14, 2022, The New York Times (https://www.nytimes.com/2022/10/14/business/trevor-milton-nikola-fraud.html).; Matt McFarland, Trevor Milton, founder of Nikola, found guilty of fraud, October 14, 2022, CNN (https://edition.cnn.com/2022/10/14/business/trevor-milton-nikola-verdict/index.html).

17) Langevoort& Sale(2021), p.1361.

지 못한 채 무리한 위험을 감수하면서 성장 전략을 추진할 때 창업자를 감시·감독하고 적절히 조언해줄 이사회의 역할이 부재한 경우가 많다.

그럼에도 불구하고 현재까지 스타트업의 지배구조에 대한 논의가 활발하지 않았는데, 정책지원을 통한 진흥의 대상으로 스타트업을 보는 시각이 주를 이루었기 때문이다. 유니콘 스타트업 탄생이라는 성공 케이스를 만들기 위해 스타트업에 더 많은 자금이 공급해서 신산업을 육성하는 측면에 중점을 두면서 스타트업의 지배구조에 대한 논의는 간과되었다. 스타트업의 높은 실패확률로 스타트업의 생존과 성장을 지원하는 정책이 우선시되면서 지배구조에 대한 논의로 나아가기 어려웠다. 그래서 스타트업은 최소한의 법적 요건만 충족하는 수준에서 형식적으로 이사회 등 기관을 갖추다가 상장을 신청하는 단계에 가서야 상장 심사 기준에 맞추어 지배구조를 갖추는 경우가 많았다. 또한, 현재까지는 벤처투자 경험이 충분히 축적되지 않아서 창업자와 벤처투자자 간의 계약을 기반으로 한 협의를 통한 해결이 어느 정도 가능했고 소송까지 진행되는 경우가 드물어서 스타트업 지배구조와 관련한 법적 고려가 많지 않았다.

그러나 오늘날 스타트업 생태계가 점점 확장되고 스타트업의 중요성이 커지는 시점에서 스타트업 지배구조 강화를 통한 질적인 성장을 함께 논의될 필요가 있다. 특히, 정부의 다양한 진흥책에 힘입어 스타트업의 발전이 고속화 되는 현 시점에서 창업 생태계의 지속적인 성장을 달성하기 위해서는 스타트업의 지배구조의 바람직한 법적 규율방안에 대한 연구가 선행되어야 한다. 이를 위해 먼저 자금 조달과 성장 과정에서 나타나는 스타트업의 지배구조상 특징을 분석하고, 스타트업에서 주요 이해관계자들 간에 발생하는 전형적인 법적 문제가 무엇인지를 검토할 필요가 있다. 이를 통해 스타트업의 성장 과정에서 발생하는 문제를 해결할 수 있는 바람직한 지배구조를 정립함으로써 스타트업의 성장과 창업 생태계 활성화에 이바지할 수 있는 방법을 모색할 시점이다.

## 3. 스타트업 지배구조의 특징

스타트업은 설립 이후 성장하는 과정에서 일반 폐쇄회사나 공개회사와는 다른 몇 가지 지배구조 상의 특징을 가지게 된다. 가장 두드러진 특징은 스타트업의 주주와 이사회의 구성이 성장 과정에서 크게 변경된다는 점이다.[18] 대부분의 스타트업은 주식회사 형태를 하고 있지만 상법의 주식회사 편이 전제하는 일반 회사와는 달리 자금을 조달하고 임직원을 채용하여 운영해가는 과정에서 주주 구성과 이사회 구성이 계속 변하고 이해관계자가 늘어난다. 지속적으로 건실한 매출과 이익을 달성하는 것을 목표로 증권거래소 상장시를 제외하면 주주 구성이나 이사회 구성이 크게 변동되지 않는 일반 중소기업과는 차이를 보인다.

이런 지배구조 상의 급격한 변화는 스타트업의 자금 조달 방식과 임직원에 대한 보상 방식에서 기인한다. 스타트업은 기존에 존재하지 않던 혁신 사업을 추진하거나 신기술을 개발해서 새로운 시장을 개척하는 경우가 많아서 불확실성이 높고 담보 설정할 수 있는 자산이 없다. 이에 따라 스타트업이 창업주 등의 출자 자본금과 이를 바탕으로 금융기관으로부터 차입으로 자금을 조달하는 일반 중소기업의 자금 조달 방법을 이용하기는 어렵다. 그래서 스타트업의 자금 조달 방법으로 벤처투자자 등 모험 자본의 투자를 받는 방법이 발전했고, 스타트업의 성공시까지 여러 차례에 걸쳐 이루어지는 벤처캐피탈 등 모험 자본 투자에 따라 스타트업의 주주 구성과 이사회 구성이 계속 변화한다.

그리고 스타트업은 임직원에게 인센티브를 부여할 목적으로 주식매수선택권 등의 주식보상제도를 적극 활용한다. 일반 중소기업은 대기업 등 거래처와 상품 또는 서비스 공급 계약 등을 체결해서 매출과 이익을 내고 거래처와의 계약 관계를 유지하고 일부 확대하면서 꾸준한 실적을

---

18) 본 논문 제3장 제2절.

달성하는 것을 목표로 하기 때문에 임직원에게 성과에 연동해서 성과급을 부여하는 방법으로 인센티브를 부여하는 경우가 많다. 반면, 혁신 서비스를 개발하는 스타트업은 이익이 발생하지 않는 기간이 길고 자금력이 충분하지 않으며, 회사에 이익이 발생하더라도 신사업 개발에 사용하거나 불확실성에 대비해 사내유보하는 경우가 많아 경쟁력 있는 연봉을 제시하기 어려운 경우가 많다. 그러나 혁신 서비스를 성공시키기 위해서는 인재 유치가 필수적이어서 스타트업은 비교적 낮은 연봉 수준을 보완하는 방법으로 주식보상 제도를 활용해서 유능한 인재를 유치하고 임직원에게 인센티브를 부여한다.

이런 지배구조의 변화를 거치면서 스타트업에서는 일반 회사와 일견 유사하지만 다소 다른 지배구조 상의 문제가 발생한다. 자금조달 과정에서 벤처투자자 등 외부 주주가 늘어나면서 창업자 및 경영진과 다른 주주들 간에 전통적인 맥락의 대리인 문제와 유사한 지배구조상의 문제가 발생한다. 그리고 스타트업의 주주 간에 일반 회사와는 다른 양상의 이익충돌이 나타나는데,19) 주주들 간의 이해관계가 일치한다고 보는 회사법의 전제와는 달리 스타트업의 주주들 간에 이해관계가 충돌하는 경우가 발생한다.20) 특히, 스타트업이 애매하게 성장하지 못하는 상황에서(moderate downside) 스타트업을 매각할지, 존속시킬지 등에 대한 의사결정에서 벤처투자자인 우선주주와 보통주주 간에, 우선주주 상호 간에, 또는 창업자와 임직원과 같은 보통주주 상호 간에 이익이 상반되는

---

19) 본 논문에서 지칭하는 이익충돌이나 이익상반은 Kraakman(eds)(2017), pp.29-30에서 설명되는 대리인 문제의 일종으로, 회사의 소유자와 경영자간, 대주주와 소수주주간, 회사와 채권자, 임직원, 고객 등간의 이해관계가 달라짐에 따라 발생하는 넓은 의미의 이익의 충돌(conflict of interest) 문제를 지칭하는 용어로 사용한다.

20) Pollman(2019), pp.159-160; Bartlett(2006), p.58; 천경훈(2013), 9쪽(회사법 구조에서 주주는 추상화된 주주로 취급되어 종류주식을 제외하면 차별성은 인정되지 않으나, 현실에서의 주주들은 고유한 목적과 선호를 가지고 이를 계약으로 추구한다는 내용).

경우가 생긴다.21) 뿐만 아니라, 스타트업의 자금 조달 과정에서 벤처투자자에게 투자위험을 헷지할 수 있도록 이사 지명권을 부여해서 지배구조에 참여하게 하는데, 벤처투자자 지명이사는 스타트업과 지명주주인 벤처투자자 양측에 의무를 부담하는 이중신인의무자로 법적인 의무가 상호 충돌하는 문제가 발생한다.22)

## II. 연구의 목적

본 연구는 '스타트업'의 발전과 지배구조 강화의 필요성을 바탕으로 스타트업의 회사로서의 측면에 중심을 두고 스타트업의 성장과정에서 발생하는 지배구조상의 문제와 이에 대한 해결방안을 검토하고자 한다. 스타트업의 지배구조가 기존 회사와는 다른 측면이 있음에도 불구하고, 현재까지 스타트업의 특징을 검토하여 지배구조의 문제를 논하는 연구가 많지 않았다. 그래서 본 연구는 스타트업의 주요 이해관계자들 간에 발생하는 지배구조상 문제를 밝히고, 현재 법률과 계약이 이를 어떻게 규율하는지 검토한 후에, 현재 법률과 계약으로 해결하지 못하는 지배구조 상의 문제를 규율할 수 있는 개선 방안을 제안하는 것을 목적으로 한다.

이를 위해 본 연구는 스타트업의 자금 조달과 임직원 보상방법의 특징을 밝히고, 이로 인해 발생하는 스타트업의 주요 이해관계자와 이들 간의 상호작용에 따른 스타트업 지배구조상의 문제를 찾고자 한다. 특히 회사법에서 주로 다루던 대리인 문제와 이해관계 충돌의 문제가 스타트업 지배구조 하에서는 어떤 양상으로 나타나는지를 중심으로 검토

---

21) Bratton& Wachter(2013), pp.1875-1876; Cable(2015), pp.60-61; Katz(2018), pp.238-239.
22) Pollman(2019), p.185.

한다.

다음으로, 스타트업의 지배구조에 따른 문제를 현행 법률과 계약이 어떻게 규율하고 있는지 현황을 살펴본다. 스타트업 지배구조에는 스타트업을 진흥하기 위해 만든 지원법제와 상법 및 투자 관련 계약의 내용이 중첩적으로 적용된다. 이런 법률과 계약이 스타트업 지배구조의 문제를 어떻게 규율하고 있는지를 검토한다.

마지막으로, 본 연구는 스타트업 지배구조에 적용되는 현행 법률과 계약으로 지배구조 상의 문제를 규율할 때 발생하는 한계를 분석하고, 그 개선 방안을 제시하는 것을 목표로 한다. 스타트업의 지배구조 상의 특징을 실질적으로 규율할 수 있도록 법률을 개선하고 기존의 해석론을 발전시켜서 지배구조 규율을 통해 스타트업의 이해관계자들 간에 발생하는 문제를 효과적으로 해결하고 조정할 수 있는 방법을 제시하고자 한다. 궁극적으로 스타트업이 질적 성장을 해나가는데 기여할 수 있는 지배구조 형성을 위한 법률 모델을 제시하는 것을 본 연구의 궁극적인 목표로 한다.


# 제2절 연구 질문 및 범위와 방법


## I. 연구 질문

본 연구는 아래의 세 가지 질문을 제기하고 관련된 기존의 연구에 기반하여 저자의 견해를 개진하는 방향으로 구성해 보고자 한다.

  (1) 스타트업의 성장과정에서 나타나는 주요 이해관계자를 중심으로 형성되는 스타트업 지배구조 상의 특징과 지배구조상 발생하는

문제는 무엇인가?

(2) 이러한 스타트업 지배구조 상의 문제를 현재까지 법률과 계약을 통해 어떻게 규율해 왔으며, 현행 법률과 계약으로 스타트업 지배구조상 발생하는 문제를 충분히 규율할 수 있는가?

(3) 현 법률과 계약으로 스타트업 지배구조상 나타나는 문제를 규율하는데 한계가 발생하는 원인은 무엇이고, 한계를 극복하여 스타트업과 관련한 지배구조를 개선하기 위한 방안은 무엇인가?

## II. 연구 구성 및 범위

### 1. 연구의 구성

본 연구는 본 장을 포함한 총 제7장으로 구성된다. 먼저 제2장은 본 연구의 기초로써 스타트업의 성장과정과 자금 조달 방법 및 주요 이해관계자를 소개한다. 그리고 전세계 스타트업 생태계의 모태가 되는 미국의 스타트업 업계에 비추어 우리나라 스타트업 업계에 나타나는 고유한 특징을 살펴본다.

제3장은 스타트업의 자금 조달에 수반되는 주주 구성과 이사회 구성의 변화를 검토하고, 창업자의 대리인 문제, 주주 간의 이익상충 문제 등 지배구조상 나타나는 주요 문제를 검토한다. 스타트업의 이해관계자들의 관계를 중심으로 스타트업이 자금을 조달하고 임직원에게 인센티브를 부여하는 과정에서 발생하는 지배구조상의 문제를 자세히 검토하고, 회사법에서 주로 논의되던 대리인 문제와 이익충돌 문제가 스타트업에서 어떤 양상으로 나타나는지 살펴본다.

제4장은 제3장에서 검토한 스타트업 지배구조상 나타나는 문제를 현

행 법률과 계약이 어떻게 규율하고 있는지를 검토한다. 스타트업을 지원하기 위한 벤처투자법 등의 법률과 상법등 법률이 스타트업에 어떻게 적용되는지를 검토한다. 또한, 스타트업의 자금조달과 관련해서 벤처투자자와 스타트업 및 창업자 간에 체결되는 계약의 내용이 중요한데, 미국 실리콘밸리에서 스타트업 투자시 이용하던 계약을 모델로 만든 계약의 내용이 우리나라에서는 어떻게 적용되는지 검토한다.

제5장은 제4장에서 검토한 스타트업 지배구조에 적용되는 법률과 계약이 스타트업에서 발생하는 지배구조상의 문제를 규율하는데 어떠한 한계가 있는지 여부를 검토한다. 스타트업의 자금조달을 위한 투자자 관련 규정의 한계와 회사법의 강행규정으로 인한 스타트업 자율성의 한계, 이사회와 임직원의 역할에 대한 한계로 나누어 검토한다.

제6장은 제5장에서 살펴본 스타트업 지배구조 규율 상의 한계를 해결하고 개선할 수 있는 모델을 제시하고, 이를 위한 구체적인 방안을 제안한다.

제7장은 앞서의 논의를 종합하여 본 연구의 결론을 논한다.

## 2. 연구의 범위

본 연구는 스타트업의 발전 과정 중에서 스타트업이 설립된 이후부터 스타트업이 상장 또는 매각되기 전까지의 단계를 다룬다. 스타트업 설립 이후 엔젤투자와 벤처투자 등을 받으면서 자금을 조달하고 임직원을 채용하는 과정에서 다양한 이해관계가 발생하고 지배구조의 특성이 생기는데, 스타트업이 상장한 이후의 시점에는 투자자 등이 투자 회수를 하고 임직원이 주식매수선택권을 행사하는 등 다양한 이해관계가 해소된다.[23] 스타트업의 상장 시점 이후에는 스타트업은 본 연구에서 논

---

23) Black & Gilson(1998), pp.257-263(스타트업이 벤처캐피탈의 투자를 받는 과정에서 벤처캐피탈에 경영권을 넘겼다가 기업공개를 기점으로 창업자에게 다시 경영

하는 지배구조상의 특징이 해소되고 일반적인 상장회사에 대한 상법 규정과 자본시장과 금융투자에 관한 법률(이하 '자본시장법') 등의 규정을 따르게 된다.[24] 따라서 본 연구는 스타트업의 설립 이후부터 스타트업 상장 또는 매각 이전까지만을 다룬다.

그리고 본 연구에서는 스타트업과 관련해서 자주 논의된 스타트업 지원 정책에 관련한 내용은 스타트업 지배구조와 관련된 사항을 제외하고는 특별히 다루지 않는다. 2020년 기존 법률을 통합해서 벤처투자조합에 출자할 수 있는 출자자의 유형을 정하고 창업 생태계를 육성하기 위해 만들어진 「벤처투자 촉진에 관한 법률」(이하 '벤처투자법')의 제정을 전후로 산업 진흥을 위한 스타트업 지원에 대한 논의가 많았다. 스타트업 임직원의 주식매수선택권 행사에 대한 세제 혜택을 비롯해서 개인투자조합이나 벤처투자조합 출자자에 대한 세제 혜택 등을 통한 스타트업 진흥 방안도 다수 논의되었다. 최근에는 자본시장법 개정을 통해 성장기업에 투자를 목적으로 하는 상장펀드인 기업성장 집합투자기구(Business Development Company)를 도입해서 스타트업의 자금 조달을 쉽게 하려는 논의도 진행 중이다.[25] 이처럼 스타트업을 지원하기 위한 여러 제도에 대한 별도의 법률 이슈가 있지만, 본 연구에서는 스타트업의 지배구조와 직접적으로 관련되지 않는 내용은 다루지 않는다.

---

권이 돌아오는 암묵적인 합의가 있다고 분석하고, 창업자들이 경영권을 다시 가지기 위해 스타트업을 성장시켜 기업공개를 할 인센티브가 크다고 주장).

24) 참고로 남궁주현(2022), 15-17쪽은 벤처기업 지배구조의 단계를 창업기, 초기성장기, 정체기, 고도성장기, 성숙기로 나누어 초기성장기부터 고도성장기 초반의 경우에 투자자에 의한 경영진 견제의 측면에서의 지배구조 개선 관련 논의가 필요하다고 주장한다. 본 연구는 제2장 제4절 I.에서 스타트업의 성장과정을 설립 및 엔젤투자기, 벤처캐피탈 투자 및 성장기, 성숙기, 기업공개 등의 시기로 나누어 기업공개 전까지의 내용을 스타트업의 지배구조로 다룬다.

25) 금융위원회 보도자료, 「기업성장집합투자기구」 도입을 위한 「자본시장과 금융투자업에 관한 법률」 개정안 국무회의 통과, 2022.5.26; 자본시장법 개정안 제229조 제6호.

## 3. 연구 방법

본 연구는 기존에 스타트업에서 주로 사용되는 계약이나 종류주식의 효력 등과 관련한 선행연구를 바탕으로 스타트업의 특징에 비추어 해당 선행연구의 내용을 발전시키는 방법으로 연구를 진행한다. 본 연구와 관련한 선행연구는 크게 세 가지 갈래로 구분할 수 있다. 첫째는 스타트업에 중점을 두고 스타트업의 자금 조달과 관련한 계약 관계와 임직원과의 관계를 분석하여 특징을 찾고, 스타트업에서 발생하는 대리인 문제나 이해관계 충돌의 문제, 투자자 보호의 문제 등을 분석하는 선행연구이다. 이러한 선행연구는 활발한 벤처투자를 바탕으로 스타트업이 발전한 미국에서 주로 이루어졌고 우리나라에서도 일부 발견되는데, 미국의 제도를 많은 부분 받아들인 우리나라에서는 어떠한 양상으로 나타나는지 우리나라 실정에 맞게 비판적 으로 고찰하는 비교법적 연구 방법을 사용한다.

두번째 종류의 선행연구는 스타트업에서 주로 문제되는 개별 이슈인 차등의결권이나 주식매수선택권, 종류주식, 주주간 계약 등에 대해서 논하면서 논의의 범위를 스타트업으로만 한정하지 않고 일반적인 회사법의 관점에서 논한 연구이다. 본 연구는 이런 선행연구를 바탕으로 기존에 논의되었던 이슈들을 스타트업의 지배구조를 분석하여 스타트업의 맥락에서 어떻게 재해석할 수 있을지를 중심으로 논의하고자 한다.

세번째 종류의 선행연구는 스타트업과 관련한 상법 체계나 벤처기업법 등의 내용을 논하고 스타트업의 진흥을 위한 바람직한 방향을 찾는 내용의 선행연구이다. 본 연구는 스타트업의 진흥을 위해 제정된 법률의 내용 중에서 스타트업의 지배구조와 관련된 내용을 참고하여 스타트업 지배구조의 바람직한 방향을 논해보고자 한다.

본 연구는 스타트업의 자금조달이나 경영 및 운영과 관련하여 발생하는 문제에 대해 미국을 중심으로 이루어진 실증 연구를 참고하고 스타트업에 대해 보도된 기사와 연구 자료를 통해 스타트업 지배구조상의 문제를 파악하는 방법을 사용한다. 스타트업의 역사가 오래된 미국은 관련 데이터 축적으로 실증 연구를 통해 스타트업 내부 지배구조를 분석한 연구가 상당수 있고, 우리나라 스타트업이 미국의 스타트업을 모델로 하였기 때문에 연구에 참고가 된다. 비상장기업인 스타트업의 내부 지배구조는 공시되지 않아 정보가 얻기 어려우므로 미국의 실증 연구를 참고하되, 우리나라에서 스타트업에 대해 보도된 기사나 연구자료를 통해 사례를 분석하고 경영자와 임직원, 벤처투자자 및 이들을 자문하는 변호사들에 대한 인터뷰를 통해 관련 주제에 대한 실무를 확인하는 방식으로 제한적인 정보로 인한 한계를 보완한다.

## 제3절 스타트업의 정의

### I. 용어 정의의 필요성

'스타트업'은 법령상 별도로 정의된 용어는 아니므로 먼저 본 논문에서 다루고자 하는 스타트업을 정의하고 그 범위를 확정할 필요가 있다. 본 논문에서는 스타트업 생태계를 진흥하기 위해 제정된 다수의 법령에서 각 목적에 따라 법령마다 정의한 용어를 사용하지 않고 '스타트업'을 별도로 정의하고자 한다. 각 법률은 정책적 지원 대상을 규정하기 위한 목적으로 용어를 정의하고, 지원 대상에 대해 세제 등의 혜택을 주고 일부 의무를 부과하여 규제하는 방식을 취하고 있다. 이에 따라 각 법률은 정책 지원 대상이 되는 회사의 매출 규모 또는 투자 여부 등을 기준으로 용어를 정의하는데, 이 정의에는 스타트업의 특징이 충분히 반영되지 않았을 뿐 아니라 용어 간에 통일적인 체계를 찾아보기 어렵다.

그래서 법령상 용어를 택해서 논의하면 특정 법령에 따른 스타트업으로 논의 대상이 한정될 우려가 있어 본 논문은 법령상의 용어를 사용하지 않고 스타트업의 특징을 중심으로'스타트업'이라는 용어를 별도로 정의하고자 한다. 본 논문은 스타트업의 진흥 정책이 아닌 지배구조에 관한 내용이므로 그 목적에 부합하게 용어를 정의하는 것으로 충분할 것이다. '벤처기업'이라는 용어를 사용한 선행연구가 있지만,26) 이 용어를 사용하면 아래에서 논할 것과 같이 벤처기업법의 정의에 따른 벤처기업으로 논의의 대상이 한정될 수 있어 본 논문에서는 해당 용어를 사용하지 않는다. 최근 '벤처기업'은 일본에서 유래한 용어로 실무상 사용되는 용어인 '스타트업'을 사용한다고 밝힌 연구를 비롯해서 '스타트업'이라는 용어를 사용한 선행연구도 찾을 수 있다.27)

아래에서 검토할 스타트업의 특징을 반영해서 본 논문은 '기술 기반의 서비스나 상품을 제공하는 비상장회사로, 창업자가 설립하여 벤처투자자 등 모험자본으로부터 투자를 유치하는 방식으로 필요한 자금을 조달하고 지배권을 분배하며, 임직원에게 주식 형태의 보상을 적극적으로 제공하는 방식으로 성장하며, 기업공개를 목표로 하는 회사'로 스타트업을 정의한다. 그래서 벤처투자법 등 법령에서 정의한 용어에 따른 회사의 자산 규모나 매출 규모 등은 본 스타트업에 해당하는지 여부를 논할 때 별도로 고려하지 않고, 위 정의에서 고려한 특징을 가진 경우 본 논문의 논의 대상으로 삼겠다. 다만, 「독점규제 및 공정거래에 관한 법률」(이하 "공정거래법)상 대규모 기업집단에 속하는 공시제한기업집단과 상호출자제한기업집단에 속하는 회사는 본 논문에서 정의하는 스타트업의 범위에서 제외한다.

---

26) 벤처기업이라는 용어를 사용한 선행연구로 김한종(2001), 곽관훈(2003), 맹수석(2019), 최수정(2019), 고재종(2021), 남궁주현(2022) 등을 찾아볼 수 있다.

27) 박상철(2018), 383쪽, 각주 1).

## II. 법령상 용어

본격적인 논의에 앞서 스타트업 발전을 위한 정책 목표 하에 만들어진 법률에서 스타트업에 해당하는 회사를 어떻게 정의하는지 살펴볼 필요가 있다. 스타트업의 자금 조달이나 지배구조와 관련한 법률은 크게 중소벤처기업부가 주무부처인 법률과 금융위원회가 주무부처인 법률로 나뉜다. 중소벤처기업부 산하의 법령은 스타트업 생태계 지원을 위한 법적 근거를 제시할 목적으로, 금융위원회 산하의 법령은 중소기업이나 중견기업 중 기술기반 회사에 투자하는 금융기관에 대한 감독의 근거를 만들 것을 목적으로 하여 각 목적에 따라 필요한 용어를 정의한다.

### 1. 벤처투자법상 벤처기업

중소벤처기업부가 주무부처인 법령으로 대표적인 법률은 벤처투자법이다. 2020년 제정된 벤처투자법은 스타트업 생태계와 벤처 투자 활성화를 위해 중소기업 활성화를 위해 1986년 제정된 「중소기업창업지원법」(이하 "중소기업창업법")과 1997년 제정된 「벤처기업육성에 관한 특별조치법」(이하 "벤처기업법") 등에 산재되어 있던 내용을 정리하고 불필요한 규제를 정비하기 위해 제정되었다.[28] 벤처투자법은 벤처투자조합 등으로부터 투자를 받을 수 있는 대상을 중소기업, 벤처기업 및 창업자로 정한다(법 제2조). 이 중 중소기업은 중소기업기본법의 정의를, 벤처기업은 벤처기업법상의 정의를, 창업자는 중소기업창업법의 정의를 따르는 방법을 취한다.

중소기업법상 중소기업은 자산총액이 5천억원 미만인 기업 가운데 각 업종별로 해당되는 매출액 범위 이하인 회사로 정의된다.[29] 그리고

---

28) 이효경(2019), 172쪽.

중소기업 가운데 자산총액과 연평균매출액이 비교적 소규모인 중소기업으로 i) 벤처투자조합 등의 투자를 5천만원 이상 받은 경우(벤처투자 유형), ii) 연구개발비를 일정수준 이상 지출한 회사로 사업성이 우수한 경우(연구개발 유형), 또는 iii) 벤처기업확인기관으로부터 기술의 혁신성과 사업의 성장성을 인정받은 회사(혁신성 유형) 중 하나에 해당하는 회사를 벤처기업으로 정하고 있다(벤처기업법 제2조의2 제1항).[30] 이 세 가지 중 하나에 해당하는 회사가 벤처기업확인기관으로부터 확인을 받으면 벤처기업으로서 금융상 또는 세제상의 혜택을 받을 수 있다.[31] 또한, 창업자는 중소기업을 창업한 사람 중 업력을 기준으로 사업을 개시한 날로부터 7년이 지나지 않은 자로 정의된다(중소기업창업법 제2조 제2호).

## 2. 여신전문금융업법상 신기술사업자

금융위원회가 주무부처가 되는 스타트업과 벤처투자 생태계와 관련한 다른 법령은 「여신전문금융업법」이다. 이 법률에서 스타트업에 포함될 수 있는 회사를 지칭하는 용어는 '신기술사업자'로, 앞서 본 중소기업기본법상의 중소기업뿐 아니라 중견기업 중에서도 기술 개발이나 기

---

29) 중소기업기본법과 동 시행령에서는 자산총액이 5천억원 미만인 회사로, 시행령 별표 1에 따라 각 업종별로 연평균 매출액이 400억원 이하~1,500억원 이하인 회사를 중소기업의 범위로 정하되, 자산총액이 5천억원 이상인 법인이 주식 등의 30% 이상을 직접 또는 간접적으로 소유한 경우로서 최다출자자인 기업과 공정거래법상 공시대상기업집단에 속하는 회사는 제외하고 있다(법 제2조, 동 시행령 제3조).

30) 2020년 5월 벤처기업법 시행령 개정 이전에는 가), 나) 이외에 보증·대출 유형의 벤처기업을 두었으나, 민간 주도의 벤처기업 확인제도로 개편하면서 보증·대출 유형을 없애고 다)의 혁신성 확인으로 변경하였다(중소벤처기업부, 벤처기업 확인제도, 민간 주도로 개편, 2020.5.4. 보도자료).

31) 손대수·정지윤(2019), 186 쪽(벤처기업 확인받은 회사에 주어지는 혜택 정리).

술을 응용해서 사업하거나 저작권·지적재산권 등과 관련한 연구 개발과 이를 사업화 하는 사업을 영위하는 회사로 정의된다(법 제2조 제14의2호). 중견기업은 매출이나 자산규모가 큰 상장회사까지 포함하는 것으로 정의되어 신기술사업자는 중소기업이나 창업자, 벤처기업보다 더 넓은 개념이다.32) 또한, 기술 개발이나 기술 응용 사업은 불확정 개념으로 넓은 해석이 가능하기 때문에 이 정의에 따르면 중소벤처기업부 산하의 벤처기업법이나 벤처투자법의 적용 대상이 아닌 중견기업도 기술 기반 사업을 하면 신기술사업자에 해당될 수 있다.

### 3. 본 논문의 스타트업 정의와 비교

본 논문에서 정의한 스타트업을 각 법률에 따른 용어 정의와 비교하면 [그림 1]과 같이 법령상 벤처기업과 신기술사업자를 포함하는 개념이다. 기존 논문에서 주로 사용한 '벤처기업'이라는 용어는 중소기업에 해당한다는 것을 전제로 한다. 그런데 유니콘 스타트업으로 불리는 비바리퍼블리카, 무신사, 야놀자 등은 2022년 말 기준으로 자산총액이 5천억원을 초과해서 중소기업에 해당하지 않아 법령상 벤처기업의 정의에 해당하지 않는다.33) 유니콘 스타트업은 다양한 이해관계자들 간에 앞서

---

32) 중견기업 성장촉진 및 경쟁력 강화에 관한 특별법의 정의에 따른 중견기업으로, 중소기업이 아니고 공공기관 등이 아니며 상호출자제한집단에 속하거나 금융 보험 및 연금 관련업을 영위하지 않는 영리를 목적으로 사업을 하는 기업으로 정의된다(법 제2조 제1호).

33) 전자공시시스템에 따르면, 2022년 12월 말 기준 비바리퍼블리카의 자산총액은 2.7조원, 무신사의 자산총액은 1.4조원, 야놀자의 자산총액은 2.2조원이다(2023. 5.16 확인); 중소기업기본법은 회사의 성장으로 인한 혼란을 줄이기 위해 중소기업이 규모의 확대 등으로 중소기업에 해당하지 않게 된 경우 그 사유가 발생한 연도의 다음 연도부터 3년간은 중소기업으로 보도록 유예기간을 적용해서 세제 등의 지원을 받을 수 있도록 한다(제2조 제3항). 이에 따라 2023년 3월 기준 비바리퍼블리카는 중소기업 및 벤처기업으로 간주되고, 야놀자는 중소기업 및 벤처기업에 해당하지 않으며, 컬리는 2023년 3월 이후부터 중소기업 및 벤처기업

언급한 스타트업의 지배구조상 문제가 심화되어 나타나기 때문에 규율의 필요성이 있지만 상장회사의 규율 범위 내에 해당하지 않아서 스타트업 지배구조 관련 논의에 포함시킬 필요가 있다. 미국의 스타트업 지배구조 문제를 법적 측면에서 논의한 선행연구 역시 유니콘 스타트업을 포함하여 논의하고 있다.[34] 그러므로 본 논문은 상장 이전 단계의 유니콘 스타트업도 스타트업의 지배구조 문제 및 규율의 논의 대상으로 포함시키기 위해 법령상 벤처기업과 신기술사업자를 망라하는 개념으로 별도로 정의한 '스타트업'이라는 용어를 사용한다.

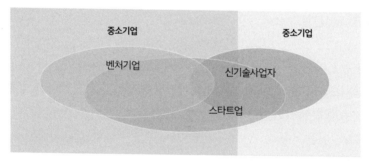

[그림 1] 용어 도해

## III. 스타트업의 특징

### 1. 모험자본으로부터 자금조달

스타트업은 인적, 물적 자원이 부족한 소규모 회사로 시작하여 혁신

---

의 지위를 상실한다.

34) 유니콘 스타트업을 포함하여 스타트업의 지배구조 관련 문제를 논하는 연구로 Pollman(2019); Fan(2016); Fan(2022); Jones(2017); Alon-Beck(2019) 등.

기술을 기반으로 성장하는 과정에서 다양한 방법으로 자금을 조달한다. 그 중 스타트업의 주된 자금 조달 방법은 벤처투자자와 같은 모험자본의 투자로, 벤처투자자로부터 투자를 유치할 수 있는지 여부가 스타트업의 성공을 좌우한다.35) 스타트업이 속하는 산업에 대한 이해도와 경험을 보유한 벤처투자자는 유망한 스타트업을 선별하여 자금을 투자할 뿐 아니라, 창업자에게 경영과 사업모델에 대한 경험과 네트워크를 제공하여 스타트업의 성장을 돕는다. 이후 스타트업의 규모가 커지고 성장 단계가 고도화되어 더 많은 자금이 필요한 단계에서는 벤처투자자가 사모펀드나 해외 국부펀드 등과 함께 투자하는 경우도 있다. 스타트업이 이 수준까지 성장을 하기 위해서는 벤처투자자의 투자와 지원이 매우 중요하다.

벤처투자자가 투자할 수 있는 스타트업의 숫자는 한정적이고 벤처투자자의 투자를 받지 못하는 스타트업의 숫자가 많다는 이유로 벤처투자자의 투자를 받은 스타트업을 '벤처투자를 받은 스타트업(venture-backed startups)'으로 별도로 지칭하기도 한다. 그러나 모험자본의 투자를 성공적으로 유치하지 못할 경우 스타트업의 성공 가능성이 높지 않고, 자금 등의 부족으로 성장하지 못하고 좀비 기업으로 현상 유지만 하거나 청산될 가능성이 높다. 따라서 벤처투자자의 투자를 받지 못한 경우에는 스타트업의 지배구조 차원에서 별도로 논할 실익이 크지 않아 본 논문에서는 벤처투자 등 모험 자본 유치를 스타트업의 특징에 포함시켜서 논의한다.

---

35) Fan(2022), p.329(미국의 경우에 "0.25% 이하의 스타트업이 벤처투자자로부터 투자를 받지만, 벤처투자자로부터 투자를 받은 스타트업이 진정한 기업공개의 50%를 차지한다").

## 2. 지배권의 분배

스타트업은 모험자본인 벤처투자를 받으면서 벤처투자자에게 이사 지명권을 부여하여 지배권을 분배하는 것이 일반적이다. 이는 스타트업에 대한 투자 위험을 관리하기 위한 방법으로, 실패 확률이 큰 사업에 소수지분을 투자하면서 이사 선임권을 통해 피투자회사의 지배구조에 관여하여 투자위험을 관리하던 전통에 따른 것이다.36) 벤처투자자 지명 이사 선임의 이론적 근거는 불완전 금융계약이론(incomplete financial contracting theory)에서 찾을 수 있는데, 불완전한 계약을 보완하기 위해 지명이사를 지명한다는 논리이다.37) 투자자가 발생 가능한 경우의 수를 모두 고려해서 계약으로 정하려면 지나친 거래비용이 소요되므로 투자자의 이해관계를 대표할 수 있는 이를 이사회에 선임시키고 이사회의 논의에 참여할 수 있게 하는 것이다.38) 그래서 벤처투자자가 이사회를 통해 스타트업에 많은 권한을 행사하고, 스타트업의 후속 펀딩에 대한 의사결정부터 매각이나 창업자를 대표이사직에서 해임하는 결정 등에 관여한다.

이처럼 스타트업에서 소수 지분을 투자한 벤처투자자가 지분을 넘어선 통제권을 행사하는 현상을 '의결권과 통제권의 분리'로 지칭하기도 한다.39) 이사 선임은 원칙적으로 주주총회 보통결의에 의해서 주주의 지분율에 따라 이루어져야 하는데, 우선주주이나 소수주주인 벤처투자자가 주주간 계약을 통해 지분율 이상의 이사 지명권을 부여받는다는

---

36) Nicholas(2019), pp.63-69(위험이 높은 사업에 소수 지분을 투자하면서 지배권을 확보함으로써 투자 위험을 관리하는 것은 19세기부터 계속된 미국의 오래된 전통이라고 설명함).

37) Bartlett(2015), pp.262-269; Sepe(2013), p.313.

38) Fried&Ganor(2006), pp.987-988; Bartlett(2015), pp.262-269; Broughman(2010), p.472.

39) Bratton& Wachter(2013), p.1875; Utset(2002),p.61.

것이다.[40]

### 3. 임직원에 대한 주식 보상

스타트업은 주식매수선택권 등을 통해 임직원에게 적극적으로 주식 보상을 한다는 특징이 있다. 상법상 비상장회사 뿐 아니라 상장회사도 임직원에게 주식매수선택권을 부여할 수 있지만, 상장회사는 주식매수선택권으로 부여가능한 주식 비율이 적고 주주총회 특별결의를 얻기도 쉽지 않을 뿐 아니라 행사가 설정에 대한 제한으로 임직원이 선택권 행사로 얻을 수 있는 이익이 크지 않다. 반면, 스타트업은 임직원에게 근로 의욕을 고취하고 보상을 하기 위해 주식매수선택권을 적극적으로 부여한다. 스타트업은 현금 보유고가 낮고 매출이나 이익이 발생하지 않는 기간이 비교적 길다. 또한, 스타트업의 성장을 위해 계속하여 사업에 투자하고 확장해야 하기 때문에 임직원의 높은 연봉으로 인한 자금 소진율(burn rate)이 높으면 큰 부담이 된다. 이로 인해 스타트업은 주식보상제도를 통해 임직원에 대한 낮은 급여 수준을 보완해서 유능한 임직원을 채용할 인센티브가 있다. 벤처기업법도 스타트업의 주식매수선택권 부여 한도를 높이고 조세특례제한법상 조세 특례를 제공하여 스타트업이 적극적으로 활용할 수 있도록 한다.[41]

최근에는 주식매수선택권 이외에 실리콘밸리에서 널리 도입한 성과조건부 주식(Restricted Stock Units, RSU)를 도입해서 임직원에게 제공하는 스타트업도 나타났다.[42] 성과조건부 주식은 임직원에게 스타트업

---

40) Rauterberg(2021), p.1137('의결권과 통제권의 분리'); 김갑래(2007), 158-159쪽.
41) 중소벤처기업연구원(2021), 1-6쪽; 중소벤처기업부 2021.9.30 보도자료(2022년부터 주식매수선택권의 비과세 한도를 5,000만원으로 상향한다는 내용).
42) 이지헌, 토스증권, 스톡옵션 대신 주식보상 제도 채택, 2021.2.16., 연합뉴스(https://www.yna.co.kr/view/AKR20210216141100002).

주식을 무상으로 지급하는 것으로, 임직원에게 부여일에 주식을 부여하되(stock grant date) 재직 요건이나 실적 요건 등 조건을 충족해서 행사가능일(vesting date)이 될 때까지는 해당 주식의 처분이나 의결권 행사를 제한한다. 성과조건부 주식은 주식매수선택권에 비해 자유로운 설계가 가능하고 행사가격 납입 의무가 없어서 임직원에게 더 큰 경제적 인센티브가 될 수 있다.43) 주식매수선택권은 선택권 행사가격과 시가의 차액이 임직원의 이익으로 귀속되지만, 성과조건부 주식은 무상으로 부여되어 세금을 제외한 전부가 임직원에게 이익으로 귀속된다.44)

## 4. 주식의 비유동성

마지막으로 스타트업은 발행한 주식이 공개시장에 상장되지 않아서 유동성이 부족하다는 특징을 가진다. 주주가 이사회의 의사결정에 반대하거나 투자가치를 낮게 판단할 경우 공개시장에서 주식을 매도할 수 있는 상장회사와 달리, 스타트업은 일반 폐쇄회사와 마찬가지로 주주가 회사의 주식을 매도할 시장이 부재하다. 그래서 스타트업에 투자한 벤처투자자나 임직원인 주주 등은 창업자 등 경영진의 의사결정에 반대하거나 지배구조상 문제가 발생하더라도 보유한 주식을 매도함으로써 투자금을 회수하고 문제를 해소하기 어렵다.45) 그래서 스타트업이 성장해서 상장하기까지 주주 간에 문제가 발생할 경우 지배구조를 통해 해결을 모색할 필요가 있어 지배구조의 중요성이 부각된다.

---

43) 이명관, 성과보상 제도20년만에 변화 바람 분다, 2022.1.18, 더벨(https://www.thebell.co.kr/free/content/ArticleView.asp?key=20220110135138348010 08845&lcode =00).

44) 이런 이유로 미국에서는 2003년 이후부터 성과조건부 주식(RSU)이 주식보상제도로 활발히 이용되고 있다[Johnson C.(2004), p.114].

45) Rock& Wachter(1998), p.916; Kupor(2019), p.28(스타트업 주식의 비유동성에 대해 설명).

스타트업의 주식이 공개시장에서 거래되지 않는다는 점은 스타트업의 주식 가치 평가의 어려움으로 이어진다. 스타트업은 기존에 존재하지 않던 새로운 사업모델을 영위하는 경우가 많은데다가 스타트업의 주식은 시장가격이 별도로 형성되어 있지 않기 때문에 시가총액을 기준으로 가치를 평가할 수 없다. 또한, 스타트업은 매출이나 이익을 내지 못하고 현금 흐름이 없는 기간이 비교적 길어서 다른 재무지표를 이용해 가치를 평가하기도 어렵다. 그래서 보통 스타트업이 가장 최근에 받은 벤처캐피탈 투자시에 정한 투자 후 가치(post-money valuation)를 스타트업의 가치로 여기는 경우가 많다.[46] 그러나 벤처투자시에 스타트업을 고평가하여 투자하는 대신 계약상의 보호장치나 지배구조상의 권리를 부여받는 경우가 많아서 투자 후 가치를 스타트업의 가치를 나타내는 지표로 보기 어렵다.[47]

---

46) Gornall& Strebulaev(2020), p.122.
47) Gornall& Strebulaev(2020), p.142(미국의 유니콘 스타트업 135개를 샘플로 분석한 결과 스타트업의 투자 후 가치를 공정가치와 비교했을 때 샘플 기업들이 공정가치 대비 평균 48%가량 고평가 되었다는 점을 확인함).

제 2 장

스타트업에 관한 기초적 고찰

# 제1절 스타트업의 자금조달 방법

## Ⅰ. 자금 조달의 특징

스타트업이 성장하려면 적기에 필요한 자금을 조달하는 것이 중요하다. 경쟁업체와의 경쟁에서 살아남아 매출을 증대하고 시장점유율을 늘려야 하는 스타트업은 적시에 필요한 자금을 조달받아 필요한 인력을 채용하고 연구 개발에 투자하기 위한 자금 조달이 성패를 가르는 요소이다. 스타트업은 대부분 J커브를 그리면서 성장하는데, 인력을 채용하고 사업에 투자하는데 자금이 필요하지만 당장 매출을 내지는 못하는 구간이 상당기간 동안 지속된다.[1] J커브의 가장 낮은 구간인 죽음의 계곡(death valley) 구간을 지나 스타트업이 생존하고 성장하기 위해서는 자금을 원활하게 조달하는 것이 매우 중요하다.

그런데 스타트업은 일반 회사와 달리 금융기관에서 대출을 받아 자금을 조달하기 어렵다. 대기업이나 제조업 기반 회사와는 달리 대출을 받을 때 활용할 수 있는 담보를 보유한 스타트업은 거의 없고, 매출이나 이익이 거의 없는 스타트업은 금융기관의 대출심사를 통과하기 힘들다. 지적재산권을 평가해서 자금을 대출하는 금융이 발달하지 않은 우리나라에서는 스타트업이 지적재산권을 담보로 자금을 대출받기도 어렵다.

그래서 스타트업은 일반 회사와는 다른 대체적인 방법을 통해 자금을 조달한다. 설립 초기 스타트업은 정부의 지원사업에 참여해서 연구비나 사업비를 수령하는 방식으로 일부 필요한 자금을 조달한다. 창업 생태계를 활성화하기 위한 정부의 지원 사업 중에 사업모델과 관련성이

---

[1] 버커리(이정석 역, 2007), 62쪽.

있는 정부지원 사업을 찾아서 지원을 받는 방법으로 초기 스타트업 운영에 필요한 자금을 확보하는 것이다.[2] 그러나 정부 지원 사업으로 적합한 스타트업을 선정하여 자금 사용 내역을 관리하고 감독하는데 비용이 많이 들고 지원 대상 스타트업이 목적과 다르게 지원금을 사용하는 등 모럴해저드 문제가 나타난다.[3] 또한, 지원사업으로 지급하는 자금 액수도 크지 않아서 스타트업이 성장하려면 다른 자금 조달 방식을 이용해야 한다. 이에 따라 초기 이후의 스타트업은 아래에서 설명하는 방법을 통해 성장에 필요한 자금을 조달한다.

## II. 주식을 통한 자금조달(equity financing)

### 1. 벤처투자자의 투자

스타트업은 초기에 엔젤투자자로부터 자금을 조달하여 벤처캐피탈 투자를 받는데 필요한 단계까지 성장할 수 있는 동력을 확보한다. 엔젤투자자는 스타트업을 성공적으로 상장시킨 경험이 있는 창업자나 자산이 많은 개인이 대부분인데, 초기 스타트업이 벤처투자를 받을 정도로 성장하는데 필요한 시간동안 자금을 공급해준다.[4] 최근에는 엔젤투자

---

2) 중소벤처기업부 보도자료, 2022년 창업지원사업 통합공고, 2022.1.4에 따르면, 2022년 중앙부처 및 지자체의 창업지원사업은 94개 기관의 378개 사업을 대상으로 3조 6,668억원을 예산규모로 하여 진행된다; 남궁주현(2022), 8-9쪽에서 인용하는 중소벤처기업부, 사단법인 벤처기업협회, 2021 벤처기업 정밀실태조사 (2021.12) 통계에 따르면 정부지원금이 스타트업의 가장 많은 자금원(64.1%)이 되고 있다.

3) 김주완, 서류 조작해 뒷돈 챙긴 대표…정부 지원 악용한 스타트업 백태, 2022.7.11. 한경(https://www.hankyung.com/it/article/202205315082i).

4) Ibrahim(2008), pp.1418-1419(엔젤투자자들이 스타트업이 벤처캐피탈 투자를 받기까지의 시간적, 자금상 갭을 줄여주는 역할을 한다고 설명).

자들이 엔젤클럽 등을 결성하여 함께 투자를 진행하는 경우가 늘어나면서 엔젤투자자의 자금 공급 규모가 커지고 있고, 엔젤투자자들이 초기 이후 성장 단계에 있는 스타트업에 투자하는 경향도 보인다.[5]

스타트업은 엔젤투자를 받아 조달한 자금으로 사업모델을 구체화하고 테스트 서비스를 만들어서 벤처투자자로부터 성장에 필요한 자금을 조달한다. 벤처투자는 미국 실리콘밸리 샌드힐로드 주변에 밀집한 벤처캐피탈 회사들이 지리적 근접성을 이용해서 형성한 긴밀한 인적 네트워크를 통해 스타트업에 대한 정보를 취득해서 적극적으로 투자하면서 발전했다.[6] 우리나라도 정책적으로 벤처투자제도를 도입해서 빠른 속도로 벤처캐피탈 회사와 벤처투자조합의 결성 액수가 증가하면서 벤처캐피탈회사들을 통한 투자가 스타트업의 주된 자금원이 되고 있다.[7]

## 2. 기타 방법

주식을 통한 다른 자금 조달 방식으로 크라우드 펀딩을 위한 방법과 코넥스 시장을 통한 방법이 있으나, 두 가지 방법 모두 활발히 이용되지 않고 있다. 크라우드 펀딩은 미국의 자본시장접근개혁법(The Jumpstart Our Business Startups Act, 이하 "JOBS Act")을 벤치마킹하여 2015년 개정된 자본시장법의 '온라인소액투자중개업' 신설로 도입되었다. 이에 따르면, 일정 요건을 갖춘 비상장법인은 증권신고서 제출 등의 공모규제의 예외를 적용받아 온라인소액투자중개업으로 등록한 회사가 운영하는 홈페이지에 발행인 정보나 사업계획서 등 정보를 게재함으로써 1년 동안 7억 이하의 범위 내에서 일반투자자로부터 자금을 모집할 수 있다.

---

5) Ibrahim(2008), p.1443.

6) Gilson(2003), p.1087.

7) 중소벤처기업부 정책브리핑, 올 1~3분기 벤처투자 5.4조원으로 역대 최대 기록, 2022.10.27.

그러나 제도 도입에도 불구하고 현재 온라인소액투자중개업을 통한 스타트업의 자금조달은 활발하지 않다.[8] 투자자 보호를 위해 크라우드펀딩을 할 수 있는 회사의 범위와 모집 가능한 자금의 한도가 낮게 설정되어 스타트업이 충분한 자금을 조달하는 수단으로 이용하기 어렵고,[9] 일반 투자자에 대한 보호가 충분하지 않다는 지적을 받는다.[10]

코넥스 시장을 통한 자금 조달 방법은 미국 실리콘밸리와 같은 벤처투자 문화가 형성되지 않았던 독일과 영국 등 유럽 국가들은 중심으로 도입되었던 방법이다.[11] 일종의 대체거래소인 코넥스 시장은 정식 증권거래소에 상장하기 이전에 일정 요건을 갖춘 회사가 주식 거래를 통해 자금을 조달할 수 있는 방법으로 2013년에 도입되었다.[12] 스타트업을 비롯한 비상장회사 중 일정 요건을 충족한 회사는 코넥스 시장을 통해 개인투자자 및 기관투자자로부터 투자를 받아 자금을 조달할 수 있고, 코스닥 상장 요건을 달성하면 코스닥으로 이전 상장도 가능하다.[13] 그러나 다른 유럽 국가와 마찬가지로 우리나라에서도 이 방식은 스타트업의 자금 조달 방식으로 활발히 이용되지 않고 있다.[14] 코넥스 시장을 활성시키기 위한 정책에도 불구하고 2022년 기준 도입 초기인 2016년과 거의 유사한 일평균 거래대금을 기록하고 있다.[15]

---

8) 이연임(2021), 6-7쪽.

9) 자금 조달 한도 문제가 여러 번 지적되어 크라우드펀딩으로 모집 가능한 금액의 한도가 연간 30억으로 증대되었다. 하지만 크라우드펀딩 방식이 아닌 벤처투자 금액 등 다른 수단으로 모집한 금액까지 합산하여 조달 가능한 자금의 한도를 산정하는 방법은 유지되어서 한도 증액에도 불구하고 실효성은 낮다(자본시장법 제117조의10 제1항, 동 시행령 제118조의15 제1항).

10) 박준·한민(2022), 1074쪽.

11) Ibrahim(2019), pp.1138-1139.

12) 김정주(2013), 1-2쪽.

13) 금융위원회 보도자료, 5월 말부터 코넥스 시장 투자 문턱이 크게 낮아집니다, 2022.4.27.

14) Ibrahim(2019), pp.1151-1155.

15) 강민우, 폭락보다 무서운 무관심…10년 전이랑 다르게 없다는 코넥스, 2023.6.12.

## III. 대출을 통한 자금조달(debt financing)

초기 스타트업은 공장이나 설비 등 자금 대출시 물적담보가 될 자산을 보유하지 않은 경우가 많고 성공 여부에 대한 불확실성이 높아서 금융기관으로부터 대출을 받기 어렵다. 그럼에도 벤처투자를 받기 이전 또는 이후에 운영 목적으로 대출을 받아 자금을 조달해야 할 경우가 있다. 이런 스타트업의 자금 조달을 위해서 정부는 기술보증기금과 신용보증기금 등이 기술력을 인증받은 스타트업에 보증을 제공하여 대출을 받을 수 있도록 지원하고 있다.16) 그래서 초기 스타트업은 기술보증기금 등의 보증을 통해 금융기관으로부터 대출을 받아 운영에 필요한 자금으로 사용하기도 한다. 다만, 스타트업이 기술보증기금 등의 보증을 받아 조달할 수 있는 자금은 스타트업이 성장하고 발전하는데 충분한 액수는 아니고, 운영에 필요한 자금의 일부를 보조해주는 수준이다.

성숙기 이후의 스타트업이 매출이 발생하고 자산을 보유하게 되면 이를 담보로 금융기관에서 대출을 받기도 한다. 최근에는 성숙기 이후의 스타트업이 미국 실리콘밸리은행 방식의 벤처대출을 통해 자금을 조달하는 등 자금 조달 방법이 다양화되는 추세이다.17) 또한, 2023년 12월부터 시행될 개정 벤처투자법은 '투자조건부 융자계약'을 신설해서 벤처투자를 받았거나 받을 예정인 법인에 융자기관이 저리로 융자를 해주는 대신에 소액의 지분인수권을 획득할 수 있는 제도를 마련했다 (개정법 제2조 제12호).18) 스타트업이 대출을 받으면서 융자총액의 10%

---

매일경제(https://www.mk.co.kr/news/stock/10757950).

16) 고석용, 기보, 돈줄 마른 스타트업 지원 확대…보증비율 70%→100% 상향, 2022. 10.4.머니투데이(https://news.mt.co.kr/mtview.php?no=20221004 15060010048).

17) 최태범, 벤처대출로 500억 수혈한 에이블리…"연내 유니콘 도약 목표", 2023.3. 23.머니투데이(https://news.mt.co.kr/mtview.php?no=20230323095591627999); 실리콘밸리 은행의 벤처대출에 대해서는 본 논문 본 장 제3절 II.1.나.

18) 벤처투자 촉진에 관한 법률 일부개정법률안, 의안번호 22091(2023.5.25.국회 본

이하의 범위 내에서 중소벤처기업부 장관이 고시하는 비율 한도로 융자 기관에 신주 배정을 할 수 있게 한 것이다(개정법 제70조의2 제2항 제2호). 하위 법령이 제정되기 이전 단계에서 평가를 하기에는 이르지만 대출 채권자에게 일종의 신주인수권(warrant)을 부여하는 내용으로 이해된다.

## 제2절 스타트업의 주요 이해관계자

본 절에서는 스타트업 지배구조를 구성하는 주요 이해관계자들을 창업자, 벤처투자자, 주요 임직원 등으로 나누어 검토한다.

### I. 창업자

창업자는 스타트업의 설립과 성장, 운영에 있어서 핵심적인 역할을 한다. 창업자는 기술을 활용한 사업 모델을 제시하고 이를 실현할 수 있는 기술적인 능력을 가진 이들과 팀을 이루어 스타트업을 창업한다. 사업 모델의 불확실성이 크고 시스템이 부재하며 자원이 부족한 스타트업은 일반 회사에 비해 창업자의 개인 역량에 큰 영향을 받는다. 창업자가 독창적인 사업모델에 대한 아이디어와 비전을 구체화하고 이를 실행할 팀을 구성할 능력을 갖추고 있는지 여부가 스타트업의 성공을 크게 좌우한다.[19]

---

회의 통과, 2023.12.21.시행).

19) Goshen& Hamdani(2016), pp.598-599.

창업자는 스타트업의 자금조달과 운영에 중추적인 역할을 수행한다. 창업자는 스타트업에 설립 자본금을 납입하고 회사의 보통주식을 인수한 후에 성장 계획에 따라 자금 조달 전략을 세워 엔젤투자자와 벤처투자자로부터 투자를 유치한다. 이 때 창업자가 제시하는 성장에 대한 비전이나 전략과 경영진 구성이 벤처투자자의 투자결정에 큰 영향을 미친다.[20] 벤처투자 유치에 성공한 창업자는 투자받은 자금으로 임직원을 채용하고 사업모델을 발전시키고 그 과정에서 필요한 경영상의 의사 결정을 한다.

이처럼 창업자의 역할이 중요함에도 불구하고 스타트업의 창업자는 업계에서의 경험이나 경력이 부족하고 경영능력을 입증받지 못한 경우가 많다.[21] 빠른 성장을 통해 사업모델을 입증해야 하는 스타트업은 급격한 성장전략(blitzscaling) 또는 성장우선전략(growth-at-all-costs)을 채택하는 경우가 많은데, 경험이 부족한 창업자가 빠르게 성장하는 조직을 경영할 역량을 가지고 있는 경우가 드물다.[22] 또한, 성장우선전략을 추구하는 와중에 창업자는 지배구조 정립의 중요성을 간과하기 쉽고, 여러 스타트업 이해관계자들 간에 발생하는 이익충돌을 조정할 역량을 갖추지 못한 경우도 빈번하게 나타난다.

---

20) Gompers, Gornall, Kaplan & Strebulaev(2020), p.170.

21) Langevoort& Sale(2021), p.1361.

22) Fan(2022), pp.334-339.

## II. 벤처투자자[23)

### 1. 벤처투자자의 역할

벤처투자자는 스타트업 투자에 계속 참여하는 반복적 참여자(repeat player)로, 투자 후에 스타트업 이사회에 참여하여 지배구조에 관여하고 스타트업의 성장을 돕는 적극적 투자자이다.[24) 벤처투자자는 금전적인 투자에서 그치지 않고 인적인 네트워크와 평판 등 비금전적인 자원을 스타트업에 제공하여 성장에 기여하고, 풍부한 경험과 노하우를 통해 창업자의 부족한 경험과 네트워크를 보완할 수 있게 돕는다. 명성있는 벤처캐피탈 회사가 결성한 벤처투자조합으로부터 투자를 받은 스타트업은 자본시장에 향후 성장 가능성에 대한 긍정적인 신호를 보내는 효과가 있고, 이는 정보가 부족한 스타트업계에서 서비스 홍보나 유능한 임직원 채용에 큰 도움이 된다.[25) 이처럼 벤처투자자로부터 투자를 받은 스타트업은 그렇지 않은 스타트업보다 성장에 있어 보다 유리한 위치를 점하게 된다.

벤처투자는 여러 스타트업 중 내부 분석과 심사를 통해 벤처투자조합의 목적에 부합하고 목표 수익률 달성을 기대할 수 있는 스타트업을 선정하는 것으로 시작된다. 벤처투자자는 선정된 스타트업의 가치를 산

---

23) 아래에서 설명할 것처럼 벤처캐피탈 회사와 벤처투자조합은 별개의 주체이나 연동되어 있어 혼동의 여지가 있으므로, 아래에서 벤처투자조합의 업무집행조합원으로 투자조합을 운용하는 회사에 해당하는 중소기업창업투자회사와 신기술사업금융사를 지칭할 때에는 모두 '벤처캐피탈 회사'라고 부른다. 또한, 벤처투자조합과 관련해서 중소기업창업투자조합과 신기술사업금융조합을 통칭해서 지칭할 경우 '벤처투자조합'이라고 하고, 양 자의 차이를 설명할 때에는 별도의 명칭으로 지칭한다. 그리고 스타트업에 대한 '투자자'의 측면에서 벤처캐피탈 회사와 벤처투자조합을 특별히 구별하지 않고 통칭할 때에는 '벤처투자자'라 한다.

24) Gompers& Lerner(1996), p.465; Broughman& Wansley(2023), pp.39-43.

25) Ibrahim(2010b), pp.748-752.

정하고, 가치평가와 투자 조건을 창업자와 협의하여 투자를 진행한
다.26) 그리고 벤처캐피탈 회사는 벤처투자조합의 규약에 따라 투자심의
위원회 등을 거쳐 투자 여부가 결정되면 출자자에게 투자금 지급 요청
(capital call)을 하는 절차를 거쳐 투자금을 받아 스타트업에 투자를 집
행한다. 불확실성이 큰 초기 스타트업의 특성상 상장회사에서 주로 이
용되는 기존의 가치평가 이론에 따르기보다는 잠재 성장가능성을 기반
으로 가치를 협의해서 투자 결정을 하는 경우가 일반적이다.27)

## 2. 벤처투자조합을 통한 투자

벤처투자는 벤처캐피탈 회사의 자기자본만으로 진행되는 경우는 드
물고, 업무집행조합원인 벤처캐피탈 회사가 출자자인 유한책임조합원을
모집하여 결성하는 벤처투자조합을 통해 이루어진다. 벤처캐피탈 회사
는 스타트업과 출자자 등 자본시장을 연결하는 핵심적인 중개자 역할을
수행하는데,28) 유한책임조합원의 출자를 받아 스타트업에 투자하고, 투
자한 스타트업을 관리·감독하며, 투자조합의 존속기간 만료 전에 투자
를 회수해서 출자자에게 수익을 분배하고 조합을 청산하는 업무를 한
다. 이에 대한 대가로 벤처캐피탈 회사는 벤처투자조합으로부터 관리보
수와 성과보수를 수취한다.29) 벤처캐피탈 회사는 벤처투자조합의 존속
기간 내에 높은 투자 수익률을 올리고 출자자에게 수익을 배분함으로써
좋은 평판을 유지해야 후속 벤처투자조합을 결성할 수 있다.

벤처투자조합은 투자할 대상이 정해졌는지 여부에 따라 프로젝트 펀

---

26) Gompers, Gornall, Kaplan & Strebulaev(2020), pp.175-186; 이 때 협의하여 정
해진 스타트업의 가치를 투자전 가치(pre-money value)라고 하고, 벤처캐피탈이
투자한 금액을 합쳐서 스타트업의 투자후 가치(post-money value)라고 한다.

27) Gompers, Gornall, Kaplan & Strebulaev(2020), pp.177-181.

28) Ibrahim(2010b), p.725; Gilson(2003), p.1070.

29) 관리보수와 성과보수 관련한 지배구조상 문제로 본 논문 제3장 제3절 I.2.가.

드와 블라인드 펀드로 나뉜다.[30] 미리 투자할 스타트업을 정해서 해당 스타트업에 투자할 투자자를 유한책임조합원을 모집하는 경우가 프로젝트펀드이다. 반면, 미리 투자할 회사를 정하지 않고 펀드의 특성과 투자할 산업 영역이나 목표 수익률 등만을 정하여 출자자를 모집한 뒤 업무집행조합원의 재량으로 적합한 투자 대상 스타트업을 선정하는 블라인드 펀드가 있다. 출자자 모집을 통한 투자조합 결성시까지 시간과 자원이 많이 들어서 존속기간을 8~10년으로 하는 블라인드 펀드를 결성하는 경우가 많다.

### 가. 사모펀드와 차이점

벤처투자조합은 출자자로부터 출자받아 투자조합을 결성하여 투자조합자산으로 투자를 하고 그 수익을 출자자에게 배분한다는 측면에서 기본적으로 사모펀드와 유사하다. 다만, 사모펀드는 펀드의 규모가 크고 투자 대상에 특별한 제한을 두지 않아서 비상장회사의 주식부터 상장회사의 주식이나 파생상품까지 다양한 금융투자상품에 투자할 수 있다는 점에서 벤처투자조합과 차이가 있다. 또한, 사모펀드는 스타트업을 포함한 여러 회사들을 대상으로 바이아웃 딜을 통해 회사 경영권을 인수하고 사모펀드가 선임한 경영진이 회사의 가치를 상승시킨 후에 매도하여 차익을 실현하는 경우가 많다.[31] 반면, 벤처투자조합은 사모펀드에 비해 펀드의 규모가 작고, 주로 스타트업의 신주 등을 인수하는 방식으로 투자하며, 스타트업의 상장 시점에 지분을 매각하여 투자금을 회수한다. 벤처투자조합은 예외적인 경우를 제외하고는 스타트업의 경영권을 인수하는 경우가 없고 상장회사에 대한 투자 비중이 낮다.

---

30) 한국벤처투자, 블라인드펀드? 프로젝트펀드? 프로젝트투자?(https://kvicnewsletter. co.kr/page/view.php?idx=408).

31) Cooke(2011), pp.xv-xvi(벤처캐피탈은 경영권 인수를 목적으로 하지 않으나 사모펀드는 경영권 인수를 하는 경우가 많다는 설명).

미국에서는 양자 간의 유사점에 주목해서 벤처투자조합을 사모펀드의 특수한 유형으로 보는 견해가 많지만, 우리나라는 벤처투자조합과 사모펀드를 별도의 제도로 규정하고 있다. 그래서 사모펀드에 해당하는 사모집합투자기구는 자본시장법의 규율을 받지만(법 제7장), 벤처투자조합은 자본시장법이 아닌 별도의 법률인 벤처투자법 또는 여신전문금융업법의 적용을 받는다.32) 벤처투자조합은 창업 진흥이라는 정책 목적을 달성하기 위해 사모펀드와 별개의 제도로 도입되었다는 점과 정책펀드가 주요 출자자로 출자자가 벤처투자조합을 통제할 수 있다는 점에서 구조상 유사성에도 불구하고 별도로 규율하는 것이다.33) 최근에는 벤처투자조합의 규모가 커지고 민간 주도로 결성된 경우도 증가하고 있는 한편, 사모펀드도 초중기 스타트업에 투자하여 수익률을 높이려는 움직임을 보이면서 양자 간에 구별이 모호해지는 경우도 발견된다.34)

### 나. 미국 벤처투자펀드와 비교

미국의 벤처투자펀드는 우리나라의 벤처투자조합과는 다소 다른 복잡한 구조를 가진다. 미국의 벤처투자펀드는 대개 유한책임조합(limited partnership)의 형태로 구성되고, 펀드에 투자한 출자자가 유한책임조합원이 되고 벤처캐피탈 측이 업무집행조합원이 되어 큰 틀에서는 우리나라와 유사하다.35) 그런데 미국의 벤처투자펀드는 벤처캐피탈 회사가 바로 펀드의 업무집행조합원이 되는 것이 아니라, 벤처캐피탈 회사가 만든 별도 법인이 업무집행조합원의 업무를 수행한다는 점에서 차이가 있다. 이는 펀드와 그 펀드를 관리하는 주체를 분리하는 미국의 오랜 전통

---

32) 최민혁, 김민철(2018), 111쪽.
33) 자세한 사항은 본 논문 제3절 I.
34) 조박창영, 강두순, VC 주춤한 사이…사모펀드가 스타트업 '찜', 2022.6.23, 매일경제 (https://m.mk.co.kr/news/stock/view/2022/06/551667/).
35) 곽기현(2021), 26쪽.

에 따른 것으로(one fund, one management company), 펀드와 운용회
사가 법적으로 분리되고 펀드와 운용회사가 계약관계를 맺는 방식을 취
한다.36)

　미국 벤처캐피탈 회사는 주로 유한책임회사(LLC)의 형태로 설립되어
벤처투자펀드에 스폰서가 되는데, 각 벤처투자펀드마다 무한책임조합원
이 될 특수목적회사(SPC)를 별도로 만들어서 펀드의 업무집행조합원으
로서 부담하는 무한책임을 특수목적법인에 집중시키는 방식을 취한다.
벤처캐피탈 회사의 무한책임조합원으로서 펀드에 대한 출자 의무는 벤
처캐피탈 회사의 파트너가 해당 특수목적회사에 출자한 후 다시 특수목
적회사가 무한책임조합원으로서 벤처투자펀드에 결성액의 약 1%를 출
자하는 방식으로 이행된다.37) 그리고 벤처투자펀드의 운용을 위해 벤처
캐피탈 회사는 각 펀드마다 별도의 자문회사를 만들어 펀드의 무한책임
조합원인 특수목적회사와 투자자문계약을 체결해서 벤처투자펀드에 대
한 투자 및 관리 업무를 담당하도록 한다.38) 그 결과 투자자문회사는 투
자자문계약에 따라 벤처투자펀드로부터 관리보수를 수취하고, 벤처투자
펀드의 성과에 따라 주어지는 성과보수는 무한책임조합원인 특수목적
회사가 수령한다.39) 특수목적법인은 도관(pass-through)에 불과하기 때
문에 사실상 벤처캐피탈이 해당 벤처투자조합으로부터 관리보수와 성
공보수 모두를 수취하는 결과가 된다.

　이와 같이 벤처캐피탈 회사가 벤처투자펀드의 업무집행조합원으로
부담하는 책임을 별도의 특수목적법인에 집중시키면 벤처캐피탈 회사
가 무한책임조합원으로서 부담하는 신인의무 등 위반에 대한 책임을 비
교적 적은 자산을 가진 특수목적회사로 한정시킬 수 있다.40) 또한, 벤처

---

36) Morley(2013), pp.1238-1239.
37) 곽기현(2021), 26쪽.
38) Morley(2013), p.1239; 곽기현(2021), 26쪽.
39) 곽기현(2021), 26쪽.

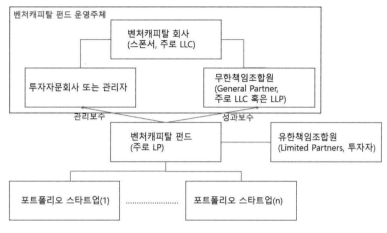

[그림 2] 미국 벤처캐피탈 펀드의 기본 구조[42]

캐피탈 회사가 복수 펀드의 자금을 운용하면서 부담하는 무한책임을 각 펀드마다 설립된 특수목적법인으로 한정시켜 구분할 수 있고, 각 펀드의 소유와 관리를 분리해서 복수 펀드를 구성하면서 발생하는 이익충돌의 문제를 해결하기에 보다 용이하다는 장점이 있다.[41]

## 3. 벤처투자의 특징

스타트업에 대한 투자는 본질적으로 벤처투자자와 창업자 간의 정보 비대칭 문제와 투자의 불확실성으로 인한 투자 위험을 수반한다.[43] 이런 위험을 줄이기 위해 벤처투자는 아래와 같은 방법으로 발전해왔다.

---

40) Spangler(2012), p.145; Morley(2013), p.1259; 곽기현(2021), 27쪽.
41) Morley(2013), p.1259.
42) 곽기현(2021), 25쪽, [그림9].
43) Gilson(2003), p.1076.

## 가. 단계별 투자

벤처투자자는 스타트업에 필요한 자금을 한 번에 투자하지 않고 스타트업이 도달해야 하는 각 단계별 마일스톤을 정해서 마일스톤을 달성한 경우 후속 투자를 진행하는 단계별 투자(staged financing)를 한다.44) 성장이 확실한 유망한 스타트업이라면 초기에 투자금 전액을 한 번에 투자하는 것이 가장 낮은 가격에 투자해서 많은 지분을 확보할 수 있는 방법일 것이다. 그러나 확실하게 성장 가능성이 있는 스타트업은 거의 없고, 한 번에 필요한 자금을 모두 투자하더라도 스타트업이 자금을 제대로 사용하고 관리한다는 점을 보장할 수 없다. 그래서 이런 위험을 방지하고자 벤처투자자는 일부 금액을 투자한 후에 스타트업의 마일스톤 여부를 평가해서 다음 단계에 투자 진행 여부를 결정하는 것이다.45) 이 과정에서 벤처투자자는 주기적으로 스타트업의 마일스톤 달성 여부를 점검하게 되고 그 과정에서 스타트업 경영에 관한 자료를 받아 성장 현황을 모니터링 할 수 있다.46)

창업자의 입장에서도 단계별 투자는 유리한 면이 있다. 스타트업의 가치가 낮은 초기에 벤처투자자로부터 대규모 투자를 유치하면 창업자의 지분이 크게 희석되지만, 단계별 투자를 통해 스타트업의 가치를 높여가면서 후속 투자를 받음으로써 지분의 희석을 최소화할 수 있다.47) 또한, 창업자가 달성해야 하는 단기 목표 달성에 대한 동기부여도 생긴다. 기존에 투자한 벤처투자자가 스타트업의 후속 투자에 참여하는지 여부는 외부에서 스타트업의 성장성을 가늠하게 하는 중요한 잣대가 된다. 따라서 창업자는 벤처투자자와 약정한 마일스톤을 기간 내에 달성

---

44) Gilson(2003), pp.1078-1081;Bartlett(2006), pp.52-53; Broughman&Wansley(2023), p.9.
45) Gilson(2003), p.1080; Bartlett(2006), pp.52-53; Smith(1999), p.966.
46) Gilson(2003), p.1080; Bartlett(2006), pp.52-53; Smith(1999), p.966.
47) Smith(1999), p.969; Pollman(2019), p.173; Kupor(2019), pp.131-132.

하기 위해 노력할 인센티브를 갖는다.

### 나. 신디케이트, 포트폴리오 투자

벤처투자자는 다른 벤처투자자와 함께 신디케이트 형태로 스타트업에 투자하여 투자 위험을 줄인다.[48] 유망한 스타트업이라도 불확실성이 높아서 투자로 인한 위험이 크기 때문에 다른 벤처투자자와 위험을 분산시키는 것이다. 기존에 투자한 스타트업이 마일스톤을 달성하여 후속 투자를 진행하면서 신규 리드투자자를 추가해서 해당 리드투자자가 스타트업의 투자가치를 산정하고 투자 리스크를 분배시키기도 한다.[49] 그래서 후속 투자가 진행될수록 스타트업은 다수의 벤처투자자로부터 투자와 감시·감독을 받게 된다.

벤처투자조합 내부에서도 투자 위험을 분산하기 위해서 조합의 재산을 여러 개의 스타트업에 나누어서 투자를 하여 포트폴리오를 구성한다.[50] 역시 전망이 불확실하고 성공 가능성을 예측하기 어려운 스타트업의 특성을 고려해서 투자 위험을 분산시키는 것이다. 스타트업의 높은 실패 확률을 고려해서 벤처투자자는 투자한 다수의 스타트업 중 소수만 성공할 것으로 예측하고 소수의 성공에 따른 투자 수익이 나머지 스타트업의 실패로 인한 투자 손실을 상쇄하여 수익을 낼 것을 기대한다.[51] 그래서 벤처투자조합의 재산을 여러 스타트업에 분산해서 투자하는 경우가 대부분이다.

---

48) Bartlett(2006), pp.55-56; Atanasov, Ivanov& Litvak(2012), pp.2220.

49) Bartlett(2006), p.55.

50) Wansley(2022), p.1237.

51) Zider(1998), pp.131, 136; Wansley(2022), p.1237; Mallaby(2022), p.7[이를 멱법칙('Power Law Distribution')이라 함]; Broughman& Wansley(2023), p.3.

## 다. 투자 수단

### (1) 상환전환우선주식(RCPS)

벤처투자자는 주로 상환전환우선주식을 인수하는 방식으로 스타트업에 투자를 진행한다. 미국에서는 투자자가 추가적인 권리를 확보할 수 있다는 점과 스톡옵션과 관련한 세금상의 이유에서 이점이 있다는 이유로 우선주식을 이용해서 투자를 하기 시작했다.[52] 벤처투자자는 우선주주로서 잔여재산 분배나 배당 등에 대해 보통주주보다 유리한 추가적인 권리를 확보할 수 있다. 또한, 적극적인 주식 보상 제도 하에서 임직원들은 주로 스타트업의 보통주식을 취득하는데, 벤처투자로 보통주식의 평가 가치가 높아지면 임직원들이 주식 보상에 대해 부담하는 세금 부담이 커질 우려가 있다. 그래서 보통주식이 아닌 우선주식의 형태로 벤처투자를 받으면 두 종류의 주식의 가치를 별도로 산정할 수 있어 임직원의 세금 부담을 낮출 수 있었다.[53]

우리나라의 벤처투자 역시 2020년 1분기 기준으로 우선주식을 이용한 경우가 3/4을 차지할 정도로 많고, 그 중에서도 상환전환우선주식이 활발히 이용된다.[54] 이를 통해 벤처투자자는 스타트업에 대한 상환권과 배당 등에 대한 우선권을 확보하여 투자 위험을 낮춘다. 스타트업 입장에서도 상환전환우선주를 통한 투자에 장점이 있다. 상환전환우선주는 일반회계기준(K-GAPP) 상으로 자기자본으로 인식되고 국제회계기준(K-IFRS)상으로는 실질에 따라 자기자본 또는 부채로 인식된다. 상장 이전의 스타트업은 국제회계기준을 따를 필요가 없어서 사채 발행에 비해

---

52) Fried& Ganor(2006), pp.981-986.
53) Fried& Ganor(2006), pp.984-986.
54) 조성훈(2020), 5-6쪽에 따르면, 벤처캐피탈의 투자 형태는 2020년 1분기 기준으로 주식이 72.7%를 차지하고, 그 중 우선주[(상환)전환우선주 포함]를 통한 투자가 3/4을 차지해서 보통주를 통한 투자를 압도하고 있다.

상환전환우선주를 발행하는 것이 재무적으로 유리한 면이 있다.55)

예외적으로 벤처투자자가 보통주식의 형태로 스타트업에 투자하기도 하고, 상환전환우선주식 인수와 보통주식 매수를 함께 진행하기도 한다. 스타트업의 평가 가치가 높을 때 투자 단가를 낮추기 위하여 보통주식 매수를 동시에 진행할 인센티브가 있어서56) 창업자 등이 보유한 스타트업의 보통주식을 상환전환우선주식과 함께 취득하는 경우가 있다. 이례적이지만 스타트업이 전환사채나 신주인수권부사채를 발행해서 자금을 조달하는 경우도 있다. 특히, 기업공개를 앞둔 스타트업으로 상장 이후 국제회계기준(IFRS)을 따라야 하는 경우, 국제회계기준에 따라 부채로 인식되는 상환전환우선주 발행으로 부채비율을 높이는 것이 바람직하지 않아서 주식으로의 전환을 예정한 전환사채를 발행하여 투자를 받는 사례도 있다.

### (2) SAFE와 전환증권(Convertible Note)

초기 스타트업에 대한 투자를 전문으로 하는 벤처투자자나 창업기획자는 SAFE(Simple Agreement for Future Equity)와 전환증권(Convertible Note)을 이용하기도 한다. SAFE와 전환증권은 초기 스타트업의 가치 평가의 어려움을 고려해서 투자 시에는 스타트업의 가치 평가액이나 투자자의 취득 주식 수를 정하지 않고, 후속 투자시의 가치평가를 기준으로 일부 할인하여 투자자의 취득 주식 수를 확정하도록 설계되었다.57) 전환증권으로 투자한 경우, 상환만기 이전에 스타트업이 후속 투자를 받으면 후속 투자자의 스타트업 평가가치를 일부 할인하여 원금 및 이자

---

55) 조성훈(2020), 4, 14쪽.

56) Ibrahim(2012), p.18("한 인터뷰이는 보통주의 매도시 최근 진행된 우선주 투자 가치의 5~20%를 할인한 가액으로 투자가 진행되는 것이 실리콘밸리의 기준이라고 주장했다.").

57) 이를 지연된 지분 투자(deferred equity investment)라고 한다[Coyle(2014), p.165].

에 상응하는 금액의 주식을 발행받을 수 있다. 만약 스타트업이 만기 내에 투자받지 못하면 투자자는 원금에 이율을 더한 금액을 상환받을 수 있어 투자 위험을 낮출 수 있다.[58]

SAFE는 전환증권을 기본으로 하되, 원리금의 상환의무와 만기에 대한 약정을 없애서 스타트업이 상환 의무를 부담하지 않는 투자 수단이다. 전환증권의 채권적 성격을 제거하고 지분증권 취득의 측면에 초점을 맞춘 것으로, 지연된 지분 투자(deferred equity investment)라고 할 수 있다.[59] SAFE 투자 이후 후속 투자를 받으면 후속 투자시의 스타트업 가치 평가액을 기준으로 SAFE 투자자가 취득할 주식 수가 정해지는데, 주로 세 가지 방법이 이용된다.[60] ①SAFE 약정 시에 후속 투자시의 가치평가액에 상한(valuation cap)을 정하는 방법과 ②후속 투자시의 가치평가액을 기준으로 할인율(discount rate)을 적용하여 산정하는 방법 및 ③두 가지 모두를 이용하는 경우이다. 약정의 내용과 후속 투자시의 가치평가액에 따라 SAFE 투자자가 취득하는 주식 수가 달라진다.

우리나라에서는 SAFE와 전환증권을 이용한 벤처투자가 허용되지 않다가 2020년 벤처투자법 제정시에 '조건부 지분인수계약'을 규정하여 SAFE를 투자 수단으로 이용할 수 있게 했다(법 제2조 제1호 라목, 동 시행규칙 제3조).[61] 2022년 SAFE 방식의 투자를 주로 하는 벤처투자조합을 결성하여 운용사를 선정하는 등 초기 투자를 중심으로 활용 방법을 모색하고 있다. 또한, 2023년 벤처투자법을 개정하여 '조건부 지분전환계약'을 규정하고 전환증권을 벤처투자 수단으로 이용할 수 있도록 허용했다(개정법 제2조 제1호 마목).[62]

---

58) 성희활(2022), 483쪽.
59) Coyle(2014), p.165.
60) 박용린, 천창민(2018), 6-7쪽.
61) 중소벤처기업부 보도자료, 소상공인기본법, 벤처투자촉진법 제정안 등 국회 본회의 통과, 2020.1.9.
62) 벤처투자 촉진에 관한 법률 일부개정법률안, 의안번호 22091(2023.5.25.국회 본

## 4. 투자 회수 방법

　벤처캐피탈 회사는 성공적으로 스타트업에 대한 투자를 회수해서 조합원에게 배분을 하는 것이 매우 중요하다. 벤처투자조합의 존속기한 내에 투자를 회수해야 좋은 투자 실적을 쌓을 수 있고 이후 출자자로부터 다시 출자를 받아 신규 벤처투자조합을 결성하기 용이해진다.63) 벤처투자자의 스타트업에 대한 투자 회수 방법은 아래와 같이 나누어볼 수 있다.64)

### 가. 스타트업 기업공개 (IPO)

　벤처투자시에 목표로 삼는 투자회수 방법으로, 스타트업이 기업공개를 하고 벤처투자조합이 보유한 주식을 공개시장에서 매각하여 투자금을 회수하는 방법이다. 이를 통해 벤처투자자는 높은 수익률을 달성할 수 있을 뿐 아니라 벤처캐피탈 회사가 신규 벤처투자조합을 결성할 때 투자자를 모집에 유리한 실적으로 이용할 수 있다.65) 벤처투자시 체결한 계약에 따라 벤처투자조합이 보유한 상환전환우선주식은 스타트업의 기업공개 직전에 대부분 보통주식으로 전환되고, 기업공개 이후 시장 상황과 주가, 벤처투자조합의 잔여 존속기간 등을 고려하여 적절한 시점에 보통주식을 매도하여 투자금을 회수한다.

---

회의 통과, 2023.12.21.시행).

63) Black& Gilson(1998), pp.255-257.

64) Smith(2005), p.339; Cumming& MacIntosh(2003), p.189.

65) 한국벤처캐피탈협회의 통계에 따르면, 2021년 벤처캐피탈의 투자금 회수 유형은 매각이 48.8%이고 기업공개가 32.1%를 차지하는데, 매각은 본 논문상 나.스타트업 매각과 다. 스타트업의 지분 매도를 합쳐서 산정한 것으로 보인다(Venture Capital Market Brief, 2021년).

### 나. 스타트업 매각

투자한 스타트업이 매각되는 경우 벤처캐피탈은 투자금을 회수할 수 있다. 스타트업 매각은 두 가지로 나눌 수 있는데, 첫번째는 스타트업이 다른 회사와 시너지 효과를 내기 위한 전략적 이유에 따라 투자 원금 대비 높은 가치로 행해지는 성공적인 매각의 경우이다. 이런 합병은 벤처투자자와 창업자 모두에게 이익이 될 수 있다. 반면, 스타트업의 자금사정이 악화된 상황에서 후속 벤처투자 유치에 실패한 경우 제3의 회사에 매각하여 투자 원금이라도 회수하고자 창업자 등 경영진을 압박해서 매각하는 경우도 있다. 이러한 스타트업을 매수하는 회사는 스타트업의 지적재산권을 확보하거나 스타트업의 인력을 확보할 목적으로 인수한다.66) 전자보다 유리한 방법은 아니지만, 벤처투자조합의 존속기간이 얼마 남지 않아 투자금 회수가 필요하거나, 매각의 대가가 합리적인 경우에는 효과적인 투자금 회수 방안이 될 수 있다.

뒤에서 검토할 것처럼 미국에서는 벤처투자자가 간주청산우선권을 보유하는 경우가 대부분으로, 스타트업의 매각이나 합병 시에 벤처투자자가 우선으로 그 대가를 수취할 권리를 가진다.67) 이에 따라 미국에서는 벤처투자자가 스타트업의 매각이나 합병을 추진할 인센티브가 크고, 스타트업의 매각이나 합병을 통해 벤처투자자가 투자금을 회수하는 경우가 많다.

### 다. 스타트업 지분 매도

다음으로 벤처투자자가 보유한 스타트업의 지분을 다른 투자자에게 매도하는 방법도 있다. 앞의 경우처럼 스타트업이 다른 회사에 매각이나 합병되면서 벤처투자자가 보유한 지분까지 매도하는 경우가 아니라,

---

66) Yao & O'Neil(2022), p.8.
67) 본 논문 제4장 제1절 III.3.나.

벤처투자자만 스타트업 지분을 매각하는 경우이다.[68] 벤처투자조합의 존속기간 만기가 임박한 시점에서 스타트업의 기업공개 여부가 확실치 않은 경우에 투자회수 수단으로 이루어지는 경우가 많다. 이를 통해 벤처투자조합은 투자원금과 일부 수익금을 회수하여 유동성을 확보할 수 있고, 스타트업은 벤처투자조합의 존속기간 만료 전에 신속하게 기업공개를 해야 한다는 압박에서 벗어날 수 있다는 장점이 있다.[69] 또한, 유망한 스타트업에 투자 기회를 갖지 못했던 다른 벤처투자조합 등도 이러한 거래를 통해서 투자 기회를 가질 수 있다.[70]

### 라. 상환권 행사 또는 풋옵션 행사

벤처투자자가 스타트업에 상환권을 행사하거나, 스타트업 또는 창업자에게 주식매수청구권(put option)을 행사하여 투자금을 회수받는 방법도 있다. 그런데 상환권 행사는 스타트업에 상환재원이 있어야 행사가 가능한데 스타트업에 상환재원이 있는 경우가 드물어서 이를 통해 투자금을 회수하기는 쉽지 않다.[71] 창업자에 대한 주식매수청구권 행사 역시 창업자 개인이 투자금을 지급할 수 있을 정도의 책임재산이 있는 경우가 많지 않아서 이를 통한 투자금 회수가 쉽지 않다. 그럼에도 벤처투자자는 상환권과 주식매수청구권 행사를 통해 스타트업 투자로 인한 하방위험(downside risk)를 막고자 이 권리를 확보하는 경우가 많다.

### 마. 스타트업의 청산에 따른 잔여재산 분배

스타트업이 성장하지 못해서 존속이 어려운 상황일 때 스타트업의

---

68) 다른 벤처투자조합의 투자지분을 취득하는 것을 전문으로 하는 투자조합을 '펀드 구조조정 세컨더리 펀드'라 한다[박용린(2021), 1쪽].
69) Ibrahim(2012), pp.21-22.
70) Ibrahim(2012), p.20.
71) 본 논문 제5장 제3절 III.1. 참고.

청산을 결의하고 벤처캐피탈이 상환전환우선주식의 잔여재산분배우선
권을 행사하는 방법이다. 벤처투자자는 청산하는 스타트업의 채권자들
이 잔여재산에 대해 채권을 행사한 뒤 남는 스타트업의 재산에 대해 잔
여재산분배권을 행사하여 투자금의 일부를 회수하게 된다. 그러나 존속
이 어려운 스타트업에 잔여재산이 거의 남아있지 않을 것이고, 기술력
중심의 스타트업의 경우 인적 자원 이외에 회사에 잔여 재산이라고 할
자산이 없는 경우가 대부분이라 벤처투자자 입장에서는 가장 불리한 방
식의 투자 회수 방법이다.

## 5. 기업형 벤처투자자(CVC)

기업형 벤처투자자는 벤처투자자의 유형 중 하나로, 일반 회사가 대
주주인 벤처캐피탈 회사를 지칭한다.[72] 기업형 벤처투자자는 일반 회사
가 출자하여 벤처캐피탈 회사를 설립하고 주요 출자자로서 투자조합을
결성해서 투자하는 경우에 해당한다. 일반적으로 기업형 벤처투자자는
일반 벤처투자자에 비해 벤처투자로 인한 재무적인 성과뿐 아니라 벤처
투자자의 모회사와 스타트업 간의 시너지를 고려한 전략적 투자도 가능
하다는 점이 가장 큰 장점으로 꼽는다.[73] 또한, 투자조합의 존속기간 내
에 보유한 스타트업 주식을 매각하거나 기업공개를 강행해서 투자회수
를 해야 하는 일반 벤처투자조합과는 달리, 기업형 벤처투자자는 투자
회수 시기나 방법 등을 스타트업의 상황에 따라 유연하게 정할 수 있
다.[74] 반면, 기업형 벤처투자자는 모회사와 시너지를 낼 수 있는 회사에
주로 투자한다는 한계가 있고, 모회사와 계열회사의 사업에 잠재적인
위협이 될 수 있는 스타트업에 미리 투자하여 스타트업의 기술을 파악

---

72) Ibrahim(2021), p.222.
73) Alon-Beck(2020), p.1019.
74) Ibrahim(2021), p.225.

하는 수단으로 악용할 수 있다는 문제도 있다.75)

　그런데 우리나라의 기업형 벤처투자자와 관련한 논의는 미국에서 주로 논의되는 맥락과는 다소 다르다는 점에 유의할 필요가 있다. 우리나라에서는 일반 회사가 출자해서 대주주로서 벤처캐피탈 회사를 설립하는 것은 예전부터 가능했다.76) 특히, 신기술금융회사나 중소기업 창업투자회사로 등록하려면 각각 200억원과 50억원의 납입자본금 요건을 두었다가 2016년과 2020년에 각각 100억원과 20억원으로 완화되었는데, 이 요건을 충족하려면 일반 회사의 출자가 불가피한 경우가 많았다.77) 그래서 우리나라에는 일반 회사가 대주주인 벤처캐피탈 회사로 넓은 의미의 기업형 벤처투자가 상당수 존재해왔다.78) 반면, 미국은 벤처캐피탈 회사를 주식회사가 아니라 파트너들로 구성된 유한책임회사의 형태로 설립하고 벤처투자펀드를 결성하는 독립적인 벤처투자자(independent venture capital)인 경우가 많다.79) 그래서 알파벳 등 일반 회사의 출자를 받아서 벤처캐피탈 회사를 설립하는 경우를 독립적인 벤처투자자와 대비하여 기업형 벤처투자자(corporate venture capital)의

---

75) Ibrahim(2021), p.232.
76) 2001년 설립된 아주IB투자의 경우, (주)아주가 60%의 지분을 보유해서 대주주의 지위에 있고(2023.5.15.자 분기보고서), 스마일게이트인베스트먼트 주식회사도 주식회사 스마일게이트의 자회사이며, 다올인베스트먼트 역시 2023.3. 우리금융지주에 매각되기 전까지 다올금융그룹이 소유하고 있었다(정혜윤, 다올그룹, 다올인베스트먼트 매각 완료…"2100억원 사업 안정성 강화", 2023.3.23, 머니투데이).
77) 여신전문금융업법상 신기술금융회사는 납입자본금 요건이 200억이었다가 2016년에 100억으로 완화되었고, 중소기업 창업투자회사는 2020년 벤처투자법 제정으로 기존 50억원에서 20억원으로 납입자본금 요건을 완화되었다(이윤재, '유동성·자본금 요건 완화' 3년간 70여곳 신규 등록. 2020.9.24.더벨).
78) 금융회사의 출자를 받아 설립된 대표적인 벤처캐피탈 회사로 한국투자파트너스, 케이비인베스트먼트, 미래에셋벤처투자 등이 있고, 일반 회사가 출자했거나 인수한 벤처캐피탈 회사로 스마일게이트인베스트먼트, LB인베스트먼트, 인터베스트, 카카오벤처스 등이 있다 [스타트업 레시피(2022), 5-13쪽].
79) Paul A.Gompers& Josh Lerner[Morck(eds)(2000)], p.21-23; 곽기현(2021), 13, 26쪽.

맥락에서 논의하는 것이다.80) 이러한 넓은 의미의 기업형 벤처투자자는 우리나라에서도 다수 존재해왔으나, 우리나라의 경우 이 형태가 일반적인 경우라서 일반적인 벤처캐피탈 회사의 맥락에서 논의된다는 차이가 있다.

우리나라에서 기업형 벤처투자자 허용의 맥락에서 논의되는 경우는 주로 일반 지주회사가 설립하는 벤처캐피탈 회사의 경우이다. 일반 지주회사는 스타트업에 투자할 자금력이 풍부함에도 금산분리의 원칙으로 인해 금융회사에 해당하는 벤처캐피탈 회사를 설립할 수 없었다(구 공정거래법 제8조의2 제2항 제5호).81) 이에 따라 일반 지주회사는 지주회사 체제에 속하지 않는 계열회사 또는 해외 자회사의 형태로만 벤처캐피탈 회사를 설립할 수 있었다.82) 이후 2020년 스타트업 투자 활성화를 위해 일반지주회사도 기업형 벤처캐피탈을 설립할 수 있도록 하는 내용으로 공정거래법이 개정되었고(법 제20조 제1항),83) 이에 일반지주회사가 기업형 벤처캐피탈을 설립하는 사례가 생겨나고 있다.84)

이렇게 일반지주회사가 만든 좁은 의미의 기업형 벤처투자자는 벤처투자법이나 여신전문금융업법의 벤처캐피탈 회사에 대한 규율 이외에 공정거래법에 따른 제한을 추가로 적용받는다. 일반지주회사는 완전자회사의 형태로만 벤처캐피탈 회사를 설립할 수 있고(법 제20조 제2항), 해당 벤처캐피탈 회사가 신규 벤처투자조합 결성시에 결성금액의 40%까지만 외부자금을 유치할 수 있고, 자기자본의 200%로 부채비율이 제

---

80) Ibrahim(2021), p.222("A common definition of corporate venture capitalist is 'the form of a separate corporate venture entity that is exclusively funded by the sponsoring corporation.'").

81) 현 공정거래법 제18조 제2항 제5호; 맹주희(2021), 3-4쪽; 공정거래위원회 2022. 4.20.보도참고자료, 기업형 벤처캐피탈(CVC) 관련 업계·관계기관 간담회 개최.

82) 신영수(2021), 169쪽.

83) 관계부처 합동 보도자료, '일반지주회사의 CVC 제한적 보유' 추진방안, 2020.7.30.

84) 이재연, 'CVC 1호' 등록 완료…동원그룹, 벤처투자 나선다, 2022.3.31, 한겨레 (https://www.hani.co.kr/arti/economy/economy_general/1036978.html).

한된다(법 제20조 제3항 제1호). 본 논문은 넓은 의미의 기업형 벤처투자자에 대해서는 일반 벤처투자자의 맥락에서 논의하고, 좁은 의미의 기업형 벤처투자자로 일반 지주회사가 출자하여 설립한 벤처캐피탈 회사를 의미하는 경우에는 별도로 기업형 벤처투자자로 지칭하기로 한다.

## III. 일반 투자자

상장회사와 비교하면 적은 비율이지만 스타트업에도 개인인 일반투자자들이 존재하고, 최근 스타트업 자금 조달 활성화에 따라 일반투자자의 투자도 증가하고 있다. 엔젤투자자가 대표적인데, 성공한 기업가나 투자자인 이들은 초기 스타트업에 투자하고 창업자에게 조언하면서 스타트업의 벤처투자 유치를 돕기도 한다.[85] 엔젤투자자는 주로 보통주식의 형태로 투자하고, 명망있는 엔젤투자자로부터 투자를 받은 스타트업은 벤처투자를 받기가 수월해지는 효과도 있다(signalling effect).[86]

최근에는 개인투자조합을 결성하거나 개인투자조합 또는 벤처투자조합에 출자하여 스타트업에 간접적으로 투자하는 개인 투자자도 증가하고 있다.[87] 특히, 스타트업의 자금조달 촉진을 위해 벤처투자법상 개인투자조합과 관련한 제도를 도입해서 발전시키면서(법 제3장) 개인투자조합을 통해 스타트업에 투자하는 경우가 증가하고 있다.[88] 자본시장

---

85) Ibrahim(2008), p.1406.

86) Ibrahim(2010b), pp.748-752.

87) 금융감독원 2021.9.16.자 보도자료("신기술조합 투자(출자)는 위험이 매우 큰 투자이므로, 판매 증권사를 통해 투자 관련 정보를 충분히 확인하세요")에 따르면, 증권회사가 모집한 신기술사업금융조합의 출자자 중 개인투자자가 75.8%를 차지(출자금액 기준으로는 18.7%)했다고 한다.

88) 이민하, 박계현, 연3000만원까지 100% 소득공제 되는 '투자 무풍지대' 있다, 2020. 8.6. 머니투데이(https://news.mt.co.kr/mtview.php?no= 2020080517502043453).

법상 사모의 방식으로 진행되는 경우 개인투자조합이나 벤처투자조합
에 출자할 수 있는 개인의 자격에 특별한 제한이 없고, 투자조합에 출자
시에 세제혜택을 받을 수 있다. 개인투자조합은 엔젤투자자와 같이 보
통주로 투자하는 경우가 많지만, 최근 결성 규모가 큰 개인투자조합이
상환전환우선주로 투자한 경우도 발견된다.89)

또한, 비상장주식거래 플랫폼을 통해 스타트업 주식을 매수한 투자
자도 스타트업의 일반투자자에 해당한다.90) 주식보상제도로 스타트업
의 주주가 된 임직원이나 엔젤투자자가 플랫폼을 이용해서 일반투자자
인 개인에게 스타트업 주식을 매도하는 경우가 늘어나고 있다. 예전에
는 비공식적인 장외주식 거래 플랫폼의 형태로 운영되었는데, 2020년
금융혁신지원 특별법상의 혁신금융사업자로 지정받아서 운영되고 있
다.91) 이처럼 플랫폼을 통해 스타트업의 주식을 취득한 투자자도 스타
트업의 일반투자자로 볼 수 있다. 그 밖에 크라우드 펀딩을 통해 스타트
업에 투자한 소수의 일반투자자도 존재한다.


## IV. 주요 임직원


스타트업은 창업자가 계획한 사업모델을 실제로 구현할 수 있는 기
획자와 개발자, 디자이너, 마케터 등의 주요 임직원을 채용한다. 기술
기반 스타트업의 성공을 위해서는 상품과 서비스를 잘 이해하고 개발

---

89) Ibrahim(2008), p.1446.

90) 우리나라의 경우 대표적으로 증권플러스 비상장(https://www.ustockplus.com/)
과 서울거래비상장(https://www.seoulexchange.kr/)이 있고, 미국은 대표적으로
Forge(https://forgeglobal.com/)와 Carta(https://carta.com/sg/)가 있다.

91) 금융위원회 보도자료, '20.4.1.금융위원회, 혁신금융서비스 9건 지정, 2020.4.1.
자: 이후 2년의 기간 도과로 혁신금융서비스로 재지정되었다(금융위원회 보도자
료, 혁신금융서비스 심사 결과, 2022.3.31.자).

역량을 갖춘 인력을 채용하고 해당 인력이 근속할 수 있도록 인센티브를 제공하는 것이 중요하다. 경쟁력 있는 보수를 지급하기 어려운 스타트업은 주식 형태의 보상을 적극 활용해서 주요 임직원을 채용하고, 주식 보상에 따른 권리를 행사하려면 2년 이상 또는 별도로 약정된 기간동안 재직하여야 행사할 수 있다. 그래서 주식 형태의 보상을 통해 주요 임직원이 장기 근속하도록 인센티브를 주고 회사 가치 상승에 따른 이익을 임직원과 공유해서 근로의욕을 고취시키는 효과가 있다.92)

주요 임직원은 주식매수선택권이나 양도제한부주식 등의 주식 보상을 통해 스타트업의 보통주주가 되어 근로자이자 주주라는 중첩적인 지위를 가진다. 주요 임직원은 자신의 인적 자원뿐 아니라 경제적 자원 모두를 재직 중인 스타트업에 투자하고 스타트업의 가치 증진을 위해 필요한 능력을 개발한다는 점에서 스타트업의 지배구조에 큰 영향을 받는다.93) 주요 임직원이 취득한 주식은 예외적인 경우를 제외하고는 스타트업이 상장해야 공개시장을 통해 매도할 수 있고 상장 이전에 퇴사할 경우 주식매수선택권 부여 등이 취소될 수 있어 상장시까지 스타트업에 묶여있게 된다(lock-in).94) 여러 스타트업에 분산 투자하면서 경제적 자원 투자로 인한 리스크를 관리하는 벤처투자자에 비해 임직원은 스타트업에 경제적, 인적 자원을 집중하여 투자하는 특성을 보인다.

---

92) Alon-Beck(2022), p.1200; Fan(2016), p.585; Pollman(2019), p.193; 고재종(2021), 32쪽.

93) Alon-Beck(2022), pp.1174-1175.

94) Rock& Wachter(1998), p.918, 925; Alon-Beck(2022), pp.1174-1175.

# 제3절 우리나라 스타트업의 특징

본 절은 스타트업과 벤처 생태계가 먼저 발전하여 세계적인 기업을 탄생시킨 미국의 실리콘밸리와 비교했을 때 우리나라 스타트업계에서 나타나는 특징에 대해서 정리한다.

## Ⅰ. 우리나라 스타트업의 특징

### 1. 정책지원에 의한 빠른 성장

우리나라 스타트업계의 특징은 국가의 정책적 지원을 통하여 빠른 속도로 성장했다는 점이다.[95] 미국의 경우 실리콘밸리라는 한정된 지역에 밀집된 네트워크를 중심으로 자본을 보유한 이들이 초기 스타트업에 투자하여 자생적인 성장을 이루어냈던 것과는 차이를 보인다.[96] 우리나라의 정책 주도적 스타트업 생태계 성장은 스타트업 국가(startup nation)이라고도 불리는 이스라엘과 유사한 면이 있다.[97] 이스라엘은 한정된 국토와 자원으로 스타트업 활성화를 통해 국가 경쟁력을 높이고자 국가 주도로 요즈마 펀드를 결성하여 해외 벤처투자자로부터 노하우를 배워서 국내 벤처투자자를 육성했고, 초기 스타트업을 위한 인큐베이터와 엑셀러레이터 프로그램을 운영해 왔다.[98] 1998년 요즈마 펀드의 민영화

---

95) 1980년대부터 2021년까지 각 정부의 창업지원 정책의 변화를 분석한 글로 김만수·강재원(2021), 44쪽 〈표 1〉 및 47-49쪽.

96) Gilson(1999), p.1069(미국 벤처캐피탈 시장의 중요한 성공요인으로 사적자치(private ordering)을 지적함).

97) 양희태(2018), 27-29쪽.

이후 민간 투자가 활성화되어 이스라엘에서 설립된 스타트업은 글로벌 투자자들의 투자를 받아 성장하고 미국 나스닥 거래소에 다수 상장하는 등 성과를 내고 있다.99)

우리나라 정부의 스타트업 진흥 정책 중 가장 주목할 점은 정책 펀드의 결성 및 운용이다.100) 중소벤처기업부가 2005년부터 설립하여 운용하고 있는 중소기업투자모태조합과 한국산업은행 등 정책금융기관이 민간금융기관 등과 공동으로 조성한 성장사다리펀드가 큰 규모로 운용되고 있다.101) 정책 펀드는 재간접펀드(Fund of Fund)의 성격으로, 정부 부처가 출자해서 펀드에 투자하는 형태의 모펀드를 결성하고 모펀드 운용기관이 해당 펀드의 목적에 맞는 민간 운용사를 선정하여 자펀드를 결성하는 방식이다. 모태펀드는 자펀드에 최대 30~50%의 금액을 출자하고 나머지는 선정된 자펀드 운용사가 투자자들의 출자를 받아 펀드를 결성함으로써 모태펀드가 민간 투자자들의 출자를 촉진하는 마중물 역할을 한다.102) 모태펀드의 출자를 받으면 다른 출자자를 모집하기 용이해서 벤처투자조합 결성에 유리하다.103) 2019년 기준으로 과거 5년 간 평균적으로 매년 신규 결성된 투자조합의 약 21%를 모태투자조합이 출자하여 단일 주체로서 가장 높은 비중을 차지한다는 점에서 알 수 있듯이 정책펀드에 대한 의존도가 높다.104)

---

98) 샤이파일러(2018), 24-26쪽; 이성복(2013), 5-20쪽.

99) 샤이파일러(2018), 24-26쪽.

100) 중소벤처기업부 정책브리핑, "정부, 모태펀드 9,297억 출자..벤처펀드 1조6000억 이상 조성", 2022.2.21.

101) '22년 상반기 성장사다리펀드 출자사업 추진, 한국성장금융, 22.5.23 보도자료 (기술금융, 지역혁신창업, LP지분 세컨더리 분야 730억원 출자, 총 2,000억 규모 펀드를 조성한다는 내용); 이성복(2013), 35-42쪽; 전성민, 최영근, 이승용(2020), 14-15쪽.

102) 남재우(2022), 1쪽; 이지언(2018), 5쪽.

103) 남인우(2021), 178쪽.

104) 곽기현(2019), 57쪽.

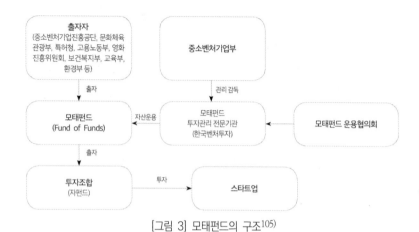

[그림 3] 모태펀드의 구조[105]

이러한 정책펀드의 역할에 대한 평가는 엇갈린다. 우리나라는 2000년대 초반 스타트업의 주식 발행을 통한 자금 조달이 활발하지 않았고 민간 벤처투자가 활발하지 않았는데, 모태펀드를 통해 간극을 메우고 안정적인 벤처투자 펀드 조성이 가능했다고 보는 견해도 있다.[106] 민간 벤처투자자는 수익률에 대한 우려로 불확실성이 큰 초기 스타트업에 투자를 꺼리게 되는데 모태펀드가 초기 스타트업을 주요 투자대상으로 하는 자펀드를 결성하여 초기 스타트업 투자를 활성화한다는 것이다. 그리고 모태펀드가 요건을 갖춘 자펀드 운용사를 선정하고 지속적으로 자펀드 운용사를 관리하여 벤처투자에 따르는 모럴해저드를 방지할 수 있다는 장점도 있다.[107]

반면, 정책펀드에 대한 높은 의존도로 인해 민간 모태펀드의 발전과 민간 중심의 벤처 투자 생태계 조성이 어려워지고 있다는 지적도 있다.[108] 정책펀드가 시장실패를 보완하는 수준을 넘어서서 민간 펀드를

---

105) 곽기현(2019), 57쪽 [그림1]을 일부 요약한 그림이다.
106) 이성복(2013), 44쪽; 전성민, 최영근, 이승용(2020), 14-15쪽.
107) 이성복(2013), 50쪽; 전성민, 최영근, 이승용(2020), 15쪽.

구축(crowd out)하는 결과를 초래한다는 것이다.109) 모태펀드는 자펀드를 운용하는 민간 벤처투자자에게 추가적인 수익률에 대한 인센티브를 부여하지 않아 수익률이 높지 않다는 점이 지적되기도 한다. 이스라엘 요즈마 펀드는 자펀드 운용사에게 정부의 펀드 지분에 대한 콜옵션을 부여하는 등 인센티브를 제공한데 반해,110) 우리나라에서는 자펀드 운용사에 대한 인센티브 부여가 일반적이지 않다. 또한, 모펀드가 정책적 목적에 따라 자펀드의 주목적을 정하고 이에 부합하는 스타트업에 일정 비율 이상 투자하도록 하는 경우가 많은데, 이 때 자펀드의 수익률과 정책펀드의 정책상 목적 달성이 충돌할 수 있다.111) 그럼에도 불구하고 민간 중심의 벤처투자가 활성화되지 않은 우리나라에서 모태펀드는 큰 영향력을 행사하고, 매년 모태펀드의 추가 출자 예산 규모에 업계의 이목이 집중된다.112)

## 2. 이원화된 벤처투자 관련 법제

우리나라의 벤처캐피탈 회사들은 벤처투자법에 따라 중소기업벤처투자회사로 등록한 회사와 여신전문금융업법에 따라 신기술사업금융회사로 등록한 회사 두 종류로 나누어진다. 이러한 구분은 연혁적인 이유

---

108) 남재우(2022), 7-8쪽; 이지언(2018), 5-6쪽.

109) 남재우(2022), 7-8쪽.

110) 이성복(2013), 16-17쪽.

111) 전성민, 최영근, 이승용(2020), 25, 65쪽; 남인우(2021), 177쪽(이로 인해 우수한 벤처캐피탈은 모태펀드 운용 지원을 하지 않는 경우도 발생하고 해외 벤처캐피탈과 업무를 하기도 용이하지 않다는 인터뷰이의 의견).

112) 금융위원회 보도자료, 정책금융기관의 벤처기업 지원 현황, 2023.4.; 최근 민간이 모태펀드와 같은 모펀드를 결성할 수 있도록 법적 근거를 마련하는 벤처투자법 개정안이 국회와 국무회의를 통과하여 2023년 10월경부터 시행될 예정이다(중소벤처기업부 보도자료, 벤처투자법 국무회의 의결, 민간 벤처모기금(펀드) 제도 도입된다, 2023.4.11.).

에서 기인하는데, 1986년 벤처투자에 대한 법적 근거로 중소기업창업법
과 신기술사업금융지원에 관한 법률을 제정해서 각 법률에 따라 중소기
업창업투자회사와 신기술사업금융회사를 설립할 수 있고, 각 회사들이
중소기업벤처투자조합과 신기술사업금융조합을 결성할 수 있도록 했
다.113) 이후 1996년 코스닥 시장 개장과 함께 스타트업 생태계를 지원
하고자 1997년 벤처기업법을 제정한 이후에 1998년 개정하여 위 두 종
류의 조합 이외에 한국벤처투자조합을 결성할 수 있도록 근거규정을 추
가했다. 그리고 1997년 여신 기능을 수행하는 유사한 금융업을 통합할
목적으로 여신전문금융업법을 제정하여 신기술사업금융회사에 대한 규
정을 여신전문금융업법에 통합했다.114)

　　이 시기부터 2020년 벤처투자법 제정 이전까지 벤처기업법과 중소기
업창업법 및 여신전문금융업법에 각각 근거를 둔 세 가지 종류의 벤처
투자조합을 결성할 수 있었다.115) 벤처캐피탈 회사 역시 중소기업창업
법에 따른 창업투자회사와 여신전문금융업법에 따라 신기술사업금융회
사를 각 근거법에 따라 설립할 수 있었다. 창업투자조합의 경우 창업투
자회사와 신기술사업금융회사가 요건을 충족하면 결성할 수 있었던 반
면, 여신전문금융업법상의 신기술사업금융조합은 신기술사업금융회사
만이 결성할 수 있었다. 그리고 2005년 벤처기업법 개정으로 모태투자
조합이 도입되면서 한국벤처투자조합을 결성하기 위해서는 반드시 모
태투자조합의 출자를 받도록 했다.116)

　　2020년 벤처투자법 제정으로 벤처기업법과 중소기업창업법상 투자
조합은 벤처투자조합으로 통합되었으나, 여신전문금융업법에 따른 신기
술금융투자조합은 여전히 별도의 제도로 남아있다.117) 현행 법제 하에

---

113) 이인찬(2003), 56쪽; 전성민, 최영근, 이승용(2020), 5쪽.
114) 이익현(2009), 62쪽.
115) 최민혁, 김민철(2018), 110쪽 〈표 1〉.
116) 최민혁, 김민철(2018), 110쪽.

서는 벤처투자법상 벤처투자회사나118) 여신전문금융업법상 신기술사업
금융회사인 벤처캐피탈 회사가 벤처투자법상의 벤처투자조합을 결성할
수 있지만, 여신전문금융업법상 신기술금융투자조합은 신기술사업금융
회사만이 결성할 수 있다. 이러한 이원화된 체계 하에서 벤처투자법과
여신전문금융업법은 벤처캐피탈회사나 벤처투자조합의 투자 대상이나
투자 방법 및 공시의무 등을 다르게 규율하고 있다. 예를 들어, 벤처투
자법은 벤처투자조합의 투자 방식에 대한 제한과 의무투자비율 제한을
정하는 반면, 신기술사업금융투자조합은 이런 제한을 두지 않는다.119)
이처럼 유사한 기능을 하는 벤처캐피탈 회사 및 투자조합에 대해 서로
다른 시스템이 만들어져있고 양자가 세부적인 차이를 보임에 따라 규제
차익이 발생하는데, 이에 대해서는 제5장에서 자세히 검토한다.120)

---

117) 최민혁, 김민철(2018), 125쪽; 이효경, 2019, 190쪽.

118) 벤처투자 촉진에 관한 법률 일부개정법률안, 의안번호 22091(2023.5.25.국회
본회의 통과)에서는 명칭을 '중소기업 창업투자회사'에서 '벤처투자회사'로 명
칭을 변경하였다. 그러나 본 논문에서는 논의 상 구별을 위해 벤처투자법에 따
른 벤처투자회사를 별도로 지칭할 때에는 '벤처투자법상 벤처투자회사'로 지칭
하고, 벤처투자법상 벤처투자회사와 여신전문금융업법상의 신기술사업금융회
사를 통칭할 때에는 '벤처캐피탈 회사'라고 지칭한다.

119) 벤처투자법 제2조 제1호에 '투자'의 정의가, 제38조에 중소기업창업투자회사의
투자의무 규정이, 제51조에 벤처투자조합의 투자의무 규정이 규정되어 있다.

120) 본 논문 제5장 제2절 I.2. 참고; 규제 차익으로 인해 제도를 일원화해야 한다는
주장으로 최민혁, 김민철(2018), 125쪽.

[표 1] 벤처투자법 제정에 따른 벤처투자조합 제도 변화

| 벤처투자법 제정 이전 | | 벤처투자법 제정 이후 | |
|---|---|---|---|
| 조합 유형 | 근거 법률 | 조합 유형 | 근거 법률 |
| 창업투자조합 | 중소기업 창업지원법 | 벤처투자조합 | 벤처투자법 |
| 한국벤처투자조합 | 벤처기업법 | | |
| 신기술사업 금융조합 | 여신전문금융업법 | 신기술사업 금융조합 | 여신전문금융업법 |

## 3. 주식회사 형태의 스타트업과 벤처캐피탈

우리나라 스타트업계의 또다른 특징은 대부분의 스타트업과 벤처캐피탈 회사가 주식회사의 형태로 설립된다는 점이다. 상법은 다양한 회사의 형식을 선택할 수 있도록 주식회사 이외에도 유한회사, 유한책임회사, 합자회사 등을 설립할 수 있도록 규정하고 있다. 특히 2011년 상법 개정시 스타트업과 같이 아이디어 창업 등 지식기반산업에 적합한 유연하고 다양한 지배구조를 가진 유한책임회사를 도입했다.121) 그러나 우리나라에서 설립된 회사의 95% 이상이 주식회사 형식을 선택할 만큼 업계를 불문하고 주식회사 이외의 다른 형태가 이용되지 않고 있고, 스타트업과 벤처캐피탈 회사도 대부분 주식회사의 형태를 하고 있다.122) 2011년 상법 개정으로 주식회사의 최저 자본금 제도가 폐지되어 설립시 자본금 납입에 대한 부담이 없고, 소규모 주식회사에 대한 특례 도입으로 일정 규모 이상이 되기 전까지는 지배구조 정립에 대한 부담이 크지

---

121) 상법 개정 이유서(2011.4.14자).
122) 국세통계포털에 따르면 2020년 법인세를 신고한 총 신고법인인 838,008개 중 약95%인 796,582개가 주식회사로 되어 있다(https://tasis.nts.go.kr/websquare/websquare.html?w2xPath=/cm/index.xml, 2022.6.8 확인).

않다는 점에서 기인하는 것으로 보인다.[123] 스타트업 역시 설립시에는 소규모 회사이지만 추후 벤처투자자를 통한 외부 자금조달을 통해 성장해서 기업공개를 할 것을 목표로 하기 때문에 외부 자금의 조달이 용이한 주식회사의 형태로 설립되는 경우가 대부분이다.

미국의 경우 스타트업은 우리나라와 유사하게 주식회사로 설립되지만, 벤처캐피탈 회사는 유한책임회사의 형태로 설립되는 경우가 많다.[124] 유한책임회사는 정관을 통한 당사자 자치의 범위가 넓으면서도 구성원이 유한책임을 누릴 수 있고, 소수의 당사자들이 주식회사의 기관 설치 의무 등을 부담하지 않고 자유롭게 운영할 수 있어 자율성이 중요한 벤처캐피탈 회사의 형태로 선호된다.[125] 또한, 벤처캐피탈 회사의 파트너들은 유한책임회사의 사원으로서 이익배당 받을 권리를 가지므로 벤처캐피탈 회사가 수취하는 성과보수를 직접 분배받을 수 있어 높은 투자 수익에 대한 인센티브가 크다.[126] 반면, 주식회사는 이사회 등 기관구성의 의무가 있고 벤처캐피탈 회사 파트너가 아닌 외부 주주가 존재하며 회사법상 강행규정의 제한을 받는다. 그리고 벤처캐피탈 회사가 벤처투자조합의 운용으로 수취한 성과보수는 원칙적으로 회사와 주주에게 귀속되고, 벤처캐피탈 회사의 임직원들은 그 중 일부를 성과급 약정에 따라 지급받기 때문에 수익 달성에 대한 인센티브가 높지 않다.[127]

그럼에도 불구하고 우리나라는 벤처투자조합이 아닌 벤처투자 회사를 중심으로 초기 벤처투자 제도가 형성됨에 따라 주식회사 형태의 벤처투자회사가 많다.[128] 정부의 벤처투자 육성이 시작된 1990년대에는

---

123) 박영준(2015), 333쪽; 맹수석(2019), 28-29쪽; 정대익(2021), 124쪽.

124) 곽기현(2021), 13, 26쪽; 미국의 경우에도 대부분의 스타트업은 유한책임회사나 S-Corp가 아닌 C-Corp의 형태로 설립된다[Polksy(2019), pp.411-412].

125) 정대익(2021), 135쪽; 황학천(2012), 124-125쪽.

126) 곽기현(2021), 28쪽.

127) 이인찬(2003), 166-167쪽.

128) 이인찬(2003), 165쪽(2003년 기준 우리나라 벤처투자 재원 중 "창업투자회사의

다른 금융투자상품에 비해 벤처투자의 수익률이 낮아서 출자자를 모아 벤처투자조합을 결성하기가 어려웠다.129) 그래서 자본력을 갖춘 벤처투자회사가 자본금으로 스타트업에 투자하거나 자본금을 바탕으로 사채를 발행해 조달한 한 자금으로 스타트업에 투자하는 경우가 많았다.130) 이에 주주로부터 자본금을 조달하기 용이한 주식회사 형태의 벤처캐피탈 회사가 대부분을 차지한 것이다.

2005년 모태투자조합이 도입되어 모태투자조합의 출자를 받은 벤처투자조합을 중심으로 제도가 개편된 후에도 주식회사 형태의 벤처캐피탈 회사에 대한 선호는 계속되었다. 2020년 벤처투자법 제정 이전에는 유한회사 등은 세 가지 유형의 벤처투자조합 중에서 벤처기업법상 한국벤처투자조합만 결성할 수 있었는데,131) 한국벤처투자조합 결성에는 모태투자조합의 출자가 필수적이었다. 그러나 모태투자조합이 유한회사 등인 벤처투자회사를 업무집행조합원으로 하는 조합에 대한 출자를 선호하지 않아 조합 결성에 어려움이 있었다.132) 2020년 벤처투자법 제정으로 한국벤처투자조합이 창업투자조합으로 통합되면서 유한회사 등도 벤처투자조합을 결성할 수 있게 되었고, 모태투자조합으로부터 출자받을 의무도 폐지되어 유한회사 등의 형태를 한 벤처캐피탈 회사가 벤처투자조합을 결성하는 경우가 증가했다.133)

---

자기자본과 차입금을 통한 투자가 전체 투자실적의 70%를, 투자조합을 통한 투자가 30%를 차지했다").

129) 이인찬(2003), 69쪽.

130) 이인찬(2003), 71쪽(2003년 기준 우리나라 벤처투자 재원 중 "창업투자회사의 자기자본과 차입금을 통한 투자가 전체 투자실적의 70%를, 투자조합을 통한 투자가 30%를 차지했다").

131) 곽기현(2021), 2쪽.

132) 곽기현(2021), 22-24쪽.

133) 벤처투자 촉진에 관한 법률 일부개정법률안, 의안번호 22091(2023.5.25.국회 본회의 통과, 2023.12.21.시행)에서 유한회사와 유한책임회사도 벤처투자회사를 설립할 수 있는 주체로 추가되었다(개정법 제37조 제2항 제1호).

그러나 아직 우리나라에는 주식회사의 형태의 벤처캐피탈의 비율이 높은 편이다.134) 우리나라에서 업무집행조합원의 의무 출자비율이 총 결성금액의 약 5~10%로 미국의 1%에 비해 높은 편이어서 외부 주주로부터 출자금 조달이 용이한 주식회사의 형태가 선호되는 면이 있다.135) 그래서 벤처캐피탈 회사 중 기업공개를 통해 일반투자자로부터 자금을 조달해서 투자조합의 대형화를 도모하는 회사도 다수 존재한다.136) 또한, 정책펀드를 비롯한 대형 출자자들도 유한회사에 비해 주식회사 형태의 벤처캐피탈 회사를 선호하는 경향이 있다. 주식회사인 벤처캐피탈 회사와 유한회사 등이 결성한 유사한 규모의 벤처투자조합을 비교한 선행 연구 결과에 따르면 유한회사 등이 결성한 투자조합의 출자자 수가 더 많은데, 이는 유한회사 등이 출자자를 모집하는데 어려움을 겪는다는 것을 시사한다.137)

## 4. 기업공개와 매각 시장의 촉진 정책

우리나라는 스타트업 투자자들의 투자자금 회수를 통한 선순환을 위해 1996년 코스닥 시장을 만들어서 성장한 스타트업이 상장할 수 있도록 하고, 2013년에는 코넥스 시장을 만들어서 벤처기업을 중심으로 기업공개를 할 수 있도록 하였다.138) 코스닥 시장은 스타트업과 벤처캐피

---

134) 한국벤처캐피탈협회의 중소기업창업투자회사 및 벤처투자조합 현황에 따르면, 2021년 기준 주식회사 형태인 창업투자회사는 197개인 반면, 유한책임회사형 벤처캐피탈은 41개이다(https://www.index.go.kr/unity/potal/main/EachDtl PageDetail.do?idx_cd=1196).

135) 곽기현(2021), 6쪽.

136) 성현희, VC·AC, 제2벤처붐 타고 '상장 러시', 2021.11.1. 전자신문(https://www. etnews.com/20211101000218).

137) 곽기현(2021), 5쪽.

138) 코스닥 코넥스, 17살 터울 형제 탄생…형만한 동생 나올까, 2013.7.2(https:// www.hankyung.com/finance/article/2013070199346).

탈이 기업공개를 통한 주식 상장의 수단으로 비교적 활발하게 이용되고 있는데 반해,[139] 코넥스 시장의 이용은 저조하다.[140] 그러나 코스닥 시장의 경우에도 상장 신청 기업의 매출이나 이익을 엄격한 기준으로 보는 보수적 심사로 인해 매출이나 이익은 크지 않으나 성장가능성이 높은 기업들은 기업공개가 어렵다는 점이 지적이 많았다.[141]

이에 따라 매출이나 이익은 적으나 성장성이 높은 스타트업들을 위한 별도의 상장제도가 도입되었다. 2005년에 기술성을 갖춘 회사들이 기술 평가를 받아 완화된 요건에 따라 상장을 하도록 하는 기술특례 상장이 도입되어 바이오 기업들을 중심으로 활발히 이용되었다.[142] 2016년에는 코스닥에 일반 상장 요건 중 이익실현 요건을 완화한 상장 제도인 '이익 미실현 특례상장'과[143] 상장주선인의 추천으로 성장성이 높은 기업을 상장시키는 '성장성 특례상장' 제도를 도입했다.[144] 유가증권시장(KOSPI)도 'K-유니콘 특례상장'이라는 제도를 만들어서 유니콘 스타트업의 경우에 매출이나 이익 실현 요건에 대한 예외를 인정하여 상장할 수 있도록 했다.[145] 다만, 최근 기술특례를 통해 상장한 바이오 기업들의 부실이나 성장성 부족 문제가 지적되면서 기술성 평가를 강화하는

---

139) 한국거래소, 코스닥 시장 개장 25주년 주요 성과 분석, 2021.7.1. 보도자료.

140) 김기송, 코넥스시장 활성화한다더니…거래가 오히려 줄었네?, 2022.7.4., SBS Biz(https://biz.sbs.co.kr/article/20000069981).

141) 금융위원회, 금융감독원 등, 역동적인 자본시장 구축을 위한 상장·공모제도 개편방안, 2016.10.5.

142) 한국거래소, 코스닥 기술특례상장 도입('05년) 이후 성과 및 평가, 2020.1.20. 보도자료.

143) 금융위원회, 금융감독원 등, 역동적인 자본시장 구축을 위한 상장·공모제도 개편방안, 2016.10.5.

144) 금융위원회, 금융감독원 등, 역동적인 자본시장 구축을 위한 상장·공모제도 개편방안, 2016.10.5.

145) 이지은, '유니콘 1호'도 피하지 못한 IPO 변동성…하락 우려에 '상장 전 소액매각'도, 2022.3.21, 인베스트조선(https://www.investchosun.com/m/article.html?contid=2022031880190).

방향으로 제도 개선을 모색하고 있다.146)

　　반면, 우리나라 스타트업 매각 시장은 부진하다는 평가를 받아왔는데, 이에 몇 가지 이유를 찾을 수 있다. 먼저, 스타트업을 매수할 자금 여력이 있는 대기업 등이 자산총액이나 매출액이 300억원 이상인 스타트업의 지분을 20% 이상 인수하면 기업결합 신고 대상이 되고(공정거래법 제11조 제1항 제1호), 스타트업의 지분을 30% 이상 인수하면 스타트업이 상호출자제한 기업집단 등에 포함되어 추가적인 법적 의무를 부담한다(공정거래법 제2조 제11호, 동 시행령 제4조 제1항 제1호). 이처럼 법적 절차도 복잡하고 대기업의 문어발식 확장 경영이라는 부정적인 이미지를 줄 수 있어 스타트업 인수를 꺼리는 측면이 있었다.147) 또한, 중소기업은 스타트업 인수로 중소기업 기준에 해당하지 않게 되면 저리 대출 기회나 세제 혜택 등이 상실될 수 있어 스타트업 매수에 소극적이었다.148) 실리콘밸리에서 자주 이용되는 인력 인수 목적의 스타트업 애퀴하이어(acquihire)도 활발하지 않은데, 지적재산권 보호 수준이 높지 않아 애퀴하이어보다는 스타트업이 청산할 때까지 기다렸다가 이후에 핵심 인력만을 채용하는 방법이 스타트업 인수보다 간편하다고 보기 때문인 것으로 보인다.149) 또한, 기존 산업의 관점에서는 스타트업의 가치가 미래의 성장성을 이유로 고평가되었다고 보고 M&A 논의에 적극적이

---

146) 명순영, '말 많은' 기술특례 상장 손본다…업종별로 더 깐깐하게 평가 기준 세분화, 2022.4.15, 매경이코노미(https://www.mk.co.kr/economy/view.php?sc=50000001&year=2022&no=338033).

147) 최호섭, 우리나라 스타트업에 인수합병 성공스토리 없는 이유는?, 2016.8.26. 동아사이언스(https://www.dongascience.com/news.php?idx=13561).

148) 관계부처 합동, M&A 활성화를 위한 벤처지주회사 제도개선 방안, 2018.8.2. (2016년 기준 미국의 M&A를 통한 투자금 회수액 비중은 89%인데 반해, 우리나라는 3%에 불과); 신영수(2021), 170쪽.

149) 경지현, 차준호, 인력만 '쏙' 빼간 네이버…스타트업 투자 분위기에 '찬물', 인베스트조선, 2016.12.19(http://www.investchosun.com/site/data/html_dir/2016/12/19/2016121986000.html).

지 않았던 측면도 있다.

　최근에는 기존에 비해 스타트업 M&A가 활성화되고 있는 추세이다. 정부에서 스타트업 M&A를 활성화하기 위해 마련한 여러 지원책의 효과이기도 하고,[150] 유니콘 스타트업의 출현으로 자금 여력이 있는 스타트업이 다른 스타트업을 매수해서 회사 규모를 키우고 신규 사업을 개척되는 경우가 증가했기 때문이다.[151] 우아한 형제들이 독일 회사인 딜리버리 히어로에 4조 8,000억원 대의 가치로 매각되는 등의 성공 사례가 생기면서 매각을 통한 스타트업 투자 회수가 효율적인 대안으로 고려되기 시작했다.[152] 2022년 이후에는 경기 침체로 스타트업에 대한 투자가 위축되면서 스타트업이 자구책으로 다른 스타트업과의 인수합병을 적극 추진하는 경우도 나타난다.[153]

## II. 미국 스타트업계와 비교

　미국 스타트업은 서부의 실리콘밸리를 중심으로 풍부한 투자 자금과 전세계에서 몰려든 인재들의 기술력을 바탕으로 급속도로 발전했다.[154]

---

150) 중소벤처기업부 보도자료, 국내 중소·벤처기업의 인수합병(M&A) 활성화를 위한 '2022 M&A 컨퍼런스' 개최, 2022.6.24.

151) 허란, 불황 때 열린 M&A 큰장…알짜 스타트업 '사냥의 시간'이 왔다, 2022.7. 26, 한경(https://www.hankyung.com/opinion/article/2022072643321).

152) 김재형, 주애진, 배달의 민족, 4조 8,000억대 지분매각 '글로벌 대박', 2019. 12. 14., 동아닷컴, https://www.donga.com/news/Economy/article/all/20191213/ 98798213/1).

153) 김인경, 뭉쳐야 산다…'투자 혹한기' 스타트업끼리 M&A 급증, 2022.9.1. 중앙일보(https://www.joongang.co.kr/article/25098624#home).

154) Gilson(1999), pp.594-613; 반면, Bellucci, Gucciardi& Nepelski(2021), pp.5, 22에 따르면 유럽연합의 경우 스타트업이 발달하지 못했고, 최근 중국의 기술 중심 스타트업과 이에 대한 벤처투자가 급속도로 성장했다. 2018년 기준 벤처

혁신 기술 중심의 스타트업의 시작은 미국 동부에서 나타났는데, 1950 년대에 정부로부터 대규모 군사비 지원을 받은 MIT와 하버드대학을 중심으로 한 Route 128에서 초기 스타트업들이 설립되었다. 이후 스탠포드 대학이 적극적으로 산학 협력을 추진하면서 기술을 상용화하기 위한 스타트업을 창업하는 문화를 발전시켰고, 인텔, 휴렛패커드 등이 인터넷 붐을 주도하면서 스타트업의 주도권이 서부로 넘어갔다.155) 실리콘밸리 스타트업계는 1988년 애플을 필두로 1996년 야후의 IPO 등을 거치면서 1990년대 후반까지 IT 산업의 발전으로 호황을 맞이했다. 2000년대 초반 버블 붕괴로 스타트업 상장이 어려워지면서 위축되었으나, 이후 구글, 페이스북, 아마존 등 스타트업이 글로벌 기업으로 발전하는 사례들이 생기면서 실리콘밸리는 스타트업 성공의 상징적인 장소가 되었다.

실리콘밸리의 성공 이유로 Gilson 교수는 새로운 아이디어를 가진 기업가와 이들에게 자금을 공급하는 투자자, 그리고 기업가와 투자자를 연결해주는 중개인의 역할을 하는 벤처캐피탈 회사가 동시에 존재하기 때문이라고 분석했다.156) 출자자들이 벤처투자펀드에 큰 금액을 출자하면 벤처투자자들이 유망한 스타트업을 발굴해서 투자하고, 투자한 스타

---

캐피탈 투자는 미국과 중국에 대한 투자가 전세계 투자금액의 80%를 차지했고, 유럽연합 국가들은 10% 미만을 차지했으며, 유럽연합 내에서도 영국, 독일, 프랑스, 스페인, 스웨덴의 5개 국가가 투자금액의 80%를 차지했다.

155) Gilson(1999), pp.586-594; Nicholas(2019), p.157, pp.184-193(1955년까지 스탠포드 공과대학의 학장이었던 Frederick Terman이 적극적으로 산학협력을 주도했고, Route 128은 제2차 세계대전 이후 군수산업을 상업화하는데 소극적이었던 반면 실리콘밸리는 적극적으로 군수산업을 상업화했다는 설명); Mallaby (2022), pp.17-18(반도체의 아버지라 불리는 William Shockley가 Terman이 만든 산학협력 캠퍼스에 반도체 회사를 세웠으나, 회사의 임직원이었던 박사 과정 학생 8명이 Shockley의 리더십에 불만을 가지고 퇴사해서 Fairchild Semiconductor라는 스타트업을 만들어 모험자본 투자를 받아 성공시킨 것이 실리콘밸리 스타트업의 모델이 되었다고 설명함).

156) Gilson(2003), p.1093; Nicholas(2019), p.159(인텔은 1968년 창업해서 1971년 성공적으로 기업공개를 했다).

트업이 성공적으로 상장해서 출자자에게 높은 수익률로 수익을 분배하는 구조가 동시에 갖추어져있다는 것이다. 스타트업을 성공적으로 상장 또는 매각한 창업자가 엔젤투자자나 벤처투자자로 다른 스타트업의 성장을 지원하면서 실리콘밸리 스타트업계의 선순환을 가능하게 한다.

## 1. 민간 중심의 벤처투자

미국에서는 스타트업의 자금 조달에 중요한 역할을 담당하는 벤처투자가 민간 중심으로 자발적으로 형성되었다는 점에서 정책 주도로 벤처투자 제도가 형성된 우리나라와는 큰 차이를 보인다.157) 독일, 일본 등과는 달리 미국에서는 은행이 발달하지 않아서 회사가 은행을 통해 자금을 조달하기가 어려웠다. 그래서 대안으로 민간 중심의 벤처투자가 발달해서 다수의 기관투자자나 전문투자자들이 벤처투자펀드에 출자하고 펀드가 스타트업에 투자하여 얻은 고수익을 출자자에게 배분하는 방법이 발전한 것이다.158)

미국에서도 1960년대에는 중소기업부(Small Business Administration)가 중소기업투자회사(Small Business Investment Company, 이하 "SBIC")를 육성하는 시스템을 만들어 정책적 지원을 했다. 스타트업을 포함한 중소기업에 투자하는 SBIC를 만들 수 있는 라이선스를 부여하고, 정부가 SBIC에 투자금의 일부를 대출해주거나(debenture) 참여형 증권(participating securities)을 취득하는 방식으로 지원했다.159) 그러나

157) 2004년 구글의 IPO 사례를 중심으로 실리콘밸리 벤처투자에 따른 벤처투자자와 투자받은 회사 간의 법적 관계의 특징을 분석한 글로 김갑래(2007), 127-78쪽.
158) Black & Gilson(1998), p.244(미국의 자본시장의 특성을 강한 주식 시장, 약한 금융 중개자, 일본이나 독일와 같은 은행과 비금융회사 간의 긴밀한 연결의 결여라고 언급하고, 이는 경제적 불가피성에 의한 것이라기 보다는 정치, 역사, 경로의존적 진화를 반영한 것이라고 언급함).
159) 배승욱(2019b), 43쪽; Bristow& Petillon(1999), p.412; Bristow, King &

SBIC의 대출 상환 시점인 5년이 스타트업의 일반적인 투자회수 기간보다 짧아서 상환에 부담이 생기고, SBIC 운용자의 자기거래 문제 등 모럴해저드 발생으로 관련 규제가 강화되면서 SBIC를 통한 스타트업 투자가 줄어들고 민간 벤처캐피탈의 역할이 커졌다.160)

미국의 민간 벤처투자는 1980년대 초에 비약적으로 성장했는데, 1979년 미국 노동부가 근로자퇴직급여보장법(Employee Retirement Income Security Act, 이하 "ERISA")에 따른 연금펀드 등이 벤처투자조합과 같은 고위험 자산군에 퇴직연금 펀드를 투자할 수 있도록 결정한 것이 큰 계기가 되었다.161) 연금펀드의 자산의 일부를 벤처투자펀드와 같은 고위험군 자산에 투자를 하더라도 그 투자가 연금계획의 목적을 위해 손실의 위험과 수익의 기회를 고려해서 이루어진 것이라면 펀드 운용자의 신인의무를 다한 것이라고 해석한 것이다.162) 이 결정 이후 8년만에 퇴직연금 펀드의 출자비중이 벤처투자펀드에 대한 출자금 전체의 50% 이상을 차지할 정도로 비중이 커졌고,163) 1978년 대비 1983년의 벤처투자조합에 대한 투자 확약 금액이 7배로 증가했다.164)

1980년에는 투자자문업자(investment advisors)가 연금펀드의 벤처투자펀드 출자에 관여하게 되면서 벤처투자의 전문화와 확산에 영향을 주

---

Petillon(2004), p.90 각주35.

160) 배승욱(2019b), 43쪽; Bristow& Petillon(1999), p.413, 419; Bristow, King & Petillon(2004), p.90(SBIC는 자금의 50-75%를 정부로부터 출자받음에도 불구하고, 1978년까지 정부로부터 보조를 받지 않는 민간 벤처캐피탈에 대한 출자 약정금이 SBIC의 출자약정금보다 거의 3배 정도 많았다고 설명).

161) Gompers & Lerner(2004), p.8; 배승욱(2019b), 51쪽; Bristow& Petillon(1999), p.413(펀드 자산의 일부를 벤처캐피탈 펀드를 포함한 사모펀드에 투자를 해도 건전성을 고려해서 선관주의 의무를 다한 것이라는 결정으로, 'The Prudent Man Ruling'이라고 한다).

162) Nicholas(2019), p.176.

163) Gompers & Lerner(2004), p.9.

164) Baker & Gompers(2003), p.579.

었다.165) 1979년 노동부의 결정 직후에는 벤처투자펀드에 대한 출자가 퇴직연금 펀드에서 차지하는 비중이 적었기 때문에 퇴직연금 펀드가 투자자문업자의 관여없이 직접 벤처투자펀드에 출자를 했다. 그런데 1980년대 중반부터 투자자문업자가 기관투자자들의 벤처투자와 관련해 자문하는 게이트키퍼 역할을 하면서 연금펀드를 비롯한 기관들의 벤처투자펀드 출자가 활발해졌다.166)

### 2. 다양한 자금조달 방법

미국 스타트업은 벤처투자자의 투자뿐 아니라 다양한 주체로부터 대규모 투자를 받고 벤처투자자의 유형도 다양한다. 미국에서는 구글, 마이크로소프트, 인텔 등이 대주주로 출자하여 만들어진 넓은 의미의 기업형 벤처투자자(CVC)가 전체 벤처투자규모의 약 50%를 차지한다.167) 구글이 출자한 구글 벤처스는 구글의 모회사인 알파벳을 유일한 출자자로 하는 벤처투자펀드를 만들어서 유망한 스타트업에 투자한다.168) 미국에서는 2020년 기준으로 1,600개 이상 회사가 기업형 벤처투자 프로그램을 운영해서 스타트업에 투자하고 스타트업으로부터 새로운 기술과 사업 모델을 배운다.169)

미국의 스타트업은 대출 형식으로 자금을 조달하기도 하는데, 실리콘밸리은행(SVB)이 대표적이다. 최근 뱅크런 사태를 일으키며 First

---

165) Gompers & Lerner(2004), pp.9-10.

166) Gompers & Lerner(2004), pp.9-10.

167) 배승욱(2019), 55쪽: 맹주희(2021), 2쪽(특히 2018년에는 미국 벤처캐피탈 시장에서 CVC 투자가 차지하는 비중이 49%로 가장 높은 수준에 도달함).

168) Google Ventures(https://www.gv.com/about).

169) Alon-Beck(2020), p.1017(CVC를 비롯해서 뮤추얼펀드, 국부펀드, 헤지펀드 등 최근 새롭게 스타트업의 자금 조달원으로 등장한 주체들을 소개하고 이들을 고려한 제도 설계가 필요하다고 주장).

Citizens 은행에 인수되었지만, 실리콘밸리은행은 스타트업에 대한 대출에 중요한 역할을 했다.[170] 실리콘밸리은행은 스타트업의 임직원으로부터 수탁받은 무이자 예금을 스타트업에 대출하는 것을 기본으로 하는데, 스타트업이 보유한 지적재산권을 담보로 설정해서 대출을 하거나 사업모델을 평가하여 이자율과 만기를 조정한다.[171] 또한, 은행이 대출에 대한 인센티브로 스타트업의 지분에 대한 신주인수증권(warrant)을 수취하기도 한다.[172] 신용도가 부족하고 위험성이 큰 스타트업에 은행이 자금을 대여하는 이유로 Ibrahim 교수는 은행이 스타트업에 투자한 벤처투자자의 명성을 신뢰하고 벤처투자자를 통해 스타트업의 리스크를 관리할 수 있다는 판단을 하는 경우가 많다고 분석했다.[173] 벤처투자자는 단계적 투자 방식에 따라 동일 스타트업에 계속 투자하는 것이 일반적이므로 스타트업이 대출 원리금을 상환하지 못해도 벤처투자자의 투자금으로 대출금을 회수할 수 있다는 암묵적인 합의가 있다는 것이다. 또한, 대출받는 스타트업은 은행에 계좌를 개설하기 때문에 스타트업이 추후 성장하면 은행의 수탁고를 올리는 동시에 스타트업의 재무

---

170) 실리콘밸리은행은 미국 내에서 자산순위 16위의 은행이었으나, 2023년 3월 8일 실리콘밸리 은행이 주요 고객인 스타트업 등의 경제 사정이 악화되고 인플레이션으로 인해 보유한 장기채의 가치 하락으로 재무상태가 불안정해졌다. 그래서 재무 사정을 개선하기 위한 조치로 210억 달러에 달하는 유동 투자자산을 매도하고 150억 달러의 자금을 대여하며 현금을 높이기 위해 회사 주식을 긴급 매도하겠다고 밝혔는데, 다음날인 3월 9일 실리콘밸리 은행의 주가가 60% 하락하면서 스타트업들이 불안을 느끼고 실리콘밸리 은행에 예치한 자산을 인출하는 등의 뱅크런이 발생했다. 이후 2023년 3월 27일 First Citizens이라는 은행이 정부의 일부 손실보증 약정 하에 인수하기로 결정했다(Erin Griffith, Rob Copeland, Silicon Valley Bank's Financial Stability Worries Investors, March 9, 2023, The New York Times, https://www.nytimes.com/2023/03/09/business/silicon-valley-bank-investors-worry.html?smid=url-share).

171) 이효섭(2022), 1쪽.

172) 이효섭(2022), 1-2쪽.

173) Ibrahim(2010a), pp.1184-1185.

상태를 감독할 수 있다.174) 스타트업이 기술보증기금 등의 보증 없이는 대출을 받기 어려운 우리나라의 경우와는 달리 미국의 경우 이처럼 대출을 통한 스타트업 자금조달도 활발한 편이다.175)

### 3. 다양한 투자회수 방법

미국은 스타트업 투자자들이 기업공개와 스타트업 인수합병을 통해 투자 회수를 할 수 있는 기회가 많다. 대표적으로 1971년 개설된 나스닥 (NASDAQ) 시장은 스타트업의 기업공개 활성화에 크게 기여했다.176) 나스닥 개설 이전에는 스타트업과 같은 소규모 기업들이 대형 증권거래소에 상장하기 어려웠다. 그런데 기술 중심의 스타트업이 일정 수준 이상 성장하면 상장을 시켜주는 나스닥 시장의 출현으로 스타트업들의 기업공개가 활발해졌다.177) 그리고 2012년 자본시장접근개혁법(JOBS Act)으로 회사의 직전 영업연도의 매출이 10억 달러 이하인 회사를 신성장회사(Emerging Growth Company, EGC)로 정의하고 이에 해당할 경우 상장요건을 완화하는 조치를 취했다.178) 신성장회사는 상장 이후에도 일정 기간 동안 임직원의 보수나 재무제표 감사인의 의견 등에 대해 완화된 공시 의무를 부담하게 해서 기업공개에 대한 인센티브를 주는 것이다.179)

이처럼 활발한 기업공개는 스타트업 업계 발전에 선순환을 만드는데 도움이 된다. 벤처투자펀드의 출자자는 스타트업의 기업공개를 계기로

---

174) Ibrahim(2010a), p.1195.

175) 이효섭(2022), 17쪽; 본 논문 본 장 제1절 Ⅲ.3. 참고.

176) 배승욱(2019b), 51쪽; Bristow& Petillon(1999), p.417.

177) Bristow& Petillon(1999), p.417.

178) Georgiev(2021), p.274; 이정수(2013), 7-10쪽.

179) Georgiev(2021), p.274; Emerging Growth Companies, SEC(https://www.sec. gov/education/smallbusiness/goingpublic/EGC); 이정수(2013), 10-12쪽.

투자금을 회수해서 회수한 자금으로 신규 벤처투자펀드에 다시 출자해서 새로운 스타트업에 대한 투자를 가능하게 한다. 벤처캐피탈 회사는 기업공개를 통한 투자회수 실적으로 명성을 쌓아 출자자를 모집해서 후속 벤처투자펀드를 결성할 수 있다. 창업자 역시 기업공개를 통해 얻은 명성과 부를 바탕으로 다른 초기 스타트업에 투자하거나 멘토 역할을 하면서 성장을 지원하는 경우가 많다.

미국에서는 이와 같은 일반적인 상장과 합병을 통한 투자회수 이외에도 투자목적회사(SPAC)와의 합병을 통한 우회상장이나 직상장(direct listing)을 통한 투자회수도 활발하다.180) 이 두 방법은 일반 상장과는 다르게 공모 절차에 따른 대표주관사의 개입없이 상장의 효과를 누리고 투자자가 투자회수를 할 수 있는 방법으로, 절차가 간단하고 비용이 적게 든다. SPAC을 통한 상장의 경우 SPAC과 합병할 회사의 주주들 중에서 합병에 반대하는 이들에게 상환권을 보장해주면 다른 투자자 보호 규제를 면제하는 제도로, 2020년에는 SPAC을 통한 자금조달 액수가 약 700억 달러를 기록했다.181) 직상장은 회사가 일반투자자로부터 신규로 자금을 조달하지 않고 임직원인 주주와 투자자 등 기존 주주가 보유한 스타트업의 주식만 공개시장을 통해 매각할 수 있도록 상장하는 것인데, 스포티파이(Spotify)가 대표적인 직상장의 사례이다.182)

미국 실리콘밸리 스타트업은 매각이나 합병도 활발하다. 투자자들이 높은 수익률을 거둘 수 있는 성공적인 합병 케이스도 많고, 스타트업이 제대로 성장하지 못하는 경우 벤처투자자 등이 스타트업을 매각하여 투자금을 회수하는 경우도 많다. 미국 벤처투자자가 가지는 간주청산우선

---

180) Park(2022), pp.132-141.

181) Park(2022), pp.132-138.

182) Marc D. Jaffee, Greg Rodgers& Horacio Gutierrez, "Spotify Case Study: Structuring and Executing a Direct Listing," July 5, 2018, Harvard Law School Forum on Corporate Governance(https://corpgov.law. harvard.edu/2018/07/05/spotify-case-study-structuring-and-executing-a-direct-listing/).

권(liquidation preference)은 성장하지 못하는 스타트업을 적극적으로 합병시킬 인센티브가 된다.183) 그 밖에 고급 인력의 확보가 중요한 실리콘밸리에서는 스타트업의 사업모델이 성장성이 없더라도 스타트업의 인력을 인수하는 차원에서 스타트업을 합병하는 애퀴하이어(acquihire)도 활발하다.184) 최근에는 소위 알파벳, 메타 등 소위 '빅테크' 회사들이 잠재적인 경쟁자가 될 수 있는 스타트업을 인수하는 경우가 다수 발견된다. 미국 공정거래위원회(Fair Trade Commission)는 2021년부터 빅테크 회사의 스타트업 인수가 공정한 경쟁을 저해한다고 주장하면서 문제를 제기하고 있다. 한 예로, 메타가 메타버스 확장의 일환으로 가상현실(Virtual Reality) 헬스앱을 만드는 스타트업을 인수한 거래에 대해 미국 공정거래위원회가 경쟁법 위반을 주장하면서 메타를 상대로 제소하였으나 캘리포니아 북부 지방법원에서 기각되었다.185)

## 4. 임직원에 대한 적극적 주식보상 등

미국 실리콘밸리 스타트업들은 임직원에게 주식보상을 적극적으로 하여 임직원에게 동기 부여를 강화하고 임직원과 회사 주주들의 이해관계를 일치시키는 방법을 사용한다. 우리나라의 주식매수선택권에 해당하는 스톡옵션과 성과조건부 주식(RSU)을 부여하는 방식이 널리 사용된다.186) 스톡옵션은 회사 성장을 위해 일한 임직원과 회사의 소유권을 공유하고 성장에 따른 성과를 나눈다는 취지로 실리콘밸리에서 널리

---

183) Broughman(2010), p.466; 간주청산우선권에 대해서는 본 논문 제4장 제1절 및 제2절 참고,

184) Coyle& Polksy(2013), pp.283-284.

185) Diane Bartz, U.S. judge denies FTC request to stop Meta from acquiring VR firm Within, Feb 7, 2023, Reuters(https://www.reuters.com/legal/us-federal-judge-denies-us-ftc-request-stop-meta-acquiring-virtual-reality-2023-02-04/).

186) 배승욱(2019b), 41쪽.

사용되면서 임직원에게 회사 성장 및 기업공개에 대한 인센티브로 이용
된다.187)

　미국 실리콘밸리에서는 스타트업에 종사하는 임직원 간의 활발한 이
직을 통한 지식의 이전이 자유롭다는 점을 특징이자 성공 요인으로 보
기도 한다.188) 미국에서 1950년대에 혁신 스타트업이 먼저 발달했던 동
부의 매사추세츠 주는 회사가 직원들에게 퇴사 후 일정 기간 동안 경쟁
업종에 종사하지 못하도록 하는 경쟁금지약정의 법적 효력을 인정한다.
그래서 근무하던 회사를 퇴사하고 동종 업계에서 창업하거나 동종업계
로 이직하기가 어렵다. 반면, 캘리포니아 법원은 기밀 보호를 위해 필요
한 경우가 아닌 한 경쟁금지약정의 효력을 인정하지 않고 있다. 그래서
아이디어를 가진 이들이 경쟁금지약정과 관계없이 자유롭게 창업하고
이직을 통해 지식과 정보를 전파하게 되어 실리콘밸리의 성공에 기여했
다는 분석이다.189)


# 제4절 소결


　본 장에서는 본 논문에서 다룰 스타트업 지배구조를 논하기 위해 필
요한 기초적 고찰로 스타트업의 성장과정과 주된 자금 조달 방법, 주요
이해관계자에 대해 검토했다. 그리고 스타트업이 처음 시작되고 발전한
미국의 경우와 비교해서 우리나라 스타트업계가 어떤 특징을 가지고 있
는지 알아보았다. 본 장에서 검토한 것처럼 자금 조달 및 임직원 보상
과정에서 스타트업에 다수의 이해관계자가 관여하고, 비교적 소수의 이

---

187) Alon-Beck(2019), p.126; Mallaby(2022), pp.52-57.
188) Gilson(1999), p.601.
189) Gilson(1999), pp.607-609.

해관계자로 구성된 폐쇄회사와는 큰 차이를 보인다.

자금과 인력이 부족한 스타트업은 스타트업을 설립하여 성장시키는 창업자의 역량이 중요한데, 창업자가 적시에 자금을 조달하고 유능한 임직원을 채용하여 성장시키는지 여부가 스타트업의 성공에 큰 영향을 미친다. 스타트업은 일반회사와는 달리 벤처투자자를 통해서 성장에 필요한 주된 자금을 조달하는데, 마일스톤 달성에 따른 단계적 투자를 받으면서 벤처투자자의 감시와 조언을 받는다. 주식형태의 보상을 적극적으로 사용하는 스타트업에서는 주요 임직원이 주주로서 중첩적인 지위를 가진다. 또한, 스타트업의 자금 조달을 촉진하기 위한 정책에 따라 개인투자조합에 출자하는 등의 방식으로 스타트업에 투자한 일반투자자도 존재한다.

자발적으로 벤처투자와 스타트업 생태계가 형성된 미국과 달리, 우리나라 스타트업계는 정부의 정책적 지원으로 발전했고 스타트업 투자 자금도 정책펀드에 의존하는 비중이 높다는 특징을 보인다. 정책지원 과정에서 각각 벤처투자법과 여신전문금융업법에 따른 벤처투자회사 및 투자조합 제도가 만들어져서 이원화된 규제 체계를 형성하고 있다는 특징이 있다. 스타트업의 자금 조달에 중개자 역할을 하는 벤처캐피탈 회사도 유한책임회사가 아닌 주식회사의 형태를 한 경우가 대부분이다.

제 3 장
스타트업 지배구조 현황과 문제점

# 제1절 개관

본 장은 앞 장의 논의를 바탕으로 창업자와 벤처투자자인 우선주주, 창업자가 아닌 보통주주, 임직원 등 스타트업의 주요 이해관계자들과 관련해서 발생하는 지배구조 상의 문제를 상세히 검토한다. 주식회사를 공개회사와 폐쇄회사로 구분하는 기준에 따르면 스타트업은 폐쇄회사에 가깝다. 폐쇄회사는 소수의 주주로 구성되고 주식을 거래할 공개시장이 존재하지 않으며 자본의 공급자와 노동의 공급자가 실질적으로 중복되는 회사를 의미한다.[1] 폐쇄회사는 소수의 사람들이 함께 자본을 출자하여 사업을 하는 조합(partnership)과 유사하지만 유한책임의 혜택을 누리기 위해 회사의 형식을 택한 경우가 많다.[2] 이런 폐쇄회사는 주주가 경영진으로서의 의사결정이나 회사 운영에 관여하기 때문에 소유와 경영의 분리되지 않는 경우가 대부분이다.[3] 또한, 주주가 경영진으로 참여하면서 임금과 성과급을 통해 수익을 분배받는 경우가 많고,[4] 정관이나 주주간계약으로 주식양도를 제한해서 주주 구성의 폐쇄성을 유지하는 것이 일반적이다.[5]

이런 분류에 따르면 소수의 주주로 구성되어 있고 주식을 매도할 수 있는 시장이 존재하지 않으며 자본과 노동의 공급자가 상당 부분 일치

---

[1] Rock& Wachter(1998), p.916; Holger Fleischer[Gordon& Finge(eds)(2019)], pp.681-682(폐쇄회사의 특징으로 주주가 경영에 관여하고, 주주의 숫자가 소수이며, 주식의 양도가 제한되고, 주식을 거래할 시장이 없으며, 넓은 스펙트럼의 주주와 응용 방법을 포괄할 수 있는 형태라고 정리함).

[2] Rock& Wachter(1998), pp.916-918.

[3] 양만식(2019), 161쪽.

[4] Bainbridge(2020), p.521; Easterbrook & Fischel(1991), p.229.

[5] Easterbrook & Fischel(1991), p.229.

하는 초기 스타트업은 폐쇄회사에 해당한다.[6] 그런데 스타트업은 자금
을 조달하고 임직원을 채용하는 과정에서 스타트업은 폐쇄회사와 다른
특징을 띄게 된다. 모험투자자인 벤처투자자의 투자를 받는 과정에서
주주 구성이 다양해지고 창업자의 지분이 희석되면서 소유와 경영의 분
리가 일어나고, 적극적으로 주식 형태의 보상을 지급하면서 임직원을
채용하면서 자본과 노동의 공급자가 달라진다.

아래에서는 본 장에서 논의할 스타트업 지배구조 현황 및 문제점의
전제로 스타트업 주주 구성과 이사회 구성의 특징에 대해 알아본다.

## Ⅰ. 스타트업 주주 구성의 변화

초기 스타트업은 창업자와 소수의 엔젤투자자로 구성되어 일반적인
폐쇄회사와 유사한 주주구성을 가진다. 스타트업은 성장 단계에서 벤처
투자자로부터 단계적으로 투자받으면서 주주 구성이 크게 변화된다. 스
타트업의 사업모델이나 업종 등에 따라 상이하지만 일반적으로 스타트
업은 Series A부터 D까지 크게 네 차례에 걸쳐 벤처투자 받을 것을 목표
로 하는 경우가 많다.[7] 스타트업은 투자 유치 과정에서 벤처투자자의
스타트업 평가 가치를 매 시리즈마다 2배 이상 높이는 것을 목표로 성
장 계획을 세운다.[8]

---

6) Kraakman(eds)(2017), pp.10, 15; 김건식, 노혁준, 천경훈(2020), 14쪽.
7) 스타트업에 따라서는 필요한 자금 유치를 위해 시리즈 G, F 등까지 투자 라운드
를 진행하는 경우도 있다(노자운, 토스, 기업가치 9.5조원에 시리즈G브릿지 투자 유
치…5000억 모였다, 2022.6.29. 조선비즈, https://biz.chosun.com/stock/stock_
general/2022/06/29/UI3SPI6W3NEBJIYARB4JIKP5ZI/)
8) 미국 로펌 Cooley의 분석에 따르면, 2022년 3월 기준 각 시리즈별 투자 전 가치
(pre-money valuation)의 중간값은 시드 투자는 2,100만 달러, 시리즈 A는 7,800
만 달러, 시리즈 B는 2억8,500만 달러를 기록했다[Cooley(2022)].

　　스타트업이 벤처투자를 받는 과정에서 창업자의 지분은 계속 희석된다. 스타트업의 평가가치가 높아지면 창업자의 지분 희석 정도가 줄어들기 때문에 스타트업을 지속적으로 성장시키면서 사업 확장에 필요한 투자금을 유치하는 것이 중요하다. 창업자가 개인적인 자금 수요로 벤처투자자의 동의를 받아 보유한 스타트업 주식을 일부 매각한 경우 지분이 더욱 줄어든다. 스타트업이 임직원에게 제공하는 주식 형태의 보상으로 창업자의 지분이 희석되기도 한다. 이에 따라 성숙기로 접어든 스타트업은 창업자의 지분 희석이 심해져서 경영권이 위협받는 상황이 생기기도 한다. 지분 희석 가능성을 고려해서 투자 유치를 하더라도 예상보다 기업공개가 지연되거나 성장에 많은 자금이 소요되는 경우 경영권을 위협할 정도로 창업자의 지분이 희석되는 경우도 종종 발견된다.[9] 주식회사 컬리의 경우 창업자의 지분율이 5% 대로 희석되어 상장심사 시에 경영 안정에 대한 우려로 어려움을 겪기도 했다.[10] 창업자의 지분이 희석되면 복수의 벤처투자자가 스타트업의 주요 주주가 되어 공동으로 창업자를 이사직에서 해임하는 결의를 하는 경우도 있다.[11] 이렇게 스타트업은 자금 조달 과정에서 주주 구성이 변하고 소유구조가 다변화되면서 일반 폐쇄회사와는 달리 소유와 경영이 분리되고 창업자 등 경영진의 대리인 문제 등이 발생하게 된다.

---

9) 미국의 경우에도 마찬가지인데, 1990년부터 2012년 사이에 벤처캐피탈 투자를 받은 18,000개의 스타트업을 조사한 결과 기업공개 시점에 창업자가 대표이사직을 맡는 경우는 41% 정도였고, 창업자가 대표이사이자 주요주주인 경우는 7%에 불과했다고 한다[Broughman& Fried(2020), pp.72, 73].

10) 대표적인 유니콘 스타트업이었던 컬리의 경우, 창업자인 김슬아 대표의 지분이 투자 과정에서 6% 이하로 희석이 되면서 경영 안정성이 부족하다는 한국거래소 측의 의견에 따라 상장에 어려움을 겪었다(연합뉴스, 컬리 상반기 상장 어려울 듯…김슬아 대표 낮은 지분율이 걸림돌, 2022.3.2자, https://www.mk.co.kr/news/business/view/2022/03/194059/, 2022.6.28 확인).

11) 창업자의 위법행위가 문제된 경우이나 '부릉'은 임시주주총회를 개최하고 창업자를 해임하는 결의를 하였다(손지혜, 메쉬코리아, 주총서 hy매각 마무리…유정범 사내이사 해임, 2023.2.23, 전자신문, https://www.etnews.com/20230223000235).

[표 2-1] 시리즈 G 투자받은 스타트업의 주주 구성
(주식회사 비바리퍼블리카, 2022년 상반기 기준)[12]

| 구분 | 지분율 | 비고 |
|---|---|---|
| 이승건 (대표이사) | 16.41% | 창업자 |
| Altos Korea Opportunity Fund, L.P. | 9.26% | 벤처투자자 |
| Goodwater Capital I, L.P. | 6.64% | 벤처투자자 |
| Goodwater Capital II, L.P. | 5.82% | 벤처투자자 |
| 다올인베스트먼트 (前 KTB네트워크) | 2.8%[13] | 벤처투자자 |
| 창업자의 특수관계인 | 0.52% | 창업자의 모와 친족 |
| 해당 회사의 등기임원 | 0.77% | 주식매수선택권 행사 |
| 해당 회사 계열회사의 등기임원 | 0.85% | 주식매수선택권 행사 |
| 기타 | 56.93% | |
| 합계 | 100% | |

[표 2-2] 시리즈 G 투자를 받은 후 기업공개를 앞둔 스타트업의 주주 구성
(주식회사 컬리, 2021년 말 기준)[14]

| 구분 | 지분율 | 비고 |
|---|---|---|
| 김슬아 (대표이사) | 5.75% | 창업자 |
| Trasnlink 글로벌파트너십 투자조합 | 2.54% | 벤처투자자 (세마트랜스링크인 베스트먼트의 펀드) |

---

12) 주식회사 비바리퍼블리카의 2022.8.29자 반기보고서와 기사(양선우, 토스·토스뱅크 투자자들, 복잡한 주주 구성에 고민, 2021.5.27. 인베스트조선)의 내용 참고해서 재구성.

13) 박의명, 'VC 1호' KTB네트워크 내달 증시 입성, 2021.11.29, 한경코리아마켓 (https://www.hankyung.com/finance/article/2021112924101)

14) 2022.3.31.자 연결감사보고서를 통해 공시된 지분구조 기준으로 작성(해당 회사는 기업공개를 앞두고 상환전환우선주 등을 모두 보통주로 전환해서 모든 주주가 보통주주임).

| 구분 | 지분율 | 비고 |
|---|---|---|
| SK네트웍스 주식회사 | 3.53% | |
| SCC Growth IV Holdco H, Ltd. | 2.68% | 벤처투자자(Sequoia 벤처캐피탈의 케이만아일랜드 법인) |
| SCC Growth V Holdco H, Ltd. | 10.19% | 벤처투자자(Sequoia 벤처캐피탈의 케이만아일랜드 법인) |
| DST Global VII, L.P. | 10.17% | 벤처투자자 |
| Euler fund | 6.73% | 벤처투자자 |
| Jesmond Holdings, L.P | 5.37% | 벤처투자자 |
| HH SUM-XI Holdings Limited | 11.89% | |
| Aspex Master Fund | 8.48% | |
| 기타 | 32.67% | |
| 합계 | 100% | |

## II. 스타트업 이사회 구성 및 특징

### 1. 이사회 구성

스타트업이 벤처투자를 받으면서 주주 구성 변동과 함께 이사회의 구성도 함께 변한다. 초기 스타트업은 이사회를 구성하지 않고 창업자 1~2인을 사내이사로 선임하는 경우가 많다. 이 단계의 스타트업은 소유와 경영이 일치되는 구조로 대리인 문제가 발생할 소지도 적고 스타트업의 지배구조상의 문제보다는 스타트업의 생존과 지속 가능성이 중요한 문제이다. 이 시기에는 창업자의 경영진의 역량이나 역할이 강조되고 이사회 구성의 필요성이 부각되지 않는다.[15]

---

15) Pollman(2015), p.627(이 시기의 이사회는 서류상 형식에 불과한 경우가 많고 창

스타트업이 성장기에 접어들어 벤처투자를 받으면서 벤처투자자가 이사 지명권을 부여받아 이사회에 참여한다.16) 이처럼 벤처투자자가 지명하여 선임된 이사를 벤처투자자의 지명이사(constituency director, nominee director, representative director)라고 하고, 대부분 기타 비상무이사 또는 사외이사로 선임된다.17) 지명이사 선임은 앞서 본 지배권 분배에 따라 벤처투자자가 스타트업에 투자에 따르는 위험을 관리하고 감시하는 중요한 방법이다.18) 주주간 계약으로 창업자 등 경영진의 행위를 일부 통제할 수 있지만 발생할 수 있는 모든 상황을 계약으로 명시하기는 어렵기 때문에 지명이사 선임을 통해 예기치 못한 상황에 대비하도록 하는 것이다.19)

벤처투자자 지명이사를 선임하는 실질적인 목적은 스타트업 이사회에서 벤처투자자의 이해관계를 보호하는 것이다. 벤처투자자가 스타트업의 일상적인 운영이나 성과를 세부적으로 알기 어렵기 때문에 벤처투자자 지명이사를 통해 스타트업에 대한 정보를 취득하고 창업자를 감시한다. 그래서 벤처투자자 지명이사가 스타트업 관련 정보를 취득하여 정보 비대칭 문제를 줄이고 대리인 문제를 방지하는 등 지명주주인 벤처투자자의 투자 위험을 관리하는 역할을 한다.20) 또한, 벤처투자자 지명이사는 스타트업 업계의 반복적인 참여자로서(repeat player) 경험과

---

업자 등 경영진은 이사회 구성원과 소통하는데 시간을 거의 쓰지 않으려고 한다).

16) 이와 관련한 주주간 계약의 내용으로 본 논문 제4장 제2절 II.4.나. (6) 참조

17) Veasey & Guglielmo(2008), p.763("회사에서 특정 구성원을 대표하는 이사를 구성원 이사(constituency director) 또는 대표자 이사(representative director)라고 한다."); Gelter& Helleringer(2015), p.1072.

18) Gilson(2003), p.1082; Sepe(2013), p.358(지명이사 선임을 통해 벤처캐피탈의 투자가 활성화될 수 있고, 이에 따라 투자받을 기회가 없었던 스타트업이 투자를 받을 수 있게 되어 사회적 복리를 증진시킨다고 주장함).

19) Fried& Ganor(2006), pp.987-988면; Sepe(2013), p.330; Pollman(2019), p.185; Smith(2005), pp.340-341.

20) Bochner& Simmerman(2016), p.2.

전문성을 통해 스타트업 창업자에게 조언을 하거나 업계 내의 네트워크를 이용해 잠재적인 고객이 될 이들이나 경영진 등을 소개하면서 스타트업의 성장에 도움을 준다.[21]

벤처투자자 지명이사가 스타트업의 이사로 선임된 후 스타트업이 계속 투자를 받으면 후속 투자에 참여한 벤처투자자가 추가로 이사 지명권을 보장받으면서 벤처투자자 지명이사의 숫자가 증가한다. 스타트업에 선임된 이사가 3인 이상이 되면 이사회가 구성되어 스타트업의 매각이나 기업공개와 같은 주요 의사 결정을 위임받는다. 스타트업이 성숙기를 지나 기업공개를 준비할 때에는 이사회에서 기업공개 시기와 공모가 등을 비롯한 중요한 결정을 하게 된다. 이 시기에는 스타트업의 창업자와 경영진인 사내이사와 벤처투자자 지명이사의 숫자가 같아지거나 벤처투자자 지명이사의 숫자가 더 많아지는 현상이 자주 발견된다. 이러한 이사회에서는 창업자와 벤처투자자가 공동으로 통제권을 가지면서 어느 한 쪽이 일방적으로 자신에 유리한 방향으로 중요 의사결정을 하지 못하게 견제한다(shared control).[22]

---

21) Utset(2002), p.53.
22) Bartlett(2015), pp.263-266; Ewen& Malenko(2020), p.3; Rauterberg(2021), p.1144.

[표 3] 시리즈 G까지 투자받은 스타트업의 이사 구성
(주식회사 비바리퍼블리카)[23]

| 이름 | 이사 구분 | 지위 |
|---|---|---|
| 이승건 | 대표이사/사내이사 | 창업자 |
| 이형석 | 사내이사 | 토스 테크놀로지 헤드 (CTO) |
| 신용석 | 사내이사 | 토스 CPO (개인정보보호책임자) |
| 한준김 | 사외이사 | 벤처투자자 지명이사 [알토스벤처스(벤처캐피탈) 대표] |
| 에릭존김 | 사외이사 | 벤처투자자 지명이사 [굿워터캐피탈(벤처캐피탈) 창업자] |
| 김창규 | 기타비상무이사 | 벤처투자자 지명이사 [다올인베스트먼트 (前 KTB네트워크)(벤처캐피탈) 대표] |

\* 이사회 구성원은 총 6인으로, 창업자 1인을 포함한 총 3인의 스타트업 내부인과 해당 스타트업에 투자한 벤처투자자 지명이사 3인이 사외이사 또는 기타비상무이사직을 맡는 것으로 구성되어 있다.

## 2. 이사회의 특징

이처럼 스타트업 이사회는 창업자, 경영진, 벤처투자자 지명이사와 같이 스타트업 주주의 이해관계를 대변하는 이들로 구성된다. 이들 간에는 스타트업 성공에 따른 경제적 이익 실현에는 이해관계가 일치하지만, 제3절 이하에서 검토할 것처럼 스타트업의 주주들은 이해관계가 달라지는 경우도 많다. 특히 스타트업이 제대로 성장하지 못할 경우에 주주들 간의 이해관계가 달라지는데, 이 경우 각 주주의 이해관계를 대변하는 이사로 구성된 이사회는 주주간 이해관계 충돌을 조정하기보다는

---

23) 2022.7.1자 기준 법인등기부등본 확인; 노자운, 토스, 기업가치 9.5조원에 시리즈 G 브릿지 투자 유치…5000억 모였다, 2022.6.29, 조선비즈(https://biz.chosun.com/stock/stock_general/2022/06/29/UI3SPI6W3NEBJIYARB4JIKP5ZI/)

이해관계를 재현한다.24) 그 결과 이사회를 통해 주주간의 이해관계를 조정하고 의사결정을 하기보다는 이사회가 교착상태에 빠지고 제대로 된 역할을 수행하지 못하게 되는 경우가 발생한다.

또한, 스타트업 이사회를 통해 창업자 등 경영진에 대한 감시 기능을 제대로 수행하지 못하는 경우가 많다. 각 주주의 이해관계를 대표하는 이사로 구성된 스타트업 이사회는 구성원이 대표하는 각 주주의 이해관계와 직접 관련이 없는 스타트업의 대리인 문제나 보통주주나 임직원등과 관련한 문제에 대해서는 감시기능을 제대로 수행하지 못하는 경우가 많다. 창업자를 감시하기 위해 벤처투자자 지명이사를 선임해도 이들은 여러 스타트업의 이사직을 겸직하는 경우가 많아 한 스타트업에 사용할 수 있는 자원이 한정적이다.25) 그래서 벤처투자자 지명이사는 성공 가능성이 높은 스타트업에 집중하고 성공 가능성이 낮은 스타트업에는 관심을 갖지 않는 경우가 많다. 또한, 특정 벤처투자자가 스타트업의 경영에 지나치게 간섭한다는 평판이 쌓이면 유망한 스타트업들이 해당 벤처투자자로부터 투자받기를 꺼려할 수 있다. 특히 앞서 본 미국의 경우처럼 스타트업에 투자하고자 하는 투자자금이 많아져서 창업자가 벤처투자자를 선택할 수 있으면 경영 관여나 감시의 정도가 높다고 알려진 벤처투자자는 투자 기회를 얻기 힘들다.26) 그래서 벤처투자자 지명이사는 주로 벤처투자자의 권리와 이해관계와 직접 관련되지 않은 다른 이사의 행위를 감시하지 않는 경우가 많다.

그러나 스타트업의 이사가 감시기능을 제대로 수행하지 못하면 이로 인한 피해는 스타트업 일반투자자나 임직원, 나아가 일반 대중에게 귀속된다. 경영진을 감시하지 못해서 스타트업이 실패하면 임직원들은 일

---

24) Gelter & Helleringer(2015), p.1117; 田中(編)(2021), pp.297-301.

25) Woolf(2001), p.490; Cable(2015), p.53; Pollman(2019), p.202; Pollman(2020), p.394.

26) Woolf(2001), p.490; Alon-Beck(2020), pp.1003-1004.

자리를 잃고 보유한 스타트업 주식의 가치가 사라진다. 또한, 스타트업에 투자한 엔젤투자자 등 다른 주주나 채권자 등도 피해를 입는다.

대표적으로, 미국의 위워크는 창업자가 성장만을 우선시하는 과정에서 제대로 된 경영판단을 내리지 못하고 자기거래 등으로 사적이익을 추구하는 등의 문제가 발생했음에도 상장심사 과정에서 문제가 드러날 때까지 이사들이 이를 통제하지 못했다.[27] 그 결과 8조원에 이르던 회사의 가치가 불과 1년 만에 반토막이 나면서 상장을 연기하고 임직원을 대량으로 해고했고 주식매수선택권을 행사했던 임직원들이 경제적으로 큰 손실을 입었다.[28] 우리나라에서 쿠팡 다음의 유니콘으로 꼽혔던 옐로모바일도 이사가 창업자의 확장 일변도의 전략에 문제를 제기하거나 재무상태에 대해 문제를 제기하지 못했다.[29] 이후 옐로모바일이 감사의견 거절을 받으면서 임직원이 취득한 주식매수선택권이 가치가 없어졌고 투자자들이 큰 손해를 입었다. 이처럼 스타트업이 수적으로도 증가하고 규모도 커져서 사회적 영향력이 커지고 있음에도 스타트업의 이사는 경영진에 대한 감시 기능을 제대로 수행하고 있지 못한 경우가 많다.

---

27) Langevoort& Sale(2021), p.1376.

28) Eric Platt, Andrew Edgecliffe-Johnson, WeWork: how the ultimate unicorn lost its billions, Feb 20, 2020, Financial Times(https://www.ft.com/content/7938752a-52a7-11ea-90ad-25e377c0ee1f).

29) 나건웅, 왕년의 유니콘 '옐로 모바일'…사실상 '공중분해', 2021.3.23.매경이코노미 (https://www.mk.co.kr/economy/view.php?sc=50000001&year=2021&no=274436).

# 제2절 창업자 관련 지배구조 문제

## I. 창업자의 대리인 문제 등

### 1. 특징

스타트업의 자금 조달 과정에서 주주 구성이 복잡해지면 창업자와 그 외의 주주들 간에 대리인 문제가 발생한다. 벤처투자자 등 스타트업의 주주들은 창업자를 비롯한 경영진에 회사의 의사 결정 및 운영을 위임하고 창업자는 주주이자 경영진으로 다른 주주의 대리인이 되는 것이다. 30) 대리인 관계가 형성된 스타트업에서는 일반 회사에서 논의되는 전통적인 맥락의 대리인 문제가 나타난다. 창업자는 경영진으로서 스타트업의 전략을 수립하고 운영에 대해 실시간으로 보고받아 의사 결정을 하면서 스타트업에 대한 다양한 정보를 가진다. 반면, 벤처투자자는 전문투자자이지만 스타트업 운영에 대한 정보를 얻거나 경영진을 감시하는데에는 한계가 있다. 이러한 정보 비대칭 문제로 스타트업 창업자와 다른 주주들 간에 대리인 문제가 심화된다.

스타트업의 진흥에 집중했던 우리나라에서 스타트업 창업자의 대리인 문제는 특별히 부각되지 않았다. 그러나 스타트업 숫자가 늘어나고 투자되는 자금이 증가할수록 대리인 문제가 심각해진다. 대규모 자금이 스타트업에 투자되면 자금 관리 및 사용에 대한 창업자의 의사결정 재량이 커진다. 또한, 벤처투자자금이 증가하면 유망한 스타트업의 창업자들은 벤처투자자를 선별해서 투자받을 수 있는데, 창업자는 경영에 특별히 관여나 간섭하지 않는 벤처투자자로부터 투자받고자 할 것이다.31)

---

30) Bartlett(2006), pp.48-51.

경영에 대한 전문성이나 경험이 부족한 경우가 많은 스타트업 창업자가 빠른 성장을 해야 한다는 압박으로 대리인 문제를 심화시키기도 한다.[32] 또한, 스타트업은 정보가 거의 공개되지 않아서 다른 주주나 규제기관 등이 창업자의 대리인 문제를 발견하기도 어렵다.[33]

아래에서는 우리나라와 미국 스타트업의 실제 사례를 중심으로 스타트업 창업자의 주요 대리인 문제를 유형화하여 검토해보겠다.

## 2. 대리인 문제의 유형

### 가. 터널링 등 창업자의 사익 추구

창업자의 주된 대리인 문제는 창업자의 터널링 등 사익 추구 행위에서 비롯된다. Atanasov 등은 회사의 자원을 회사에서 빼내어 지배주주와 경영진에게 이전하는 것을 '터널링'이라고 정의하고, 터널링의 종류를 현금흐름에 대한 터널링, 자산에 대한 터널링, 주식을 통한 터널링 세가지로 나누었다.[34] 스타트업의 주요주주이자 경영진으로 스타트업 성장의 핵심을 구성하는 창업자에 의한 터널링 문제가 스타트업에 발생한다.[35]

### (1) 투자금 유용 또는 회사 자원 낭비

창업자가 벤처투자자로부터 투자받은 자금을 스타트업의 성장이 아닌 사적인 이익을 위해 유용하는 경우이다. 벤처투자자는 적극적 투자자이지만 스타트업의 일상적인 운영에는 관여하지 않고 스타트업의 지

---

31) Alon-Beck(2019), p.156.
32) Pollman(2020), pp.379-380.
33) Wansley(2022), p.1244.
34) Atanasov, Black & Ciccotello(2011), p.5.
35) 디라이트·스타트업얼라이언스(2022), 60쪽.

출이나 재정 상황에 대해 자세히 알기 어렵다. 이 점을 이용해서 스타트업 창업자가 투자를 받은 자금을 유용하거나 투자금을 방만하게 지출하면서 재정난에 빠지는 경우가 발견된다.[36] 특히 2022년 이후에 스타트업이 벤처투자를 받은 이후 마케팅비나 인건비 등을 과도하게 지출하고 출혈 경쟁을 하다가 거래처에 대금을 지급하지 못하고 재정난을 겪는 사례가 증가했다.

예를 들어, 벤처투자자로부터 112억원을 투자받은 스타트업으로 라이브커머스 플랫폼을 운영하던 보고플레이는 2022년 기준 누적 부채가 526억원에 달하고 거래액을 키우기 위해 돌려막기 식의 영업을 계속해서 입점사들에게 판매대금을 정산하지 못했다.[37] 1,700억원의 벤처투자금을 유치한 배달대행 플랫폼인'부릉'을 운영하던 메쉬코리아의 창업자는 회사의 계좌에서 무단으로 자금을 인출해서 임직원 급여 미지급을 초래했다는 혐의로 대표이사 직에서 해임되었다.[38] 농업 테크 스타트업인 '그린랩스'역시 대규모 벤처투자를 받았으나 대부분의 투자자금을 1년 만에 소진하여 차등감자로 창업자의 지분을 줄이고 구조조정에 들어갔다.[39] 또한, 투자금을 유용하거나 사적 이익을 위해 사용한 이후에 창업자가 스타트업을 갑자기 청산하거나 다른 회사에 매각하는 경우도 있다.[40]

36) 옥기원, 현대차·신세계도 콕 찍은 메타콩즈, 경영진 진흙탕 싸움에 '휘청', 2022. 7.31, 한겨레(https://www.hani.co.kr/arti/economy/it/1052979.html).

37) 박윤호, 보고플레이 후폭풍…카드사 취소 민원 빗발, 2023.1.25. 전자신문(https://www.etnews.com/20230125000170).

38) 백주원, 메쉬코리아 유정범 의장, 회삿돈 대량 인출…경영권 분쟁 커지나, 2023. 1.27, 서울경제https://www.sedaily.com/NewsView/29KMY8M78A).

39) 나건웅, 반진욱, 문지민, 1년 만에 1700억원 증발? 예비 유니콘 '그린랩스 미스터리', 2023.2.10, 매경이코노미(https://www.mk.co.kr/economy/view/2023/118597/).

40) 김동현, 투자금 먹튀·회삿돈 횡령…'제2 벤처 붐'의 그림자, 2021.5.9. 서울경제(https://m.sedaily.com/NewsView/22MAL7TODX#cb).

### (2) 자기거래 등 터널링

스타트업 창업자의 자기거래도 문제된다. 창업자가 스타트업과 자신의 개인 회사 간에 계약을 체결하게 하면서 스타트업에 불리한 조건을 넣는 경우이다. 스타트업에 대한 창업자의 지분은 자금 조달 과정에서 희석되지만, 개인 회사는 창업자와 이해관계가 일치하기 때문에 스타트업과 거래를 통해 사익을 추구하는 것이다. 대표적으로 미국 유니콘 스타트업으로 10억달러 이상의 가치평가를 받았다가 창업자의 자기거래 등의 문제가 밝혀져서 기업공개를 철회한 위워크를 들 수 있다. 위워크의 창업자이자 대표이사였던 아담 뉴먼은 개인적으로 소유한 건물이나 아파트를 위워크에 임대하는 계약을 체결하여 임대 수익을 얻었다.[41] 또한, 위워크의 커뮤니티적 정체성을 드러내는 '위(we)'를 개인 명의로 상표 등록해서 위워크와 이용 계약을 체결하고 연간 6억 달러에 해당하는 자금을 이용료로 수취했다.[42]

한 때 세계 3~4위권 가상자산거래소였던 FTX 역시 창업자인 샘뱅크만 프리드가 별도로 설립한 알라메다 리서치(Alameda Research)와의 자기거래 밝혀졌다.[43] 알라메다 리서치는 일종의 가상자산 투자에 대한 헤지펀드인데, 샘뱅크만 프리드는 FTX를 통해 위탁받은 고객의 가상자산을 알라메다 리서치에 대여하는 등 자기거래를 했다.[44] 마진거래가 허용되던 FTX 거래소에서는 고객이 담보를 제공하면 레버리지 거래를

---

41) Langevoort& Sale(2021), pp.1367-1368.

42) Langevoort& Sale(2021), pp.1367-1368.

43) David Yaffe-Bellany, How Sam Bankman-Fried's Crypto Empire Collapsed, Nov 14, 2022, The New York Times (https://www.nytimes.com/2022/11/14/technology/ftx-sam-bankman-fried-crypto-bankruptcy.html).

44) Matthew Goldstein, Benjamin Weiser, Alameda Executive Says She Is 'Truly Sorry' for Her Role in FTX Collapse, Dec 23, 2022, The New York Times (https://www.nytimes.com/2022/12/23/business/caroline-ellison-ftx-alameda-research.html).

할 수 있었는데, 다른 고객과는 달리 알라메다 리서치는 담보의 가치가 떨어져도 레버리지 거래가 중단되지 않게 했다. 세쿼이어 인베스트먼트를 비롯한 실리콘밸리의 유명한 벤처투자자들이 FTX에 투자했음에도 샘뱅크만 프리드는 벤처투자자에게 알라메다 리서치의 존재조차 알리지 않았다.[45] 결국 FTX가 자체 발행한 가상자산의 가격이 폭락해서 2022년 11월 파산신청을 했고, 벤처투자자 뿐 아니라 이용자들도 FTX에 위탁한 가상자산을 되찾지 못하면서 경제적 손실을 입게 되었다.

### 나. 잘못된 정보의 제공 또는 필요한 정보의 미제공

창업자가 벤처투자자등 다른 주주에게 스타트업에 대해 잘못된 정보를 제공하거나 스타트업에 대한 중요한 정보를 제공하지 않는 경우도 많다. 벤처투자자의 경영 간섭을 최소화하고 후속 투자를 유치하기 위해 스타트업의 문제는 축소하고 성과는 부풀리는 것이다. 대표적으로 미국 바이오 스타트업으로 피 몇 방울만으로 건강 상태를 진단하는 서비스를 제공한다고 주장한 테라노스는 이를 위한 기술력을 보유하지 않았음에도 불구하고 기술력을 보유한 것처럼 잘못된 정보를 제공했다.[46] 임직원에게조차도 이를 숨기고 비밀유지서약서를 쓰도록 해서 정보를 통제했던 테라노스는 대규모 투자금을 유치하고 미국의 대표적인 마트 체인과 계약을 체결했고 잘못된 검진 결과를 제공해서 이용자들에게 피해를 주었다.[47]

---

45) Erin Griffith, David Yaffe-Bellany, Investors Who Put $2 Billion Into FTX Face Scrutiny, Too, Nov.11, 2022, The New York Times (https://www.nytimes.com/2022/11/11/technology/ftx-investors-venture-capital.html).

46) Pollman(2020), p.355; Carreyrou(2018), p.20.

47) Pollman(2020), pp.355-356; Erin Griffith, Elizabeth Holmes is Sentenced to More than 11 Years for Fraud, Nov.18, 2022, The New York Times (https://www.nytimes.com/2022/11/18/technology/elizabeth-holmes-sentence-theranos.html).

### 다. 미숙한 경영 판단 능력 및 위험 관리의 부재

창업자가 부족한 전문성과 경험으로 경영 판단을 제대로 하지 못하거나 위험을 관리하지 못하는 경우도 나타난다.[48] 창업자는 스타트업의 빠른 성장에 대한 압박으로 지나친 위험을 감수하면서 위험을 관리할 시스템이나 체계를 갖추지 않는 경우가 있다. 스타트업이 내부 통제 시스템을 갖춘 경우는 매우 드물고 이사가 감시 역할을 하지 못하는 상황에서 창업자에 대한 통제 장치가 거의 없는 경우가 많다. 앞서 언급한 미국 위워크는 창업자가 빠른 성장을 위해 글로벌 확장 전략을 펴서 2018년 한 해동안 전세계에 100개의 지점을 오픈하였다.[49] 그러나 각 나라별 부동산 시장이나 사무실 수요에 대한 특성 등을 제대로 파악하지 못한 채 성장 전략만을 고수하면서 큰 폭의 적자에 시달리게 되었다.[50] 또한, 위워크 창업자는 공유오피스라는 본래의 사업과 관련없는 교육 사업 등에 진출하고 음료 업체 등을 인수하면서 회사의 재무상황을 악화시켰다.[51]

우리나라 창업자가 설립한 테라폼랩스(Terra Form Labs)도 경영 판단 미숙과 위험 관리가 부재했던 경우이다. 규제 이슈로 싱가포르에 법인을 설립하고 미국 달러 기반의 스테이블코인을 발행하여 운영했는데, 담보를 통해 가치를 유지하는 다른 스테이블 코인에 비해 테라와 루나 두 토큰 간의 알고리즘으로 가치를 유지하는 시스템을 운영했다. 그런데 대량 규모의 매도 물량이 나오자 테라가 1달러의 가치 유지를 하지 못하면서 600억 달러에 달하던 가상자산의 경제적 가치가 며칠 만에 사

---

48) Broughman& Wansley(2023), pp.43-45.

49) Wiedman(2020), pp.176-177.

50) Ginia Bellafante, Was WeWork Ever Going to Work? Oct 4, 2021, The New York Times(https://www.nytimes.com/2019/10/04/nyregion/wework-Adam-Neumann.html).

51) Wiedman(2020), pp.196-199(위워크의 교육사업체인 WeGrow에 관한 설명); Langevoort& Sale(2021), pp.1355, 1368.

라졌다.52) 대부분 가상자산거래소가 테라와 루나의 거래를 중단하면서 스테이블코인에 투자한 투자자들이 큰 손해를 입게 되었다.

우리나라 스타트업인 오늘식탁 역시 벤처투자자로부터 168억원을 투자받아 수산물 당일배송 플랫폼을 운영했지만, 수익모델에 대한 고려 없이 서비스 확장만 하면서 적자 상태 지속으로 결국 청산을 하였다.53) 앞서 언급한 그린랩스도 8,000억원의 기업 가치를 평가받아 대규모 투자를 받았음에도 농산물 매출채권 팩토링에 따른 위험을 제대로 관리하지 않아서 결국 유동성 위기를 맞았다.54)

### 라. 회계 부정과 실적 부풀리기

창업자가 스타트업을 높은 가치로 평가받아 벤처투자를 유치하고자 분식회계를 하거나 실적을 부풀리는 경우도 발견된다. 스타트업은 기존에 존재하지 않는 혁신적 사업모델을 추진하는 경우가 많고 이 경우 회계 기준이 명확하지 않다는 점을 이용해서 비교적 쉽게 실적을 부풀릴 수 있다. 벤처투자자가 초기 스타트업에 투자하면서 고도의 기업 실사를 진행하는 경우는 거의 없어서 창업자가 회계 기준을 임의로 적용해서 실적을 부풀리면 이를 밝혀내기 어렵다. 미국의 예로, 사기 예방 소프트웨어를 만드는 스타트업인 NS8의 창업자는 벤처투자 유치를 위해 재무제표상 매출을 실제보다 부풀려서 약 1억 달러의 투자를 유치하였다.55) 식품 관련 미국 스타트업인 햄튼 크릭(Hampton Creek)의 창업자

52) Arjun Kharpal, Wanted crypto exec linked to $60 billion crash faces passport freeze, Oct 6, 2022, CNBC (https://www.cnbc.com/2022/10/06/luna-founder-do-kwon-faces-passport-freeze-after-crypto-collapse-.html).

53) 배동주, 수산물 당일 배송 '오늘회' 부분 채무불이행…협력사에 40억 대금 미지급, 2022.8.5, 조선비즈(https://biz.chosun.com/distribution/food/2022/08/05/3SVLHSM6NRD2JHM7DHKAZH7SXA/).

54) 나건웅, 반진욱, 문지민, 1년 만에 1700억원 증발? 예비 유니콘 '그린랩스 미스터리', 2023.2.10, 매경이코노미(https://www.mk.co.kr/economy/view/2023/ 118597/).

는 자사의 제품을 스스로 슈퍼마켓에서 대량으로 구매하는 자전거래로 매출을 만들어 투자유치를 시도했다.56) 학자금 관련 금융 플랫폼을 운영하던 미국 스타트업인 프랭크(Frank)의 창업자는 400만명 이상의 이용자를 확보하고 있다고 속이고 이를 입증할 데이터를 조작해서 1억 7,500만 달러의 대가를 받고 제이피모건(JP Morgan)에 회사를 매각한 혐의로 기소되었다.57)

우리나라 옐로모바일 역시 벤처투자자 등에게 허위의 재무정보를 정보를 제공하여 대규모 투자를 받았다. 미국의 벤처투자자인 포메이션8로부터 800억원 이상, 국내 벤처투자자로부터 350억원 이상을 투자받은 옐로모바일은 사업지주사를 두어 각 사업군에 속하는 스타트업을 주식교환의 형태로 인수하는 전략을 써서 빠르게 성장했다.58) 그러나 옐로모바일은 인수합병한 스타트업 간에 시스템을 통합하여 시너지를 내지 못하고 인수합병만 진행해서 자금이 고갈되고 매출이나 이익은 내지 못했다. 옐로모바일 창업자는 각 자회사의 실적을 엑셀 시트에 적어 취합하는 체계적이지 않은 방식으로 회계 관리를 하면서 투자자에게 제대로 된 재무 정보를 제공하지 않았다.59) 잘못된 재무정보 제공으로 계속 추가 투자를 유치했으나 결국 2018년 회계감사를 담당했던 회계법인으

---

55) Pollman(2020), 377면; David Jeans, 'The Idea of Failure': Startup NS8's Former CEO Tells Forbes What Drove Him to Commit $100 Million Fraud, March 18, 2022, Forbes (https://www.forbes.com/sites/davidjeans/2022/03/18/ns8-adam-rogas-fraud/?sh=d18b9546836d).

56) Pollman(2020), p.378.

57) 서희원, '제2의 엘리자베스 홈즈'…JP모건, 어떻게 사기 당했나, 2023.4.10, 전자신문(https://n.news.naver.com/article/030/0003090194).

58) 이덕주, 옐로모바일, 어떤 유니콘기업에 대한 이야기(상), 2020.3.3.매일경제 (https://www.mk.co.kr/news/business/view/2020/03/220473/); 최정우(2020), 43-50쪽; 임근호, 정영효, 1년새 61곳 인수한 '벤처 포식자'…옐로모바일 계열사 수, 삼성 넘어섰다, 2015.3.5, 한경뉴스(https://www.hankyung.com/news/article/2015030590091).

59) 최정우(2020), 165-167쪽.

로부터 감사의견 거절을 받으면서 그 동안 주장했던 성장이 거품이었음이 드러났다.[60]

### 마. 탈법 또는 위법 행위 등

마지막으로 창업자가 스타트업으로 하여금 위법성이 있는 사업모델 영위하게 하거나 창업자 개인의 위법 행위가 문제되는 경우를 들 수 있다. 전자의 경우는 혁신성을 추구하는 경우가 많은 스타트업 사업모델의 특성상 현행 법률상으로 합법적으로 영위할 수 있는지 여부가 불분명한 경우가 많다. 그런데 창업자가 위법여부가 명확하지 않은 사업모델을 운용하면서 스타트업으로 하여금 위법성이 해소되기 전에 서비스를 제공하도록 함에 따라 스타트업이 위법 논란을 겪는 경우가 발생한다.

대표적으로 미국의 우버와 에어비앤비는 미국법상 위법의 소지가 있음에도 불구하고 서비스를 개시했고 이용자들을 동원해서 국회에 청원을 하는 방식으로 압박을 가했다.[61] 우리나라에서도 공유승차서비스를 제공했던 '타다'가 당시 여객사업운송업법상의 위법 여부가 명확하지 않음에도 창업자가 서비스를 계속함에 따라 회사가 위법 논란을 겪었고 창업자와 대표이사가 형사 고소되었다.[62] 결국 타다의 전 대표이사 등이 무죄 판결을 받았으나,[63] 현행법상 불명확한 부분이 있어도 법률상

---

60) 조진형, 윤희은, 옐로모바일, 2년 연속 감사의견 거절, 2019.4.29, 한경코리아마 켓(https://www.hankyung.com/finance/article/2019042961661); 이재명, 5조원 유니콘에서 15억원 체납자된 '옐로모바일', 2020.12.14, 서울경제(https://www.sedaily. com/NewsView/1ZBOHIPMR9); 그 외에도 다수의 사례를 찾아볼 수 있다(이철 현, 벤처 업계 기린아 분식회계에 '자승자박', 2005.10.28. 시사저널, https://www. sisajournal.com/news/articleView.html?idxno=103279).

61) Pollman& Barry(2017), pp.19-22; Broughman& Wansley(2023), pp.45-47.

62) 윤한슬, 차량호출 서비스 '타다'는 불법? 잔혹사 1년 총정리본, 2019.11.2, 한국일 보(https://www.hankookilbo.com/News/Read/201911011118740476).

63) 오연서, "타다, 불법 콜택시 아냐" 이재웅 전 대표 무죄 확정, 2023.6.1. 한겨레

위험을 감수하고 성장 전략을 구사하는 스타트업 업계의 특성을 보여준
다(growth-at-all-costs).64)

　창업자가 개인적으로 법률을 위반하거나 윤리적 기준에 반하는 행위
를 하는 경우도 있다. 창업자의 아이디어와 비전이 중요하고 창업자를
대체할 시스템이 부재한 스타트업에서 창업자의 위법 또는 비윤리적 행
위는 다른 주주나 이해관계자들에게 큰 손실을 초래한다. 대표적으로
벤처투자 유치 과정에서 창업자가 학력이나 경력을 위조하는 경우가 있
다. 벤처투자자는 창업자의 개인 역량을 심사하는 요소로 학력과 경력
을 참고하는데, 투자 유치를 목적으로 이를 속이는 것이다.65) 미국의 우
버는 창업자가 성희롱을 하고 직원의 다른 회사의 지적재산권을 도용하
는 행위를 교사 내지 방조하여 문제가 되었다.66)

## II. 공동창업자 간의 지배구조 문제

　공동창업자는 스타트업의 경영진이자 보통주주로 동일한 지위를 가
지고 스타트업의 성공을 위한 이해관계가 상호 일치하지만, 공동창업자
중 1인이 스타트업을 퇴사하거나 이사직에서 사임하는 경우에 대리인
문제와 이해관계 충돌이 발생할 수 있다. 스타트업의 공동 창업자 간에

---

(https://www.hani.co.kr/arti/society/society_general/1094196.html).

64) Pollman& Barry(2017), p.9(이처럼 규제나 법률의 모호성을 적극적으로 이용하고
　이용자들을 통해 규제와 법률 변경에 영향을 미치는 기업가의 행위를 'Regulatory
　Entrepreneurship'이라고 명명함).

65) 곽도영, 스타트업도 '오너 리스크'…창업자 스캔들에 휘청, 2019.11.26, 동아일보
　(https://www.donga.com/news/It/article/all/20191125/98532088/1).

66) Mike Isaac, Inside Travis Kalanick's Resignation as Uber's CEO, June 21,
　2017, The New York Times(https://www.nytimes.com/2017/06/21/technology/
　uber-travis-kalanick-final-hours.html?smid=url-share).

도 설립시에 주도적인 역할을 하는 창업자가 통상 과반수 이상의 지분
을 취득하고 다른 창업자는 주요 주주로서 지분을 취득하는 경우가 많
다. 통상 대주주가 되는 창업자를 스타트업 대표이사로 선임하는데, 대
주주이자 대표이사인 창업자와 공동창업자 간에 대주주와 소수주주의
관계가 형성되어 대주주의 소수주주 억압 문제가 발생할 수 있다.[67]

공동창업자 중 1인이 퇴사하는 경우에는 퇴사하는 공동창업자가 보
유한 스타트업 주식 처분과 경업금지 및 비밀유지와 관련해서 다른 창
업자와 이해관계가 달라진다.[68] 퇴사하는 공동창업자는 스타트업의 성
장 가능성 등보다는 자신이 보유한 스타트업 지분을 높은 가격에 유동
화 하려는 인센티브를 가진다. 또한, 퇴사자는 스타트업의 공동 창업자
로서 얻은 지식과 경험을 바탕으로 신규 사업을 하려고 할 가능성이 높
다. 반면, 스타트업에 남는 창업자는 스타트업의 발전에 따른 이익을 퇴
사한 공동 창업자와 나누고 싶어하지 않고, 퇴사자가 스타트업에서 취
득한 노하우 등을 활용해서 유사한 경쟁사를 설립하거나 경쟁사에서 일
하는 것을 방지할 유인이 있다. 그래서 공동창업자 퇴사 이후에 퇴사자
가 보유한 주식이나 영업비밀과 관련해서 자주 분쟁이 발생한다.[69]

## III. 벤처투자자와 창업자의 이익 상반

벤처투자자와 창업자는 스타트업의 성장과 발전에 대체로 일치된 이

---

67) 대주주에 의한 소수주주의 억압에 대해 Easterbrook & Fischel(1986), p.275.
68) Prenups for Co-Founders, ANDREESSEN HOROWITZ, 공동창업자 간에 발생할
　　수 있는 문제를 방지하기 위해 계약을 체결하도록 안내함(https://a16z.com/ 2015/
　　10/19/prenups-for-co-founders/).
69) 권도균, 권도균의 스타트업 멘토링 〈공동창업자 협약〉, 2014.3.16, 전자신문(https://
　　www.etnews.com/20140316000015).

해관계를 가진다. 벤처투자자는 벤처투자조합의 청산 시까지 스타트업의 상장을 통해 투자금을 회수하여 성공적인 회수 실적을 쌓을 인센티브가 있고, 창업자는 스타트업에 투하한 노동력과 자본 등을 회수하고 명성을 얻고자 한다.70) 후속 투자 유치 시에도 벤처투자자와 창업자는 스타트업이 높은 가치를 평가받아야 지분 희석을 줄일 수 있어서 대체로 일치된 이해관계를 가진다.71)

　　그런데 벤처투자자와 창업자의 이해관계가 언제나 일치하는 것은 아니다. 스타트업이 성공적으로 기업공개나 매각을 하거나 실패가 명백한 경우에는 이익충돌이 적지만, 스타트업이 존속은 가능하지만 성공적으로 기업공개를 할 가능성이 낮은 온건한 하락세인 경우(moderate downside) 벤처투자자와 창업자 간의 이익 충돌이 두드러진다.72) 이런 상황에서 벤처투자자는 스타트업계의 반복적 참여자로써 창업자보다 많은 경험과 지식을 가지고 있다는 점을 이용해서 자신에게 유리한 결정을 하도록 하기도 하고,73) 반대의 경우도 발생한다. 이러한 창업자와 벤처투자자 간의 이해관계 충돌에 대해 아래에서는 크게 네 가지의 경우로 나누어 살펴보겠다.

### 1. 스타트업 후속투자나 매각 결정 관련

　　스타트업이 성장을 달성하지 못하여 이전 벤처투자시보다 가치를 높

---

70) Pollman(2019), p.187(창업자와 경영자는 스타트업을 계속 경영하거나 특정 방식으로 투자회수할 수 있는 기회를 통해 금전적인 것뿐 아니라 비금전적인 사적 이익을 얻는다고 설명함).

71) Smith(1999), p.971.

72) Bratton& Wachter(2013), pp.1875-1876; Cable(2015), pp.60-61; Katz(2018), pp.238-239.

73) Atanasov, Ivanov& Litvak(2012), p.2219은 이를 벤처캐피탈에 의한 착취(expropriation)라고 한다.

여서 신규 투자를 받기 어려운 상황에서 스타트업의 가치평가액을 낮추어 다운라운드 투자를 진행할지 혹은 스타트업을 매각할지에 대해 창업자와 벤처투자자의 이해관계가 달라진다.74) 스타트업의 다운라운드 투자시에는 창업자와 벤처투자자 모두 지분이 희석되지만, 창업자는 금전뿐 아니라 시간과 자원, 명성 등의 다양한 가치를 회사에 투하했기 때문에 가치 평가를 낮춰서라도 투자를 받아서 스타트업 창업자로서 사익을 지킬 필요가 있다.75) 반면, 벤처투자자는 스타트업에 훨씬 큰 규모의 자금을 투자해서 경제적 이해관계가 크고 스타트업의 존속에 대한 사적인 이해관계를 갖지 않는다.76)

벤처투자자는 벤처투자조합의 존속기간 만료 이전에 투자금을 회수해서 출자자에게 분배할 의무가 있어서 다운라운드 투자를 통한 미래의 불확실한 이익보다는 스타트업 매각으로 현재의 확정적 이익을 얻고자 하는 인센티브가 크다.77) 특히, 벤처투자조합의 존속기간 만료가 임박한 경우 벤처투자자는 다운라운드 투자보다는 매각을 통해 투자금을 회수하고자 할 것이다. Yao와 O'Neil이 미국에서 1989년부터 2014년까지 설립된 수술용 기기 관련 스타트업을 대상으로 진행한 실증 연구에 따르면, 벤처투자펀드의 존속기간 만료가 임박하여 투자회수에 대한 압박이 1단위 증가할수록 벤처투자펀드로부터 투자받은 스타트업이 낮은 가치로 M&A될 위험이 51% 증가했다.78)

이로 인해 스타트업이 제대로 성장하지 못하고 추가 자금이 필요한 상황에서 창업자는 다운라운드 투자를 진행을 원하고 벤처투자자는 스

---

74) 이처럼 후속 시리즈 투자시 스타트업의 가치를 전 시리즈 투자 시보다 낮추어 투자를받는 것을 통상 다운라운드(downround) 투자라고 한다; Lemon J.(2003), pp.28-34; Cable(2015), pp.51-53; Pollman(2019), p.189.

75) Broughman& Fried(2013), p.1331.

76) Broughman& Fried(2013), p.1326.

77) Broughman& Fried(2013), p.1326; 홍성균(2023), 161-162쪽.

78) Yao & O'Neil(2022), p.12.

타트업을 매각하려고 할 가능성이 높다. 반면, 스타트업을 매각하면 창업자는 경영권을 잃고 창업자로서의 명성이나 평판 등의 사적인 이익을 잃게 되어 매각에 반대할 가능성이 높다.79) 한 예로, 우리나라 OTT 플랫폼 스타트업인 왓챠의 투자자들은 자금난을 이유로 회사 매각을 추진했는데, 매수를 협의하던 측이 창업자가 경영에서 물러날 것을 조건으로 주장하고 창업자는 이에 반대하여 결국 매각이 이루어지지 않았다.80)

## 2. 스타트업의 상장 관련

스타트업의 상장 시기에 대해서도 우선주주인 벤처투자자와 창업자의 이익이 충돌되는 경우가 있다. 투자조합의 존속 기한 내에 투자를 회수해서 출자자에게 수익을 지급할 의무가 있는 벤처투자자가 기업공개를 할 만큼 성숙하지 않은 스타트업을 무리해서 조기상장을 시키는 경우가 있다.81) 특히, 미국의 선행연구에 따르면 벤처투자조합을 운용하는 벤처캐피탈 회사의 업력이 짧을수록 후속 벤처투자조합 결성시 내세울 투자실적을 쌓고자 투자한 스타트업을 조기에 상장시키는 경향이 나타났다.82) 이렇게 조기 상장한 스타트업은 공개시장에서 제대로 된 가치평가를 받지 못해서(underpriced) 보통주주등 다른 주주에게 손해가 되고 공개시장에서 해당 스타트업의 주식을 매수한 일반투자자도 손해를 입을 수 있다.83)

---

79) Bratton & Wachter(2013), p.1880; Broughman& Fried(2013), pp.1331, 1333.

80) 류석, 10개월 검토하더니…LG유플러스, 왓챠 인수 취소, 2023.5.29, 서울경제 (https://www.sedaily.com/NewsView/29PRNC91ZB).

81) Smith(1999), p.970; Gompers(1996), p.134(IPO Grandstanding이라고 지칭하면서, 구경꾼들에게 인상을 남기기 위해 추진하는 기업공개를 의미한다).

82) 1978년부터 1987년까지 벤처캐피탈의 투자를 받은 회사로 기업공개를 한 433개의 회사를 분석한 실증 분석에 따르면 6년 미만의 업력을 가진 벤처캐피탈의 경우 업력이 긴 벤처캐피탈에 비해 피투자회사로 하여금 조기에 기업공개하도록 하는 경향이 발견되었다[Gompers(1996), pp.138-141].

다만, 이는 나스닥 거래소를 통한 스타트업의 기업공개가 활발했던 2000년대 초반 미국의 경우에 주로 문제된 것으로 최근에는 미국에서도 벤처투자자의 풍부한 자금력 등을 바탕으로 기업공개를 늦추는 것이 문제로 지적이 되고 있다.84) 우리나라의 경우 비교적 기업공개 절차가 복잡하고 요건이 엄격해서 스타트업 조기상장으로 인한 문제의 발생 가능성은 낮다. 다만, 바이오 스타트업의 경우 기술특례 상장 등을 통해 매출이나 이익 요건을 갖추지 않은 회사를 조기에 상장시키고, 상장 이후에는 신약 개발 등을 위한 연구를 소홀히 하는 등 시장의 기대를 충족시키지 못해서 조기상장으로 인한 문제가 발생한 바 있다.85)

반대로 벤처투자자가 성숙기에 접어든 스타트업에 높은 가치평가로 투자한 경우 스타트업의 기업공개 시점에 대해 이해관계 충돌이 발생할 수 있다. 벤처투자자는 벤처투자조합의 내부 목표 수익률(IRR)을 초과해야 성과보수를 받도록 약정된 경우가 많아서 스타트업의 가치가 내부 목표 수익률을 초과할 때까지 기업공개를 늦추려고 하는 경우가 있다. 반면, 창업자는 기업공개를 통해 임직원의 사기를 진작하고 임직원이 주식매수선택권 행사를 통해 부여받은 주식의 유동성을 확보하도록 하고자 기업공개 시기를 앞당기려고 하여 분쟁이 발생하기도 한다.86)

---

83) Gompers(1996), p.154.
84) Pollman(2019), p.209(지난 20년간 기업공개를 한 회사의 숫자가 약1/3로 줄어들었다고 설명함).
85) 홍순빈, "사기 아니야?"…'개미지옥'된 특례상장 바이오기업, 2023.4.5, 머니투데이(https://news.mt.co.kr/mtview.php?no=2023033010044763513).
86) 이윤애, 오아시스 '공모가' 결정 못해 상장 연기하나, 2023.2.9, 뉴스핌(재무적 투자자가 공모가 하향조정에 동의하지 않아 상장 연기를 고려한다는 내용, https://www.newspim.com/news/view/20230209000958); 오민지, "비싸게 투자 받았더니"…투자 유치가 상장 발목 잡았다, 2023.5.31. 한국경제TV(https://n.news.naver.com/article/215/0001104811)(결국 오아시스가 상장신청을 철회했다는 내용).

## 3. 전환권 및 상환권 행사 관련

벤처투자자의 전환권이나 상환권 행사와 관련해서 벤처투자자와 창업자 등 보통주주 간에 이해관계가 달라지는 경우도 발생한다. 벤처투자자는 주로 상환전환우선주식으로 투자해서 보통주식으로 전환권을 행사할 때 전환비율 조정 사유가 발생하면 우선주식 수보다 더 많은 수량의 보통주식을 취득하게 될 수 있다. 그 결과 창업자 등 다른 보통주주의 지분이 희석되고 지분 희석의 정도에 따라서는 창업자의 경영권이 위협받는 경우도 발생할 수 있다. 일반적으로 우선주식이 1:1 비율로 보통주식으로 전환된다는 전제 하에(as-converted basis) 지분율을 계산하는데, 우선주주가 전환권 조정을 하면 보통주주의 지분율이 계산한 것보다 더 희석되는 것이다.[87] 그리고 벤처투자자의 전환비율 조정 조항의 내용이 가중 평균 조정 조항과 하향 조정 조항 중 어떤 내용이 적용되는지에 따라 창업자 등 보통주주의 지분 희석의 정도가 달라진다.[88]

이처럼 예기치 않은 상황에서 벤처투자자의 우선주주로서 권리를 보호하기 위해 규정된 전환비율 조정 조항은 창업자 등 보통주주에게 불리한 결과를 초래할 수 있다. 미국에서는 벤처투자자가 조정된 비율로 전환권을 행사한 결과 창업자가 경영권을 잃으면 벤처투자자가 적극적으로 권한을 행사하여 벤처투자자 지명이사나 전문경영인을 대표이사로 선임하는 경우도 많다.[89] 이 경우 우선주주의 전환권 행사에 따른 창업자 지분 희석과 창업자 축출과 관련한 창업자와 벤처투자자 간의 법적 분쟁도 발생한다. 스타트업의 상장 직전에 벤처투자자의 전환권 행

---

87) Bartlett (Hill& Solomon Eds)(2016), p.125.

88) Lemon J.(2003), pp.13-15; 본 논문 제4장 제2절 II.3.가.(3) 참고.

89) Broughman& Fried(2020), p.72, 73에서 1990~2012년 사이에 벤처캐피탈 펀딩을 받은 18,000개 이상의 스타트업을 조사한 결과 IPO 시점에서 창업자가 대표이사 직을 유지하는 경우는 41%에 불과했고, 창업자가 대표이사이자 주요주주인 경우는 7%에 불과했다고 한다.

사로 창업자 등 보통주주의 지분이 희석되었다고 주장하면서 벤처투자자가 얻은 이익을 환수할 것을 청구한 소송도 제기된 바 있다.[90]

벤처투자자가 스타트업에 상환권을 행사하는 경우에도 벤처투자자와 창업자 등 보통주주 간의 이해관계가 달라진다. 스타트업은 상환재원이 있는 경우가 드물어서 실제로 벤처투자자가 상환권을 행사할 수 있는 경우는 별로 없지만,[91] 드물게 벤처투자자가 상환권 행사를 하게 되는 경우에 창업자 등 보통주주와 벤처투자자의 이해관계가 상충된다. 벤처투자자는 스타트업에 상환권 행사를 통한 투자 위험 관리가 중요하고, 특히 벤처투자조합의 존속기간 만료가 임박하면 상환권을 행사를 통해서라도 투자금을 회수할 필요가 있다. 반면, 벤처투자자가 상환권을 행사하면 스타트업은 계속 사업을 존속하기 어려운 상황에 처할 수 있고 창업자는 경제적·사적 이익을 상실하게 되어 우선주주인 벤처투자자와는 상반된 이해관계를 가진다.

### 4. 스타트업의 청산 관련

스타트업의 청산에 대해서도 벤처투자자인 우선주주와 보통주주인 창업자 간의 이해관계가 충돌되는 경우가 발생한다. 스타트업이 계획대로 성장하지 못하고 재무 상태가 악화되어 후속 투자 유치가 어렵고 매각도 어려운 소위 좀비기업이 되면 스타트업은 청산 여부를 결정해야 한다.[92] 이 경우, 벤처투자자는 여러 회사에 분산투자해서 포트폴리오

---

90) Atanasov, Ivanov& Litvak(2012), p.2229에서 인용된 사건인 Bruh v. Bessemer Venture Partners Ⅲ L.P.,No.05-5271, 2006 WL 2640554(2d Cir.Sep.13, 2006)으로 결국 원고의 청구가 기각되었다.

91) 본 논문 제4장 제2절 Ⅱ.3. 가.(4)참고.

92) 만약 스타트업이 잔여 책임재산을 초과하는 채무를 지고 있는 경우에는 주식회사의 해산 및 청산 절차를 거칠 수는 없고, 채무자 회생 및 파산에 관한 법률에 따른 절차에 따라 채무 변제를 해야 한다. 본문의 내용은 스타트업이 채무초과

를 구성하기 때문에 성장 가능성이 없는 스타트업에 대해서는 투자 원금을 회수하거나 손실을 최소화하는 것이 중요하다. 성장 가능성이 없는 스타트업은 조기에 청산하여 원금이라도 회수하면 벤처투자자가 피투자 스타트업을 관리하는데 드는 비용이 감소해서 유리한 면도 있다. 특히, 벤처투자조합의 존속기간 만기가 임박하면 성공 가능성이 낮은 피투자 스타트업은 청산을 통해서 잔여재산으로 투자금의 일부라도 회수하고 스타트업이 보유한 지적재산권이나 인력은 성공 가능성이 높은 다른 피투자 스타트업에 투입하는 것이 더 유리하다고 판단할 여지가 높다.93) 또한, 벤처투자자는 스타트업의 잔여재산분배에 대한 우선권을 가지는 경우가 대부분이어서 스타트업을 청산해서 잔여재산분배에 대한 우선권을 행사하고자 할 인센티브가 있다. 반면, 창업자는 스타트업에 경제적, 인적 자원을 집중해서 투자했고 창업자이자 대표이사로서 가지는 사적 이익이 있기 때문에 스타트업을 쉽게 청산하기 어렵다. 이러한 상황에서 벤처투자자와 창업자는 스타트업의 청산에 대해 이해관계가 달라진다.

---

상태가 아니라는 전제 하에 존속만 해 나가는 상태(소위 좀비기업의 상태를 의미함)를 전제로 한다.
93) Cable(2015), pp.53-54.

# 제3절 벤처투자자 관련 지배구조 문제

## Ⅰ. 벤처투자자 내부의 문제

### 1. 유한책임조합원과의 대리인 문제

스타트업에 투자하는 벤처투자자는 벤처캐피탈 회사의 자기자본이 아닌 출자자의 출자를 받아 결성한 벤처투자조합의 자산으로 투자하기 때문에 벤처투자조합 내부에서 벤처캐피탈 회사와 출자자 간의 대리인 문제가 발생한다.94) 창업자와 벤처투자자 간의 대리인 문제에 추가해서 우선주주인 벤처투자조합 내부에서도 대리인 문제가 발생하는 것으로, Langevoort 교수와 Sale 교수는 이를 하부의 대리인 비용(downstream agency costs)이라고 부른다.95) 벤처투자조합 내부의 지배구조 문제는 벤처투자자와 창업자간의 지배구조에 영향을 미친다. Gilson교수의 설명과 같이 벤처투자자의 스타트업 투자계약과 벤처투자조합의 조합원 간 체결하는 규약은 상호 연결되어 있고,96) 벤처투자조합을 결성해서 투자하는 벤처투자의 특성으로 스타트업 지배구조에는 중층적인 대리인 문제가 발생한다.

---

94) Sahlman(1996), p.493; Langevoort& Sale(2021), p.1365.

95) Langevoort& Sale(2021), p.1365.

96) Gilson(2003), p.1091("VC investment contract is braided with the contract for fund investors for purposes of producing those returns.").

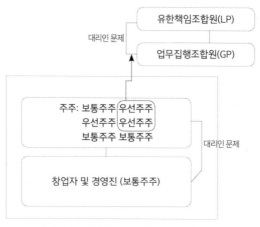

[그림 4] 스타트업의 중층적 대리인 문제

벤처투자조합 내부의 대리인 문제는 벤처투자조합의 업무집행조합원인 벤처캐피탈 회사와 벤처투자조합에 출자한 유한책임조합원과의 대리인 관계에서 발생한다. 벤처캐피탈 회사는 벤처투자조합의 출자자를 모아 조합을 결성하고 조합 재산의 관리와 운용을 담당하는 대리인으로서의 역할을 수행한다. 미국과 영국에서 초기에 벤처투자조합을 규율하면서 조합원의 유한책임과 무한책임을 엄격하게 구별하고 유한책임조합원이 조합의 업무에 관여하면 유한책임의 이익을 상실하고 무한책임을 부담시켰다.97) 이에 따라 유한책임조합원은 무한책임을 부담하지 않으려고 조합의 업무에 관여하지 않고 업무집행조합원에 대한 감시에도 소극적으로 임해 왔다. 결과적으로 벤처투자조합에서도 소유와 경영이 분리되어 대리인 관계가 형성된다.98)

---

97) Spangler(2012), p.129.

98) Spangler(2012), p.129, p.134에 따르면, 이로 인한 문제를 완화하기 위해 델라웨어 유한파트너십에 대한 통일법률은 개정을 통해 유한책임조합원이 조합원 총회를 소집하거나 업무비행조합원에게 조언을 하거나 컨설팅을 하는 등 열거

업무집행조합원과 유한책임조합원 간의 정보 비대칭으로 인해 벤처투자조합의 대리인 문제가 더욱 심각해진다. 유한책임조합원은 업무집행조합원이 벤처투자조합의 재산으로 투자한 스타트업에 대한 정보나 투자 성과를 알기 어렵다.[99] 이러한 정보 비대칭 상황을 이용해서 업무집행조합원이 유한책임조합원의 이익보다 벤처캐피탈 회사의 이익을 우선하여 조합재산을 운용하는 경우가 발생할 수 있다.[100] 업무집행조합원은 유한책임조합원에 대해 대리인으로서 선관주의의무를 부담하는 것으로 이해되지만 유한책임조합원이 업무집행조합원의 선관주의 의무 준수 여부를 감시하기 어렵다는 한계가 있다. 앞서 언급한 FTX의 경우, 명망이 높은 벤처캐피탈 회사가 운용하는 벤처투자펀드의 자금으로 거액을 투자하면서 창업자에 대한 감시를 하지 않았다는 점이 드러나면서 유한책임조합원이 업무집행조합원의 책임을 법적으로 물을 수 있게 해야 한다는 논의가 증가하고 있다.[101]

## 2. 조합원간의 이익상반의 경우

벤처투자조합의 업무집행조합원과 유한책임조합원은 대개의 경우 벤처투자조합의 투자 수익을 극대화하기 위한 이해관계가 일치한다. 양측 모두 벤처투자조합 재산으로 투자한 스타트업이 높은 가치 평가를 받아 후속 투자를 유치하고 궁극적으로 기업공개를 통해 투자회수를 하는 것을 목표로 한다. 벤처투자조합은 업무집행조합원과 유한책임조합원의 이해관계를 더욱 일치시키기 위한 장치를 몇 가지 두고 있다. 첫번

---

된 몇 가지 행위를 하는 경우에는 유한책임을 유지할 수 있도록 하는 규정(safe harbour) 규정을 추가했다(Section 17-303).

99) Gompers& Lerner(1996), p.469.

100) Sahlman(1990), p.493.

101) 남미래, "벤처기업 망하면 VC 고소?" 미 SEC 규제에 투자업계 '화들짝', 2023.1. 21, 머니투데이(https://news.mt.co.kr/mtview.php?no=2023012014001332915).

째로, 업무집행조합원인 벤처캐피탈 회사도 벤처투자조합에 총 결성금액의 1~10% 정도를 출자하도록 해서 유한책임조합원과 이해관계를 일치시킨다.[102] 그래서 벤처캐피탈 회사는 투자조합의 출자자로서 투자수익을 배당 받을 수 있기 때문에 투자조합의 투자수익을 높일 인센티브를 가진다. 또한, 벤처투자조합은 업무집행조합원에게 관리보수 이외에 성공보수를 지급받도록 해서 벤처투자조합 투자수익을 높일 인센티브를 갖게 하고 유한책임조합원들과 이해관계를 일치시킨다.[103] 벤처투자조합 운용으로 높은 수익을 거두면 벤처투자조합은 높은 성공보수를 받을 수 있어 벤처투자조합 성공에 일치된 이해관계를 가진다.

이러한 장치에도 불구하고 벤처투자조합의 업무집행조합원과 출자자인유한책임조합원의 이해관계가 항상 일치하는 것은 아니다. 업무집행조합원과 유한책임조합원의 이익이 상반되는 유형을 아래와 같이 분류해서 검토한다.

### 가. 조합재산 투자 관련

벤처투자조합을 결성해서 스타트업에 투자할 때 업무집행조합원과 유한책임조합원간에 수인가능한 위험 수준과 목표 수익률이 상충되는 경우가 있다. 앞서 언급했듯이 업무집행조합원의 성과보수는 유한책임조합원과의 이해관계를 일치시키는 방법이지만, 구체적인 산정 방법과 상황에 따라 업무집행조합원은 유한책임조합원과 다른 이해관계를 가질 수 있다. 업무집행조합원은 벤처투자조합 존속기간 만료시의 조합재산에서 매년 업무집행조합원에게 지급되는 관리보수와 유한책임조합원의 출자액 및 기준수익률(Internal rate of return, 'IRR')에 해당하는

---

102) 미국의 경우 벤처캐피탈이 일반적으로 총 펀드 규모의 1%만을 출자하는데, 우리나라에서 주로 나타나는 정책펀드의 경우 업무집행사원인 벤처캐피탈로 하여금 총 펀드규모의 10%를 출자하도록 하고 있다[곽기현(2021), 6쪽].

103) Litvak(2009), p.163.

금액을 지급한 후 남는 금액의 범위 내에서 기준수익률(IRR)을 초과하는 투자수익의 20%를 성과보수로 수령하는 경우가 많다.104) 이에 따르면 업무집행조합원은 유한책임조합원의 출자액 및 이에 대한 기준수익률을 초과하는 수익을 내야만 성공보수를 받을 수 있다. 그 결과 업무집행조합원은 고수익을 낼 가능성이 있는 스타트업에 높은 투자 위험을 감수하면서 투자할 인센티브가 크고, 유한책임조합원은 그렇지 않은 경우가 생긴다.105)

또한, 우리나라처럼 정책적 목적을 가진 정책펀드의 출자를 받아 결성되는 벤처투자조합이 많은 경우에 조합원 간의 투자에 대한 이해관계 대비가 두드러진다. 정책펀드인 유한책임조합원은 높은 수익률 달성보다는 정책 목표를 달성하는 것이 주요 목적으로, 벤처투자조합이 투자 비율 제한 등을 준수해서 의도한 산업 분야를 활성화시키는 것이 중요하다. 실제로 미국 연금펀드의 벤처투자펀드 출자를 일반 펀드의 벤처투자펀드 출자와 비교하여 실증 분석한 선행 연구 결과에 따르면, 정책적 성격을 가진 펀드는 투자 성과 이외의 정책상 목적을 고려하여 의사결정을 하는 경향이 나타났다.106) 반면, 벤처투자조합의 업무집행조합원은 높은 수익률을 달성해서 성과보수를 받고 투자 실적을 쌓아 후속 벤처투자조합을 결성하는 것이 주된 목적으로 유한책임조합원의 정책 목적 하의 이해관계와 상이한 이해관계를 가질 수 있다.

---

104) 벤처투자조합 등록 및 관리규정 [별지1]에 제시된 벤처투자조합의 표준규약 제28조의 내용으로 많은 벤처투자조합이 이 규약 내용과 거의 동일하거나 일부 내용만을 변경해서 이용하고 있다.

105) Gompers, Lerner(1996), p.480(유한책임조합원에게 투자수익을 분배한 후에 업무집행조합원에게 수익 분배가 이루어져서 업무집행조합원이 높은 위험이 있는 투자를 선호할 가능성이 있다고 설명).

106) Atanasov, Hall, Ivanov & Litvak(2019), p.25.

### 나. 벤처투자조합 만기 연장

벤처투자조합의 만기 연장과 관련해서도 업무집행조합원과 유한책임조합원 간의 이해관계가 달라진다. 벤처투자조합의 존속기간 만기가 임박했음에도 벤처투자조합이 스타트업에 대한 투자회수를 완료하지 못한 경우 조합의 만기 연장에 대한 이해관계가 달라지는 것이다.107) 벤처투자조합의 주요 재산인 스타트업의 주식은 유동성이 낮고 현금화하기 어려워서 이런 문제가 더욱 빈번하다. 이 경우, 업무집행조합원은 벤처투자조합의 만기를 연장해서 스타트업의 기업공개 등을 통해 투자수익을 높이고 후속 벤처투자조합 결성에 도움이 되는 투자실적을 쌓고자 할 것이다. 반면, 업무집행조합원에 대한 신뢰가 낮아진 유한책임조합원이 출자한 자금을 회수해서 다른 대체투자처에 투자하고자 할 경우에 벤처투자조합의 존속기간 연장을 두고 갈등이 발생할 수 있다.

이런 문제를 제도적으로 해결하기 위해 최근 LP 지분유동화 펀드를 결성해서 존속기간이 임박한 투자조합의 유한책임조합원의 지분을 유동화 하기도 한다.108) 두나무에 투자했던 벤처투자조합의 경우처럼 조합 재산으로 투자한 스타트업 주식의 가치가 계속 상승할 것이 기대되면 투자조합의 존속기간 만료시 유한책임조합원의 동의를 받아 스타트업 주식을 현물로 배분하는 경우도 있다.109) 이런 경우를 제외하고는 일반적으로 벤처투자조합의 만기 연장에 대해 업무집행조합원과 유한책임조합원 간에 이해관계가 달라진다.

---

107) 이러한 점을 고려해서 스타트업이 벤처캐피탈 투자를 받을 때 각 펀드가 설립 이후로부터 몇 년이 도과했는지를 확인해야 한다는 권고로 Kupor(2019), p.66.

108) 이윤정, 8년만에 부활 LP지분 유동화 펀드, 경험 앞세워 대거 지원, 2022.3.24, 더벨(http://www.thebell.co.kr/free/content/ArticleView.asp?key=20220322 1551389120102712&svccode=00&page=1&sort=thebell_check_time).

109) 진영태, 두나무 성장성에…100배 대박낸 벤처펀드, 이례적 현물청산, 2021.11.9, 매일경제(https://www.mk.co.kr/news/stock/view/2021/11/1061051/,2022.6. 24 확인).

### 다. 업무집행조합원의 추가 벤처투자조합 결성

업무집행조합원이 추가로 벤처투자조합을 결성할 때에도 해당 벤처투자조합의 업무집행조합원과 유한책임조합원의 이해관계가 달라진다.[110] 벤처투자조합은 존속기간이 정해져 있어서 업무집행조합원인 벤처캐피탈 회사가 영속성을 가지려면 지속적으로 신규 벤처투자조합을 결성해야 한다.[111] 그런데 업무집행조합원이 다수의 벤처투자조합을 결성하면 이미 결성된 벤처투자조합의 관리와 운용에 배분할 수 있는 자원이 줄어들어서 유한책임조합원의 입장에서는 투자 수익 감소를 우려하게 된다. 만약 신규로 결성된 벤처투자조합이 기존의 벤처투자조합과 투자 대상이나 목적 등이 동일하거나 유사하다면 높은 투자 성과가 기대되는 스타트업에 대한 투자 기회를 신규 결성된 벤처투자조합에 배분할 수 있고, 이 경우 이미 결성된 벤처투자조합의 수익률에 영향을 주어 유한책임조합원이 분배받는 금액이 줄어들 수 있다.[112]

### 라. 업무집행조합원의 자기거래 등의 경우

업무집행조합원이 자기 및 제3자를 위해 벤처투자조합과 계약을 체결하고 거래를 하는 경우에도 유한책임조합원과 이익이 상충된다.[113] 업무집행조합원이 벤처투자조합의 운영과 관련한 사항 중 일부를 업무집행조합원의 자회사 또는 관계회사에 위탁하는 계약을 체결하는 경우, 업무집행조합원은 벤처투자조합으로부터 수령하는 관리보수 및 성공보수에 더해서 벤처투자조합과의 위탁계약에 따른 보수도 수령할 수 있다. 반면, 유한책임조합원은 업무집행조합원이 체결한 계약 체결의 필요성과 공정성에 대해 판단하기 어려운 상황에 놓인다. 업무집행조합원이

---

110) Gompers&Lerner(1996), p.482.

111) Sahlman(1990), p.488.

112) Atanasov, Ivanov& Litvak(2012), p.2229.

113) 日本ベンチャーキャピタル協会(2019), p.74.

이를 이용해서 업무집행조합원이나 관계회사에 유리하지만 벤처투자조합에 불리한 조건으로 계약을 체결하면 업무집행조합원과 유한책임조합원 간에 이익충돌이 심해진다.

복수의 벤처투자조합을 결성한 업무집행조합원이 운용 중인 벤처투자조합 간에 거래를 하는 경우에도 조합원 간의 이익충돌이 발생한다. 이를 '운용재산 상호간의 거래'라고 하는데,114) 업무집행조합원인 벤처캐피탈 회사가 기존에 결성한 벤처투자조합이 투자한 스타트업의 지분을 신규로 결성한 벤처투자조합에 양도하는 경우가 그 예이다.115) 기존 벤처투자조합의 존속기간 만료가 임박했을 때 투자회수를 위해 이런 거래가 이루어지는 경우가 많은데, 거래 대상이 되는 스타트업의 가치를 공정하게 평가해서 거래하기 어렵다. 업무집행조합원은 이런 거래로 기존 벤처투자조합의 투자를 회수해서 투자조합을 청산하고 성과보수를 받을 수 있는 반면, 해당 거래가격이 적정한지 여부에 따라 거래의 매수자가 되는 벤처투자조합의 유한책임조합원은 손실을 볼 수 있다.

그 밖에 업무집행조합원 또는 업무집행조합원의 주요 주주나 주요 임직원이 이해관계를 가지는 회사와 벤처투자조합이 거래를 하는 경우도 업무집행조합원과 유한책임조합원 간에 이익충돌이 발생할 수 있다. 예를 들어, 업무집행조합원의 임직원 등이 엔젤투자를 한 스타트업에 업무집행조합원이 결성한 벤처투자조합이 투자를 하면 해당 업무집행조합원의 임직원은 투자한 스타트업의 지분가치가 증대되고 투자 회수 가능성이 높아져서 경제적 이익을 얻을 수 있다. 반면, 벤처투자조합의 투자 결정시에 업무집행조합원은 자신의 임직원이 엔젤투자를 한 스타트업에 긍정적 편향을 가질 위험이 있고 벤처투자조합의 투자 성과 하락으로 이어지면 유한책임조합원이 손실을 입을 수 있다.

---

114) 日本ベンチャーキャピタル協会(2019), p.74.
115) Gompers& Lerner(1996), p.481; 日本ベンチャーキャピタル協会(2019), p.74.

## II. 벤처투자자 상호간의 문제

　동일한 스타트업에 투자한 벤처투자자 상호 간에는 대리인 문제가 특별히 발생한다고 보기는 어렵다. 벤처투자 과정에서 창업자의 지분이 크게 희석되고 특정 벤처투자자가 이사회 이사의 지명권을 과반수 이상 부여받아 경영권을 장악해서 대표이사를 선임하는 경우에 예외적으로 특정 벤처투자자 측이 다른 주주들의 대리인이 되어 대리인 문제가 발생할 가능성은 있다.116) 그러나 이외에는 특별히 동일한 스타트업에 투자한 벤처투자자 상호 간에는 대리인 문제가 문제되지 않는다.

　동일한 스타트업에 투자한 벤처투자자 간에는 대리인 문제보다는 이익 충돌이 주로 문제된다. 대부분 동일한 스타트업에 투자한 벤처투자자는 스타트업을 성공적으로 상장시켜서 높은 수익을 달성하는데 공통된 이해관계를 가진다. 그래서 기존 벤처투자자가 다른 벤처투자자를 추천해서 스타트업의 후속 투자 유치에 도움을 주고, 창업자의 대리인 문제가 발생하면 공동으로 조치를 취하여 목표 달성을 위해 함께 노력하는 경우가 많다. 그러나 동일한 스타트업에 투자한 벤처투자자의 이해관계가 충돌되는 경우도 빈번하다.117) 동일한 스타트업에 투자한 벤처투자자 간에도 투자한 시기에 따라서 스타트업을 평가한 가치와 투자단가가 다르고, 모두 상환전환우선주식으로 투자했더라도 전환권 조정이나 상환권 행사 사유와 상환권 행사가액과 주주간 계약을 통해 부여

---

116) 스타트업으로 시작하여 코스닥 상장사가 된 '공구우먼' 이라는 회사는 의결권을 기준으로 벤처투자자의 지분율이 최대주주의 지분율보다 높아서 벤처투자자와 경영권 분쟁이 발생할 여지가 있는 것으로 보도되었다(정해용 기자, 5배 무상증자 공구우먼, VC와 경영권 분쟁 가능성에 신주 20만주 오버행 위험도, 2022.6.16., 조선비즈, https://biz.chosun.com/stock/stock_general/2022/06/16/TIODAHGW2BHZTBIF2KWJARE33M/)

117) Bartlett(2006), pp.71-80; Pollman(2019), pp.191-193(우선주주와 우선주주의 이익충돌로 설명함).

받은 권리 등의 세부적인 내용은 다른 경우가 많다. 이에 따라 동일한 스타트업에 투자한 벤처투자자도 전환가액 조정이나 후속 투자 유치 등과 관련해서 이해관계가 달라지는 경우가 발생한다.

## 1. 전환가액 조정 관련

벤처투자자 간에 우선주를 보통주로 전환하는 전환 비율 조정과 관련해서 이해관계가 달라지는 경우가 있다. 대표적인 예로, 미국에서 간편결제 서비스 등을 제공하는 스퀘어라는 핀테크 회사는 기업공개 전 투자시에(pre-IPO 투자) 회사의 평가 가치를 높이고 주당 발행가격을 높게 협의해서 투자받았다.[118] 스퀘어는 높은 가치로 투자하는 해당 투자자들에게 추후 회사 가치 하락의 위험에 대비해서 기업공개 이후 회사의 주가가 공모가 이하로 떨어지면 해당 투자자가 보유한 주식을 보통주로 전환할 수 있는 비율을 큰 폭으로 조정할 수 있도록 보장해 주었다.[119] 기업공개 이후 스퀘어의 주가가 공모가보다 하락하자 기업공개 전 투자에 참여한 벤처투자자는 유리한 조건에 전환권을 행사해서 많은 보통주식 수량을 확보하고 회사의 주가 하락에도 불구하고 큰 수익을 올린 반면, 이외의 벤처투자자는 큰 손해를 입었다.

---

118) Brown & Wiles(2016), pp.73-74(스퀘어는 상장 전 주당 $15.46의 가치로 Series E 우선주 투자를 유치하였는데, 상장시 공모가가 주당 $18.56에 미달하면 보통주로의 전환조건이 조정되어 보통주를 더 많이 받을 수 있게 보장했다. 스퀘어의 상장시 공모가는 주당 $9가 되어 기준에 미달함에 따라 Series E 우선주 투자자들은 1년가량 되는 기간 동안 90%의 수익을 올리게 되었다); Pollman(2019), p.174.

119) Brown & Wiles(2016), pp.73-74; Pollman(2019), p.174.

## 2. 후속 다운라운드 투자 관련

동일한 스타트업에 투자한 우선주주인 벤처투자자 간의 이해관계 충돌은 스타트업이 계획대로 성장하지 못해서 다운라운드 투자나 매각을 해야 하는 상황에서 더욱 심해진다.[120] Bartlett 교수가 FormFactor라는 스타트업의 실제 투자 내역을 정리한 내용을 통해 이를 분석할 수 있는데, 해당 스타트업은 아래 [표 3]와 같이 벤처투자자가 Series E까지 투자를 진행했고 이후 Series G까지의 투자는 개인과 회사로부터 받았다.[121]

[표 4] FormFactor의 벤처투자내용 요약[122]

| 투자자 | 투자 참여 내용 | 주당 취득가 |
|--------|----------------|-------------|
| MDV | Series B부터 Series E까지 계속 참여 | $1.34 |
| IVP | Series C부터 Series E까지 참여 | $2.08 |
| MSVP | Series D부터 Series E까지 참여 | $3.52 |

위 경우, 각 투자자는 각기 다른 시점에 FormFactor라는 회사에 투자를 시작했고, 투자한 회사의 가치가 각 라운드 진행에 따라 점차 증가했다. 그래서 비교적 후기 투자 라운드부터 참여한 투자자는 이전 투자 라운드부터 참여한 투자자에 비해 FormFactor 주식을 비싼 단가에 취득하였고, 가장 초기부터 참여한 투자자인 MDV부터 IVP, MSVP 순으로 주당 취득 단가는 각각 $1.34, $2.08, $3.52가 되었다. 위 스타트업은 실제로는 Series E 이후의 투자 시에도 회사의 가치가 꾸준히 올랐지만, Series E 투자를 받은 이후 해당 회사가 계획대로 성장을 하지 못하고

---

120) Bartlett(2006), pp.77-79; Pollman(2019), p.174.
121) Bartlett(2006), pp.69-70.
122) Bartlett(2006), p.70의 Figure 4: Summary of VC Investments in FormFactor, Inc.의 내용의 일부이고, [표 3]에 대한 아래의 설명은 Bartlett(2006), pp.64-70의 분석을 정리·요약한 것이다.

있는 상황에서 자금난을 겪는 상황을 가정해보자.[123] 창업자는 스타트업의 존속에 사적인 이익을 가지기 때문에 Series F 투자시에 주당 투자 단가를 낮추더라도 투자를 유치하고자 하는 인센티브를 가진다. 만약 창업자가 Series F에서 주당 투자 단가를 $2로 협의하여 투자를 유치하면 초기 투자자인 MDV의 경우 큰 문제가 없을 것이나, IVP와 MSVP의 경우 자신들의 투자 단가보다 낮은 가격으로 후속 투자가 진행되면 지분이 희석되는 결과가 되어 이를 반대할 인센티브가 커진다.

스타트업의 사정이 더 악화되어 창업자가 $1.5에 매각을 추진하는 경우에도 마찬가지이다. MDV는 최소한 투자원금에 대한 손해는 없는 매각이므로 투자원금에 대한 손실을 무릅쓰는 것보다는 매각을 하는 것이 이익이 될 수 있다. 해당 스타트업에 계속 벤처투자자의 자원을 투입하는 것보다는 매각을 택하는 것이 유리한 측면도 있다.[124] 반면, IVP와 MSVP는 이런 조건으로 매각을 하면 투자원금에 손실이 발생해서 투자 조합의 투자자인 유한책임조합원과의 관계에서 문제가 발생할 수 있으므로 매각에 찬성하지 않고 더 높은 가치평가에 합의할 의사가 있는 매수자를 찾아볼 가능성이 크다.

이와 유사하게 스타트업의 기업공개 시점에 대해서도 스타트업에 투자한 투자자들 간에 이해관계가 달라질 수 있다. IVP와 MSVP와 같은 후속 투자자는 기업공개시의 공모 가격이 투자한 가치보다 높지 않는 한 반대하고 스타트업의 기업가치가 높아질 때까지 기다릴 것을 주장할 가능성이 높다. 그러나 MDV와 같은 초기 투자자들은 조기에 기업공개를 하여 투자 원금과 이익을 회수할 것을 선호할 것이다. 이처럼 동일한 벤처캐피탈의 경우에도 스타트업의 다운라운드 투자 유치, 매각 및 상장

---

123) Bartlett(2006), p.70에 따르면 이 예시상의 모델이 된 스타트업은 실제로는 이런 문제없이 성장하여 Series F는 주당 $11에, Series G는 주당 $15에 투자를 유치했다.
124) Cable(2015), pp.53-54.

동일한 보통주주인 일반투자자와 창업자 간에도 스타트업의 기업공
개시기 결정 등과 관련해서 이해관계가 달라지는 경우가 있다.[129] 창업
자는 스타트업의 성장에 따라 사회적 명성을 얻고 대표이사로서 보수도
수령하는 등 스타트업에 대해 보통주주로서 뿐 아니라 추가적인 사적인
이해관계를 가진다.[130] 반면, 일반투자자는 창업자와는 달리 스타트업
에 추가적인 사적인 이해관계를 가지지 않고 스타트업의 경제적 가치와
투자 회수 기회에 더욱 민감한 경우가 많다.[131] 또한, 창업자나 벤처투
자자는 스타트업의 주요 주주로서 기업공개 전에도 구주 매도의 방법으
로 투자금의 일부를 회수할 수 있는 기회가 있지만, 소수지분만을 보유
한 일반투자자에게는 기업공개 이외에 주식을 매도해서 투자금을 회수
할 수 있는 방법이 매우 제한적이다. 그래서 일반투자자는 스타트업의
기업공개 시기를 앞당기는 것이 이익에 부합하지만, 구주 매도방법으로
일부 투자금을 회수한 창업자는 기업공개를 특별히 서두를 이유가 없게
되어 동일한 보통주주인 일반투자자와 창업자 간에도 이해관계가 달라
진다.

## 3. 투자자 보호의 문제

스타트업 일반투자자에 대해서는 투자자 보호 문제가 중요하게 발생
한다. 스타트업에 대한 투자는 옵션 투자와 유사하다고 평가될 만큼 불
확실성과 예측 불가능성이 높고 투자에 따르는 위험이 크다.[132] 투자
회수까지 걸리는 기간도 길고 스타트업의 가치를 객관적으로 평가하거
나 예측하기 어렵다. 그런데 일반투자자의 경우 스타트업에 대한 정보

---

129) Pollman(2019), pp.193-196.
130) Leavitt(2005), pp.262-263.
131) Leavitt(2005), pp.262-263.
132) Gilson(2003), pp.1076-1077.

가 부족하고 스타트업의 가치를 제대로 평가할 수 있는 역량이 부족해서 쏠림현상(herding)이 나타나기 쉽다.[133] 또한, 스타트업의 정보 공개가 제한적인 상황에서 일반투자자가 스타트업에 대한 투자결정이나 투자관리에 필요한 스타트업의 현황이나 재무상태, 사업 계획 등에 대해 정보를 얻기 어렵다.[134] 미국의 Motionloft라는 회사 창업자의 사례처럼 스타트업의 매각이 불확실한 단계에서 이를 확정적인 것처럼 호도해서 일반투자자의 투자금을 유치한 사례도 발견된다.[135] 일반투자자의 투자 이후에 스타트업이 벤처투자를 받으면서 전환비율 조정 등 일반투자자의 지분율이나 권리에 영향을 미치는 약정을 체결하더라도 일반투자자는 그 체결 사실이나 내용을 알기 어렵다.[136]

최근 비상장주식 플랫폼을 통해 스타트업의 주식을 매수하는 투자자 보호 문제도 발생한다. 금융혁신법에 따라 혁신금융서비스로 인정된 비상장주식 거래 플랫폼을 통한 스타트업 주식 거래가 이루어지고 있는데, 아직 투자자 보호 방법을 포함한 제도가 도입되지 않아서 투자자 보호 문제가 발생하고 있다.[137] 스타트업의 정보 공개가 제한적인 데다가 비상장주식 거래 플랫폼을 통해 스타트업 주식을 매도하는 주주 역시 대상 스타트업에 대한 중요한 정보를 가지지 못한 경우가 많아서 충분한 정

---

133) 박준·한민(2022), 1074쪽(크라우드펀딩에 따른 일반투자자에 대한 논의이나 스타트업에 대한 일반투자자에게도 적용될 수 있는 내용으로 보인다).

134) Leavitt(2005), p.265.

135) 미국의 Motionloft는 다른 회사에 인수될 수 있다고 하면서 지인 등으로부터 70만불에 달하는 투자금을 유치하였는데 이후 인수논의가 허위 사실이었음이 드러나서 문제가 되었다(Ryan Lawler, Sillicon Valley Hustle: Former Motionloft CEO Accused of Defrauding Investors, Dec 31, 2013, TechCrunch (https://techcrunch.com/2013/12/30/motionloft-jon-mills/)).

136) Alon-Beck(2019), p.184.

137) Osovsky(2014), pp.108-113, p.130(미국에서 최근 스톡옵션을 임직원 보상방법으로 적극적으로 도입하고 있으나 IPO가 줄고 있어서 벤처투자자와 임직원들이 비상장주식을 유통하는 플랫폼을 통해 지분을 유동화 하는 경우가 많은데, 플랫폼을 통한 유통시장에서의 투자자 보호가 부족하다는 점을 주장함).

보를 제공하기 어렵다. 또한, 해당 플랫폼에 게시된 스타트업에 대한 정보의 진위 여부나 가격의 공정성 등을 확인하기 어려운 경우도 많다.[138]

## II. 보통주주인 주요 임직원

### 1. 대리인 문제

주요 임직원이 주식보상제도를 통해 스타트업의 보통주식을 보유하게 되면 소수주주로서 스타트업의 창업자와 경영진과의 관계에서 대리인 관계가 형성된다. 주요 임직원은 스타트업 경영진의 일원이기도 하지만 소수주주의 지위에서는 경영진과 대리인 관계가 생기는 것이다. 그래서 제3절에서 지적한 창업자의 사익추구나 미숙한 경영 등 대리인 문제가 발생하면 스타트업의 주요 임직원도 스타트업 주식의 가치 하락에 따른 피해를 입는다.[139] 또한, 스타트업의 주식을 거래할 수 있는 공개 시장이 부재하고 주요 임직원은 경영진 등과의 관계로 비상장 주식 거래 플랫폼을 통해 매도하기도 어려워서 대리인 문제가 발생해도 해소하기 어려운 경우가 많다. 임직원이 창업자의 대리인 문제를 발견해도 스타트업과 고용계약을 체결한 근로자이기도 한 임직원이 경영진이나 스타트업을 상대로 조치를 취하거나 이사회에 알리기는 어렵다.[140] 임직원이자 보통주주라는 중첩적 지위를 가지는 주요 임직원은 재무제표나 주주명부 열람권이나 주주제안권등 소수주주권을 행사에도 사실상

---

138) 본 논문 제5장 제2절 II.2.나.참고.

139) Dorney(2023), p.613(테라노스의 임직원이 입은 피해를 예시로 제시함).

140) 예외적으로 임직원 고발을 통해 창업자의 사기행위가 알려진 테라노스의 사례가 있다(Erin Griffith, Theranos whistle-blower testifies she was alarmed by company's blood tests, Sept 14, 2021, The New York Times, https://www.nytimes.com/2021/09/14/technology/elizabeth-holmes-trial-theranos.html).

제약을 받는다.141)

## 2. 이익 상반의 경우

주요 임직원은 대체로 스타트업 창업자와 벤처투자자와 일치되는 이해관계를 가진다. 주요 임직원은 스타트업이 속한 산업에 대한 경험과 전문성을 쌓고 스타트업 성공 시에 경제적 이익과 커리어 상의 이익을 얻는다. 이 때 주식보상제도는 주요 임직원과 창업자 및 벤처투자자와의 경제적 이해관계를 일치시키는 중요한 수단이다. 주요 임직원은 주식보상제도에 따른 권리를 행사하기 위해 정해진 기간 동안 스타트업에 근속할 유인이 생기고, 주식매수선택권 행사를 통한 경제적 이익을 얻으려면 스타트업이 상장 이후 주가가 높은 수준으로 형성되어야 해서 임직원에게 강한 동기부여가 된다.

그럼에도 불구하고, 아래의 경우에 주요 임직원과 창업자 등 보통주주 또는 벤처투자자와 같은 우선주주의 이해관계가 달라진다.

### 가. 주식매수선택권 부여 관련

임직원에 대한 주식매수선택권 부여에 대해 우선주주인 벤처투자자와 주요 임직원 간에 이해관계가 달라질 수 있다. 주요 임직원이 신주발행 방식의 주식매수선택권을 행사하면 스타트업의 발행주식 총수가 증가하고, 그 결과 벤처투자자의 스타트업 지분이 희석된다. 주요 임직원은 스타트업의 낮은 급여 수준을 주식매수선택권을 통해 보완할 필요가 있고 창업자 역시 스타트업의 한정된 자원으로 유능한 임직원을 채용하고자 낮은 행사가로 많은 주식매수선택권을 부여하려는 인센티브

---

141) Alon-Beck(2022), pp.1206-1209[최근 테크 회사들을 중심으로 임직원과 계약을 체결하면서 법률상 주주의 조사권 포기조항(Waiver of Statutory Information Rights)을 추가한 경우가 증가하고 있다는 설명].

를 가진다. 그러나 벤처투자자는 많은 수량의 주식매수선택권이 부여되거나 행사가격이 지나치게 낮으면 스타트업에 대한 경제적 이익이 감소한다. 이 경우에 창업자 및 주요 임직원은 지분 희석을 최소화하고자 하는 벤처투자자와 이해관계가 달라질 수 있다. 이에 대비해서 벤처투자 시에 계약으로 주식매수선택권 부여를 벤처투자자의 사전 동의 대상으로 정하거나, 주식매수선택권의 행사가격을 벤처투자자가 투자한 주당 단가보다 높게 설정할 것을 요구하는 경우가 있다.142)

## 나. 기업공개 결정 관련

스타트업의 기업공개 시기에 대해서 주요 임직원은 창업자나 벤처투자자와 다른 이해관계를 가질 수 있다. 주요 임직원은 주식보상으로 받은 주식을 매도할 기회가 매우 제한적이어서 스타트업이 상장되어야 공개시장을 통해 주식을 매각하고 경제적 이익을 얻을 수 있다. 반면, 벤처투자자나 창업자는 주요 주주로서 일부 지분을 매각해서 경제적 이익을 일부 실현할 수 있고, 목표 수익률을 달성하기 위해서 기업공개 시기를 늦추고자 하는 경우도 있다. 이 경우에 주요 임직원이 주식보상을 통해 보유하게 된 주식의 경제적 이익을 실현할 수 있는 시기가 계속 지연되고 창업자나 벤처투자자와 이해관계가 달라진다.143)

스타트업의 기업공개 시기는 주요 임직원의 주식매수선택권 행사 시점에 영향을 주기도 한다. 주식매수선택권을 행사하여 주식을 취득하려면 행사가격을 납입해야 하는데, 상장회사의 임직원은 단기 대출을 받아 주식매수선택권을 행사함과 동시에 공개시장에서 취득한 주식을 매

---

142) 한국벤처투자(2018), 52쪽은 스타트업은 자유로운 주식매수선택권 부여를 희망할 수 있지만 투자자는 지분 희석을 고려해서 주식매수선택권 부여에 대해 제한을 하는 것이 일반적이고 투자자와 스타트업 간의 협의의 대상이라고 설명함.

143) 지영의, 토스, 상장 연기에 거센 내홍…인력 이탈 조짐도, 2022.6.29, 이데일리 (https://www.edaily.co.kr/news/read?newsId=01197206632366640&mediaCodeNo=257).

도하여 대출을 상환하고 세금을 납부할 수 있어 비교적 부담이 적다. 반면, 비상장회사인 스타트업 임직원은 주식매수선택권을 행사하려면 대출을 받거나 별도의 자금으로 행사가를 납입하고 세금을 납부해야 하는 부담이 생긴다.[144] 그래서 주식매수선택권의 행사기간이 도래해도 상장시까지 권리 행사를 미루는 경우가 많은데, 스타트업 상장이 연기된 상황에서 주식매수선택권 행사기간이 얼마 남지 않은 경우 임직원의 부담이 더욱 커진다.

스타트업이 기업공개를 하는 경우에도 공모가 설정에 따라 주요 임직원들 간에도 이해관계가 달라진다. 주요 임직원들 간에도 부여받은 주식매수선택권의 행사가격과 부여 수량이 다른데, 스타트업의 성장에 기여한 바에 따라 이를 정하는 경우는 드물고 주로 근속연수나 부여 시점을 기준으로 행사가격과 부여 수량을 정한다.[145] 그래서 주요 임직원 간에도 주식매수선택권의 행사가격 차이로 인해서 기업공개 시점에 대해 다른 이해관계를 가질 수 있다. 만약 창업자나 벤처투자자가 공모가 등을 높이려고 스타트업의 기업공개 시기를 늦추면 주요 임직원 모두가 주식보상에 따른 이익을 실현하기 어려워진다.

### 다. 스타트업 매각 또는 합병 관련

창업자와 벤처투자자가 스타트업을 매각하거나 합병시키는 경우 주요 임직원은 창업자 및 벤처투자자와 다른 이해관계를 갖게 된다. 창업자나 벤처투자자는 매각이나 합병을 통해 보유한 주식을 유동화하여 경

---

144) 홍성용, "내가 회사 주인 느낌…대기업 연봉 안부럽다", "10년이나 버텼지만…대박은 가뭄에 콩 나듯", 2021.9.29. 매일경제(https://www.mk.co.kr/news/business/view/2021/09/927624/); Alon-Beck(2022), p.1175.

145) 고재종(2021),34쪽; 방영덕, 상장 앞둔 마켓컬리, 900명 직원에게 스톡옵션…임원진은 제외, 2022.1.12. 매일경제(https://www.mk.co.kr/news/business/view/2022/01/34304/)(개인별 스톡옵션 부여 수량을 재직 기간에 따라 차등 배정했다는 내용).

제적 이익을 얻고 투자를 회수할 수 있지만, 주요 임직원의 경우 이런 기회를 얻기 어려운 경우가 많다. 매각의 상대방이 사모펀드인 경우에는 매각 이후 인건비를 비롯한 비용 지출을 최소화하여 이익을 극대화할 가능성이 크고 주요 임직원의 고용의 안정성을 보장할 수 없어서 근로자로서의 이해관계도 악화될 수 있다.146) 또한, 스타트업이 다른 회사에 흡수합병 되면 합병회사가 피합병회사인 스타트업에서 주요 임직원에 부여한 주식매수선택권에 상응하는 권리를 부여할지 여부도 불분명하다.147) 만약 합병회사의 임직원 보상체계가 피합병 스타트업의 보상체계와는 달리 주식 기반 보상을 하지 않고 있거나, 벤처기업법의 적용을 받지 않아 주식매수선택권 부여가능 주식 수량이 적은 경우에는 스타트업 임직원의 주식매수선택권의 가치가 낮아지거나 인정받기 어려울 가능성이 있다.148)

스타트업이 매각에 이르지 않고 창업자가 벤처투자자 등에게 지분일부를 구주 매각 형태로 매도하는 경우에도 창업자와 주요 임직원의 이해관계는 달라진다. 주요 임직원은 지분 유동화를 통한 경제적 이익을 누릴 기회가 거의 없는 반면, 창업자는 일부 지분 매각을 통해 지분 유동화를 할 수 있는 기회를 가진다. 예를 들어, 미국 차량공유 플랫폼을 운영하는 우버의 창업자이자 전 대표이사인 트래비스 칼라닉(Travis

---

146) 카카오모빌리티의 경우 경영진이 사모펀드로 매각을 하려고 하자 직원들의 반대에 부딪혀 갈등을 빚고 있다(백봉삼, 카카오가 모빌리티 1대 주주 하차하고픈 이유, 2022.7.20, ZDNet Korea, https://zdnet.co.kr/view/?no=20220719110338).

147) 한국상사법학회I(2022), 779쪽.

148) Babenko, Du, Tserlukevich(2020), p.30은 미국 상장회사 중 2006년에서 2014년까지 진행된 합병건에서 피합병회사가 임직원에게 부여했던 스톡옵션에 대해 분석한 결과를 보면, 80%의 경우 합병회사는 피합병회사의 가치없는 스톡옵션(out-of-the-money stock options)을 취소하는 경우가 많았고 스톡옵션 행사기간을 앞당기는 등의 조치를 취한 경우도 많았다. 해당 연구에서는 피합병회사의 임직원은 합병에 따른 권리 조정으로 약 38.4%의 손해를 입게 된다고 주장했다.

Kalanick)은 우버의 기업공개 이전에 보유하고 있던 지분의 약 1/3을 총 14억 달러의 대가로 벤처투자자인 소프트뱅크에 매도했다.149) 또한, 미국 위워크의 창업자인 아담 뉴먼은 2017년 소프트뱅크의 투자 시점에 위홀딩스(We Holdings)를 통해 보유하고 있던 3억6,100만 달러 상당의 위워크 주식을 매도했는데, 이는 위워크의 모든 직원이 구주 거래를 통해 매도한 총 금액의 3배 이상에 해당했다.150) 이처럼 일부 지분 매각으로 경제적 이익을 실현한 창업자와 그렇지 못한 주요 임직원간에 스타트업에 대해서 가지는 이해관계가 달라지는 결과가 발생한다.

## 3. 투자자 보호의 문제

주식 보상제도 중에서 주식매수선택권은 주요 임직원이 행사가를 납입하여 스타트업에 투자하는 측면이 있음에도 불구하고 주요 임직원이 스타트업의 투자자로서의 지위가 충분히 고려되지 못하고 있다.151) Cable 교수에 따르면 주요 임직원의 주식매수선택권 행사 결정에는 적어도 임직원의 세 가지 투자 결정이 관여된다. 주요 임직원은 i) 노동력을 제공하는 대가로 주식매수선택권을 받는 것을 수락할 것인지 여부, ii) 해당 스타트업에 계속하여 재직할 것인지의 여부 및 iii) 행사기간의 종기가 도래하기 전에 주식매수선택권을 행사할 것인지 여부를 정하는 투자결정이 필요하다.152) 그럼에도 불구하고 주요 임직원의 투자 결정의 측면은 간과되고 스타트업이 임직원에게 부여하는 보상적 성격만이 부각되어 주요 임직원을 투자자로서 보호하지 않는 문제가 발생한다.153)

---

149) Kate Conger, Uber Founder Travis Kalanick Leaves Board, Severing Last Tie, Dec.24, 2019, The New York Times(https://www.nytimes.com/2019/12/24/technology/uber-travis-kalanick.html?smid=url-share).

150) Wiedeman(2020), p.159.

151) Fan(2016), pp.603-605; Aran(2019), pp.902-905; Alon-Beck(2022), p.1200.

152) Cable(2017), p.615.

주요 임직원은 스타트업의 내부자이지만 스타트업의 규모가 일정 수준 이상 성장한 후에도 스타트업의 중요한 정보를 쉽게 얻을 수 없다. 벤처투자자 투자를 받은 성숙기 이후의 스타트업은 사업 내용과 주주 구성이 복잡해지고, 주요 임직원이 자신의 업무 이외에 주식매수선택권 행사를 통한 투자 결정에 필요한 스타트업의 정보를 충분히 가지고 있지 못하는 경우가 많다. 대표적인 사례로 미국의 굿테크놀로지(Good Technology)라는 스타트업의 임직원들은 회사의 재무 상태가 좋지 않음에도 이 사실을 알지 못한 채 회사가 높은 가치로 계속 투자받자 회사의 전망을 긍정적으로 보고 대출을 받아 주식매수선택권을 행사하고 비상장 주식거래 플랫폼 등을 통해 주식을 추가로 매수하였다.[154] 2016년 굿테크놀로지의 경영진은 다른 회사의 매수 제안을 거절한 후 이전 매수 제안 가격의 절반 밖에 안 되는 가치로 회사를 블랙베리에 매각했는데, 임직원들은 회사가 매각되기 전날까지도 이 사실을 전혀 모르고 있었다.[155] 이처럼 주요 임직원은 스타트업의 내부자임에도 스타트업의 규모가 일정 수준 이상 커지면 주식매수선택권을 통한 투자자 의사 결정에 필요한 스타트업의 주요 정보를 알기 어렵고, 투자자로서 의사결정을 하고 투자 위험을 관리하기에 취약한 지위에 놓인다.

153) Alon-Beck(2019), p.176(직원인 주주를 소수주주로 보호할 필요가 있다고 주장); Aran(2019), pp.904-905.

154) Alon-Beck(2019), pp.142-143; Pollman(2019), p.215.

155) Katie Benner, When a Unicorn Start-up Stumbles, its Employees Get Hurt, Dec.23, 2015, The New York Times (https://www.nytimes.com/2015/12/27/technology/when-a-unicorn-start-up-stumbles-its-employees-get-hurt.html).

# 제5절 소결

본 장에서는 스타트업이 자금을 조달하고 성장하는 과정에서 가지는 일반 폐쇄회사와는 다른 주주 구성과 이사회 구성의 특징을 분석하고, 이해관계자들 간에 나타나는 지배구조 문제를 검토했다. 스타트업이 벤처투자를 받는 과정에서 창업자의 지분율이 희석되고 벤처투자자의 지분이 증가하는 등 계속하여 주주 구성이 변하고, 벤처투자시 지배권 분배약정으로 이사회에 벤처투자자 지명이사의 숫자가 증가한다. 이런 구성 하의 스타트업에서는 일반 회사법상의 전통적 맥락의 대리인 문제가 발생할 뿐 아니라 주주간의 이해관계가 달라지는 경우가 많다는 특징이 있다. 특히, 벤처투자자인 우선주주와 창업자인 보통주주 간에 이해관계가 상반되는 경우가 발생할 뿐 아니라 벤처투자자인 우선주주 상호 간에도 이해관계가 달라지고, 창업자인 보통주주와 창업자가 아닌 보통주주 간에도 이해관계가 달라지는 경우가 있다. 주로 스타트업이 완전히 성공하거나 실패하지 않고 온건한 하락세에 있는 경우에 이해관계 충돌이 두드러진다.

각 이해관계자 별로 정리해보면, 먼저 창업자는 스타트업에 아이디어와 비전을 제시하는 중추적 역할을 하지만, 대주주이자 경영자인 창업자는 다른 주주와의 관계에서 대리인 문제를 발생시킨다. 위워크나 그린랩스, 부릉 등의 사례에서 보았듯이 창업자가 다른 주주에 대한 정보 우위를 이용해서 자기거래 등을 통해 사익을 추구하거나 전문성과 경험 부족으로 잘못된 판단을 하는 경우가 있었다. 그런데 스타트업의 주식은 공개시장에서 거래되지 않고 스타트업에 대한 정보가 거의 공개되지 않아서 상장회사에 비해 스타트업 창업자의 대리인 문제를 발견하고 감독하기 어렵다.

스타트업의 자금조달에 중요한 역할을 하는 벤처투자자는 우선주주로서 스타트업의 지배구조에 관여할 수 있는 권리를 부여받고, 대체로 스타트업의 성공을 위해 창업자 및 다른 보통주주와 이해관계를 같이한다. 그러나 스타트업이 온건한 하락세인 경우에 스타트업의 매각이나 다운라운드 투자 유치 결정과 관련해서 벤처투자자의 이해관계가 창업자나 기타 다른 보통주주의 이해관계와 일치하지 않는 경우가 발생한다.

벤처투자조합인 벤처투자자는 내부적으로 업무집행조합원의 투자결정이나 운용과 관련해서 유한책임조합원과의 관계에서 대리인 문제가 발생하고, 피투자 스타트업 창업자의 대리인 문제와 함께 중층적 대리인 문제를 야기한다. 그리고 벤처투자조합 내에서도 업무집행조합원인 벤처캐피탈 회사와 유한책임조합원 간에 벤처투자조합의 투자회수나 만기 연장 등과 관련해서 이해관계가 달라지기도 하고, 이 역시 스타트업의 지배구조에 영향을 미친다. 뿐만 아니라, 동일한 스타트업에 투자한 벤처투자자 상호 간에도 투자 시기와 조건에 따라 스타트업의 매각이나 후속 투자, 기업공개 등에 대해 이해관계가 달라지는 경우가 발생한다.

스타트업의 주요 임직원은 주식보상제도를 통해 스타트업의 보통주주의 지위를 겸하여 임직원이자 주주로서 중첩적 지위를 가진다. 그러나 주요 임직원은 경영진과의 관계에 따른 제약으로 소수주주로서 권리를 사실상 행사하기 어렵고, 상장 시기나 매각 등과 관련해서 창업자나 벤처투자자와 다른 이해관계를 갖는 경우도 있다. 또한, 주요 임직원의 주식매수선택권을 행사는 스타트업에 대한 투자의 일종임에도 불구하고 주요 임직원은 투자 결정이나 관리에 필요한 정보를 취득하기 어렵고 투자자로서 보호받지 못하는 경우가 많다.

스타트업의 엔젤투자자나 개인투자조합 또는 벤처투자조합 등에 출자를 통해 간접적으로 스타트업에 투자한 일반투자자는 다른 주주와 마찬가지로 창업자의 대리인 문제에 취약한 상황에 놓인다. 그런데 일반투자자는 벤처투자자와는 달리 스타트업의 지배구조에 관여하기 어렵고 스타트업에 대한 정보를 취득하기 어려워서 투자자 보호 문제가 발생한다. 또한, 일반투자자인 보통주주 역시 기업공개 시기 결정이나 우선주주의 전환권 조정 등에 대해 다른 보통주주나 우선주주와 상충되는 이해관계를 가지는 상황이 발생한다.

이러한 스타트업 지배구조상의 문제는 비단 특정 주주가 경제적 손해를 입는 것에 그치지 않고, 스타트업의 실패를 초래할 수도 있는 중요한 문제이다. 만약 창업자의 대리인 문제가 지속적으로 발생하거나 주주 간의 이익충돌 상황에서 권리를 보호받을 방법이 없다면 스타트업에 대한 활발한 투자를 기대하기 어렵다. 또한, 임직원이 스타트업의 투자자이자 주주로서 권리를 보호받을 수 없다면 유능한 인재들이 스타트업에서 일하는 것을 꺼리게 될 것이다. 이는 스타트업의 자금조달의 어려움과 성장의 정체로 이어져서 결국 실패를 야기할 수 있다. 따라서 본 장에서 분석한 스타트업의 지배구조상 발생하는 문제를 방지하고 해결하는 것이 무엇보다 중요하다.

제 4 장

# 스타트업 지배구조에 대한 현행 규율

## 제1절 스타트업에 대한 법적 규율 개관

## Ⅰ. 법적 규율의 중요성 및 특징

### 1. 법적 규율의 중요성

제3장에서 검토한 것처럼 스타트업의 지배구조에서 창업자 등 경영자와 주주 간의 대리인 문제와 주주 간의 이익충돌의 문제, 투자자 보호의 문제 등이 발생한다. 그런데 비상장회사인 스타트업은 상장회사와 달리 지배구조상 문제를 시장의 가격으로 통제하거나 규제기관이 개입하기 어렵다. 상장회사에서 대리인 문제가 발생하면 행동주의 주주가 개입해서 개선을 요구하거나 지배구조상 문제가 주가에 반영되어 주가가 하락하면 경영진이 문제 개선 압박을 받기도 한다. 그러나 스타트업은 주식을 거래할 수 있는 공개시장이 형성되어 있지 않아서 시장을 통한 통제가 어렵고, 정보가 공개되어 있지 않아 가치평가가 어려워서 외부의 압박으로 문제를 해결하기 어렵다. 또한, 스타트업은 규제의 대상보다는 육성과 진흥의 대상으로 여겨지는 경우가 많아서 특별한 경우가 아닌 한 규제기관이 스타트업의 지배구조 문제를 규제하는 경우가 드물다.

그래서 스타트업 지배구조 문제를 규율할 법률과 계약의 내용이 더욱 중요하다.[1] 스타트업에서는 시장이나 규제기관이 아니라 법률과 계약을 통해 스타트업 지배구조상 발생할 수 있는 문제를 해결하고 이해

---

[1] 천경훈(2021), 75쪽(스타트업에 국한된 설명은 아니나 비상장회사는 자본시장과 경영권 시장을 통한 경영권 통제 메커니즘이 존재하지 않고, 장내 매각을 통한 투자회수도 어려워서 비상장회사 투자자들은 이익을 보호하기 위해 계약상 장치를 확보하는데 큰 관심을 가질 수밖에 없다고 설명함).

관계를 조정할 필요성이 크다. 본 장에서는 제3장의 내용을 바탕으로 스타트업 지배구조를 규율하는 현행 법률과 계약의 내용을 검토하고, 그 내용이 제3장에서 지적한 지배구조상의 문제를 해결하기에 충분한지 검토한다. 이를 위해 스타트업이 먼저 발달한 미국에서는 스타트업 지배구조 관련 문제를 어떻게 법률과 계약으로 규율하는지 살펴보고 우리나라의 경우와 비교 검토한다.

## 2. 법적 규율 논의의 특징

스타트업이 처음 시작되어 발달한 미국은 스타트업 지배구조상 발생하는 문제를 당사자간의 협의를 통해 계약을 체결해서 규율하는 방법을 발전시켜왔다. 벤처투자자가 스타트업 투자에 수반되는 위험과 불확실성을 관리하고 하방위험(downside risk)을 낮추기 위해 스타트업 지배구조에 관여할 권리를 확보하고 벤처투자자에게 추가적인 권리를 부여하는 내용의 계약을 체결해온 것이다.[2] 재무계약이론(financial contracting theory)을 바탕으로 당사자들의 협의를 통해 상세한 계약 체결로써 지배구조를 형성하고 규율하여 스타트업과 관련한 지배구조 문제를 해결해 왔다.[3]

고도의 기술력을 바탕으로 한 혁신산업을 발전시키기 위해 우리나라를 비롯한 유럽, 중국 등은 미국의 스타트업 모델을 도입했는데, 그 과정에서 스타트업과 관련한 계약을 각 국가의 법에 따라 어떻게 받아들일 수 있을지에 대한 논의가 이루어지고 있다. 특히, 우리나라와 유럽 등 대륙법계 국가는 회사의 단체법적 성격을 강조하여 회사법을 기본적으로 강행규정으로 해석하였는데, 이런 체계 하에서 미국 스타트업의 계약 중심 지배구조 체계를 얼마나 반영할 수 있을지가 주로 논의되었다.[4]

---

2) Broughman(2010), pp.468-471; Kupor(2019), p.170.
3) Kaplan& Strömberg(2003), pp.295-296.

## II. 상법과 벤처기업법의 규율

### 1. 상법상 폐쇄회사에 대한 규율

상법은 스타트업이나 폐쇄회사의 지배구조를 별도로 규정하지 않고 있다. 일반 폐쇄회사에 관한 회사법제를 크게 두 가지 유형으로 나누어 보면, ①일반 회사와는 별도의 법제로 폐쇄회사를 규율한 경우와, ②일반 회사와 폐쇄회사를 단일 법제로 규율하되 공개회사에 더 엄격한 공시의무를 부과하거나 폐쇄회사에 규제를 완화해서 적용하는 경우로 나눌 수 있다.[5] 첫번째 경우로 대륙법계 국가인 독일, 이탈리아, 프랑스 등이 해당하는데, 이 국가들에게서는 폐쇄회사가 대부분 유한회사의 형태로 설립되고 공개회사와는 별도로 지배구조 관련 내용을 정하고 있다.[6] 이때 폐쇄회사는 조합(partnership)에 가깝지만 법률로 구성원의 유한책임을 인정하는 회사로, 회사의 기관에 대해 공개회사에 적용되는 규정의 예외를 허용해서 사적자치의 영역을 넓히는 경우가 많다.[7] 한 예로, 이탈리아의 유한회사 규정은 공개회사에 적용되는 규정을 완화해서 주주로 하여금 경영 구조를 선택할 수 있도록 하거나 특정 주주에게 특별한 권한을 부여할 수 있도록 한다.[8] 독일의 유한회사법(GmbH Act) 역시

---

4) 우리나라의 미국 벤처투자제도 도입과 관련한 분석으로 Kim(2004), p.441; 유럽의 미국식 벤처투자제도 도입과 관련한 분석으로 Guidici& Agstner(2019), p.598 및 Guidici, Agstner& Capizzi(2022), pp.788-789; 중국의 미국식 벤처투자제도 도입과 관련한 분석으로 Lin(2017), p.163.

5) Fleischer[Gordon& Finge(eds)(2019)], pp.684-686.

6) 독일의 공개회사는 AG, 폐쇄회사는 GmbH로 규율되어 별도의 회사법제를 가지고, 이탈리아와 프랑스는 각각 공개회사는 SPA, SA, 폐쇄회사는 SRL, SARL로 규율한다(Giudici& Agstner(2019), p.610); Fleischer[Gordon& Finge(eds)(2019), pp.684-687].

7) Fleischer[Gordon& Finge(eds)(2019)], pp.684-687.

8) Giudici& Agstner(2019), p.611.

공개회사와는 다르게 사적자치의 범위를 넓게 인정한다. 반면, 두 번째 유형에 해당하는 영국 회사법은 폐쇄회사를 포함한 일반 회사를 단일한 회사법으로 규율하되 상장회사의 경우 강화된 공시의무를 규율하는 방식을 취한다.9) 미국 각 주의 회사법도 이 유형에 해당하는 경우가 있는데, 노스캐롤라이나 회사법이 폐쇄회사에 대해 별도로 규정한 것을 시작으로, 델라웨어주 일반회사법(DGCL) 역시 폐쇄회사와 관련한 규정을 별도로 두고 사적자치의 범위를 넓게 인정하고 있다.10)

우리나라는 폐쇄회사에 대한 별도의 법률이나 규정은 두고 있지 않아서 기본적으로 폐쇄회사에 상법 주식회사 편의 규정이 적용된다. 다만 설립 초기의 스타트업은 2009년 상법 개정시 추가된 소규모 주식회사에 대한 특례를 적용받아 기관 구성이나 주주총회 절차 등의 부담을 낮출 수 있다.11) 소규모 주식회사 특례 규정은 규모가 영세해서 해당 규정을 모두 준수하기 어려운 회사에 일부 예외를 허용하는 것으로, 소규모 주식회사의 정의상의 자본금 총액의 기준 미만인 스타트업은 이사회이나 주주총회 소집 절차 등에 대해 특례가 적용된다(상법 제383조 제1항 단서, 제4항, 제409조 제4항). 예를 들어, 갓 설립한 초기 스타트업의 경우 자본금 총액 10억원 미만의 소규모 주식회사에 해당하면 감사 선임이나 이사회 구성의무가 면제되고 통상 이사회에 위임된 역할을 주주총회가 수행하여 회사의 중요 의사결정 등을 하는 등 조직 구성에 있어

---

9) Giudici& Agstner(2019), p.611.

10) 송옥렬(2020b), 336쪽; Delaware General Corporation Law Subchapter XIV, §341-356.

11) 유시창(2014), 4-7쪽(소규모 주식회사 규정으로 주식회사 설립이 쉬워져서 다른 형태를 이용해야 할 소규모 회사들이 모두 주식회사 형태를 이용한다고 지적함); 최수정(2019), 49-54쪽(우리나라 회사 중 중소기업의 비중이 90% 이상이지만 중소기업에 대한 법률상 배려가 매우 부족하므로 개선이 필요하다는 주장을 하면서 현재 중소기업에 적용될 수 있는 내용으로 상법상 소규모 회사 특례와 벤처기업법 제15조 내지 제15조의 11, 기업활력 제고를 위한 특별법 제4편 제1절 제15조 내지 제20조를 적시함).

예외를 적용받을 수 있다.12) 이후 스타트업이 벤처투자자의 투자를 받아 성장하여 자본금 총액이 10억원 이상이 되면 소규모 주식회사 특례가 적용되지 않고 상법에서 정한 기관 및 조직 구성을 모두 준수해야 한다.

## 2. 벤처기업법에 따른 규율

법령상 정의에 따라 벤처기업에 해당하는 스타트업은 상법뿐 아니라 벤처기업법상의 특례의 적용을 받아서 상법상 지배구조 규율에 일부 예외를 인정받을 수 있다. 1997년 벤처산업의 활성화를 목적으로 한시적 법률로 제정된 벤처기업법은13) 개정전 상법상 주식회사의 최저자본금 제도를 두고 자기주식 취득을 금지하는 등 지배구조상 엄격한 규정이 적용될 때 법령상 벤처기업에 대한 특례를 정하고, 한국벤처투자조합의 결성 및 운용에 대한 사항을 규율했다.14) 그러나 상법상 주식회사의 최저자본금 제도가 폐지되고 자기주식 취득 제한이 개정되고, 2020년 벤처투자법 제정으로 중소벤처기업부가 주무부처인 벤처투자조합 제도가 통일되면서 현재는 스타트업 지배구조와 관련해서 아래 세 가지 내용이 남게 되었다.15)

---

12) 소규모 주식회사의 이사 선임과 주주총회 운영 등을 검토한 글로 권재열(2015).

13) 벤처기업법은 2007년까지 10년 한시법으로 만들어졌다가 2007년에 10년 연장되고, 2017년에 다시 10년이 연장되었다가 2024년 1월 개정을 통해 상시법으로 개정되었다 (최종수·김성은(2001), 197쪽; 중소벤처기업부 보도자료, 벤처생태계를 지속 성장시킬 「벤처기업법」 개정안 국무회의 의결, 2024.1.2.).

14) 김한종(2001), 216-225쪽; 최민혁, 김민철(2018), 109-110쪽.

15) 주식회사의 최저자본금을 5천만원으로 정한 구상법 제329조 제1항은 2009년 상법 개정으로 폐지되었고[김건식, 노혁준, 천경훈(2020), 73쪽], 자기주식 취득 제한은 2011년 상법 개정으로 현재 내용으로 개정되었다[김건식, 노혁준, 천경훈(2020), 669쪽].

### 가. 주식교환, 합병 등에 대한 예외

벤처기업법은 상법의 주식교환 규정에 대한 특례로, 스타트업이 전략적 제휴 등을 목적으로 주식교환을 할 수 있도록 함으로써 지배구조 변경을 용이하게 하는 규정을 두고 있다(법 제15조, 제15조의4). 즉, 벤처기업의 정의에 해당하는 스타트업은 상법상 규정된 완전모회사와 자회사 관계를 형성하기 위한 주식의 포괄적 교환뿐 아니라 일부 주식의 교환을 통한 사업 제휴를 할 수 있다. 또한, 벤처기업의 정의에 해당하는 스타트업은 상법상 합병 절차에 대한 예외가 인정되어 일정 요건을 갖춘 경우 주주총회가 아닌 이사회의 결의로 합병할 수 있다(법 제15조의3).

그러나 위 벤처기업법상의 특례가 실무에서 활발히 이용된다고 보기는 어렵다. 초기 단계의 스타트업은 상법상 소규모 주식회사 규정에 따라 이사회를 구성하지 않은 경우가 많아서 합병 등의 경우 주주총회의 결의를 이사회의 승인으로 대체하는 조항의 의미가 크지 않다. 스타트업이 소규모 주식회사 규정의 적용대상이 되지 않을 정도로 성장한 이후에는 상법상 절차를 준수하는데 특별한 문제가 없거나 주로 주식양수도 방식으로 매각이 진행되는 경우가 많아 위 규정이 적용될 실익이 적다. 또한, 특례 적용 대상인 소규모 합병이나 간이합병, 간이영업양수도의 범위도 좁게 규정되어 활용할 여지가 많지 않다.16)

### 나. 반대주주의 주식매수청구권

벤처기업법은 벤처기업의 정의에 해당하는 스타트업의 소수주주가 주식교환이나 합병에 대한 이사회의 결정에 반대할 경우 회사에 주식매수청구권을 행사할 수 있도록 정한다(제15조의2, 제15조의3 제4항 내지

---

16) 소규모 합병은 합병 후 존속하는 회사가 합병으로 인해 발행하는 신주의 총수가 그 주식회사의 발행주식 총수의 20% 이하인 경우로(벤처기업법 제15조의9 제1항), 간이합병은 합병 후 존속하는 회사가 소멸회사의 발행주식총수 중 의결권 있는 주식의 80% 이상을 보유하는 경우로 정의된다(벤처기업법 제15조의10 제1항).

제6항). 스타트업의 주주는 상법상 주식회사의 주주가 행사할 수 있는 주식매수청구권에 추가해서 벤처기업법상 주식매수청구권을 행사할 수 있다. 이는 스타트업이 폐쇄회사의 일종으로 소수주주에 대한 억압이 발생하거나 교착 상태가 발생할 경우 해소가 어렵다는 점을 고려해서[17] 이사회의 결정에 반대하는 소수주주가 정당한 대가를 받고 회사에 주식을 매도하여 투자금을 회수하고 억압 상태를 해소할 수 있도록 하는 것이다. 그러나 반대주주의 주식매수청구권 행사 사유를 회사의 주식교환 또는 신주발행 방식의 주식교환에 반대하는 경우, 합병에 반대하는 경우로 한정하고 있고, 청구권을 행사하더라도 스타트업은 매수가격을 정하기 어려워서 실제 본 조항에 따른 주식매수청구권이 행사되는 경우는 많지 않다.

### 다. 주식매수선택권

벤처기업법에서 스타트업에 가장 의미있는 규정은 주식매수선택권과 관련한 특례이다. 유능한 임직원을 채용하기 위해 주식보상을 활발히 이용하는 스타트업을 위해 벤처기업법은 상법에 주식매수선택권 조항이 도입되기 전부터 벤처기업의 주식매수선택권을 규정했는데, 구 증권거래법에서 주권상장법인 등의 주식매입선택권 규정을 준용하는 방식을 취했다(제16조의3).[18] 이후 1999년 상법 개정으로 비상장회사의 주식매수선택권 규정이 추가되고(제340조의2 내지 제340조의5), 2009년 구 증권거래법이 폐지되면서 구 증권거래법상 주권상장법인 등의 주식매수선택권 조항이 상법상 상장회사 특례 조항에 추가되었다(상법 제542조의3).[19]

---

17) 폐쇄회사의 소수주주 억압 문제에 대해 Fleischer(Gordon& Finge (eds), 2019), p.682; Bainbridge(2020), p.520.
18) 조용현(2011), 80쪽; 송옥렬(2011), 9쪽; 백경희, 장연화(2021), 215쪽.
19) 조용현(2011), 80쪽; 송옥렬(2011), 9쪽; 백경희, 장연화(2021), 215쪽.

그 결과 회사의 주식매수선택권 제도와 관련해서 회사의 형태에 따라 세 가지 제도가 형성되었다. 일반 비상장회사의 경우 상법상 일반회사의 주식매수선택권의 조항이 적용되고, 벤처기업법상 벤처기업의 정의에 해당하는 비상장회사의 경우 벤처기업법상 주식매수선택권의 조항이 적용되며, 상장회사의 경우 상법상 상장회사 특례규정의 주식매수선택권 조항이 적용된다. 이런 삼원적 제도 하에서 벤처기업법은 주식매수선택권의 부여 범위나 부여 대상 등을 가장 넓게 정하고 있다. 벤처기업의 법률상 정의에 해당하는 스타트업은 다른 두 경우에 비해 부여할 수 있는 주식매수선택권의 범위와 부여가능 대상이 넓고 경우에 따라서 행사가도 시가보다 낮게 설정할 수 있다. 이에 대해서는 본장 제3절 II.에서 자세히 검토한다.


## III. 미국 스타트업 지배구조 규율

아래에서는 이후 검토할 우리나라 스타트업 지배구조 규율의 준거가 되는 미국 스타트업 지배구조의 규율 방식을 개관한다.

### 1. 규율상의 특징

정부의 정책적인 지원보다는 민간 주도로 벤처투자와 스타트업 생태계가 발전해 온 미국에서는 스타트업 지배구조에 대한 규율도 당사자 간에 체결하는 계약에 따른 사적 자치(private ordering)의 범위가 넓게 인정된다. 벤처투자와 관련한 출자자와 벤처캐피탈 회사 간의 관계에 대해서도 별도의 특별법을 제정하기보다는 일반적인 회사의 자금조달 등과 관련한 연방법을 적용하는 것을 원칙으로 하되, 스타트업의 지배권 분배 등은 업계의 관행을 기반으로 당사자 간에 협의하여 체결하는 계약으로 정한다.[20] 정책 펀드의 출자 비중이 높은 우리나라의 경우 벤처투자조합에 대해 벤처투자법 등으로 주요 사항을 정하고, 정책펀드의 지침이나 관리규정을 통해 펀드 운용사로 선정된 벤처캐피탈 회사를 규율하는 것과는 큰 차이이다.[21]

미국 스타트업은 델라웨어 주를 설립 준거법으로 하여 설립되는 경우가 많고 그 경우에는 델라웨어 주법이 적용된다.[22] 델라웨어 주의 회사법은 이사의 충실의무 등을 제외한 대부분의 내용은 임의법규로서 해석되고 당사자 간의 합의를 통해 비교적 자유롭게 변경이 가능한 것으로 이해된다.[23] 그래서 델라웨어 주에서는 당사자 간에 부속정관이나 주주간 합의를 통해 특정 종류의 주주에게 추가적인 권리를 인정하면 그 효력이 법적으로도 인정되는 경우가 많다.[24] 또한, 스타트업을 비롯한 회사의 주식 발행이나 운영에 자율성을 부여하는 대신, 사후적으로 이사의 의무 위반 여부를 판단하는 경우가 많다. 스타트업 주주간의 이익충돌이나 대리인 문제를 야기할 수 있는 사항에 대한 의사결정을 이사회에서 하고, 이사가 이에 대해 신인의무를 다했는지 여부를 심사하는 것이다.[25] 이처럼 미국 스타트업은 당사자 간의 합의를 통한 사적 자

---

20) 미국의 벤처캐피탈 투자 계약에서는 벤처투자펀드가 투자 가능한 자산의 범위나, 각 자산 별 투자 한도, 업무집행사원의 행위 제한 등과 관련한 사항이 계약의 확약의 내용으로 포함되어 있다(Gompers & Lerner(1996), pp.480-484).

21) 모태펀드의 운용사인 한국벤처투자㈜의 '한국모태펀드 출자 자펀드 사후관리 가이드라인'이 대표적인 관리규정이다.

22) Alon-Beck(2022), p.1177 각주 62에 인용된 The Complete List of Unicorn Companies를 보면(CB Insights) 2022년 5월 기준으로 미국에는 1,118개의 유니콘 회사가 있고, 1217면의 직접 수집한 데이터를 통한 분석에 따르면 유니콘 회사의 89%가 델라웨어를 설립지로 하고 있다.

23) Bebchuck(2005), p.888; Dammann(2014), p.443.

24) Rauterberg(2021), pp.1138-1140.

25) Padilla(2001),p.280; Pollman(2019), p.190.

치가 발달했다는 점을 미국 창업 생태계 발전의 원동력으로 분석하기도
한다.[26]

## 2. 증권법 및 투자회사법 등의 적용

미국 스타트업과 관련해서 자금조달과 임직원에 대한 스톡옵션 부
여, 공시의무 등에 대해 증권법과 증권거래법이 적용되고, 벤처투자펀드
에 대해서는 투자회사법 등의 규정이 적용되는 것을 원칙으로 하되, 다
양한 예외 규정이 적용된다.

### 가. 증권법 적용

미국 스타트업이 자금 조달을 위해 벤처투자펀드에 신주를 발행하는
경우에는 증권법에 따라 원칙적으로 1933년 증권법에 따라 증권거래위
원회(SEC)에 증권을 등록하고 증권신고서 및 투자설명서를 제출하여 공
시해야 한다(Section 5).[27] 그러나 대부분의 스타트업은 증권 등록에 대
한 면제 조항을 이용해서 자금을 조달한다.[28] 증권법은 증권 발행 등록
에 대한 면제 기준을 명확히 하기 위해 Regulation D를 제정해서 면제
대상이 되는 증권 발행시의 투자자의 수와 모집 액수 등에 제한을 두고,
면제 대상에 해당하는 경우에도 약식의 증권신고서(Form D)를 증권거
래위원회(SEC)에 제출하도록 한다(Rule 504, 505, 506). 그 중 Rule 504,
505는 소규모 증권발행에 해당하는 증권법 제3조(b)에 기반한 규정으로
모집금액상의 제한이 있는 반면, 사모 형태의 발행에 대한 증권법 제4조
(a)(2)를 구체화한 규정인 Rule 506은 모집금액 상의 제한을 두고 있지

---

26) Guidici& Agstner(2019), p.599.
27) 미국 스타트업 맥락에서는 조합(partnership)과 구별하기 위해서 우리나라의 벤
   처투자조합에 해당하는 벤처투자의 주체를 '벤처투자펀드'로 지칭한다.
28) 배승욱(2019a), 68쪽.

않다.29) 그래서 스타트업이 투자를 받거나 벤처캐피탈 회사가 유한책임조합원으로부터 출자를 받을 때에는 모집금액에 제한이 없는 Rule 506을 이용하는 경우가 많다.30)

Rule 506에 따른 모집에 대한 일반 유인행위 규제도 계속 완화되어 왔다. Rule 506은 모집으로 증권을 취득하는 비전문투자자(non- accredited investor)는 35인 이하여야 하지만 전문투자자(accredited investor)의 숫자는 제한하지 않는다. 다만, 증권의 모집을 위해 일반적인 유인행위(general solicitation)를 하지 않아야 하며, 예외 규정에 따라 발행된 증권은 재판매 제한증권(restricted securities)에 해당해서 취득자가 취득 후 일정기간 동안 매도할 수 없다(Rule 144).31) 그런데 일반적인 유인행위(general solicitation)를 금지할 경우 관련 회의를 진행하거나 인터넷 등을 통해 잠재적인 투자자에게 알릴 수 없고 오로지 벤처캐피탈회사 등이 보유한 기존의 네트워크를 이용하거나 중개자를 통할 수밖에 없다는 한계가 있다.32) 이에 미국 증권거래위원회(SEC)는 2013년 Rule 506(c)를 신설하여 발행회사가 증권의 매수자 모두가 전문투자자라는 것을 보장할 수 있는 방법을 사용하여 합리적으로 전문투자자임을 판단한 경우 인터넷을 통한 방법을 포함한 일반적인 유인행위를 할 수 있도록 했다.33)

---

29) Osovsky(2014), p.91.

30) 17 CFR §230.506; Osovsky(2014), p.92(Rule 504와 505는 증권을 취득하는 이들의 숫자에는 제한을 두지 않지만 증권발행을 통해 모집가능한 금액에는 제한을 두어 Rule 504의 경우 12개월 동안 1천만 달러 이하의 자금 모집이 가능하고, Rule 505는 12개월 동안 5백만 달러 이하의 자금만 모집이 가능하다).

31) 배승욱(2019a), 71쪽 각주 18; Rule144는 1972년에 도입되었고, 이후 비상장회사는 3년에서 1년으로 재판매 제한기간이 줄어들었다[Thompson& Langevoort (2013), pp.1613-1614].

32) Jones(2017), p.176.

33) Thompson& Langevoort(2013), p.1615; Osovsky(2014), p.98; Jones(2017), p.176; 이정수(2013), 16쪽; Park(2022), pp.130-131.

벤처투자자의 스타트업 투자뿐 아니라, 벤처캐피탈 회사가 출자를 받아 벤처투자펀드를 결성할 때에도 펀드 출자자들은 펀드에 대한 지분을 발행받아 보유하는 것에 해당되어 위 증권법 규정에 따른 등록 및 공시와 면제 규정이 적용된다. 대부분의 벤처투자펀드는 출자자로부터 출자를 받을 때 위에서 언급한 Rule506(c)에 따른 Regulation D의 적용을 받아서 증권법에 따른 등록 및 공시 의무를 면제받고 간단한 Form D 양식을 SEC에 제출한다.34)

### 나. 스톡옵션 등 부여시 증권법에 따른 규제 및 면제

스타트업이 임직원에게 스톡옵션 또는 성과조건부 주식(RSU) 지급 등을 위해 신규로 증권을 발행하는 것도 주식의 판매(sale of a security)로 보아 원칙적으로 증권법 적용의 대상으로 본다.35) 그러나 실제 스타트업의 주식보상을 위한 증권 발행시에는 1933년 증권법에 따른 등록 의무에 대한 면제 규정에 따라(Section 4(a)(2)) 별도의 등록을 하지 않고 증권을 발행하는 경우가 대부분이다.36) 임직원에 대한 주식 보상 목적의 주식 발행시 면제 규정 적용 가부에 대한 판례에서 미국 대법원은 임직원이 공시나 등록 없이도 스스로를 보호할 수 있는지를 기준으로 면제 여부를 판단해야 한다고 보고, 임직원에 대한 주식보상이라고 증권 등록 의무가 반드시 없다고 보기 어렵고 면제 규정에 해당하는지 여부를 별도로 판단해야 한다고 판시한 바 있다.37)

그러나 해당 판결의 기준이 명확하지 않아서 주식보상을 위한 주식 발행시 등록 면제 규정의 명확히 하고자 SEC는 1988년 Rule 701을 도

---

34) 예로, 벤처캐피탈인 Kleiner Perkins가 결성한 Kleiner Perkins Select Fund II, LLC가 제출한 FormD(http://edgar.secdatabase.com/2900/189469922000001/filing-main.htm).

35) Cable(2017), p.623.

36) Cable(2017), pp.623-624.

37) SEC v. Ralston Purina Co., 346 U.S.119(1953); Cable(2017), p.623.

입하여 회사의 자산 대비 주식보상의 비중 등을 기준으로 한도 내에 해당하는 경우 등록이 면제되도록 하는 한편, 면제의 범위를 계속 넓혔다.38) 그 중 주로 이용되는 Rule 701(e)은 회사가 12개월 연속으로 주식보상으로 지급하는 금액의 가액이 1,000만 달러를 넘지 않는 경우 이와 관련한 주식 발행 및 지급에 대해서는 등록을 면제한다.39) 면제 대상에 해당하는 경우 주식보상 계획이나 계약서 제출로 등록 절차를 갈음할 수 있지만, 면제 대상에 해당되지 않는 경우 해당 회사는 주식 발행을 등록하고 재무제표와 회사의 위험 요소 등을 공시할 의무가 생긴다.40)

### 다. 스타트업의 증권거래법에 따른 공개 의무

미국 1934년 증권거래법은 회사의 주주가 임직원인 주주를 포함해서 500명 이상이고 총 자산이 1천만 미국 달러 이상이면 의무적으로 등록하고 상장회사와 동일한 수준의 공시 의무를 부담하는 공개회사(public companies)가 되도록 한다(제12(g)조). 스타트업이 위 기준을 넘을 정도로 성장하면 공개회사로서 상장회사와 동일한 공시 의무를 부담하게 되어 일반투자자로부터 자금을 조달하고자 회사의 주식을 증권거래소에 상장할 인센티브가 있었다.41)

그런데 2012년 자본시장접근개혁법(JOBS Act)은 Title V으로 공시 의무를 부담하는 공개회사의 기준을 높여서 규모가 큰 스타트업이 상장을

---

38) Cable(2017), p.624; Aran(2019), pp.889-894.

39) SEC는 2018년 기존의 500만 USD 초과 기준을 1,000만 USD 초과하는 경우로 변경했다(Aran(2019), pp.892-893).

40) Aran(2019), pp.930-944면(이 기준이 너무 높고 이분법적이라서 기준을 넘는 회사는 지나친 공시 의무를 부담하고 기준을 하회하는 회사는 아무런 공시 의무를 부담하지 않으며, 공시의무를 부담하는 경우에도 스톡옵션의 경우 행사일 이전의 합리적인 기간 전에 공시하도록 정하고 있어서 임직원들이 스톡옵션을 포함한 보상을 수락할지 여부를 결정할 때에는 정보를 얻을 수 없다는 점을 비판함).

41) Aran(2018), p.1288.

연기하는 원인 중 하나가 되었다. 해당 법률은 1934년 증권거래법에 따른 주주의 수를 산정할 때 주식 형태의 보상을 받아 주주가 된 임직원이나 서비스 제공자들 및 크라우드 펀딩을 통해 주주가 된 이들은 제외하고 산정하는 것으로 변경했다. 또한, 기준이 되는 주주의 수도 2000명 이상일 것 또는 500명 이상의 비적격 투자자(non-accredited investors)일 것으로 상향 조정하였다.42) 그 결과 증권거래법 제12조(g)에 따라 공시의무를 부담하는 스타트업의 수가 대폭 감소했고, 공개시장을 통하지 않고 자금조달을 할 수 있는 방법이 늘어나면서 스타트업의 상장에 대한 수요가 줄어들었다.43) 이처럼 규모가 큰 스타트업이 비상장회사로 남아있는 경우가 증가하면서 미국에 유니콘 스타트업들이 급격히 늘어나게 되었다.44)

### 라. 벤처투자펀드 관련 투자회사법 등 적용

벤처투자펀드와 펀드 운용을 자문하는 회사는 원칙적으로 미국 1940년 투자회사법과 투자자문사법의 적용 대상이 되지만, 실무상으로는 등록 등 면제 규정에 따라 등록을 하지 않고 업을 영위하는 경우가 많다.45) 벤처투자펀드는 미국 1940년 투자회사법에 따라 주식의 투자, 재

---

42) Aran(2018), p.1289; Alon-Beck(2022), p.1169(주주 숫자 산정 기준에서 주주인 임직원을 제외한 이유는 로비스트들이 임직원은 회사의 내부자로 공시 등을 통해 보호할 필요가 없다고 설득했기 때문이라고 설명); Cable(2017), p.625(주식보상의 '보상'적 측면만을 강조하고 투자적 측면을 간과했기 때문인 것으로 보이나 정확한 이유는 알 수 없다고 설명); 이정수(2013), 17-18쪽.

43) Jones(2017), p.177에 따르면, 증권거래법 규정 변경에 따라 기존 공개회사의 87%가 등록 및 공시의무 대상에 해당하지 않게 되고 400개의 회사만 증권거래법 제12(g)조에 따라 등록해야 하는 의무가 생긴다.

44) Aran(2018), p.1289; Alon-Beck(2019), pp.111-112.

45) Bristow, King& Petillon(2004), pp.90-91, p.94(그 밖에도 Small Business Investment Incentive Act of 1980에 따른 예외 조항(Section 6(f)), NSMIA 1996에 따른 예외 조항(Section 6(d)(1), Section 6(a)(5) 등의 예외조항을 적용하는 경우도 있다).

투자 또는 거래에 주로 관여하는 주체로 총 자산 중 40%를 초과하는 자산이 투자회사법상 정의된 '투자증권(Investment Securities)'에 해당하는 회사인 투자회사에 해당한다고 볼 수 있다(Section 3 (a)(1)(c)). 그래서 원칙적으로 벤처투자펀드 결성 시 투자회사로서 SEC에 등록을 하고 업을 영위해야 하지만, 대부분 등록 예외 규정을 적용받는다. 벤처투자펀드가 주로 활용하는 예외 규정은 100인 이하의 자가 주식을 보유하고 있고 주식을 공개하지 않는 경우에 적용되는 규정(Section 3(c)(1)) 및 모든 투자자가 적격매수인(qualified purchasers) 경우에 적용되는 규정이다(Section3(c)(7)). 주로 소수의 전문투자자(accredited investor)나 정통한 투자자(sophisticated investor)로부터 출자를 받아 결성되는 미국 벤처투자펀드는 대부분 위 예외 규정에 따라 투자회사법에 따른 등록을 면제받고 업을 영위한다.[46)

벤처투자펀드의 자문회사 역시 1940년 투자자문사법(Investment Adviser's Act)상 보수를 받고 증권의 매매 또는 투자에 대해 타인에게 자문하는 것을 업으로 하는 자로 투자자문업에 해당해서 등록을 하는 것이 원칙이다.[47) 그러나 실제로 벤처투자펀드에만 전속해서 자문을 제공하는 자문사는 면제 규정에 따라 별도의 등록을 하지 않는 경우가 많다. 벤처투자펀드의 자문사는 이전에는 사모펀드에 적용되는 면제 규정(private adviser exemption)의 적용을 받았는데, 2011년 도드프랭크법률(Dodd-Frank Act)에 따라 벤처투자펀드에 대한 명시적인 면제 규정이 만들어져서 특정 요건을 충족하는 벤처투자펀드에 자문하는 경우 투자자문사 등록을 면제받을 수 있게 되었다(Rule 203(1)-1).[48)

---

46) Bristow, King& Petillon(2004), p.87; 투자회사법은 적격매수인(Qualified Investors)을 500만 달러 이상의 투자잔고를 가진 개인 또는 2,500만 달러 이상의 투자자산을 가진 단체 등으로 정의한다(Section 2(a)(51)).
47) 본 논문 제2장 제2절 II.2.3. [그림 2]의 벤처투자펀드에 대한 자문회사를 지칭한다.
48) 17 CFR § 275.203(l)-1; Barbash, Isom& O'Connor(2011), pp.26-27.

투자자문사 등록을 면제받기 위해 자문사는 네 가지 요건을 갖춘 벤처투자펀드에 자문을 제공해야 한다. 그 요건으로 벤처투자펀드는 a)벤처투자 방식으로 스타트업에 장기 투자할 것을 투자자에게 명확히 나타내야 하고, b)상장회사 주식 투자나 비상장회사의 기발행주식투자 등과 같은 비적합투자의 비율이 총 펀드 결성금액의 20% 미만이어야 하고, c)펀드의 차입 비율이 총 펀드 결성금액의 15%를 초과하지 않아야 하며, d)예외적인 사유를 제외하고는 투자자에게 상환을 인정하지 않아야 한다. SEC는 2018년 등록 면제 규정을 개정해서 정부 보증을 받는 기관으로 다른 벤처투자펀드에 비해 엄격한 규제를 받았던 SBIC(Small Business Investment Companies)를 자문하는 자문사도 등록 면제를 받을 수 있도록 했다.[49] 이러한 면제 요건에 해당하는 자문사는 투자자문사법에 의한 등록없이 벤처투자펀드에 투자 관련 자문을 할 수 있고, 제한적인 범위 내에서 SEC에 보고할 의무를 부담하며 SEC가 잘못된 정황이 발견되었을 때 검사할 권한을 가진다.[50] 다만, 투자자문사가 자문하는 벤처투자펀드가 위 네 가지 요건 중 하나를 충족하지 않는 경우 자문사는 다른 예외 조항에 해당하는지 여부를 검토하거나 투자자문사로 등록을 하고 업을 영위할 수 있다.

## 3. 스타트업 투자 관련 계약

### 가. 특징 및 구조

미국 벤처투자자의 스타트업 투자는 위에서 설명한 사항 이외에는

---

49) 배승욱(2019a), 77쪽; SEC, "Exemptions from Investment Adviser Registration for Advisers to Small Business Investment Companies", 17 CFR Part 275, Release No.IA-4839, 2018.1.5.

50) Kim& Jun(2020)(벤처캐피탈 펀드에 대한 투자자문사는 Form ADV의 Part1A를 FINRA가 관리하는 IARD를 통해 공시해야 한다); Barbash, Isom& O'Connor (2011), pp.26-27.

주로 벤처투자자와 스타트업 및 창업자인 주주 간에 체결되는 상세한 계약을 바탕으로 하는 사적 자치(private ordering)의 방식으로 규율된다. 전미 벤처캐피탈협회(National Venture Capital Association, 이하 'NVCA')가 제시하는 표준계약에 따르면, 미국 벤처투자시에는 주로 의결권 행사계약, 주식매수계약, 우선매수권 및 공동매도권 계약, 투자자 권리 계약으로 나누어 각 계약마다 상세한 내용을 규정한다.51) 또한, 벤처투자시에 체결한 계약의 내용 중 스타트업 정관에 반영될 필요가 있는 사항은 정관 개정을 거치도록 표준양식을 마련하고 있다.52) 벤처투자와 스타트업과 관련한 신규 판례를 반영하여 벤처투자자의 권리를 강화하기 위해 해당 계약 양식은 지속적으로 업데이트되고 있다.

벤처투자자가 스타트업 투자 시에 체결하는 계약은 벤처투자자의 권리를 보호하고 벤처투자자가 스타트업에 대한 지배구조에 참여하며 경제적 이익을 보호하는 방법을 정하는 내용이 주를 이룬다. 우리나라에서 주로 체결되는 계약의 내용은 미국의 계약을 모델로 하지만 계약 형식이나 기능, 회사 관련 법률의 차이 등으로 일부 다른 내용을 찾아볼 수 있다. 이에 대해 제2절에서 우리나라 벤처투자시의 계약 내용을 분석하면서 관련 부분에서 미국 계약과의 차이를 언급하겠다.53)

### 나. 간주청산우선권(liquidation preference)

미국 스타트업 벤처투자계약에서 벤처투자자의 권리 보호를 위해 중요하게 활용되는 조항은 매각시 간주청산우선권이다. 미국 벤처투자자의 스타트업 투자시에는 간주청산우선권이 규정되는 경우가 대부분이

---

51) NVCA, Model Legal Documents(https://nvca.org/model-legal-documents/), 각각 Voting Agreement, Stock Purchase Agreement, Right of First Refusal and Co-Sale agreement, Investors' Rights Agreement로 불린다.

52) NVCA, Amended and Restated Ceritificate of Incorproation.

53) 본 논문 본 장 제2절 II.3.

고 이 권리를 행사하여 벤처투자자는 투자 회수 기회를 보장받고 스타트업의 불확실성과 위험으로 인한 하방위험(downside risk)을 관리한다.54) 간주청산우선권을 가진 벤처투자자는 스타트업에 합병이나 매각 등의 사유가 발생할 경우 스타트업 청산에 준해서 우선주주가 투자금액의 1배 내지 2배에 해당하는 금액을 합병대가 또는 매각대금으로부터 우선하여 분배받는 권리를 가진다.55) 예를 들어, 벤처투자자가 스타트업에 100만 달러를 투자하고 투자금의 2배에 해당하는 금액 상당의 간주청산우선권을 규정한 경우, 이후 스타트업이 300만 달러에 매각이 되면 그 벤처투자자는 창업자 등 보통주주에 우선해서 투자원금의 2배인 200만 달러를 우선해서 받을 권리를 가진다. 미국 2020년 NVCA 표준계약양식은 합병뿐 아니라 주식양도의 방법으로 지배권이 변동되는 경우에도 간주청산우선권의 행사대상이 되도록 규정하고, 기업공개 지연 등으로 투자자가 창업자에게 동반매도요구권(drag-along rights)을 행사해서 지배권이 변경되는 경우에도 간주청산우선권 행사 사유가 되도록 규정한다.56)

---

54) Bartlett [(Hill& Solomon Eds)(2016),p.128]: 미국 2022년 4분기 스타트업 투자건 269건을 분석한 결과 간주청산우선권을 전혀 약정하지 않은 건은 0.4%에 불과했고, 94.8%의 투자건에서 1배 이하의 간주청산우선권을 약정했다 [Cooley Go (2022)].

55) 미국 NVCA 표준계약의 term sheet은 간주청산사건(Deemed Liquidation Event)을 "A merger or consolidation (other than one in which stockholders of the Company own a majority by voting power of the outstanding shares of the surviving or acquiring corporation) or a sale, lease, transfer, exclusive license or other disposition of all or substantially all of the assets of the Company will be treated as a liquidation event (a "Deemed Liquidation Event"), thereby triggering payment of the liquidation preferences described above unless the holders of [___]% of the Series A Preferred elect otherwise (the "Requisite Holders")."라고 정한다.

56) NVCA 2020 표준계약 Voting Agreement Section 3.3(f); 田中(編)(2021), p.389; VLF(2020), p.86; 藤原総一郎(編)(2021), p.195.

간주청산우선권의 종류로 참가적 성격을 가진 경우와 비참가적 우선권이 있다. 참가적 간주청산우선권(participating liquidation preference)은 우선주주가 우선적으로 배분받은 후에 보통주주에 대한 배당에 참여하여 지분에 비례해서 받을 수 있는 반면, 비참가적 간주청산우선권(non-participating liquidation preference)은 우선주주가 우선배분 받은 이후 보통주주에 대한 분배에 참여하지 못한다.57) 일반적으로 비참가적 간주청산우선권이 이용되는데,58) 이 경우 벤처투자자는 스타트업이 매각되면 간주청산우선권을 행사해서 분배받을 수 있는 금액과 매각대금의 액수를 비교해서 간주청산우선권을 행사할지, 또는 보통주로 전환할지 여부를 결정한다.

예를 들어, 100만 달러를 스타트업에 투자하고 1배의 간주청산우선권을 가진 벤처투자자가 지분의 20%를 보유한 경우, 스타트업이 200만 달러에 매각되면 벤처투자자는 간주청산우선권 행사시 100만 달러를 받을 수 있는 반면, 우선주를 보통주로 전환하면 200만 달러의 20%인 40만 달러를 받을 수 있게 되어 간주청산우선권을 행사할 가능성이 높다.59) 반면, 스타트업의 가치가 상승해서 2,000만 달러에 매각되면 벤처투자자는 간주청산우선권을 행사하지 않고 우선주를 보통주로 전환해서 지분비율에 따라 400만 달러를 받을 가능성이 높다. 이처럼 스타트업의 현황과 성장 전망에 따라 벤처투자자는 간주청산우선권 행사나 보통주 전환 여부를 선택할 수 있고, 이는 창업자로 하여금 높은 가격에 스타트업을 매각하도록 노력하게 할 인센티브가 되기도 한다.60)

---

57) 참가적 간주청산우선권은 다시 한도를 정한 경우와 한도를 정하지 않은 경우로 나뉘어진다(Feld& Mendelson(2011), pp.41-47).

58) Cooley Go(2022)(https://www.cooleygo.com/trends/). (2022년 4분기에 이루어진 269개의 투자건 중 96%의 계약이 비참가적 우선주를 규정했다는 내용).

59) Charles Yu, The Ultimate Guide to Liquidation Preferences, Jan 2, 2017, Medium(https://medium.com/@CharlesYu/the-ultimate-guide-to-liquidation-preferences-478dda9f9332).

이러한 간주청산우선권은 벤처투자자의 투자금 회수 가능성을 높여서 벤처투자를 활성화시키기도 하지만, 스타트업에서 벤처투자자와 보통주주 및 벤처투자자 간에 이익상충을 심화시키는 원인으로 지적되기도 한다.61) 스타트업이 성장해서 높은 가치로 매각되면 특별히 문제되지 않지만, 스타트업의 실패가 임박하여 이사회가 스타트업을 다른 회사에 낮은 대가를 받고 매각하는 경우에 특히 이익상충이 두드러진다. 이런 경우 벤처투자자 등 우선주주는 간주청산우선권의 행사로 투자원금 이상을 회수할 수 있지만 보통주주는 아무런 대가도 받지 못해서 우선주주와 보통주주간 이익충돌이 발생한다. 스타트업이 시리즈에 걸쳐 여러 벤처투자자로부터 투자를 받은 경우 벤처투자자들 간에도 간주청산우선권의 내용이 달라서 이익충돌이 생긴다.62) 벤처투자자들간에 매각 대가에 대해 지분비율에 따라 간주청산우선권을 행사할 수 있도록 합의하는 경우도 있지만(pari-passu preference), 가장 최근 투자자부터 가장 오래된 투자자 순서로 간주청산우선권을 행사하도록 규정하는 경우(stacked preference)도 있어서 간주청산우선권 행사 조건과 매각 대가 액수 등에 따라 벤처투자자 간에도 이익이 충돌된다.63)

## 4. 소결

미국은 스타트업의 자금조달과 벤처투자펀드 결성 및 운용과 관련해

---

60) 합병의 대가가 간주청산우선권 행사 금액을 넘어서더라도 합병 대가가 일정 금액을 초과할 때까지는 벤처투자자가 보통주식으로 전환할 유인이 없다는 점과 그 기준 금액이 벤처투자자 별로 다를 수 있다는 점을 수식으로 보여준 연구로 홍성균(2023), 157-161쪽.

61) Broughman& Fried(2013), pp.1326-1328; 홍성균(2023), 157-161쪽.

62) 홍성균(2023), 160-161쪽(스타트업 벤처투자자별로 간주청산대가에 따라 달라지는 이해관계를 표로 설명).

63) Feld&Mendelson(2011), p.45.

서 증권법, 투자회사법, 투자자문사법 등 연방법을 적용하되, 여러 면제 조항을 적용받을 수 있게 한다. 스톡옵션 등 주식보상은 회사법상 규율보다는 주식보상시 회사의 주식 발행과 판매에 대해 증권법을 적용하는 것을 원칙으로 하되, 임직원이 투자 결정을 스스로 할 수 있는지 여부를 기준으로 등록면제 기준을 판단하며, 일정 요건에 해당하면 스타트업으로 하여금 스톡옵션 관련 공시의무를 부담하도록 한다.

스타트업 내부의 지배구조에 대해서는 주로 이해관계자들 간에 체결하는 계약에 따라 권리와 의무 관계를 정하고 이해관계를 조정하는 방식으로 규율한다. 스타트업이 필요에 따라 계약을 통해 벤처투자자에게 추가적인 지배구조상의 권리를 부여할 수 있도록 하고, 주주 간의 이익을 조정하는 방법을 정한다. 특히, 미국에서는 계약을 통해 벤처투자자가 간주청산우선권을 갖는 경우가 대부분인데, 이에 따라 스타트업의 매각이나 합병 시의 대가를 벤처투자자가 다른 주주에 우선해서 지급받을 수 있다. 이러한 간주청산우선권 행사는 미국 벤처투자자의 중요한 투자 회수 방법으로 하방 위험을 보호하는 역할을 하는 한편, 벤처투자자와 보통주주 간에 또는 벤처투자자 간에 이익상충 문제를 야기하기도 한다.

이런 미국 스타트업 지배구조 규율은 스타트업의 자금조달 특징을 반영하고 공개회사가 되기 이전의 임시적 단계의 지배구조라는 점을 고려해서 이해관계자들 간의 자율적 합의를 최대한 존중하고 일반투자자에게 피해가 되지 않도록 하는 방향의 규율로 보인다.

# 제2절 창업자 및 벤처투자자에 관한 법률과 계약

본 절부터는 제3장에서 지적한 스타트업 이해관계자들 간에 발생하는 지배구조상의 문제를 현행 법률과 계약이 어떻게 규율하고 있는지를 검토한다. 먼저 본 절에서 창업자와 벤처투자자와 관련한 현행 법률과 계약을 살펴보는데, 창업자 및 우선주주인 벤처투자자의 투자와 관련한 법률과 계약을 시작으로 벤처투자자 내부의 법률 관계와 동일한 스타트업에 투자한 우선주주인 벤처투자자 상호 간의 법률과 계약상의 규율을 각각 검토한다.

## Ⅰ. 창업자에 대한 법률과 계약

창업자와 관련한 현행 규율로 스타트업의 자금조달 과정에서 창업자의 지분 희석에 따른 경영권 위협 문제를 해소하기 위해 최근 개정된 벤처기업법의 차등의결권에 대한 내용을 소개한다. 또한, 스타트업 창업자가 1인 이상인 경우에 적용될 수 있는 법률과 계약의 내용을 검토한다.

### 1. 차등의결권 주식 관련 개정 벤처기업법

#### 가. 차등의결권 주식 관련 논의

스타트업의 자금조달 과정에서 창업자의 지분율 희석으로 경영권의 위협이 발생하는 문제를 해결하고자 스타트업계는 차등의결권 주식 발행을 허용해달라는 요구를 지속적으로 해왔다. 차등의결권 주식은 의결권에 대한 내용이 다른 종류주식의 일종으로, 1주 1의결권 원칙에 대한

예외로서 1주에 1의결권 이상의 의결권을 부여하여 현금 흐름과 지배
권리에 괴리를 발생시키는 것이다.[64] 차등의결권 주식은 주로 미국의
언론사나 일반 폐쇄회사에서 이용되었는데, 구글의 상장을 필두로 스타
트업이 적극적으로 이용하면서 실리콘밸리 스타트업이 적극적으로 이
용하기 시작했다.[65] 이후 2016년 알리바바가 홍콩거래소 대신 차등의결
권 주식을 발행한 회사의 상장을 허용하는 뉴욕거래소에 상장한 것을
계기로 양질의 회사를 증권거래소에 유치하고자 하는 국가 간의 경쟁이
발생했다. 그 결과 일본, 싱가포르, 홍콩, 중국 등의 아시아 지역 증권거
래소도 차등의결권 주식을 발행한 회사의 상장을 허용하였다.[66]

우리나라는 상법상 1주 1의결권 원칙(상법 제369조 제1항)을 강행규
정으로 해석하여 무의결권 주식 이외에는 의결권의 내용을 달리 정하는
종류주식의 발행이 허용되지 않아서 차등의결권 주식의 발행이 허용되
지 않았다. 이에 스타트업계는 우리나라에서 차등의결권 주식의 발행을
허용하지 않으면 스타트업이 적극적으로 자금조달을 하기 어려워서 스
타트업의 발전을 도모하기 어렵다고 주장하면서 차등의결권 주식의 발
행을 허용할 것을 지속적으로 요구해왔다.[67] 그러나 차등의결권 주식의
발행을 허용하면 경영권 세습 수단으로 이용될 수 있다는 우려로 도입
되지 못하다가 2023년 4월 비상장 벤처기업의 경우 정관에 근거를 두고
1주당 최대 10개의 투표권을 가진 차등의결권을 둘 수 있게 허용하는
벤처기업법 개정안이 국회 본회의를 통과했고, 2023년 11월부터 시행될
예정이다.[68]

---

64) 송옥렬(2015b), 244쪽; 이효경(2018), 240쪽; 류지민(2020), 528쪽.
65) 송옥렬(2015b), 247-248쪽; Bebchuk&Kastiel(2017), pp.594-595.
66) 일본, 싱가폴, 홍콩, 중국의 차등의결권 주식 발행 허용 여부 및 상장허용 여부에
대한 비교법적 정리로 김신영(2020b), 192-252쪽.
67) 송옥렬(2015b), 244쪽.
68) 중소벤처기업부 보도자료, 비상장 벤처기업 창업주에 대한 복수의결권주식 허용
입법, 국회통과, 2023.4.27.

### 나. 차등의결권 관련 벤처기업법 규정

개정 벤처기업법은 차등의결권 주식 발행시의 부작용을 최소화하기 위해서 차등의결권 주식을 발행할 수 있는 경우와 그 부여 대상, 소멸사유 등을 엄격히 정하고 있다.[69] 먼저, 차등의결권 발행 회사에 대한 제한으로 주식회사인 벤처기업으로 창업 이후에 일정 금액 이상의 투자를 받았을 것을 요건으로 하고, 가장 나중에 받은 투자가 별도로 정한 일정 금액 이상이어야 한다(법 제16조의11 제1항 제1호). 벤처투자로 인한 자금 조달 과정에서 창업자의 지분이 희석된 회사의 경우에만 차등의결권 주식을 발행할 수 있도록 정한 것이다.

부여 대상에 대한 제한으로, 설립 당시의 창업자로 부여 당시에 스타트업의 등기이사로 선임되어 재직 중인 이에게만 부여 가능하다(법 제16조의11 제5항). 이러한 창업자가 보유한 지분이 30% 이하로 떨어지거나 최대주주 지위를 벗어나는 등 지분희석의 우려가 생기는 경우에 절차를 준수하여 발행할 수 있도록 한다(법 제16조의11 제1항 제2호).

부여 절차에 대한 제한으로, 차등의결권 주식을 발행하려면 발행주식 총수의 3/4 이상의 가중된 특별결의를 통한 동의를 받아 정관을 개정해야 하고 가중된 주주의 특별결의로 차등의결권 주식의 발행 결정을 하도록 정한다(법 제16조의11 제4항). 이는 상법상 주주총회 특별결의보다 가중된 요건으로, 창업자의 지분이 30% 이하가 되는 경우에는 이미 스타트업이 벤처투자를 몇 차례 받은 경우에 해당하여 사실상 대부분 벤처투자자의 동의가 있어야만 차등의결권 주식의 발행이 가능해진다. 또한, 일반적으로 주식 발행에 대한 결정을 정관을 기반으로 이사회에

---

69) Gurrea-Martinez(2021), p.493에 따르면, 차등의결권 주식 발행에 대한 제한사항으로 i) 더 높은 수준의 회사 지배구조를 요구하거나 ii) 시간의 도과 또는 사건 발생에 따른 일몰규정을 두거나 iii) 차등적으로 가질 수 있는 투표권의 비율을 제한하거나 iv) 차등의결권 주식을 둘 수 있는 회사의 종류를 제한하거나 v)증권거래소의 승인을 받도록 하는 방법 등이 있다.

서 정할 수 있도록 위임하는데 반해(상법 제416조) 차등의결권 주식은 가중된 주주총회 결의로 발행하도록 하여 주주의 통제를 강화했다.

차등의결권의 내용에 대한 제한으로, 차등의결권 주식으로 가질 수 있는 의결권의 수는 1주당 최대 10개 한도로 정관으로 정할 수 있게 해서 의결권과 주식수의 괴리를 제한하고 있다.[70] 이사 보수 결정이나 책임 제한 등 창업자의 이해관계와 관련한 경우에는 차등의결권이 아닌 보통의결권으로 1주당 1개의 의결권만 행사하도록 한다(법 제16조의13).[71]

마지막으로 차등의결권의 소멸에 관한 사항으로, 차등의결권의 일신전속적 성격을 고려해서 창업자가 지분을 제3자에게 양도하거나 상속시키는 경우 또는 이사직을 사임하는 경우에는 보통주로 자동 전환되도록 한다(법 제16조의12 제2호, 3호).[72] 또한, 차등의결권 주식을 발행한 회사가 상장하는 경우 일몰기한을 3년으로 설정하여 정관상 정한 차등의결권 주식의 존속기간이 남아있더라도 상장시로부터 3년이 도과하면 자동으로 보통주식으로 전환되도록 정한다(법 제16조의12 제4호).

## 2. 공동창업자 간의 규율

공동창업자의 법적 관계를 별도로 규율한 법률 내용은 찾아보기 어렵다. 스타트업은 공동창업자간에 이견이 발생하여 교착 상태에 빠지더라도 상법상 영업양수도, 합병, 분할합병 등 특수한 경우가 아닌 한 주식매수청구권 행사할 수 없고 스타트업의 해산을 청구해서 교착 상태를 해소할 수 없다. 다만, 공동창업자 간의 이견으로 그 중 1인이 스타트업

---

70) 김신영(2020b), 203-222쪽에 따르면 홍콩, 싱가포르, 중국 역시 차등의결권주식 1주당 부여되는 의결권의 수를 10개로 제한한다.

71) 김신영(2020b), 218쪽(보통주식의 의결권 수의 10배를 넘지 못하도록 규정할 것을 주장); 김순석(2015), 249쪽.

72) 김신영(2020b), 219쪽; 김순석(2015), 246-247쪽.

을 퇴사하는 경우에 발생할 수 있는 공동창업자 간의 이익상반 문제에 대해 상법의 규정을 일부 활용할 수 있다. 예를 들어, 공동창업자 중 1인이 퇴사하면서 스타트업에 대한 지분을 임의로 제3자에게 매각할 경우에 대비해서 정관으로 스타트업 주식을 타인에 양도할 경우 이사회의 승인을 받도록 정할 수 있다(상법 제335조). 그러나 정관으로 주식 양도를 제한할 경우 퇴사하는 공동창업자 뿐 아니라 추후 벤처투자자 등이 보유한 스타트업 주식의 유동성 확보에 제약이 될 수 있어 실제로 이용하는 경우는 드물다.

스타트업의 이사로 선임되었던 공동창업자가 스타트업을 떠나는 경우 공동창업자가 보유한 지분을 정리하고 이사직에서 사임하는 것이 일반적인데, 최근 공동창업자 간의 분쟁이 증가하면서 계약으로 구체적인 내용을 정하는 경우가 증가했다. 스타트업의 설립 후에 공동창업자 중 1인이 퇴사하는 경우 그가 소유한 주식을 액면가 또는 별도로 정한 금액으로 다른 창업자에게 매도하도록 함으로써 폐쇄회사의 성격을 유지하도록 하는 내용이 많다.[73] 공동창업자는 스타트업의 사업계획과 영업비밀 등을 알고 있을 가능성이 높아서 퇴사 이후 일정 기간 동안 경업금지 및 비밀유지를 약정하는 경우도 있다.

최근 대법원은 스타트업 공동창업자이자 이사로 선임되었던 이가 해임된 경우에 동업계약에 따라 다른 창업자에게 스타트업의 주식을 양도할 의무가 있는지 여부를 판단했다. 해당 스타트업은 '동업자 중 한 명이 근속근무 종료시점 이전에 자의적인 퇴사가 아닌 퇴사를 할 경우, 보유주식 중 일정 비율을 대표이사에게 액면가에 매각한다'라는 내용으로 동업계약을 체결했는데, 동업자 중 1인이 퇴사 이후 주식양도를 거부해서 대표이사가 주식인도를 청구한 사건이었다. 대법원은 해당 회사의 대표이사가 신의성실에 반하여 동업자 등의 해임을 주도했다고 인정할

---

73) VLF(2020), p.213(창업자간 계약의 중요성을 강조함); 디라이트·스타트업얼라이언스(2022), 105쪽(퇴사한 공동창업자에 대한 주식매도청구권 조항의 예시를 제시).

수 없다고 보고 해당 계약의 내용에 따라 퇴사한 동업자는 보유주식 중 일정 비율을 대표이사에 액면가에 매각해야 한다고 판시한 바 있다.[74]

## 3. 법률과 계약에 대한 평가

스타트업 창업자가 지분희석의 우려없이 적극적으로 자금 조달을 하고 상장까지 할 수 있도록 창업자에 대한 차등의결권 주식 발행을 허용해야 한다는 요구를 받아들여 벤처기업법이 개정되었다. 세부 사항을 정한 시행령이 발표되기 전인 현 시점에서 법률의 내용을 평가하기는 이르지만, 차등의결권 주식 발행 대상과 절차, 내용 등이 엄격하게 정해져 있어서 실제 활용할 수 있는 스타트업이 많을지는 다소 의문이다.[75]

스타트업 공동창업자간의 문제는 상호 계약을 체결하고 대법원이 이에 대해 효력을 인정해주면 공동창업자간의 문제는 일정 부분 해결이 가능할 것으로 보인다. 그런데 실무상 공동창업자 간에 위와 같은 계약을 체결하는 경우가 아직 보편적이지 않아 문제이다. 위와 같은 계약을 체결하지 않으면 공동창업자간에 이견을 해결하기 어려운 상황에서 상호 동일한 수준의 지분을 보유하고 있다면 스타트업이 교착상태에 빠지고 다른 해결 방안을 찾기 어려워진다.

---

74) 대법원 2021.3.11.선고 2020다253430 판결; 해당 판결에 대한 평석으로 문준우 (2022), 204-205쪽은 동업자가 근속의무기간 이전에 퇴사할 경우 동업자 보유 주식을 대표이사에게 액면가에 양도하게 하는 것은 사정변경원칙에 위반된다고 주장한다.

75) 차등의결권을 반영한 개정 벤처기업법의 내용에 대한 분석으로 본 논문 제6장 제5절 I. 참고.

## II. 벤처투자자 관련 법률과 계약

다음으로 스타트업의 자금조달과 관련해서 매우 중요한 벤처투자자의 투자에 대해 자본시장법, 상법 및 기타 진흥법률상의 규율 내용과 체결되는 계약의 주요 내용을 검토한다.

### 1. 자본시장법과 상법의 규율

스타트업이 전문투자자에 해당하는 소수의 벤처투자자로부터 투자를 받는 것은 실무상 주로 자본시장법상 50인 미만의 이에게 투자 권유를 하여 자금을 유치하는 사모 투자 방식으로 진행된다. 자본시장법상 사모 발행에 해당하면 규제 당국에 신고 등과 관련한 절차상의 제한을 받지 않고, 이 밖에 스타트업의 자금조달과 관련해서 자본시장법으로 규율되는 부분은 거의 없다.[76]

스타트업이 벤처투자자의 투자를 받고 벤처투자자가 신주를 인수하는 과정은 대부분 상법상 주주배정 유상증자의 예외인 제3자 배정 유상증자의 방식으로 이루어진다(상법 제418조 제2항). 스타트업 정관에 경영상의 필요에 따른 제3자 배정 유상증자에 대한 근거를 두고 이에 따라 벤처투자자가 신주를 인수하는 방식으로 투자가 진행되는 것에 특별한 이견이 없다.

벤처투자자가 스타트업으로부터 인수하는 상환전환우선주식은 종류주식의 일종으로 스타트업의 종류주주가 되는데, 벤처투자자는 아래와 같은 상법상의 권리를 가진다.

---

76) 자본시장법 제6조 제5항 및 동 시행령 제6조 제1항에서서 집합투자업의 예외로 벤처투자법, 여신전문금융업법에 따라 사모의 방법으로 금전 등을 모아 운용·배분하는 것으로 대통령령으로 정하는 투자자 수가 49인 이하인 경우를 규정하고 있다(동 시행령 제6조 제1항 제5호, 제6호).

## 가. 종류주주총회

상법은 종류주식이 발행된 경우에 정관 또는 이사회나 주주총회의 결의로 주식의 종류에 따라 신주의 인수나 회사의 합병·분할로 인한 주식 배정에 대해 특수하게 정할 수 있도록 정한다(법 제344조 제3항). 또한, 다수의 보통주주에 의해 종류주주에 불리한 내용의 결정이 이루어질 경우에 대비해 회사의 특정 행위가 종류주주에게 손해를 미칠 수 있는 경우 종류주주총회의 승인을 받도록 하고 있다(법 제435조, 제436조).[77] 이러한 종류주주총회 승인은 지분율이 낮아 일반 주주총회 결의로는 반대의사를 표시하기 어려운 종류주주에게 정관 변경이나 합병 등에 대한 사실상 거부권(veto rights)을 주는 것과 유사하다.[78] 다만, 종류주주의 빈번한 거부권 행사로 회사가 교착상태에 빠지지 않도록 상법은 종류주주의 다수결로 주주의 개별 동의를 갈음하게 하고, 정관 변경, 합병 등 회사의 중요한 결정의 경우에만 종류주주총회를 거치도록 한다.[79]

벤처투자자는 스타트업의 종류주주로서 정관 변경이나 신주인수 등에 대해 주식의 정함이 다르거나 합병 등으로 인해 손해를 입을 수 있을 경우 종류주주총회를 통해 사실상 거부권을 행사할 수 있다. 판례는 보통주주의 의사결정이 종류주주에게 구체적인 실손해를 발생시키지 않거나 외견상 형식적으로 평등한 것이라도 다른 주주와의 상대적 관계에서의 불이익이 발생하는 경우라면 종류주주가 손해를 입을 수 있는 경우에 해당하여 종류주주총회를 거쳐야 한다고 본다.[80] 따라서 창업자

---

77) 종류주주총회는 회사의 독립적인 기관이 아니고, 종류주주총회는 주주총회 결의가 효력을 발생하기 위해 필요한 추가적 요건 또는 주주총회의 결의 내용인 정관 변경이나 합병 등의 효력 발생을 위한 특별 요건으로 이해된다[송옥렬(2020a), 982쪽; 김홍기(2020), 559쪽].

78) Kim(2004), p.462; 송옥렬(2020a), 982쪽.

79) 권기범(2016), 169쪽(소수주주인 종류주주의 권리 보호와 정관변경 등의 회사 행위를 원활히 하기 위한 목적 간의 균형을 위한 입법자의 의도가 있다는 설명); 김홍기(2020), 559쪽.

등이 정관변경이나 합병 등을 결의하거나 신주를 발행을 해서 벤처투자자가 실질적으로 손해를 입을 가능성이 있는 경우, 종류주주총회에서 해당 안건의 승인을 거부함으로써 창업자 등의 대리인 문제에 일부 대응할 수 있다.

그러나 실제로 종류주주총회를 통해 벤처투자자가 제3장에서 지적한 창업자의 대리인 문제나 이익충돌을 모두 해결하기는 어렵다. 종류주주총회의 승인이 필요한 회사의 행위를 상법이 제한적으로 정하고 있어서 제3장에서 검토한 이해관계 충돌의 다양한 측면을 포섭하지 못한다. 또한, 종류주주총회 승인은 다수인 보통주주로부터 소수주주인 종류주주를 보호하기 위한 제도인데, 벤처투자시에는 여러 단계에 걸쳐 스타트업에 투자하는 과정에서 동일한 종류주식을 보유한 벤처투자자 간에도 이익이 충돌하기도 한다. 따라서 종류주주총회는 제3장에서 지적한 창업자와 우선주주간의 지배구조상의 문제를 해결하기에 충분한 수단이 되지 못한다.

### 나. 반대주주의 주식매수청구권

벤처투자자는 스타트업의 영업양수도, 합병 등과 관련해서 창업자와 이익충돌이 발생하거나 창업자 등 경영진의 결정에 반대할 때 반대주주로서 주식매수청구권을 행사할 수 있다. 상법은 주주총회 특별결의가 필요한 영업에 관한 주요 거래나 합병, 분할합병, 주식교환과 주식이전의 경우에 이를 반대하는 주주에게 주식매수청구권을 행사할 수 있게 한다(상법 제374조의2 제1항, 제522조의3 제1항, 제530조의11 제2항). 스타트업의 소수주주인 벤처투자자는 상법상의 주식매수청구권이나 벤처기업법상 소수주주의 주식매수청구권을 행사해서 투자금을 회수할 수 있다.[81]

---

80) 윤영신(2016), 10쪽.

그러나 이 방법 역시 창업자와 벤처투자자의 지배구조상의 문제를 규율하는 방법으로 충분하지 않다. 반대주주가 주식매수청구권을 행사할 수 있는 한정적인 사유로는 앞서 검토한 창업자와 벤처투자자 간의 이익충돌 상황을 모두 규율할 수 없다. 또한, 주식매수청구권 행사시 매수가액은 당사자가 협의하여 정하거나 법원에 청구하도록 하고 있는데, 비상장회사인 스타트업의 경우에는 가치평가가 어렵기 때문에 매수 가액을 산정하기 용이하지 않아 분쟁이 장기화될 우려가 있다.

## 2. 벤처투자법 등의 규율

### 가. 벤처투자회사와 피투자 스타트업 관련

제2장에서 언급했듯이 스타트업 산업 진흥 관련 법률상 벤처투자자에 대한 제도가 이원화되어서 벤처투자자에게 규율되는 법률의 내용이 다르다. 이원화된 제도 하에서 벤처투자조합을 운용하는 벤처캐피탈 회사는 벤처투자법에 따른 벤처투자회사 또는 여신전문금융업법에 따른 신기술사업금융사로 등록할 수 있고, 각 법률에서 자본금 등의 등록요건이나 행위 규제 내용을 다르게 정하고 있다.[82] 예를 들어, 벤처투자법은 벤처투자회사의 등록요건으로 20억 이상의 납입자본금을 요구하는 반면(벤처투자법 제37조 제2항, 동 시행령 제23조 제1항), 신기술사업금융사는 100억 이상의 납입자본금을 등록 요건으로 정한다(여신전문금융업법 제3조 제2항). 또한, 벤처투자법은 벤처투자회사 및 벤처투자조합에 허용되는 투자 방식이나 투자 비율 및 한도 등을 구체적으로 규정하는데 반해(법 제37조 내지 제41조). 여신전문금융업법은 신기술사업금융사에게 융자 한도의 제한이나 자본의 적정성 등과 관련한 건전경영의 지도 및 검사 이외에 추가적인 제한이나 의무를 부과하지 않는다.

---

81) 벤처기업법상 주식매수청구권에 대한 내용으로 본 논문 본 장 제1절 II.2.나.참고.
82) 최민혁, 김민철(2018), 125쪽.

벤처투자자가 투자한 스타트업과의 관계에 대해서도 양 법률이 다르게 정하고 있다. 벤처투자법은 벤처투자자가 우월한 지식이나 경험을 바탕으로 스타트업을 착취하는 경우를 방지하기 위한 측면에서 벤처투자회사의 의무사항을 규정한다.[83] 그래서 벤처투자회사가 스타트업의 지분을 과도하게 취득해서 경영권을 장악하는 것을 방지하고자 지분취득을 50% 미만으로 제한하고, 이사회 이사 과반수 이상의 임면권을 가지지 못하도록 하는 등 경영 지배 목적의 투자를 금지한다(법 제39조, 시행령 제25조, 시행규칙 제7조). 뿐만 아니라, 벤처투자회사의 임직원이 투자 심사 목적으로 다수의 스타트업에 정보를 요청하고 해당 스타트업의 투자 관리 등이 아닌 다른 목적으로 이용할 것에 대비해서 벤처투자회사의 임직원·대리인 또는 주요주주가 공개되지 않은 정보를 사적 이익을 위해 이용하지 않도록 하고 있다(법 제42조). 그러나 이러한 벤처투자법의 규율도 제3장에서 검토한 벤처투자자와 창업자 등의 지배구조상의 문제 가운데 벤처투자자의 권한 남용을 다룰 뿐 창업자의 대리인 문제 통제나 주주간 이해관계 조정의 필요성은 반영되지 않고 있다.

반면, 여신전문금융업법은 신기술사업금융업자가 위 벤처투자회사와 거의 동일한 기능을 수행함에도 불구하고 특별한 행위 제한을 규정하고 있지 않다. 벤처투자법상 벤처투자회사와 달리 투자 방식에 대해서도 특별한 제한을 받지 않는 신기술사업금융업자는 피투자 스타트업에 대해서도 추가적인 법률상 의무나 제한을 받지 않는다. 이처럼 사실상 동일한 스타트업 투자를 수행하는 벤처캐피탈 회사가 근거 법률에 따라 각기 다른 법률상 의무를 부담하는 규제 차익의 문제가 발생한다.

---

83) 중소벤처기업부는 벤처투자자의 부당행위를 창업자가 신고할 수 있는 벤처투자 부당행위 신고센터도 운영한다(https://www.mss.go.kr/site/smba/unfairReport/unfairReportMain.do).

### 나. 조건부 지분인수계약 등에 대한 규율

벤처투자법은 신규 투자수단으로 실리콘밸리에서 이용되던 SAFE를 도입하여 '조건부 지분인수계약'을 정하고 있다. 법률상 조건부 지분인수계약은 투자금액의 상환만기일이 없고 이자가 발생하지 않는 계약으로 후속 투자에서 결정된 기업가치 평가와 연동해서 지분이 확정되는 계약으로 정의하고(법 제2조 제1호 라목, 시행규칙 제3조 제1호), 이를 체결하기 위해서는 피투자 회사가 조건부 지분인수계약의 당사자가 되고 그 계약에 대해 주주 전원의 동의를 받을 것을 요건으로 한다(시행규칙 제3조 제2호). 그리고 조건부 지분인수계약 방식으로 투자를 받은 회사가 추후 자본 변동을 가져오거나 가져올 수 있는 계약을 체결하는 경우에는 조건부지분인수계약이 체결된 사실을 상대방에게 문서로 고지하도록 할 의무를 규정하고 있다(시행규칙 제3조 제3호). 아직 도입 초기라 활용 사례를 중심으로 하는 관련 해석이나 논의가 활발하지는 않으나, 조건부 지분인수계약의 법적 성격이나 투자자가 가지는 권리의 성격 등과 관련해서 명확하지 않은 부분이 발견된다. 이와 관련해서 제5장에서 자세히 논의한다.[84]

### 3. 계약 관계

미국의 경우처럼 우리나라에서도 스타트업 투자와 관련한 우선주주와의 관계는 주로 계약을 통해 규율된다. 실무상 미국에서 스타트업 투자시 사용하는 계약의 내용을 차용하여 일부 변용한 계약을 이용하는데, 주식인수계약과 주주간 계약을 합쳐서 하나로 체결하는 경우가 많다.[85] 본 논문에서는 분석의 목적상 우선주식 인수계약에 해당하는 내

---

84) 본 논문 제5장 제2절 I.1.
85) 우선주주인 벤처투자자의 투자 계약에 대한 내용은 노승민(2018), 54-65쪽; 한국벤처투자(2018), 10쪽(주식인수계약+특약(회사)+주주간계약(이해관계자) 형태가

용과 주주간 계약의 내용에 해당하는 내용을 나누어 검토하고, 미국과의 비교가 필요한 경우 미국 벤처투자계약의 사례를 소개한다.

### 가. 상환전환우선주식 인수계약

#### (1) 체결 형태 및 주요 내용

주식인수계약으로 벤처투자자가 취득하는 상환전환우선주의 구체적인 내용을 약정한다.[86] 벤처투자자의 투자시 이용되는 상환전환우선주는 대개 주주가 상환권과 전환권을 선택적으로 또는 동시에 행사할 수 있도록 정한다.[87] 2012년 개정상법 시행 이후에 상법 제345조 제5항의 해석을 둘러싸고 전환권이 부여된 상환주식의 발행이 허용되는지 논란이 있었다.[88] 그러나 개정 이전부터 널리 이용되던 상환전환우선주의 발행을 금지할 이유가 없고, 상환주식과 전환주식을 개념상 분별하는 취지의 문구로 목적론적 축소해석을 할 필요가 있어 발행이 가능하다는 것이 다수 견해이다.[89] 상환전환우선주 인수로 벤처투자자는 추가적인

---

하나의 계약서로 체결된다고 설명함); 국내 유니콘 회사가 발행한 우선주의 권리를 정리한 내용으로 조성훈(2020), 7쪽 〈표 Ⅱ-1〉; 실무상 벤처투자계약이라는 하나의 계약에 담아 체결하는 것이 보편적이나, 주주간의 관계와 회사간의 관계는 구분할 필요가 있으므로 신주인수계약과 주주간계약은 구분하여 별도로 체결하는 것이 타당하다는 견해로 천경훈(2021), 77쪽.

86) 조성훈(2020), 5-7쪽에 따르면, 벤처캐피탈의 2020년 1분기 기준 투자는 주식을 통한 투자가 72.7%를 기록했고, 주식 투자 중에는 우선주를 통한 투자가 3/4을 차지하고 있으며, 7면 〈표Ⅱ-1〉 국내 유니콘 주요 벤처캐피탈 투자 내역에 따르면 대부분 상환전환우선주 또는 전환우선주의 형태로 투자가 이루어졌다.

87) 임정하(2015), 146쪽.

88) 상법 제345조 제5항 "상환주식은 종류주식(상환과 전환에 관한 것은 제외한다)에 한정하여 발행할 수 있다."라는 조문의 해석에 대한 것이다.

89) 임정하(2015), 160쪽; 한원규·이제원(2002), 308-309쪽; 박상철(2018), 401쪽; 김한철(2021), 128쪽; 정수용·김광복(2012), 106-107쪽; 한국상사법학회 I (2022), 527-528쪽.

권리를 부여받아 고위험 투자에 따르는 위험을 줄일 수 있고, 스타트업도 대규모 자금 조달이 가능해지는 장점이 있다.[90]

　주식인수계약에는 우선주주에 부여되는 우선권의 내용뿐 아니라 일반적인 주식인수계약과 마찬가지로 인수거래 종결의 선행조건 및 당사자 간의 진술과 보장 등의 내용이 포함된다. 벤처투자자가 실사를 하더라도 스타트업에 대한 정보를 모두 파악하기 어렵기 때문에 스타트업의 재무 상태나 사업 현황 및 법률 위험 등을 진술 및 보장받고, 보장 사항이 준수되지 않을 경우 거래종결을 하지 않거나 스타트업 또는 창업자에게 손해배상 등의 책임을 지울 수 있도록 하는 내용이 포함되어 있다.[91] 주로 벤처투자자가 실사를 통해 파악한 스타트업의 재무 상태, 주식 발행 현황, 지식재산권 보유 현황 등 스타트업의 가치평가에 중요한 정보가 주로 진술과 보장의 대상이 된다. 우리나라 벤처투자시에는 스타트업뿐 아니라 창업자 역시 벤처투자자에게 스타트업의 진술·보장 내용을 동일하게 보장하도록 해서 책임을 강화한다는 특징이 있다.[92]

### (2) 이익배당과 잔여재산분배우선권 등

#### ⅰ) 이익배당과 잔여재산분배 우선권

　실무상 벤처투자자는 배당과 잔여재산분배에 있어서 우선권을 가지는 우선주식을 주로 이용한다. 스타트업의 지배구조에 개입하는 적극적 주주인 벤처투자자는 대부분 의결권 있는 우선주주가 된다. 배당 및 잔여재산분배에 대한 벤처투자자의 우선권 내용으로 주로 참가적, 누적적 권리로 정해서 벤처투자자가 보통주주에게 배당되는 이익에 참가할 수 있도록 하는 경우가 많다. 그러나 스타트업이 배당가능이익이 있는 경

---

90) 田中(編)(2021), p.158; Fried& Ganor(2006), pp.984-986.
91) 디라이트·스타트업얼라이언스(2022), 84-85쪽.
92) 노승민(2018), 54-65쪽; 한국벤처투자(2018), 39쪽.

우가 드물고 배당가능 이익이 있더라도 주주에게 배당하기보다는 성장을 위해 재투자할 필요성이 더 크다.93) 그래서 벤처투자자는 스타트업으로부터 우선 배당을 받을 기대보다는 스타트업의 보통주주에 대한 이익배당을 통제하고 벤처투자자의 투자회수의 우선권을 나타내는 의미로 이익배당에 있어 우선권을 가진다.94)

벤처투자자의 잔여재산분배에 대한 우선권은 스타트업의 높은 실패확률을 고려하면 권리의 실익이 있다. 스타트업이 실패하여 청산할 경우 벤처투자자는 이 권리를 행사해서 스타트업의 채권자보다 후순위로 보통주주에 우선하여 잔여재산으로부터 투자금의 일부를 회수할 수 있다. 잔여재산분배시의 우선권의 내용으로 참가적 또는 비참가적인 권리로 정할 수 있는데, 일반적으로 투자금 회수를 위해 보통주주의 잔여재산분배에도 참여할 수 있는 참가적 우선권으로 약정한다.95) 이 경우, 벤처투자자가 우선주주로서 투자원금 등을 우선 분배받은 후에도 스타트업의 잔여재산이 있는 경우 우선주주가 보통주주와 동일하게 분배에 참가해서 지분 비율에 따른 잔여재산을 분배받을 수 있다.96) 그러나 실제로는 스타트업이 지적재산권 이외의 자산을 보유하는 경우가 드물고 청산 단계에서는 경제적 가치가 있는 잔여재산이 남아있는 경우가 거의 없어서 잔여재산분배 우선권 행사로 벤처투자자가 투자회수를 기대하기는 어렵다.

---

93) 田中(編)(2021), p.170.
94) 박상철(2018), 402쪽; 田中(編)(2021), p.171.
95) 디라이트·스타트업얼라이언스(2022), 74-75쪽.
96) 디라이트·스타트업얼라이언스(2022), 74-75쪽(이를 Full participation이라고 하고, 최근 증가하고 있는 Simple participation의 경우 우선주에게 투자금 등을 분배하고 난 잔여재산을 우선주와 보통주가 동일한 분배율로 참가해서 잔여재산을 분배받는 방식이다).

ⅱ) 간주청산우선권

우리나라 벤처투자시에도 미국의 스타트업 투자계약시 이용되는 간주청산우선권을 포함하는 경우가 발견된다. 그런데 문제는 상법상 간주청산우선권 조항이 상법상 효력이 인정될 수 있을지 여부가 불분명한 채로 이용된다는 점이다.[97] 간주청산우선권이 부여된 우선주식은 회사의 해산을 전제로 하는 잔여재산분배에 대한 우선주식으로 볼 수 없어서 상법상 허용되는 종류주식으로 보기 어렵다.[98] 스타트업 정관에 해산 사유의 하나로 매각, 합병, 영업양도 등의 경우를 추가하더라도 매각, 합병, 영업양도는 해산의 경우와 달리 주주가 존속하기 때문에 잔여재산분배에 대한 우선주식으로 인정받기 어렵다.[99]

당사자 간의 합의로 매각, 합병, 영업양도 시에 벤처투자자에게 우선권을 부여하는 내용을 약정한다고 해도 상법상 강행규정으로 해석되는 자본유지의 원칙과 주주평등의 원칙에 반한다고 볼 가능성이 높다.[100] 간주청산우선권은 회사가 해산되지 않은 상황에서 법률상 근거없이 특정 주주에게 우선해서 투자금을 반환하는 권리로, 법률상 정해진 경우 이외에는 회사가 투자자에게 투자금을 반환할 수 없다는 자본유지원칙에 반한다고 볼 수 있다.[101] 또한, 벤처투자자에게 우선해서 매각 대가

---

97) 박상철(2018), 404-405쪽; 한국벤처투자(2018), 19-22쪽('준청산 잔여재산분배'라고 지칭함); 디라이트·스타트업얼라이언스(2022), 78쪽.

98) 한국사법행정학회Ⅱ(2014), 518쪽(회사가 합병되어 소멸할 경우 권리의무의 포괄승계가 이루어지므로 잔여재산 분배와는 무관하고, 잔여재산의 분배는 청산시에만 행해진다고 봄); 디라이트·스타트업얼라이언스(2022), 78쪽; 田中(編) (2021), p.187.

99) 디라이트·스타트업얼라이언스(2022), 79쪽.

100) 박상철(2018), 404-405쪽; 디라이트·스타트업얼라이언스(2022), 78쪽

101) 박상철(2018), 404-405쪽; 디라이트·스타트업얼라이언스(2022), 78쪽; 다만, 한국벤처투자(2018), 19-22쪽은 준청산잔여재산분배 조항의 법적 효력이 분명하지 않다고 언급하고 주주간 계약으로 약정할 수 있으나 신중을 기해야 한다고 설시한다.

를 배분하는 것은 법률상 정해지지 않은 사유로 특정 주주를 우대한다는 점에서 주주평등의 원칙에 반할 여지도 있다. 따라서 우리나라에서는 벤처투자자가 간주청산우선권을 가지는 것으로 약정하더라도 강행규정 위반으로 약정의 효력이 인정되지 않을 가능성이 높고, 미국의 벤처투자자와는 달리 간주청산우선권을 투자 회수 방법으로 이용하기 어려울 것으로 본다.

### (3) 전환권과 전환비율 조정 등

주식인수계약으로 우선주주인 벤처투자자의 보통주로의 전환권을 정하면서 희석화 방지 조항과 리픽싱 조항을 포함시키는 경우가 많다. 우선주주의 전환권 행사기간을 주식 인수일로부터 1년이 되는 날부터 10년이 되는 날까지로 정하고 해당 기간이 지나면 자동으로 전환되도록 정하는 경우가 많다.102) 벤처투자자가 보유한 우선주식은 1:1의 비율로 보통주식으로 전환하는 것을 원칙으로 하되, 아래의 사유가 발생한 경우 보통주식으로의 전환비율을 조정해서 벤처투자자의 경제적 이익을 보호한다.103)

### i) 희석화 방지조항 (anti-dilution)

주식인수계약은 스타트업 자본구조 변동시에 우선주주의 지분율을 유지하고 경제적 가치의 희석을 방지하기 위한 희석화 방지조항을 정하는 경우가 일반적이다.104) 일반적으로 전환사채 또는 신주인수권부사채

---

102) 디라이트·스타트업얼라이언스(2022), 68쪽; 김홍기(2020), 390쪽은 전환주식은 전환권의 행사로 전환되는 주식이므로 일정한 기간 도래 또는 조건 성취로 자동전환되는 주식은 전환주식이 아니라고 설명하나, 실무상으로는 자동 전환을 약정한 경우가 다수 발견된다.

103) 田中(編)(2021), p.174.

104) 희석화 방지조항에 대해 Woronoff& Rosen(2005), p.129; 박준·한민(2022), 453-456쪽.

인수계약에서 사채권자의 권리를 보호하기 위해 회사가 준비금을 자본금으로 전입하거나 주식 병합·소각, 주식분할과 주식배당시에 주식으로 전환하는 비율을 조정하는 희석화 방지조항이 포함된다.105) 벤처투자를 위한 주식인수계약 시에도 이 내용과 유사한 내용의 희석화 방지 조항이 벤처투자자가 스타트업에 대해 가지는 경제적 권리의 희석을 방지하기 위한 목적으로 포함되는 경우가 대부분이다.

ii) 리픽싱 조항 (refixing)

대부분의 벤처투자시에 스타트업 가치 하락에 따라 전환비율을 하향 조정하는 리픽싱 조항이 규정되는 경우가 많다. 벤처투자시에는 스타트업의 향후 성장 전망까지 고려해서 투자 가치를 산정하는데, 벤처투자자가 스타트업을 고평가해서 투자한 이후에 스타트업이 계획대로 성장하지 못해서 가치평가를 상승시키지 못하면 리픽싱 조항으로 벤처투자자의 보통주식으로의 전환비율을 조정할 수 있도록 한다.106) 특히, 성숙 단계의 스타트업일수록 고평가되는 경향이 있는데, 전환비율 조정을 통해 고평가로 인한 투자 위험을 낮춘다.107) 고평가로 인한 위험을 낮추는 다른 방법으로 후속 스타트업 투자 시의 가치평가에 연동해서 신주의 발행가격을 조정하는 방법을 생각할 수 있지만(price adjustment) 주금의 전액납입주의에 따라 허용된다고 보기 어렵고,108) 벤처투자시에는 우선주식을 전환주식으로 전환하는 비율을 조정하는 리픽싱 조항이 주로 이용된다.

리픽싱 조항에 따른 전환비율 조정 사유로 후속 투자가 벤처투자자의 투자 가격보다 낮은 발행가격으로 이루어지는 다운라운드 투자의 경

---

105) 박준·한민(2022), 453-456쪽.
106) 디라이트·스타트업얼라이언스(2022), 189쪽.
107) 田中(編)(2021), p.174.
108) 천경훈(2021), 87-88쪽.

우를 정한 경우가 많다. 벤처투자 이후에 임직원의 주식매수선택권 행사로 낮은 행사가격으로 신주가 발행되는 경우에는 전환비율 조정사유의 예외로 해석하는 것이 일반적이다.109) 드문 경우이지만 스타트업의 기업가치가 높고 투자 자금의 유동성이 높아져서 창업자의 협상력이 크면 후속 라운드 투자유치시 스타트업의 가치가 더 높아질 것을 전제로 전환비율을 상향조정하는 리픽싱 조항이 사용되는 경우도 있다.

벤처투자시 이용되는 리픽싱 조항은 상장회사가 전환사채나 신주인수권부사채 발행 시에 약정하는 리픽싱 조항과 몇 가지 차이가 있다. 상장회사가 발생한 주식은 공개시장에서 시가가 형성되기 때문에 상장회사의 전환사채 등은 공개시장에서 형성된 시가가 전환가액보다 하락한 경우에 리픽싱 조항 적용여부가 결정된다.110) 그러나 주식의 시가가 존재하지 않는 스타트업에서는 후속 라운드 벤처투자의 주당 발행 가격이 이전 벤처투자 시보다 하락하면 리픽싱 조항이 적용된다. 또한, 스타트업 벤처투자시의 리픽싱 조항에는 상장회사 전환사채와 상환전환우선주에 적용되는 증권의 발행 및 공시에 관한 규정에 따른 전환가액 하향의 한계나 상향조정 의무 등은 적용되지 않는다.111)

스타트업 벤처투자시에 이용되는 리픽싱 조항은 크게 두 가지 종류가 있는데 스타트업의 자금 수요나 창업자의 협상력에 따라 선택하여 정한다.112) 첫번째는 완전하향조정 방법으로(full-ratchet) 다운라운드로 진행된 후속투자시의 주당 투자금액과 동일한 금액으로 기존 우선주주의 보통주식으로의 전환가격을 변경하는 방법이다.113) 두번째는 가중평

---

109) 박상철(2018), 411쪽(주식매수선택권 행사로 인한 신주발행은 조정사유에서 제외하는 것으로 명시할 필요가 있다고 설시함).

110) 박준·한민(2022), 456쪽.

111) 증권의 발행 및 공시 등에 관한 규정 제5-23조, 제5-23조의2, 제5-24조, 제5-24조의2.

112) 田中(編)(2021), p.174.

113) 하향조정 방식에서 일반적으로 이용되는 문구는 아래와 같다.

균조정 방법(weighted average ratchet)으로 기존 우선주주의 투자금액과 다운라운드로 진행된 후속투자를 가중평균하여 기존 우선주주의 보통주식으로의 전환가격을 산정하는 방법이다.114) 완전하향조정 방식은 기존 벤처투자자가 스타트업의 가치를 고평가함에 수반되는 리스크를 전혀 부담하지 않는 방법으로, 벤처투자자와 창업자가 고평가에 따른 리스크를 함께 부담하는 가중평균 조정방법이 창업자 등 보통주주에게 좀더 유리하다.115) 그러나 우리나라 벤처투자시에는 완전하향조정 방법을 이용하는 경우가 많고,116) 성숙 단계 이후의 스타트업에 투자시에는 기업가치 고평가 위험에 대비해서 기업공개(IPO)시 공모가격의 70~80%에 해당하는 금액이 벤처투자자의 기존 투자단가를 하회하는 경우 벤처투자자의 보통주식 전환가격을 공모가의 70~80%로 조정하여 전환비율을 산정하는 조항을 추가하기도 한다.117)

이러한 리픽싱 조항에 따라 전환비율이 조정되면 결과적으로 보통주주의 지분이 희석되어 우선주주와 보통주주의 이익충돌이 심화되는 측면도 있다.118) 벤처투자자가 전환된 조정 가격에 따라 보통주식으로 전환권을 행사하면 다른 주주의 지분이 큰 폭으로 희석되는 것이다. 또한,

---

"회사가 본건 종류주식의 전환 전에 그 당시의 본건 종류주식의 전환가격을 하회하는 발행가격으로 유상증자 또는 주식관련사채(전환사채, 신주인수권부사채 및 기타 주식으로 전환될 수 있는 종류의 사채 포함)를 발행할 경우에는 전환가격은 그 하회하는 발행가격으로 조정한다."

114) 김건식, 노혁준, 천경훈(2020), 173쪽; Lemon J.(2003), pp.14-15 [가중평균조정방식 중 기발행주식수에 임직원에 대한 주식매수선택권을 제외하고 산정하는 것을 좁은 가중평가조정방식(narrow-based), 임직원에 대한 주식매수선택권을 포함하는 것을 넓은 가중평가조정방식(broad-based)이라 한다].

115) 田中(編)(2021), p.174.

116) 디라이트·스타트업얼라이언스(2022), 219쪽에 따르면, 우리나라의 경우 완전하향조정 방법이 보다 일반적이나, 글로벌 투자기준에는 가중평균 조정방법이 보다 부합하고 합리적이라고 설명한다.

117) 노승민(2018), 59쪽.

118) Lemon J(2003), pp.13-15; Brown& Wiles(2016), pp.80-81.

스타트업이 자금 조달 과정에서 창업자를 비롯한 주요주주의 지분율을 계산하고 예측하더라도 리픽싱 조항에 따른 전환비율 조정의 가능성으로 스타트업 지분구조가 계속 변경되고 예측이 어려워지는 결과가 발생한다.119)

### (4) 주주의 상환권

벤처투자자의 상환전환우선주는 주주인 벤처투자자가 회사에 대하여 상환권을 가지고 투자 회수의 방법의 하나로 이용할 수 있게 정한 경우가 많다. 그래서 상환권 행사사유가 발생했고 스타트업에 상환 재원이 있는 경우 벤처투자자는 상환권 행사가액으로 스타트업에 상환권을 행사할 수 있다. 일반적으로 벤처투자자가 스타트업에 투자한 원금에 소정의 이자를 더한 금액을 상환권 행사가액으로 정한다. 그런데 상법은 회사의 정관의 정함에 따라 회사의 '이익으로써' 상환한다는 규정을 두고(제345조 제1항), 회사가 주주에게 주식 취득의 대가로 현금 이외에 유가증권이나 그 밖의 자산을 교부할 때 그 장부가액이 배당가능이익을 초과하지 못하도록 정한다(제345조 제4항). 이 경우, 주주가 회사에 대해 상환권을 행사할 때 상환의 재원은 별도 규정이 없어 해석에 논란의 여지가 있는데(제345조 제3항), 상법 제462조의 배당가능이익을 상환재원으로 보는 견해가 다수의 견해이다.120)

이 견해에 따르면 벤처투자자가 스타트업에 상환권을 행사하더라도 스타트업에 배당가능이익이 남는 경우가 거의 없어서 실제로는 상환권을 행사하기 어렵다.121) 스타트업이 벤처투자자의 요구에 따라 매년 임의준비금으로 상환적립금을 적립하더라도 스타트업에 결손이 발생하면

---

119) 한국벤처투자(2018), 16-17쪽.
120) 심영(2014), 46-47쪽; 김건식, 노혁준, 천경훈(2020), 167쪽; 김홍기(2020), 387쪽; 한국상사법학회 1(2022), 534-535쪽.
121) 박상철(2018), 405쪽; 김한철(2021), 127쪽.

결손보전에 이용되어 결국 배당가능이익이 없을 가능성이 높다.[122] 그래서 벤처투자자는 상환권을 가지더라도 상환권 행사를 통해 투자 회수를 하기는 어렵다. 앞서 본 것처럼 우리나라 벤처투자의 경우 미국에서 벤처투자자의 주요 투자회수 방법인 간주청산우선권의 법적 효력이 인정되지 않을 가능성이 높은 데다가 스타트업에 대한 상환권 행사도 사실상 어려워서 스타트업의 상장이나 매각 이외에는 투자 회수를 하기가 어렵다.

### 나. 주주간 계약

스타트업에 대한 벤처투자시에 소수주주인 벤처투자자가 대주주이자 대표이사인 창업자의 권한 남용 등으로 인해 입을 수 있는 손해를 방지하고 정보 비대칭 문제를 해소하며 스타트업의 경영을 감독할 지배구조상 권한을 확보하기 위해 주주간 계약이 체결된다. 주로 스타트업의 정보제공, 이사 지명을 통한 지배구조 참여에 대한 사항 및 창업자가 보유한 주식의 처분 제한과 투자자의 투자회수 등과 관련한 사항으로 구성된다.[123] 주주간 계약상의 의무를 이행하기 위해서는 주주뿐 아니라 이사회 등 스타트업의 기관의 행위가 필요한 경우가 많아서 주주간 계약이 주식인수계약과 별도로 체결되는 경우에도 주주 이외에 스타트업도 주주간 계약의 당사자가 되는 경우가 많다. 주주간 계약의 주요 내용을 아래와 같이 검토한다.

### (1) 정보요청권 및 사전 동의권

주주간 계약으로 창업자와 스타트업이 벤처투자자에게 스타트업의

---

122) 한원규·이제원(2002), 292쪽; 한국상사법학회 I(2022), 535쪽 [상환적립금을 적립했더라도 임의적립금이므로 적립된 이후 다음 회계연도에 결손발생시 다른 적립금에 우선해서 결손에 보전된다는 내용(기업회계기준 제78조 제2항 가목)].

123) 田中(編)(2021), p.162; Kim(2004), p.444.

중요한 경영상 정보를 제공할 의무를 부담하고 벤처투자자가 스타트업에게 필요한 정보를 요청할 수 있도록 정한 경우가 많다.124) 벤처투자자의 정보비대칭에 따른 문제를 줄이기 위해서 일반적인 주주로서 갖는 회계장부열람등사권(상법 제466조) 이외에 추가적인 정보를 제공받고 요청할 수 있도록 한 것이다.125) 이에 따라 벤처투자자는 정기적으로 스타트업의 재무 상태나 사업계획 등을 보고받고, 스타트업의 운영이나 재무 상황에 영향을 미칠 수 있는 사항이 발생한 경우 수시로 정보를 제공받고 필요한 경우 요청할 수 있도록 정한다.

스타트업의 자회사 설립이나 부동산 등 대규모 규모 자산 매입, 신주 발행이나 영업양도 등의 경우에 벤처투자자에게 사전 동의권을 부여하는 경우도 많다.126) 스타트업에 중요한 영향을 미치는 사항에 대해 벤처투자자가 창업자 등 보통주주를 견제하기 어려운 상황이 발생할 수 있고 종류주주총회를 통한 권리보호에도 한계가 있어 별도 권리를 확보한 것이다. 벤처투자자의 사전 동의권 대상이 되는 행위를 하기 전에 벤처투자자의 사전 동의를 받지 않으면 스타트업 또는 창업자가 계약 의무 위반에 따른 책임을 지도록 한다.

이처럼 각 벤처투자자에게 계약을 통해 개별 사안에 대해 사전 동의권을 부여하는 방식은 미국에서 벤처투자시 체결되는 계약과는 다소 차이가 있다. 미국은 주요 경영사항에 대한 개별 벤처투자자의 동의권을 규정하기 보다는 동일한 라운드에 투자한 벤처투자자인 우선주주의 일정 비율 이상의 사전 동의를 받을 사항과127) 동일 라운드 벤처투자자

---

124) 한국벤처투자(2018), 76-78쪽('중요 경영사항에 대하여 투자자에게 보고할 의무').

125) 정준혁(2022), 249쪽.

126) 한국벤처투자(2018), 61-62쪽('경영사항에 대한 동의권 및 협의권').

127) 미국 NVCA의 표준 설립헌장(Certificate of Incorporation)(2020년 버전)의 Section 3.3 우선주 보호적 조항(Preferred Stock Protective Provisions)으로 회사 정관이나 부속정관에 따른 승인 이외에 시리즈 A 우선주 투자자의 정해진 비율 이상의 동의를 받아야 하는 사안으로 회사 청산, 정관 또는 부속정관

지명이사의 찬성을 포함한 대상회사 이사회의 결의를 받을 사항을 별도로 정하고 있다.128) 이는 벤처투자자의 동의권을 계약상의 권리뿐 아니라 이사회 결의에 대한 지배구조상의 권리로 규정한 것이다.129) 우리나라와 같이 개별 벤처투자자에게 사전 동의권을 부여한 경우, 어느 한 벤처투자자만 동의하지 않아도 의사결정이 이루어질 수 없거나 계약상 의무 위반의 위험을 감수하고 진행해야 한다. 반면, 미국과 같이 규정할 경우 벤처투자자 간에 이견이 있더라도 최소한 동일 라운드에 투자한 벤처투자자의 과반수의 사전 동의와 동일 라운드에 투자한 벤처투자자가 지명한 이사의 사전 승인을 받으면 의사결정을 할 수 있다.

## (2) 이사 지명권

제3장에서 검토한 것처럼 벤처투자자가 스타트업으로부터 이사 지명권을 부여받는 경우가 많아서 주주간 계약에 벤처투자자의 이사 지명권에 대한 내용이 명시된다.130) 실무상으로 '이사 선임권 조항'으로 약정되는 경우가 있는데,131) 이사 선임 권한은 주주총회가 가진다는 점에서

---

개정, 신주 또는 주식으로 전환가능한 증권의 발행, 주요 자산의 양도, 주식보상계획의 수립 또는 수정, 채무증권 발행 등을 명시하고 있다.

128) 천경훈(2021), 91, 95쪽(우리나라의 약정은 일본의 벤처투자계약 실무와 유사하다고 설명함); 미국 NVCA Investor Rights Agreement 표준 계약(2021년 수정버전) Section 5.5은 우선주주 이사의 승인을 요구하는 사안(matters requiring preferred director approval)이라고 하여 자회사에 대한 대여, 주식취득, 보증, 중요한 자산 양도 등을 할 때에는 우선주주가 지명한 이사의 승인을 포함한 이사회의 승인을 받도록 정한다.

129) 천경훈(2021), 91쪽.

130) 한국벤처투자(2018), 46쪽의 계약 문구 예시는 아래와 같다.
("①투자자가 회사의 "상무에 종사하지 않는 이사(비상근이사)" 1인을 지명할 권리를 가지고, 회사 및 이해관계인(창업자)은 투자자가 지명한 이사가 회사의 이사로 선임될 수 있도록 즉시 임시주주총회 개최 등 이에 필요한 절차를 이행하여야 한다.")

131) 디라이트·스타트업얼라이언스(2022), 120-121쪽도 '투자자의 이사 선임권 조

이 조항은 ①벤처투자자의 이사 후보 지명권 부여 약정과 ②벤처투자자가 지명한 후보를 창업자 등 보통주주가 주주총회에서 선임하는 의결권을 행사하는 약정을 포함하는 것으로 볼 수 있다. ②의 약정은 창업자에 대한 일종의 의결권 구속약정(voting agreement)으로,132) 계약에서 창업자의 의결권 행사 의무를 구체적으로 명시하지 않는 경우도 있다. 그러나 창업자가 주주총회에서 벤처투자자가 지명한 이를 이사로 선임하는 의결을 하지 않으면 지명이사 선임이 불가능하므로 직접 명시되지 않은 경우에도 의결권 행사 약정이 벤처투자자의 이사 지명권 약정에 포함된 것으로 해석하는 것이 타당할 것이다.133)

또한, 지명을 받아 선임된 이사를 변경해야 하는 경우에 대비해서 벤처투자자가 이사 후보 지명권과 함께 지명철회권과 대체자를 지명할 권리까지 가지는 것으로 약정하는 경우가 많다.134) 참고로 미국의 경우 동일 라운드에 투자한 벤처투자자가 지분 비율에 따른 의사결정으로 해당 라운드 벤처투자자 지명이사 1인을 선임하고,135) 일정 지분 이상을 보유한 우선주주는 이사회에 참관할 권리(observation rights)을 가지는

---

항'이라고 표현한다.

132) 권오성(2009), 425쪽; 백숙종(2018), 90쪽(주주간에 의결권 행사 내용 자체를 특정하는 약정을 의결권구속계약이라고 지칭함).

133) 미국 NVCA Voting Agreement(2022년 버전)에서는 Section 1.2에서 해당 스타트업의 이사회 구성을 명시하고(시리즈A 지명이사 1인, 시리즈B 지명이사 1인, 대표이사를 포함한 보통주 지명이사 2인, 공통으로 선임하는 이사 1인), 각 주주가 이들이 선임되는 것을 보장하는 내용으로 투표권을 행사하도록 합의한다는 내용이 포함된다.

134) 한국벤처투자(2018), 89면의 계약 문구 예시는 아래와 같다.
("②투자자는 언제든지 투자자 지명이사의 교체를 요구할 수 있으며 회사와 이해관계인은 이에 응하여 투자자 지명이사의 교체를 위한 임시주주총회의 개최 등의 필요한 절차를 이행하여야 한다.")

135) 미국 NVCA Voting Agreement 표준계약(2022년 버전) 전문 B.; 우리나라도 유사하게 주로 해당 투자 라운드의 리드투자자(투자금이 가장 많은 투자자)가 지명하는 이가 벤처투자자 지명이사가 되는 경우가 많다.

것이 일반적이다.136)

## (3) 기업공개 등 관련 의무

주주간 계약에서 벤처투자자의 투자 회수를 위해 스타트업의 기업공개 시한을 정해두는 경우가 많다.137) 스타트업의 불확실성으로 벤처투자자의 투자 회수가 무한히 연기되지 않도록 특정 시점까지 스타트업이 기업공개를 하거나 기업공개 심사신청을 하도록 하는 것이다. 창업자는 스타트업의 지분 보유에 따른 경제적 이익 이외에도 유명 스타트업의 창업자로서의 사적 이익을 누리기 때문에 기업공개 시기를 고의로 지연시킬 가능성이 있다. 그래서 주주간 계약으로 특정 시점까지 기업공개를 위해 노력할 의무를 정하고, 기업공개 요건을 갖추었음에도 스타트업이나 창업자가 고의 또는 중과실로 일정 시점까지 기업공개를 하지 않으면 벤처투자자가 스타트업 또는 창업자에게 주식매수요청권(put option)을 행사하거나 창업자에게 동반매도요구권(drag-along rights)을 행사하여 제3자에게 스타트업을 매각할 수 있도록 하는 내용을 규정하기도 한다.

## (4) 주식 양도 제한

스타트업의 성장에 중요한 역할을 하는 창업자가 보유한 스타트업 주식을 벤처투자자의 동의 없이 제3자에게 양도하지 못하도록 하는 규정은 대부분 주주간 계약에 포함된다. 경영권을 가진 창업자가 벤처투자자 모르게 제3자에게 경영권을 매각하지 못하도록 하고 스타트업 주주 구성을 통제하기 위한 규정으로 볼 수 있다.138) 이러한 의무는 주로

---

136) 미국 NVCA Investor Rights Agreement 표준계약(2021년 수정) Section 3.3 Observation Rights(참관할 권리)가 규정되어 있다.

137) 한국벤처투자(2018), 100-101쪽.

138) Kim(2004), p.459.

창업자의 편면적 의무 형태로 규정되어 벤처투자자의 지분 양도에는 별도의 제한을 두지 않는 경우가 많다. 그리고 창업자가 경영권 매각에 이르지 않는 수준으로 보유한 주식의 일부를 양도하고자 하는 경우에는 벤처투자자에게 사전에 통지해서 벤처투자자에게 창업자의 지분을 우선하여 매수할 수 있는 기회를 가질 수 있도록 우선매수권(right of first refusal 또는 right of first offer)을 규정한다.139)

창업자가 벤처투자자를 배제하고 단독으로 스타트업에 투자한 자원을 회수할 수 없도록 벤처투자자의 공동매도청구권(tag-along right)을 약정하는 경우도 많다. 또한, 앞서 본 것처럼 스타트업이 기업공개 약정을 위반한 경우에는 벤처투자자가 창업자의 지분까지 공동으로 제3자에게 매도할 수 있는 동반매도요구권(drag-along right)을 행사할 수 있도록 약정하기도 한다.140) 대주주인 창업자의 지분 매각 없이는 스타트업 매각이 어려워서 벤처투자자의 투자 회수 기회가 박탈될 우려가 있기 때문에 강제매도요청권을 규정해서 투자 회수 가능성을 높이는 것이다.141)

이러한 주주간 계약을 통한 주식양도 제한이 법적 효력을 가지는지 여부는 각 양도 제한의 내용 별로 검토가 필요하다. 주주간에 주식의 자유로운 양도를 제한하는 합의의 효력에 대해 판례는 주주의 투하자금 회수의 가능성을 전면 부인하는 수준의 합의는 무효이고 주주간에도 효력이 없다고 본다(대법원 2008.7.10.선고2007다14193 판결).142) 벤처투

---

139) CLC(2010), p.1178; 신호철(2022), 596쪽(right of first refusal은 양도하고자 하는 주주가 제3자로부터 제안받은 양도가격 등 거래조건을 다른 주주에게 통지하고 다른 주주는 제안받은 조건과 동일한 조건으로 해당 주식을 양수할 우선권을 갖는 것이고, right of first offer는 제3자가 출현하기 전에 주주가 상대방 주주에게 거래 조건을 협상할 수 있는 우선권을 부여하는 것으로 차이가 있다고 설명함).

140) 한국벤처투자(2018), 85-87쪽; 천경훈(2013), 13쪽.

141) CLC(2010), p.1182.

142) 이후 13년을 존속기간으로 해서 지역 개발을 위해 만들어진 합작회사의 주주간 계약상 주식양도제한 규정이 주주의 투하 자본 회수 가능성을 전면 제한하는

자시 창업자에 대한 양도 제한 약정은 다른 주주들의 사전동의 등 절차를 거치면 주식 양도가 가능하기 때문에 해당 약정으로 창업자의 투하자금 회수 가능성이 전면 부인된다고 보기는 어려워서 대부분 법적 효력이 인정될 것으로 보인다. 최근 주주간 계약상 동반매도요구권(drag-along right)을 행사해서 벤처투자자가 대주주의 의사와 관계없이 회사를 매각할 수 있는지 여부가 문제된 판결이 있었다. 스타트업 투자와 관련해 체결된 주주간 계약은 아니지만 대법원은 동반매도요구권 자체의 법적 효력은 인정하면서도, 주주가 거래를 위한 자료 제공에 협조하지 않은 것만으로 민법 제150조 제1항에 따라 동반매도요구권의 조건성취가 자동으로 의제되어 제3자에 대한 지분의 공동매도계약 체결이 의제된다고 보기는 어렵다고 판단했다(대법원 2021.1.14.선고2018다223054 판결).143)

## (5) 의무 위반시 주식매수요청권 등

앞서 지적한 것처럼 간주청산우선권의 법적 효력이 인정되지 않고 벤처투자자의 상환권 행사도 사실상 어려움에 따라 스타트업의 기업공개 이외에는 벤처투자자의 투자 회수 기회가 제한된다. 그래서 계약으로 창업자에게 추가적인 책임을 부담시켜서 투자금을 회수하려는 약정을 포함시키는 경우가 많다. 스타트업과 창업자가 계약상 의무를 위반할 경우 벤처투자자의 투자금액에 상응하는 금액을 손해배상예정액 또는 위약벌로 정하고 손해배상청구를 할 수 있도록 정하는 것이다.144)

---

수준에 이르지 않았다고 보고 효력을 인정한 판례가 있다(대법원 2022.3.31.선고2019다274639 판결).

143) 해당 판결에 대한 평석으로 송옥렬(2021), 82-89쪽(해당 판결이 동반매도청구권의 부수적 의무로 주주의 실사 협조의무를 인정했다는 의의가 있으나 협조의무 위반의 판단기준, 위반에 따른 법률효과에 대한 부분은 추가 논의가 필요하다는 취지); 신호철(2022), 591-620쪽.

144) 노승민(2018), 63쪽.

벤처투자자가 스타트업 또는 창업자에게 투자금에 상응하는 가격으로 스타트업 주식을 매도할 수 있는 권리인 주식매수요청권(put option)을 행사할 수 있도록 약정한 경우도 있다.145) 이 경우, 벤처투자자가 창업자 이외에 스타트업을 상대로 주식매수요청권을 행사할 수 있도록 약정하면 스타트업이 특정 주주에게 투자금 환급을 약정한 것으로 해석될 수 있다.146) 실무에서는 이러한 부분에 대한 깊은 고려없이 벤처투자자가 권리를 행사할 수 있는 상대방에 스타트업과 창업자 모두를 포함시키고 이후 효력이 문제되면 다투겠다는 경우가 많다. 미국의 경우 벤처투자자의 주된 투자회수 방법으로 간주청산우선권을 정한 것 외에는 벤처투자자의 스타트업 또는 창업자에 대한 주식매수요청권을 약정하는 경우가 거의 없다는 점을 고려하면 우리나라 계약에서 발견되는 독특한 내용이라고 볼 수 있다.147)

## 4. 법률과 계약에 대한 평가

스타트업 투자에 대해 현행 법률과 계약상 규율하고 있지만 제3장에서 지적한 지배구조 문제의 일부만을 규율하여 스타트업 지배구조상의 문제를 해결하기에 충분하지 않다. 벤처투자법은 벤처투자자의 권한 남용을 통제하기 위한 벤처투자자의 행위 제한을 규율하는데 그치고 있어

---

145) 계약서상 조기상환청구권, 주식매수요청권, 풋옵션 등 다양한 용어가 이용되는데, 본 논문에서는 이러한 취지의 약정을 '주식매수요청권(put option)'이라고 지칭하고 논의한다; 박상철(2018), 406-408쪽.

146) 천경훈(2021), 85쪽(신주인수인에게 원금 반환을 보장하거나 원금 및 일정한 비율에 의한 수익을 보장하는 행위로 회사의 계산으로 회사의 주식을 취득하는 자기주식취득 약정으로 볼 수 있다는 점을 지적함).

147) 천경훈(2021), 91-92쪽; 미국 NVCA 표준 설립헌장(Certificate of Incorporation)(2020년 버전)의 Section 6은 벤처투자자의 회사에 대한 상환권(redemption rights)을 규정하고 있으나, 해당 헌장 각주 69)에서 실제로 상환권이 계약에 포함되는 경우는 적고 행사되는 경우는 적다고 설명한다.

스타트업 투자와 관련한 지배구조상의 다양한 문제를 규율하지 못한다. 주주간 계약으로 벤처투자자의 정보 비대칭 문제 등을 해결하고 스타트업 지배구조에 관여해서 투자자로서의 권리를 보호하기 위한 내용을 규정하지만 제3장에서 검토한 대리인 문제나 이익 상반 문제를 해결하기에 충분하지 않다.

## Ⅲ. 벤처투자자 내부 관련 규율

### 1. 스타트업 진흥법제상 규율

스타트업의 우선주주인 벤처투자조합 내부에 관한 규율 역시 벤처투자자에 대한 규율과 마찬가지로 이원화된 법제 하에서 근거 법령에 따라 달리 정해진다. 벤처투자법 및 하위 규정은 벤처투자조합의 업무집행조합원이 부담하는 의무를 자세히 규정하는 반면, 여신전문금융업법은 신기술사업금융조합의 업무집행조합원이 부담하는 의무를 거의 정하지 않고 있다. 벤처투자법상 규율 체계는 우리나라의 벤처투자가 정책펀드 중심으로 성장해서 정부가 벤처투자조합의 주요 출자자였던 점이 반영된 것으로, 조합원간 협의를 통해 투자 규약으로 업무집행조합원의 의무를 정하고 위반시 평판 손상 위험을 부담하는 미국 벤처투자펀드와는 차이를 보인다.[148]

### 가. 벤처투자법상 규율

벤처투자법은 벤처투자회사인 벤처캐피탈 회사에 관한 규제와는 별도로 벤처투자조합을 별도로 규정하고 있다. 창업투자회사가 벤처투자

---

148) 이인찬(2003), 186쪽.

조합의 업무집행조합원이 되는 경우가 많지만 벤처투자조합의 내부 관계를 규율할 필요가 있고, 신기술사업금융사나 일정 요건을 갖춘 창업기획자 등도 벤처투자법에 따른 벤처투자조합의 업무집행조합원이 될 수 있어 별도로 규율한 것으로 보인다(법 제50조 제1항). 벤처투자법은 벤처투자조합의 업무집행조합원에게 두 가지 유형의 의무를 부과하는데, 첫째는 유한책임사원과의 관계에서 대리인 문제와 이익충돌을 조정하기 위한 의무이고, 둘째는 스타트업 진흥 목적 달성과 관리·감독 및 정책 목표 달성을 위한 의무이다. 아래에서 나누어 검토한다.

### (1) 업무집행조합원의 지배구조상의 의무

벤처투자법은 업무집행조합원으로 하여금 선량한 관리자의 주의 의무를 다하여 벤처투자조합의 업무를 집행하도록 정하고 있다(법 제52조 제1항). 민법상 위임 관계에서 수임인으로부터 위임을 받아 업무를 처리하는 이와 동일한 수준의 의무를 업무집행조합원에게 부과하는 것이다(민법 제680조). 그리고 업무집행조합원이 조합 업무를 처리할 때 다른 조합원과 이해가 상충되지 않도록 자기거래 금지의무 등을 정한다. 금지되는 행위 양태를 상술해서 열거하는 방식으로 규정하는데, 업무집행조합원은 자기 또는 제3자의 이익을 위하여 벤처투자조합원의 재산을 사용하거나 자금을 차입하거나 지급 보증을 하거나 담보를 제공할 수 없다(법 제52조 제2항 제1호, 제2호). 또한, 업무집행조합원은 조합의 재산으로 자신 또는 임직원과 배우자, 주요주주와 그 배우자, 계열회사 등이 발행하거나 소유한 주식이나 지분을 매입하는 행위가 제한되고 조합의 재산을 이들에게 신용공여할 수 없다(법 제52조 제2항 제5호, 동 시행령 제36조 제3호, 제4호).

벤처투자법은 업무집행조합원의 조합 운영에 관한 권한 남용을 방지하고 유한책임조합원에게 과도한 이익 등을 보장해서 조합을 결성하지 못하도록 한다. 그래서 업무집행조합원이 조합 재산을 임의로 처분하거나 담보 설정 등을 하지 못하도록 조합 재산을 신탁업자에게 관리위탁하여 보관하고, 운용 과정에서 필요할 경우 신탁업자에 대한 지시를 통해 조합 재산을 취득·처분하도록 정하고 있다(법 제53조). 또한, 벤처투자조합 설립시에 업무집행조합원이 유한책임사원에게 과도한 이익을 보장하고 제공하는 것을 방지하고 유한책임조합원의 손실을 보전해 주지 않도록 한다(법 제60조).

(2) 감독 및 정책 목표 달성을 위한 의무

벤처투자법은 업무집행조합원에 보고 및 공시의무를 부과하여 관리·감독할 수 있게 한다. 그래서 업무집행조합원은 매년 벤처투자조합의 결산서를 중소벤처기업부장관에 제출해야 하고(법 제54조), 벤처투자조합의 매 회계연도 결산서와 조직과 인력, 벤처투자조합의 결성 및 운영 성과 등에 대한 사항을 공시할 의무를 부담한다(법 제62조).

정책 목표를 달성하기 위한 내용으로 벤처투자조합 등록 이후 3년 이내에 출자금액의 일정 비율을 벤처기업 등에 투자할 의무를 정한다(법 제51조 제2항, 제38조 제1항).[149] 이를 통해 업무집행조합원이 단기 수익률 달성 등을 위해 벤처투자조합의 재산으로 상장주식 등에 투자하여 스타트업의 투자 기회를 박탈하지 않도록 하고 본래의 목적을 달성할 수 있도록 한다. 또한, 벤처투자법은 업무집행조합원이 벤처투자조합의 자산으로 독점규제 및 공정거래에 관한 법률상 상호출자제한기업집단에 속하는 회사에 투자하지 않도록 제한한다(법 제52조 제2항).[150] 이

---

149) 벤처투자법 제정 이전에도 중소기업벤처부 산하의 창업진흥법제 하에서는 창업자 등에 의무적으로 투자할 의무를 규정해왔다(최민혁, 김민철(2018), 108-110면).

150) 이명관, 신생 'N파트너스', 상호출자제한집단 투자 법률 '위반', 2023.2.27.더벨 (http://www.thebell.co.kr/free/content/ArticleView.asp?key=2023022216292 87360108654).

역시 스타트업 활성화를 위한 목적으로 만들어진 벤처투자조합이 원래의 목적에 충실하도록 하는 것이다.

### 나. 여신전문금융업법상 규율

이원화된 벤처투자 규제 체계 하에서 여신전문금융업법은 벤처투자법과는 달리 신기술사업투자조합에 대해 특별히 규율하고 있지 않다.151) 여신전문금융업법은 신기술사업투자조합의 규약에 신기술사업금융업자가 조합의 자금을 관리 운용하고 신기술사업자에게 투자한다는 내용을 포함시켜야 한다고 정하는데(법 제44조 제1항), 이는 당연규정으로 투자조합의 지배구조상의 문제와는 관련없다. 여신전문금융업법은 신기술사업금융업자를 여신전문금융업자로 정하고 다른 여신전문금융업자와 동일한 수준으로 금융위원회의 관리·감독을 받도록 하는 것이외에는 추가적인 규율을 하고 있지 않다. 그래서 신기술사업투자조합의 경우 조합에 관한 정보 공시를 통해 조합원 간에 정보 비대칭을 해소하거나 규제당국이 관리·감독하기 어렵다.152)

여신전문금융업법의 신기술사업금융조합에 대한 규정은 일반적으로 조합원 간의 합의에 따라 조합 규약으로 정하는 내용을 법률로 규율하는 내용이 몇 가지 포함되어 있다. 조합의 업무집행조합원인 신기술사업금융업자에게 지급하는 성공보수의 한도를 20%로 정한 것이 대표적이다(법 제44조 제2항). 보통 성공보수에 관한 내용은 조합원 간에 업무집행조합원의 인센티브나 조합의 주요 투자 대상 등을 고려해서 협의를 통해 조합 규약으로 정하기 때문에 이를 법률로 정한 것은 과잉입법의 측면이 있다. 또한, 여신전문금융업법은 조합이 자금 관리·운용에 따라 투자손실이 생긴 경우 규약으로 유한책임조합원에게 유리하도록 손실

---

151) 최민혁, 김민철(2018), 114쪽.
152) 최민혁, 김민철(2018), 125쪽.

의 분배비율을 정할 수 있다고 정한다(여신전문금융업법 제44조 제3항). 조합원 간의 손실 분배비율 역시 조합원 간의 합의를 통해 조합 규약으로 정하는 것이 일반적이라는 면에서 이 조항은 법률에 특별히 포함될 필요가 없는 내용으로 보인다.

## 2. 상법과의 관계

벤처투자조합에 대해 별도로 규정한 내용 이외에는 상법의 합자조합에 대한 규정을 준용한다고 정한 벤처투자법에 따라 벤처투자조합에 대해 상법상 합자조합 규정이 적용된다(법 제65조). 2011년 상법 개정으로 도입된 합자조합은 합자회사와 민법상 조합의 중간적 성격으로, 조합원 간 사적 자치의 성격이 강하지만 거래의 안전 등을 도모해서 상행위에 이용될 수 있도록 한 것이다.[153] 상법상 합자조합의 규정이 신설되기 이전부터 벤처투자조합은 합자조합의 실질을 가지고 특별법을 근거로 결성되었는데, 상법 개정으로 합자조합에 대한 규율 내용이 추가되었다(법 제86조의2).

그런데 상법의 합자조합 규정은 조합계약에 명시될 사항과 등기 의무, 업무집행조합원과 유한책임조합원에 대한 기본적인 사항과 지분 양도에 관한 사항 등에 대한 사항만 명시하고, 그 외의 내용은 다른 유사한 다른 조직 형태에서 정하고 있는 내용을 준용한다. 합자조합의 업무집행조합원에 대해서는 무한책임사원으로만 구성된 합명회사 사원의 회사 채무에 대한 무한책임을 정한 내용을 준용한다(법 제86조의8 제2항, 제208조). 또한, 합자조합의 유한책임조합원은 합자회사의 유한책임사원에 대한 규정 및 유한책임회사의 사원에 대한 규정을 준용한다(법 제86조의8 제3항). 합자조합 자체에 대해서는 상법에서 정한 사항 이외

---

153) 유시창(2014), 43쪽.

에는 민법의 조합에 관한 규정을 준용한다(법 제86조의8 제1항).

이처럼 벤처투자법은 벤처투자조합에 상법상 합자조합 규정을 준용한다고 정하고, 상법상 합자조합 규정으로 다른 조직 형태에 적용되는 법률과 민법상 조합에 대한 규정을 준용하는 방식으로 규율한다. 그 결과 합자조합에 대한 규정을 실제 벤처투자조합의 결성 및 운용에 부합하지 않는 면이 발견되고 법적으로 불명확한 부분이 발생한다.[154]

## 3. 계약 관계

벤처투자조합은 조합원 간의 권리 및 의무를 규약으로 자세히 정한다. 일반적으로 벤처투자조합 등록 및 관리규정에 따른 '벤처투자조합의 표준규약'의 내용을 기본으로 아래와 같이 추가로 해당 조합에 고유한 사항을 가감하는 방식으로 정한다.

### 가. 조합의 존속기간

벤처투자조합 규약은 벤처투자조합의 존속기간을 8년~10년으로 제한해서 업무집행조합원은 조합의 존속기간 종료시까지 조합 재산으로 투자한 자금을 회수하고 투자 성과를 유한책임조합원에게 분배할 의무가 있다. 이처럼 조합의 존속기간을 제한함으로써 업무집행조합원을 견제하고 업무집행조합원의 대리인 문제를 줄이려는 것이다.[155] 업무집행조합원인 벤처캐피탈 회사는 영속적인 유지를 위해 후속 벤처투자조합을 지속적으로 결성해야 하고, 기존의 벤처투자조합의 수익률이 높아야 후속 벤처투자조합 결성이 용이해지기 때문에 존속기한 제한은 업무집행조합원에게 높은 수익률에 대한 인센티브가 된다.[156]

---

154) 최민혁, 김민철(2018), 115-116쪽.
155) Black& Gilson(1998), pp.255-257.
156) Sahlman(1990), p.494.

벤처투자조합의 존속기한은 보통 투자기간과 회수기간으로 나뉜다. 결성 이후부터 3~4년 간은 투자 기간으로 조합 재산으로 법령과 규약상 제한을 준수하여 투자를 진행하는 기간이고, 이후 4~5년은 회수기간으로 투자한 스타트업을 관리하여 투자금을 회수하는 기간으로 설정한다.

### 나. 단계별 출자

벤처투자조합 규약은 유한책임조합원의 출자의무와 절차 및 출자의무 미이행시의 페널티를 규정한다. 유한책임조합원은 벤처투자조합에 일시에 출자 의무를 이행하지 않고 단계적 출자를 통해 업무집행조합원을 통제한다. 그래서 투자조합 결성시에는 출자약정액의 일부만을 출자하고, 이후 업무집행조합원이 투자할 포트폴리오 회사를 선정하여 출자요청(capital call)을 하면 출자약정액의 한도 내에서 일부를 출자하는 경우가 일반적이다.157) 이 경우 업무집행조합원의 출자 요청에도 불구하고 유한책임조합원이 출자의무를 이행하지 않으면 벤처투자조합의 유동성에 문제가 생길 수 있어서 출자의무를 미이행한 유한책임조합원의 지분을 다른 유한책임조합원에게 액면가에 양도하도록 하는 등의 페널티도 함께 정한다. 이를 통해 유한책임조합원은 조합 결성 이후에도 추가 출자 요청시까지 업무집행조합원의 운용 등을 평가하고 운용 등에 문제가 있다고 판단할 경우 출자를 거절할 수 있는 선택권을 가질 수 있다.158) 결과적으로 유한책임조합원의 선택권으로 업무집행조합원은 투자조합 운용에 있어 대리인 문제를 줄이고 선관주의 의무를 다할 인센티브가 생긴다.159)

---

157) Sahlman(1990), p.491.

158) Litvak(2004), pp.771-778.

159) Litvak(2004), pp.771-778.

### 다. 관리보수와 성과보수 약정

벤처투자조합 규약으로 업무집행조합원에게 지급할 관리보수와 성과보수 비율과 그 산정 기준 등을 정한다. 관리보수와 성과보수의 산정 기준과 방법에 따라 조합원 간의 이해관계가 달라지기 때문에 조합원 간의 이해관계 충돌을 줄이는 방향으로 실무가 발전해왔다. 관리보수의 경우, 동일한 비율의 관리보수를 정하더라도 산정 기준이 되는 금액이 조합의 총 결성 금액(committed capital)인지 또는 조합재산으로 투자해서 관리하는 금액(managed interest)인지에 따라 업무집행조합원이 수취할 수 있는 관리보수액이 달라진다. 조합 결성 초기에는 단계별 출자 방식으로 인해 조합원이 출자를 이행한 금액의 액수가 조합의 총 결성 금액보다 적고, 아직 투자회수를 하기 전이라 성과보수를 받기도 어렵다.160) 이 시점에 실제 조합재산으로 투자해서 관리하는 금액(managed interest)을 기준으로 관리보수를 산정하면 업무집행조합원이 관리보수로 수취할 수 있는 금액이 적어지는데, 이 경우 업무집행조합원이 관리보수 수취를 늘리고자 조합재산으로 무리하게 투자를 집행할 위험이 있다.161) 이런 위험을 낮추고자 조합 결성시로부터 초기 3~4년간의 투자기간 동안은 조합의 총 결성 금액(committed capital)을 기준으로 관리보수를 산정하도록 하고, 이후 4~5년간의 회수기간에는 실제 조합재산으로 투자해서 관리하는 금액(managed interest)을 기준으로 관리보수를 산정하는 방법을 사용하는 경우가 많다.162)

업무집행조합원에 대한 성과보수의 경우, 조합 규약으로 목표 수익률인 내부 수익률(IRR) 기준을 정하고 해당 기준을 초과하는 수익이 발생했을 때에만 초과하는 수익을 기준으로 업무집행조합원에게 성과보

---

160) Litvak(2009), p.170.

161) Litvak(2009), p.170.

162) Litvak(2009), pp.170-171; 벤처투자조합 등록 및 관리규정 [별지1] 벤처투자조합의 표준규약 제27조.

수를 지급하도록 정하는 경우가 많다.163) 이를 통해 업무집행조합원이 지나치게 많은 성과보수를 가져가지 못하도록 통제하는 것이다. 미국 벤처투자펀드의 경우처럼 내부 기준 수익률(IRR)을 달성해야 하는 조건을 정하지 않고 업무집행조합원의 성과보수를 약정하는 것도 가능하다.164) ILPA(Institutional Limited Partners Association)에서 제시하는 표준계약은 선호 수익률(preferred return)을 정하고 펀드 결성일로부터 일정 기간 도과시 기준 수익률 도달 여부와 관계없이 투자 회수를 하면 조합원들에게 투자원금과 선호 수익률을 분배하고 나머지 금액에서 업무집행조합원이 성과보수를 가져가도록 정한다.165)

조합 청산 이전에도 투자기간이 도과하거나 투자의무를 달성한 경우에는 유한책임조합원에게 우선배분되어야 할 금액을 제외한 나머지 금액에서 업무집행조합원에게 성과보수를 배분할 수 있도록 정하는 경우가 있다.166) 이 경우 중도 성과보수 지급 이후 조합 재산으로 투자한 다른 스타트업이 실패하여 최종 펀드의 실적이 악화되는 경우에 대비한 환수 조항을 두는 것이 일반적이다(clawback 조항). 이 조항에 따라 유한책임조합원이 원금 및 선호 수익률(preferred return) 분배받지 못한 경우 또는 조합 청산시 기준이 되는 펀드 재산과 실적을 기준으로 산정한 성과보수보다 중도 성과보수 지급액수가 더 많은 경우에는 업무집행조합원이 초과 지급받은 성과보수를 환급해야 한다167).

---

163) 벤처투자조합 등록 및 관리규정 [별지1] 벤처투자조합의 표준규약 제28조 제1항.
164) Litvak(2009), p.174에 따르면 미국 벤처캐피탈의 경우 사모펀드와는 달리 기준 수익률을 두는 것은 일반적이지 않다고 한다.
165) The ILPA Model Limited Partnership Agreement (Whole-of-Fund Waterfall), July 2020, 제14.3조.
166) 벤처투자조합 등록 및 관리규정 [별지1] 벤처투자조합의 표준규약 제28조 제3항.
167) The ILPA Model Limited Partnership Agreement(Whole-of-Fund Waterfall), July 2020, 제14.7조.

### 라. 기타 의무 사항

조합 규약으로 법률상 정한 내용 이외에 업무집행조합원에게 투자 방법이나 내용에 관한 추가적인 의무를 부과하기도 한다. 특정 기간 내에 정해진 비율 이상의 자금을 특정 방법으로 투자하도록 의무를 부과하기도 하고,168) 조합의 투자위험 관리 차원에서 동일한 스타트업에 투자할 수 있는 한도를 정하기도 한다. 이를 통해 업무집행조합원이 조합의 자금을 임의로 운용하지 않고 약정을 준수하면서 투자할 의무를 부담한다.169) 조합재산을 통한 최대 수익률을 달성하도록 아직 투자 집행하지 않은 자금을 효율적으로 운용할 업무집행조합원의 의무를 약정하는 경우도 흔히 볼 수 있다.170)

조합 규약으로 업무집행조합원이 벤처투자조합 결성 이후에 여러 개의 벤처투자조합을 한 번에 결성하여 운용하는 경우를 방지하기 위한 규정을 두기도 한다. 예를 들어, 벤처투자조합 결성 이후 투자기간이 경과되기 이전에는 동일하거나 유사한 목적을 가진 신규 벤처투자조합을 결성하지 못하게 하고, 기간 도과 이후 신규 벤처투자조합을 결성했다면 신규 벤처투자조합의 피투자 스타트업에 해당 벤처투자조합과 동일한 비율로 투자하도록 하는 등의 제약을 두는 경우가 많다.171)

## 4. 법률과 계약에 대한 평가

스타트업 우선주주인 벤처투자조합 내부의 업무집행조합원과 유한책임조합원의 관계에 대해 법률과 계약으로 일부 내용을 규율하고 있으

---

168) 벤처투자조합 등록 및 관리규정 [별지1] 벤처투자조합의 표준규약 제30조 제1항.
169) 벤처투자조합 등록 및 관리규정 [별지1] 벤처투자조합의 표준규약 제30조 제2항.
170) 벤처투자조합 등록 및 관리규정 [별지1] 벤처투자조합의 표준규약 제32조.
171) ILPA Model Limited Partnership Agreement(Whole-of-Fund Waterfall), July 2020, Section 9.1 Successor Fund.

나, 제3장에서 검토한 벤처투자조합 내부에서 발생하는 대리인 문제와 이익충돌 문제를 해결하기에 충분하지 않다. 특히, 벤처투자법과 여신전문금융업법으로 이분화된 규제 체계 내에서 벤처투자조합과 신기술금융투자조합 간의 규제 차익이 발생한다. 뿐만 아니라, 벤처투자조합규약의 내용은 투자조합 지배구조와 관련한 내용의 일부만 규율하고 있다. 이러한 점을 종합하면 현행 법률과 계약이 스타트업의 우선주주인 벤처투자조합 조합원 간의 지배구조 문제를 충분히 규율한다고 보기 어렵다.

## IV. 벤처투자자 상호간에 대한 규율

### 1. 법률상 규율

스타트업에 투자한 벤처투자자 상호 간은 상법상 동일한 회사의 종류주주로 규율된다. 동일한 스타트업에 투자한 벤처투자자가 모두 상환전환우선주의 형태로 투자했다면 동일한 종류주식을 보유한 주주가 되고, 시리즈별로 각각 상환전환우선주와 전환우선주로 투자해서 다른 종류주식을 보유한 경우에는 다른 종류주식을 보유한 주주가 된다. 그런데 동일한 상환전환우선주식이라도 투자한 시리즈에 따라 투자 조건이나 상환권과 전환권, 우선권의 내용이 다른 경우에는 동일한 상환전환우선주주라도 다른 조(series)에 해당하는 종류주주로 상호 이해관계가 달라질 수 있다.172) 이처럼 동일한 종류주주 간에도 이해관계가 달라져서 권리조정이 필요함에도 불구하고 보통주식에 상응하는 개념으로 종류주식을 정한 상법 체계 하에서는 종류주주의 권리나 이해관계 조정에 관한 내용을 고려하고 있지 않다.173)

---

172) 박철영(2005), 70쪽.

벤처투자자 상호 간의 이익충돌과 관련해서 벤처투자법은 벤처캐피탈 회사인 창업투자회사의 등록 요건으로 창업투자사 간의 이해상충 방지 체계를 갖출 것을 요구하고 내부통제 기준 마련 및 준법감시인 선임 의무 등을 부과한다(벤처투자법 제37조 제2항 제5호, 관리규정 제4조 제3항 제1호). 그러나 이러한 규정은 벤처투자자에게 이해상충 방지체계를 갖출 의무만 부과할 뿐 이익충돌시 이를 조정하기 위한 원칙이나 기준을 제시하고 있지 않다. 벤처투자자가 등록요건 충족을 위해 갖춘 이해상충 방지 체계를 실제 이익충돌 상황에서 활용할 것으로 기대하기는 어렵다. 앞서 지적한 것과 마찬가지로 여신전문금융업법에 따른 신기술금융사업자에게는 이러한 이해상충 방지 체계에 관한 규정도 요구되지 않아서 규제 차익이 발생한다.

## 2. 계약 관계

동일한 스타트업에 투자한 벤처투자자라도 같은 시리즈에 투자한 벤처투자자는 주주간 계약의 당사자가 되지만, 각기 다른 시리즈에 투자한 벤처투자자 간에 계약을 체결하는 경우가 드물다. 벤처투자자가 스타트업으로부터 부여받는 권리나 이해관계를 조정하기 위한 방법으로 세 가지 방법이 쓰일 수 있다. ①후속 라운드 투자자에게 규정되는 유리한 조건을 전 라운드 투자자에게 자동으로 적용하는 최혜대우 조항, ② 스타트업 또는 창업자가 후속 라운드에 유리한 규정이 있으면 기존 투자자에게 통지하고 통지를 받은 기존 투자자가 해당 규정을 적용할지 여부를 결정할 수 있도록 하는 조항, ③스타트업 또는 창업자가 기존 투자자에게 유리한 규정을 통지하고 기존 투자자와의 합의를 통해 해당 규정의 적용 여부를 정하는 조항이다.174) 우리나라 벤처투자 실무상 이

---

173) 박철영(2005), 68-70쪽; 권기범(2016), 91쪽.
174) 田中(編)(2021), pp.184-185('최혜대우조항'으로 지칭하고 위 세 가지 유형으로

러한 조항을 포함하는 경우가 많지 않고, 벤처투자자가 사전 동의권 내지 거부권을 행사해서 스타트업의 후속 투자 가부나 투자 조건을 통제하는 경우가 많다.

벤처투자시에 미국에서 동일한 스타트업에 투자한 우선주주 간의 이해관계 조정을 위해 사용되는 페이투플레이 조항(Pay-to-Play)이 사용되는 경우도 드물다. 페이투플레이 조항은 스타트업에 대한 신규 투자에 참여하지 않는 기존 투자자와 투자에 참여하는 기존 투자자 사이의 이해 관계 조정을 위한 약정으로, 우선주주로서의 권리를 계속 유지하려면 스타트업에 계속 투자하도록 하는 것이다.175) 이 조항은 스타트업이 성장하지 못해서 기존보다 낮은 가치평가로 후속 투자를 진행해야 하는 다운라운드 투자시에 의미를 가진다. 추가 투자에 수반되는 위험을 감수하면서 다운라운드 투자에 참여하는 기존 투자자가 다운라운드 투자에 참여하지 않는 다른 기존 투자자에게 페널티를 부과하는 것이다.176)

주로 세 가지 유형의 페이투플레이 조항이 이용되는데, ①해당 시리즈 투자에 참여하지 않는 기존 투자자는 전환가액 조정을 행사하지 못하도록 하는 조항, ②우선인수권이나 이사 지명권 등의 우선적 권리를 사후적으로 상실시키는 조항, 또는 ③우선주식을 보통주식으로 강제전환시키는 조항이 있다.177) 최근 미국의 벤처투자자가 우리나라 스타트업에 투자하면서 계약에 포함시킨 경우 외에는 일반적으로 이용되지는 않는다.178) 또한, 페이투플레이 조항이 실제 효력이 있으려면 벤처투자

---

나누어 설명한다); 박상철(2018), 392쪽.

175) VLF(2020), pp.76-77.

176) VLF(2020), pp.76-77.

177) VLF(2020), pp.76-77; 田中(編)(2021), p.167; 미국 2020년 NVCA 표준계약 term sheet은 본문 ②의 유형에 해당하는 조항으로 후속 다운라운드 투자 미참여시 이사지명권 등 우선권을 상실시키는 내용을 정하고 있다.

178) 이윤정, 페이투플레이의 공포, 2022.8.9, 더벨(http://m.thebell.co.kr/m/newsview.asp?svccode=07&newskey=202208080006464050108768); 일본의 경우에도 페이투플레이 조항이 벤처투자계약에 포함되는 경우는 많지 않다고 한다[VLF

자 간의 약정의 효력을 스타트업에 주장해서 우선주주의 권리 상실이나 보통주식으로의 전환이 이루어지게 해야 하는데, 주주 간에 체결한 계약의 효력을 회사에 효력을 주장하기 어렵다는 한계가 있다.179)

## 3. 법률과 계약에 대한 평가

이처럼 동일한 스타트업에 투자한 벤처투자자 간에 발생할 수 있는 지배구조상의 문제는 현행 법률과 계약으로 충분히 규율되고 있지 않다. 상법은 동일한 종류주식을 보유한 종류주주 상호 간의 권리 조정 문제를 별도로 고려하지 않고 있다. 또한, 벤처투자법은 투자자 간의 이익 충돌을 방지할 체계를 갖출 의무를 규정하지만 구체적인 상황에서 적용할 수 있는 원칙이나 기준은 찾기 어렵고, 벤처투자자간의 계약으로 권리조정을 하는 경우도 드물다. 후속 투자 진행시 기존 투자자의 권리 조정에 대한 최혜대우조항이나 후속 투자 참여여부에 따른 권리 조정인 페이투플레이 조항이 있으나 실제로 이용되는 경우가 드물고, 이용되는 경우에도 그 효력을 스타트업에 주장하기 어렵다는 한계가 있다.

---

(2020), p.76].

179) 일반적으로 주주간 계약의 효력은 채권적 효력만을 가진다고 보고 그 효력을 회사에 주장할 수 없다고 해석한다[백숙종(2018), 80쪽; 권오성(2009), 429쪽].

# 제3절 일반투자자와 임직원에 대한 법률과 계약

## I. 일반투자자에 대한 법률과 계약

### 1. 엔젤투자자와 개인투자조합

스타트업에 투자하는 엔젤투자자는 스타트업의 보통주주로서 지위를 가진다. 상법상 엔젤투자자와 관련해서 별도로 정한 사항은 없고, 엔젤투자자는 벤처투자자와 달리 스타트업 지배구조에 대한 관여나 추가적인 권리 없이 간단하게 보통주식 취득에 대한 계약을 체결하는 경우가 많다. 엔젤투자자는 스타트업 투자를 통해 금전적 이익을 얻으려는 목적 외에도 창업자를 도와주려는 비금전적 의도에서 투자하는 경우도 많고, 엔젤투자자가 추가적인 권리를 부여받으면 추후 벤처투자자 투자유치에 어려움이 생길 수 있기 때문이다.[180] 벤처투자법은 엔젤투자를 촉진하기 위해 일정 투자역량을 갖추어 등록한 경우 전문개인투자자로 등록할 수 있도록 하고(법 제9조) 전문개인투자자로서 매년 일정 금액 이상을 스타트업에 투자하도록 한다(법 제10조). 이러한 전문개인투자자에게는 세제 혜택을 제공하는 한편, 정부에서 투자 의무 등을 준수했는지 등을 판단하여 등록 취소 여부를 정하는 등 관리를 한다(법 제11조).

벤처투자법은 엔젤투자자가 개인 자격뿐 아니라 다른 개인이나 창업기획자 등과 함께 개인투자조합을 결성해서 스타트업에 투자할 수 있도록 법적 근거를 두고 있다. 개인투자조합을 결성하면 개인이 투자하는 경우보다 큰 금액을 스타트업에 투자할 수 있어 투자 활성화에 도움이 되므로 세제 혜택 등을 통해 개인투자조합 결성을 지원하고 있다.[181]

---

180) Ibrahim(2008), pp.1437-1440(엔젤투자자의 비금전적 투자목적에 대한 설명).

개인투자조합이 결성되면 결성일로부터 3년 이내에 출자금의 50% 이상을 스타트업에 투자할 의무 등을 부담한다(법 제13조 제1항, 시행령 제7조). 개인투자조합의 활성화를 위해 2022년 벤처투자법 시행령 개정으로 개인투자조합을 결성할 수 있는 주체를 확대했고(시행령 제6조 제1항), 업무집행조합원의 출자 의무를 출자금 총액의 5%에서 3%로 완화했다(시행령 제6조 제3항 제1호). 또한, 개인투자조합의 투자자 보호를 위해 업무집행조합원의 자격을 전문개인투자자이거나 기존에 개인투자조합이나 창업투자회사 등에서 관련 경력이 있는 경우 등으로 제한하는 내용이 추가되었다(시행령 제5조 제3항 제2호, 제3호). 벤처투자법은 조합원이 주로 개인이라는 점과 소규모라는 점을 고려해서 개인투자조합에는 공시의무 등을 부과하지는 않다가, 투자자 보호를 위해 2023년 12월부터 시행되는 개정법으로 업무집행조합원이 운용하는 개인투자조합의 결성액 합계를 기준으로 일정 금액 이상일 경우에 각 조합의 회계연도 결산서 등을 공시하도록 하는 제도를 도입했다(개정법 제21조의2).

## 2. 기타 일반투자자

스타트업의 일반투자자로 다수는 아니지만 비상장주식거래 플랫폼을 통해서 스타트업의 주식을 취득한 이와 크라우드 펀딩 투자를 통해서 스타트업의 주주가 된 이가 있다. 먼저, 비상장주식거래 플랫폼은 법적 근거 없이 비공식적으로 운영되다가 2020년 금융혁신지원 특별법에 따른 혁신금융사업자로 지정되어 별도의 법적 근거를 두고 있지 않다.[182] 해당 플랫폼의 혁신금융사업자 지정기간이 만료되는 2024년 이

---

181) Ibrahim(2010b), pp.742-743(증가하는 엔젤클럽에 대한 설명).
182) 금융위원회 보도자료, '20.4.1.금융위원회, 혁신금융서비스 9건 지정, 2020.4.1.자; 금융위원회 2022.3.31.보도자료, 혁신금융서비스 심사결과(지정기간 2년간 연장).

전에 관련 법적 근거를 마련할 예정으로,[183) 현재로서는 해당 플랫폼을 통해 스타트업의 주주가 된 이를 보호하는 규율이나 이들의 권리 관계를 규율하는 내용을 찾기는 어렵다.

크라우드펀딩 방식의 스타트업 투자는 자본시장법상 규율되는데, 크라우드펀딩 방식으로 자금조달을 하는 스타트업은 증권신고서 제출 의무를 면제받는 대신, 온라인소액투자중개업자로 금융위원회에 등록한 플랫폼을 통해서 투자자의 투자 의사 결정에 필요한 중요한 정보 등을 공개할 의무를 부담한다(자본시장법 제117조의 7). 크라우드펀딩을 통한 투자의 위험성을 고려해서 일반투자자가 투자할 수 있는 금액을 연간 동일 회사에 투자할 수 있는 금액과 총 투자 금액을 제한하고 있다(법 제117조의10 제6항, 동 시행령 제118조의17 제4항).[184) 또한, 크라우드 펀딩으로 자금을 조달한 스타트업과 그 대주주는 펀딩 후 1년 동안 지분 매도가 제한되고(법 제117조의10 제5항), 펀딩 이후에도 매 사업연도 경과 후 90일 이내에 온라인 소액투자중개업자의 플랫폼을 통해 재무제표를 비롯한 회계감사인의 감사보고서 등을 정기적으로 공시할 의무가 있다(법 제117조의10 제2항, 동 시행령 제118조의16 제3항 제2호).

## 3. 법률과 계약에 대한 평가

스타트업의 엔젤투자자와 개인투자조합에 대해 벤처투자법은 스타트업의 자금조달 확대 측면에서 결성 근거를 마련하고 조합 결성 주체

---

183) 금융위원회는 혁신금융서비스 기간이 종료되는 2024.3. 이전까지 비상장주식거래 플랫폼을 인가제로 하여 법제로 도입하는 방안을 고려 중이다(정혜윤, 비상장주식 플랫폼 인가제 도입…채권투자 세제혜택 커진다, 2023.1.30. 머니투데이, https://news.mt.co.kr/mtview.php?no=2023013012331355885).

184) 일반적으로 연간 동일 회사에는 500만원 이하, 총 1천만원까지만 투자할 수 있고, 이자소득이나 배당소득 등이 일정한 수준을 넘는 투자자는 연간 동일 회사에 1000만원, 총 2천만원까지 투자할 수 있다.

를 확대하고 있다. 엔젤투자자와 개인투자조합은 주로 스타트업의 보통
주식을 취득하면서 지배구조에 관한 권한이나 정보 요청권을 부여받지
않고 계약을 체결하는데, 이러한 일반투자자의 정보 비대칭에 따른 투
자자 보호나 다른 주주와의 이익상충 등이 제대로 규율되고 있지 않다.

스타트업에 비상장 주식 거래 플랫폼을 통해 투자하거나 크라우드펀
딩 방식으로 투자한 일반 투자자는 비교적 소수인데, 비상장 주식 거래
플랫폼은 현재로서는 법적 근거가 없고 투자자 보호 관련 규율이 부재
하다. 그리고 자본시장법의 크라우드 펀딩에 관한 규율은 지나치게 엄
격하여 크라우드 펀딩이 활성화되지 못하는 원인 중 하나로 지적되기도
하고, 스타트업 지배구조에 대한 고려가 충분하지 않아 실질적인 투자
자 보호에 크게 도움이 되지 않는다.


## II. 주요 임직원인 보통주주에 대한 법률과 계약

### 1. 법률상 규율

주요 임직원은 주식보상제도를 통해 스타트업의 보통주주가 되는 경
우가 많은데, 주식보상 방법 중 주식매수선택권에 대해 벤처기업법이
적용된다. 벤처기업법은 벤처기업의 정의에 해당하는 스타트업을 대상
으로 상법상 정한 주식매수선택권의 발행범위나 부여 대상 등을 넓게
정하고 있다. 벤처기업법은 상법상 주식매수선택권 조항과 마찬가지로
주식매수선택권 행사로 인한 다른 주주의 지분 희석을 고려해서 주식매
수선택권 발행 및 행사에 관한 사항을 제한하고 있다.[185] 그래서 벤처

---

185) 한국상사법학회 I (2022), 757쪽(주식매수선택권 행사로 기존 주주가 보유한 주
　　식가치 희석화가 초래되므로 제한없이 계약으로 자유롭게 정하도록 할 수 없고
　　주주의 보호를 위한 법적인 장치가 필요하다는 설명).

기업법 역시 상법과 같이 주식매수선택권 부여를 위해서는 주주총회 특별결의를 거치도록 하고, 임직원이 2년 이상 재직 또는 재임할 것을 행사요건으로 정한다(법 제16조의5 제1항).[186] 다만, 벤처기업법은 스타트업들이 주식매수선택권을 활발히 이용할 수 있도록 발행주식 총수의 50%의 범위 내에서 부여할 수 있도록 한도를 늘렸다(법 제16조의3 제2항). 일반 비상장회사나 상장회사가 각각 발행주식 총수의 10%와 15% 이내에서 주식매수선택권을 부여할 수 있다는 점을 고려하면 높은 한도이다.

벤처기업법은 회사 임직원과 자회사 임직원 등으로 부여대상을 정한 상법의 규정을 확대해서 회사가 내부인 뿐 아니라 30% 이상을 인수한 회사의 임직원과 연구기관이나 변호사, 공인회계사 등의 외부인에게도 부여할 수 있도록 한다(법 제16조의3 제1항 제3호). 이들에게 부여할 수 있는 주식매수선택권의 한도는 회사 발행주식 총수의 10%로 제한되고(법 제16조의3 제2항 단서), 외부인에게 부여하는 주식매수선택권도 부여일로부터 2년의 기간이 도과해야 행사할 수 있도록 하는 제한이 법률개정으로 추가되었다(법 제16조의5 제1항 단서).

벤처기업법은 행사가격과 부여 취소에 대한 사항도 정한다. 주식매수선택권의 행사가격은 경제적 가치에 큰 영향을 미치는데, 일정범위 내에서는 액면가 이상이기만 하면 시가 이하로 행사가격을 설정할 수 있다(법 제16조의3 제4항, 동법 시행령 제11조의3 제5항).[187] 주식매수선택권 부여 취소에 대해서 벤처기업법 시행령(제11조의6 제2항)은 상법상 상장회사의 주식매수선택권 부여취소를 정한 시행령 규정(제30조 제6항)을 준용하여 부여받은 임직원이 본인의 의사에 따라 사임 또는 사

---

186) 2023.1.3 개정되어 2023.7.4부터 시행되는 벤처기업법의 내용을 기준으로 하고, 이하 동일하다.

187) 벤처기업법 시행령 제11조의3 제5항은 각 부여대상자가 시가보다 낮은 행사가격으로 부여받았거나 부여받을 각 주식매수선택권에 대해 [(부여당시 시가-행사가격)* 주식매수선택권 행사 대상 주식 쉬로 계산한 금액의 합계가 5억원 이하가 되도록 제한한다.

직한 경우, 고의 또는 과실로 회사에 중대한 손해를 입힌 경우 등의 사유가 발생한 경우 정관에서 정하는 바에 따라 이사회 결의로 부여를 취소할 수 있도록 정한다.

주식매수선택권에 대해 이처럼 벤처기업법이 상세한 규정을 두고 있는데 반해, 성과조건부 주식을 통한 주식보상제도에 대해서는 상법뿐 아니라 다른 법률상으로 정한 바가 없었다.[188] 최근 2024년 벤처기업법이 개정되어 관련 내용이 일부 법률에 도입되었다. 실무상으로도 주식매수선택권에 비해 널리 활용되고 있다고 보기도 어려운데, 토스증권의 사례처럼 예외적으로 활용하는 경우에는 현행 법률을 위반하지 않는 범위 내에서 성과조건부 주식의 부여 구조를 만들고 계약으로 권리 관계를 정하는 방식으로 규율되는 경우가 있다.[189]

## 2. 계약상 규율

주요 임직원이 스타트업과 체결하는 주식매수선택권 부여계약은 임직원의 스타트업에 대한 이해관계에 큰 영향을 미친다. 주식매수선택권 부여계약은 임직원에게 부여되는 주식매수선택권의 종류와 부여받는 주식수와 행사가격, 행사기간의 시기와 종기, 부여 취소 사유 등을 명시한다. 앞서 살펴본 법률상의 내용을 계약으로 구체화하는데, 계약으로 법률에서 정하지 않은 주식매수선택권 행사의 종기를 추가하거나 행사기간을 조정하는 경우도 있다. 판례는 주식매수선택권 행사 종기를 추가한 계약의 효력과 관련해서 주식매수선택권 부여에 대한 주주총회 결의의 본질적인 내용을 해치지 않는 범위 내에서 계약으로 행사기간 등을 일부 변경 또는 조정하는 것은 유효하다고 판시했다(대법원 2018.7. 26.선고 2016다237714판결).

---

188) 본 논문 제5장 제3절 Ⅳ.2.에서 설명한다.
189) 토스증권 금융투자협회 금융회사 공시 2022.8.18.자 주요 경영상황 공시.

주식매수선택권 부여 계약에 스타트업이 합병되는 경우 임직원 권리 보호에 대한 내용이 포함되기도 한다. 중소벤처기업부가 제시한 표준계약은 스타트업이 흡수합병되는 경우에 합병회사가 주식매수선택권에 따른 신주교부 의무를 인수하지 않는다면 임직원으로 하여금 합병결의 후 2주간 내에 주식매수선택권을 행사하도록 하고, 합병회사가 신주교부 의무를 인수할 것을 합병계약의 내용으로 할 것을 규정하는 내용이 포함된다.190) 그런데 스타트업 합병시를 기준으로 주식매수선택권 행사 요건이 도래하지 않더라도 행사할 수 있도록 법률상 행사요건의 예외가 인정되는지 불분명하고, 계약 내용에도 불구하고 합병계약에 합병회사의 신주교부 의무인수가 포함되지 않은 경우의 구제수단 등이 명시되어 있지 않다는 한계가 있다.

성과조건부 주식부여계약은 주식매수선택권 부여계약을 일부 변용하여 체결되는 경우가 많다.191) 성과조건부 주식 부여 계약은 임직원에게 부여되는 주식 수량과 부여일(grant date)과 취득 조건을 충족해서 실제 주식에 대한 권리를 행사할 수 있게 되는 행사 기간(vesting schedule)을 정하고, 행사 기간, 수량, 부여 취소 사유 등을 포함한다. 성과조건부 주식부여계약은 주식매수선택권과는 달리 행사가격이 없고, 부여 기간이나 행사 조건 및 행사 기간 등을 비교적 자유롭게 정할 수 있다. 임직원의 장기 근속을 유도하고 인센티브를 부여하며 성과에 대한 보상이 되도록 행사기간을 길게 설정하는 경우가 많다.

성과조건부 주식의 행사 일정 설정은 회사와의 협상에 따라 다양하게 설정할 수 있는데, 일반적으로 단계적인 일정(graded vesting schedule)과 급격한 일정(cliff vesting schedule) 중에 선택해서 정한다. 단계적인

---

190) 벤처기업 주식매수선택권 표준계약서 제11조 제1항(중소벤처, 2021.9.29).
191) 이명관, 성과보상 제도20년만에 변화 바람 분다, 2022.1.18, 더벨(https://www.thebell.co.kr/free/content/ArticleView.asp?key=202201101351383480108845&lcode=00).

행사 일정의 예로, 성과조건부 주식으로 5,000주를 부여하면서 부여일로부터 4년에 걸쳐 매년 1/4인 1,250주씩 행사 가능하도록 하고, 행사 기간까지 행사되지 않은 주식은 부여를 취소하는 방식이다.192) 급격한 일정(cliff vesting schedule)의 예로, 성과조건부 주식으로 20,000주를 부여일에 부여하되 1년이 지나면 부여주식의 1/4인 5,000주를 행사할 수 있도록 하고 나머지 15,000주는 이후 2년에 걸쳐 매달 625주씩 행사할 수 있도록 하는 방법이다.193) 부여하는 회사의 이사회에서 회사의 현황과 업종의 특성, 임직원의 평균 근속 기간 등을 고려해서 적절한 방식을 설계하여 정하게 된다.

## 3. 법률과 계약에 대한 평가

스타트업의 주요 임직원에 대해 벤처기업법과 계약을 통해 주식매수선택권과 관련한 사항을 정하고 있지만, 제3장에서 검토한 주요 임직원과 관련한 스타트업 지배구조상의 문제 중 일부만이 규율될 뿐이다. 주식매수선택권에 대한 규율 역시 주식매수선택권의 행사로 다른 주주의 지분희석을 방지하는 절차에 대한 내용이 주를 이룬다. 또한, 스타트업이 합병, 분할 등 조직변경을 하는 경우 주식매수선택권을 보유한 임직원의 법률이나 계약상의 권리 보호가 충분히 이루어지지 않고 있다. 성과조건부 주식과 관련해서는 계약을 통해 주요 사항을 정할 뿐 법률로 규율하지 않고 있다. 뿐만 아니라, 주식보상제도를 통해 스타트업의 주주가 된 임직원의 주주로서의 권리 행사나 주식매수선택권 행사와 관련한 임직원의 투자로서 권리 보호의 측면이 법률이나 계약에 반영되지 않고 있다.

---

192) Charles Schwab, RSUs: Essential Facts(https://www.schwab.com/public/eac/resources/articles/rsu_facts.html)에 제시된 예시이다.
193) Id.

# 제4절 이사회에 관한 법률과 계약

제3장에서 언급했듯이 스타트업 이사회는 벤처투자자 지명이사 등을 통해 주주가 관여하는 구성상의 특징이 있다. 스타트업의 이사회에 대해서는 일반 회사의 이사회와 동일하게 상법상 이사에 관한 규정이 적용되고, 벤처투자자 지명이사의 선임과 해임에 관한 사항을 벤처투자자와의 계약으로 정하는 경우가 많다.

## Ⅰ. 지명이사의 선임과 해임

### 1. 창업자의 의결권 행사

스타트업의 이사는 일반적인 회사와 동일하게 주주총회 보통결의로 선임되는데, 앞서 검토한 것처럼 벤처투자자는 창업자와 체결하는 주주 간계약으로 벤처투자자 지명이사에 대한 내용을 정한다.194) 그래서 벤처투자자 지명이사가 스타트업 이사로 선임되려면 벤처투자자가 지명한 이사를 창업자 등 다른 주주가 의결권 구속 약정에 따라 주주총회에서 의결권 행사를 해야 한다. 대부분 창업자 등 경영진은 벤처투자자와 우호적인 관계를 유지해서 후속 투자를 받아야 하므로 약정에 따라 지명된 이사를 선임하는데 찬성할 것이다. 그런데 만약 창업자가 지분의 상당히 희석된 상황에서 경영권 위협 등에 대한 우려로 벤처투자자 지명이사의 임기 만료시에 벤처투자자가 지명한 이를 이사로 재선임하지 않고 다른 이를 이사로 선임하는 경우에 벤처투자자가 취할 수 있는 조

---

194) 본 논문 본 장 제2절 Ⅱ.3.나(2)

치가 제한적이다. 벤처투자자와 창업자 간의 의결권 구속 약정의 효력에 대한 문제인데, 제5장에서 자세히 검토한다.195)

스타트업의 다른 주주들이 벤처투자자 지명이사를 해임하는 경우에도 벤처투자자가 이사 지명권을 제대로 보장받지 못하는 상황이 발생할 수 있다. 스타트업이 성장하지 못하여 매각 여부 결정과 관련해서 벤처투자자와 창업자의 이해관계가 대립되는 경우에 창업자 등이 다른 주주와 함께 주주총회 특별결의로 벤처투자자 지명이사를 해임하는 경우가 이에 해당한다. 벤처투자자와 창업자 등의 이익충돌로 인한 해임은 정당한 사유에 따른 해임으로 볼 수 없으므로 해임된 벤처투자자 지명이사가 스타트업에 해임으로 인한 손해배상을 청구할 수 있을 것이다(상법 제385조 제1항). 그러나 주주간 계약으로 정한 이사지명권을 행사할 수 없게 된 벤처투자자는 이사지명권 보장을 강제하기 어렵고, 계약 위반에 따른 손해배상청구만을 할 수 있어 충분한 권리보호를 받지 못한다.

## 2. 벤처투자자가 지명을 철회한 경우

벤처투자자가 자신이 지명한 이사에 대한 지명을 철회하는 경우도 발생할 수 있다.196) 벤처투자자 지명이사가 벤처투자자의 지시를 따르거나 역할을 수행하지 않는 경우인데, 일반적이지는 않지만 발생할 가능성을 배제할 수는 없다. 이런 경우 벤처투자자가 지명이사로 하여금 이사직을 사임하게 하고 새로운 이사를 지명하는 경우가 일반적이지만 지명이사가 자발적으로 사임하지 않으면 문제가 된다. 벤처투자자가 지명이사에 대한 지명권을 철회하여도 이사를 해임하려면 주주총회의 특별결의를 거쳐야 하므로(상법 제385조 제1항) 벤처투자자는 다른 주주가 지명이사 해임에 찬성해야만 이사 지명권을 제대로 보장받을 수 있

---

195) 본 논문 제5장 제3절 II.1.나.
196) 田中(編)(2021), pp.321-322.

다. 따라서 벤처투자자의 이사 지명권을 실질적으로 보장하기 위해서는 벤처투자자의 이사 지명 철회 시 창업자의 의결권 구속 약정까지도 포함되는 것으로 볼 필요가 있다.

만약 벤처투자자가 다른 주주의 찬성으로 지명이사를 해임한 경우, 해임된 지명이사는 정당하지 않은 사유로 인한 해임을 주장해서 스타트업에 손해배상을 청구할 수 있다. 그 결과 벤처투자자의 이익을 위한 지명이사 해임에 대해 스타트업이 손해배상을 하는 비합리적인 결과가 초래될 가능성도 있다.197)

## II. 지명이사의 법적 의무와 책임

현행 법률상 지명이사의 법적 의무와 책임에 대해 별도로 정한 바는 없고 지명이사의 역할을 고려해서 의무와 책임을 해석하는 법리도 찾아보기 어렵다.

### 1. 지명이사의 법적 의무

#### 가. 이사의 주의의무와 충실의무

벤처투자자 지명이사가 스타트업에 부담하는 법적인 의무는 별도로 정해진 바 없다. 상법은 이사의 종류를 구별하지 않고 사내이사, 사외이사, 기타 비상무이사 모두가 동일하게 회사의 이사로서 회사에 대해 충실의무를 비롯한 이사로서의 의무를 부담하는 것으로 정한다(법 제383조의2). 그 의무의 구체적인 내용으로 상법은 이사의 감시의무(법 제393조 제2항, 제3항), 보고의무(법 제393조 제4항), 기업비밀유지의무(법 제

---

197) 田中(編)(2021), pp.321-322.

382조의4)와 경영금지의무(법 제397조) 및 회사기회 유용금지 의무(법 제397조의2), 자기거래 금지 의무(법 제398조) 등을 정하고 있다. 벤처투자자 지명이사에 대한 판례는 아니지만, 판례는 사외이사의 경우에도 대표이사나 다른 업무담당이사가 법령을 준수하도록 감시·감독할 의무를 부담한다고 보고 회사의 담합행위를 방지할 내부통제 시스템을 갖추지 않은데 대한 의무 위반의 책임을 진다고 판시한 바 있다(대법원 2022.5.12.선고 2021다299347 판결).[198] 통설 역시 사외이사 등도 회사에 능동적인 감시의무와 경업금지의무 등을 부담한다고 해석한다.[199]

　이에 따르면 벤처투자자 지명이사도 사내이사와 동일하게 스타트업에 주의의무와 회사의 이익을 우선시할 충실의무를 스타트업에 부담하는 것으로 해석될 가능성이 높다.[200] 그런데 이러한 이사의 법률상 의무를 벤처투자자 지명이사에 동일하게 적용하면 지명이사가 실제 수행하는 역할에 부합하지 않는 경우가 발생한다. 여러 스타트업의 이사를 겸직하는 벤처투자자 지명이사는 본질적으로 경업의 가능성을 내포하고 있고, 비상근이사인 벤처투자자 지명이사가 사내이사와 동일한 수준으로 스타트업에 보고의무나 감시의무를 부담하는 것은 사실상 어렵다. 또한, 벤처투자자 지명이사는 벤처투자조합의 업무집행조합원인 벤처캐피탈 회사의 임직원인 경우가 대부분으로 유한책임조합원에게도 법적 의무를 부담하는데, 스타트업과 벤처투자조합 유한책임조합원의 상반되는 이익을 모두 보호할 수 없는 경우가 생긴다.[201] 이러한 벤처투자자

---

198) 해당 판결은 대표이사뿐 아니라 사외이사 등 회사의 상무에 종사하지 않는 이사도 감시·감독 의무를 부담한다고 보고 상법 제399조 제1항에 따른 손해배상책임을 인정하고, 다만 구체적인 사정을 고려하여 사외이사의 손해배상액을 제한했다.

199) 한국상사법학회 II(2022),742쪽(사외이사 등도 회사에 능동적인 감시의무 및 경업금지의무를 부담한다고 보는 것이 현재의 판례와 통설이라고 설명함).

200) 한국상사법학회 II(2022), 789쪽(합작투자회사를 전제로 사실상 특정 주주가 선임한 이사도 특정주주가 아닌 회사에 대해 충실의무를 부담한다는 내용).

201) Bochner& Simmerman(2016), p.5.

지명이사의 의무간 충돌에 대해 제5장에서 자세히 검토한다.[202]

### 나. 이사의 자기거래 금지 의무

벤처투자자 지명이사 역시 다른 이사와 마찬가지로 상법상 이사의 자기거래 금지의무(제398조)를 부담하는데, 지명주주인 벤처투자자와 스타트업 간의 거래가 이사의 자기거래에 해당하는지 여부에 대한 상법상 해석이 필요하다. 단계별 투자를 하는 벤처투자자는 투자시에 지명이사가 선임되도록 한 후에 후속 투자에 참가하여 스타트업으로부터 신주를 인수하는 등의 거래를 한다. 벤처투자자 지명이사가 이러한 거래의 직접 상대방은 아니지만, 벤처투자자 지명이사는 지명주주인 벤처투자자의 임직원으로 벤처투자자와 이해관계를 같이 한다. 이 경우, 벤처투자자와 스타트업 간의 신주 인수 등과 관련한 거래에 대해 이사의 자기거래 규제가 적용되는지의 문제이다.

상법은 이사의 자기거래 규제를 받는 행위주체를 열거하고(법 제398조) 상장회사의 경우 행위주체의 범위를 넓히는 특칙을 두고 있다(법 제542조의9). 스타트업은 비상장회사에 해당하므로 상법 제398조에 따르면, 지명주주인 벤처투자자가 스타트업의 지분을 10% 이상 보유한 상황에서 후속 투자를 하기 위해 신주인수거래를 하는 경우에는 이사의 자기거래로 보아 미리 이사회에서 해당 거래에 대한 중요사실을 밝히고 이사회의 승인을 받아야 할 필요가 있다(법 제398조 제1호, 법 제542조의9 제2항 제6호).[203] 만약 지명주주인 벤처투자자가 10% 미만의 스타트업 지분을 보유한 경우에 스타트업의 후속 투자를 위한 신주인수거래를 하는 경우에는 회사의 주요 경영사항에 대해 사실상의 영향력을 행사하는지 여부에 따라 상법 제398의 적용 여부가 달라진다. 지명주주가

---

202) 본 논문 제5장 제4절 I.
203) 한국사법행정학회(2014), 332-333쪽.

스타트업의 이사 지명권을 가지거나 주요 경영상황에 대해 동의권을 가지는 경우에는 주요 경영사항에 사실상의 영향력을 행사한다고 보아 상법 제398조의 적용 대상이 된다고 해석하는 것이 바람직할 것이다.204)

### 다. 특별이해관계인 해당 여부

벤처투자자 지명이사가 이사회에서 지명주주인 벤처투자자의 이해관계와 관련있는 사항에 대해 특별이해관계인으로 의결권이 제한되는지 여부에 대한 검토가 필요하다. 상법은 이사회 의결시에 주주총회의 규정을 준용해서 특별이해관계 있는 이사의 이사회 의결권을 제한한다(법 제391조 제3항, 제368조 제3항). 이 규정에 대해 일반적인 이사의 경우 '특별이해관계'는 회사의 지배와 상관없는 개인적 이해관계로 국한하여 해석하는 것이 일반적이다.205) 그런데 벤처투자자 지명이사의 맥락에서 이사회의 신주 발행이나 매각, 기업공개 신청 등의 구체적인 의사 결정에 대해 특별 이해관계가 있는지 여부를 판단하는데 어려움이 따른다. 회사의 지배와 상관없는 개인적 이해관계의 범위를 좁게 보면, 스타트업의 후속 투자를 위한 이사회의 신주 발행 결정이나 매각 등은 지명주주인 벤처투자자의 경제적 이해관계에 영향을 미치는 것으로 벤처투자자 지명이사의 개인적 경제적 이해관계에 직접 관련된다고 보기 어렵다.

그러나 개인적 이해관계를 넓게 해석하면, 이사회의 신주 발행 결정이나 매각 등은 벤처투자자의 투자 수익과 관련이 있고, 벤처투자자 지명이사는 벤처투자자의 투자수익에 보수 등과 관련하여 이해관계를 가

---

204) 김지안(2019), 243쪽; 대법원 2017.9.12.선고2015다70044 판결은 상법 제398조에 따라 이사회의 승인이 필요한 이사와 회사의 거래에는 이사가 거래의 상대방이 되는 경우 뿐 아니라 상대방의 대리인이나 대표자로서 회사와 거래하는 경우와 같이 회사와 이사 사이에 이해충돌의 염려 내지 회사에 불이익이 생기게 할 염려가 있는 거래도 해당된다고 판시했다.

205) 한국사법행정학회(2014), 270-271쪽; 송옥렬(2020a), 1011-1011쪽.

진다고 볼 수 있다. 그 중에서도 각 경우마다 벤처투자자 지명이사에 미치는 영향이 다른데, ①지명주주인 벤처투자자가 단계적 투자에 따라 참여하는 후속 투자와 관련한 이사회의 신주 발행이나 스타트업 매각에 대해 벤처투자자 지명이사는 좀 더 밀접한 이해관계를 가진다. 그런데 ②지명주주가 단계적 투자에 참여하지 않는 후속 투자와 관련한 이사회 신주 발행과 관련해서 벤처투자자 지명이사는 ①의 경우보다는 이해관계가 밀접하지 않다. 그러나 ②의 경우에도 결국 지명주주인 벤처투자자의 지분율에 영향을 받고 그 결과 지명이사의 경제적 이해관계에 영향을 미치므로 이해관계가 없다고 보기 어렵다. 이러한 상반되는 해석의 가능성이 병존하는 상황에서 벤처투자자 지명이사의 경우 지명주주와 관련한 이사회 의결에 대해 특별이해관계인에 해당하는지 여부를 판단할 수 있는 기준은 불명확하다.[206]

## 2. 지명이사의 법적 책임

현재 상법상 이사는 종류를 불문하고 동일한 법적 의무와 책임을 부담하는 것으로 규정하고 있어서 벤처투자자 지명이사도 다른 이사와 동일하게 회사 및 채권자 등 제3자에게 법적 책임을 진다(상법 제399조, 제401조). 판결은 사외이사에 대해 법적 책임 유무 판단 단계가 아닌 손해배상액의 산정 단계에서 손해분담 공평의 차원으로 사외이사의 회사에 대한 공헌도나 정보 수준 등을 고려해서 일부 감액한 바 있다.[207] 이에 따르면 벤처투자자 지명이사 역시 스타트업에 대해 이사로서의 감시

---

206) 김지안(2019), 277-278쪽은 해석에 대한 제안으로 영미법상 '이해상충적 지위'에 있는 이사를 판단하는 기준을 차용하여 지명주주가 다른 주주에 비해 이익을 얻는 상황이 발생했고, 그 경우 지명이사가 지명주주로부터 추가적인 보수를 받는 등의 요건이 갖추어지면 '특별이해관계'가 인정된다고 해석할 것을 제안했다. 이 외에는 이 논점에 대한 해석론을 찾아보기 어렵다.

207) 대법원 2022.5.12.선고2021다279347 판결.

의무 등을 부담하고 이를 소홀히 한 경우 법적 책임을 부담할 가능성이 높다. 그러나 제5장에서 설명할 것처럼 벤처투자자 지명이사에게 다른 이사와 동일한 책임을 지게 하는 것은 벤처투자자 지명이사가 실제 수행하는 역할과 이중적 의무에 비추어 적절하지 않은 측면이 있다.208)

실무상 벤처투자자가 창업자와 계약으로 벤처투자자 지명이사는 고의 또는 중대한 과실의 경우에만 책임을 진다고 약정하는 경우도 있다. 그러나 이런 계약상 지명이사의 책임 면책 약정의 효력이 인정된다고 보기 어렵다.209) 상법상 이사의 책임은 주주 전원의 동의로만 면책할 수 있는데(상법 제400조 제1항), 사후적으로 주주 전원의 동의를 얻을 수 있는 경우가 거의 없어서 현실성 없는 사문화된 규정이라는 견해가 다수이다.210) 그 외에 상법 제400조 제2항에서 스타트업 정관으로 최근 1년간 보수액의 6배 또는 3배 초과하는 금액에 대한 이사의 책임을 면제할 수 있도록 정한 내용을 이용하는 것이다. 그러나 해당 조항은 벤처투자자 지명이사의 경우 주로 문제되는 이사의 경업금지의무(상법 제397조)와 회사 기회 및 자산의 유용금지의무(상법 제397조의2)를 이사 책임 면제의 예외로 정하고 있어 적용할 수 있는 경우가 많지 않다.

## III. 법률과 계약에 대한 평가

현행 법률은 스타트업 이사회 구성의 특징을 고려하지 않고 벤처투자자 지명주주에게도 다른 이사와 동일한 의무와 책임을 규정한다. 그러나 벤처투자자 지명이사는 지명주주인 벤처투자자에 대한 의무도 부

---

208) 본 논문 제5장 제4절.

209) 田中(編)(2021), pp.321-322.

210) 최문희(2006), 338쪽(현 상법 제400조 제2항이 도입되기 이전 제400조 제1항과 동일한 구 상법 제400조에 대한 설명).

담하기 때문에 스타트업 이사로서의 의무를 동일하게 이행하기 어려운 측면이 있다. 또한, 벤처투자자 지명이사가 여러 개의 스타트업 이사직을 겸직한 경우 스타트업에 이사로서 부담하는 의무간에 충돌이 발생할 수도 있다. 이처럼 벤처투자자 지명이사의 법적 의무와 실제 수행하는 역할 간의 충돌은 법적 불확실성을 야기해서 스타트업의 이사회가 실질적인 기능을 수행하지 못하는 원인의 하나가 되는데, 제5장 제4절에서 상세히 검토한다.

## 제5절 소결

본 장은 제3장에서 검토한 스타트업에서 나타나는 지배구조상의 문제를 현행 법률과 계약으로 어떻게 규율하고 있는지 검토했다. 스타트업은 공개시장의 통제를 받지 않고, 지분 매각(exit)을 통한 지배구조상 문제해결이 어렵기 때문에 법률과 계약을 통한 지배구조 규율이 특히 중요하다. 그러나 스타트업을 규율하는 법률과 계약은 스타트업의 자금조달 방식의 특성이나 지배구조의 특징을 고려하지 않고 상법상 일반회사 규정을 그대로 적용하고 일부 계약으로 보충하는 방식을 취한다. 벤처기업법은 법령상 벤처기업을 대상으로 주식교환이나 합병 등에 대한 특례를 정하고 있지만 주식매수선택권에 대한 사항 이외에는 특별히 의미가 없다. 또한, 당사자 간의 계약을 통해 법령상의 규율 내용을 보완하지만 일부 사항만을 규율하고 있고, 약정 내용도 의도한 것과는 달리 효력이 인정되지 않는 경우도 있다. 이처럼 스타트업의 규율에 지배구조 상의 특징이 반영되지 못하면 제3장에서 지적한 스타트업에서 나타나는 대리인 문제와 이익충돌 등의 문제를 효과적으로 규율하기 어렵다.

스타트업의 자금조달에 중요한 역할을 하는 벤처투자자에 대해 벤처투자법으로 의무와 행위 제한 사항 등을 규정하지만, 스타트업의 지배구조문제보다는 자금 조달 활성화를 위한 법률상 근거 마련과 감독의 목적이 커서 지배구조 상의 문제를 충분히 규율하지 못한다. 벤처투자법은 벤처투자자의 자기거래 금지와 관련한 행위 제한 사항을 열거하는 등 벤처투자자의 권한 남용을 막기 위한 규정을 두고 있으나, 그 외의 벤처투자자 간의 이익상반 등의 문제에 대해서는 규율하고 있지 않다. 또한, 벤처투자법은 벤처투자조합 내부의 조합원 간의 권리 관계를 일부 정하고 있으나 조합원들의 대리인 문제나 이익상충 문제를 규율하지 못하고 있다. 벤처투자에 대한 이원적 규율 체계 내에서 여신전문금융업법은 신기술금융사업회사와 신기술사업금융조합에 대해 정하고 있지만 벤처투자법에서 규율하는 내용조차 규율하고 있지 않아서 사실상 동일한 기능을 수행하는 벤처투자자가 다른 수준의 규제를 받는 결과가 발생한다.

벤처투자와 관련해서 법률에 규정된 사항 이외에는 미국 벤처투자자의 투자시에 체결하는 계약을 일부 변형하여 만든 계약을 통해서 벤처투자자의 정보요청권이나 이사 지명권 등 지배구조 분배에 관한 사항을 정해서 벤처투자자의 정보 비대칭 문제를 해소하고 투자 불확실성을 낮춘다. 그러나 미국 벤처투자시에 벤처투자자의 투자 회수 방법으로 이용되는 간주청산우선권 조항은 상법상 효력이 인정되지 않을 가능성이 높고, 벤처투자자가 사실상 상환권을 행사하기도 어려워서 스타트업이 상장하거나 성공적으로 매각하지 않으면 벤처투자자가 투자 회수할 수 있는 방법이 매우 제한적이다. 동일한 스타트업에 투자한 벤처투자자 상호간의 권리조정을 위해 미국에서 주로 이용되는 계약 조항이 거의 이용되지 않고 법적 효력도 불확실하다.

스타트업의 일반투자자인 엔젤투자자와 개인투자조합에 대해 벤처투자법은 스타트업 자금조달 활성화 측면에서 법적 근거를 마련하고 활용 범위를 확대하고 있으나, 일반투자자의 투자자 보호의 측면은 반영되어 있지 않다. 소수이지만 비상장 주식거래 플랫폼을 통해서 스타트업에 투자한 일반투자자에 대해서는 이러한 플랫폼에 대한 법적 근거없이 혁신금융사업으로 지정되어 운영되고 있는 현실로 인해 투자자로서 권리 보호를 받을 방법이 거의 없다.

주요 임직원에 대해 벤처기업법은 스타트업의 활발한 주식 보상 제도 활용을 위해 일반 회사보다는 넓은 범위의 주식매수선택권 부여가가능하도록 정하고 성과조건부 주식에 대해서는 법적 근거를 도입했다. 그러나 주식 보상과 관련해서 임직원이 스타트업과 체결하는 계약에서도 스타트업의 흡수합병 등의 경우에 임직원의 권리 보장에 관한 사항이 불충분하고, 주요 임직원의 주주로서 권리 행사나 투자자 보호의 필요성이 반영되지 않고 있다.

창업자와 다른 주주들 간의 대리인 문제를 감시하고 주주들 간의 이이익충돌 문제를 조정해야 할 스타트업 이사회에 대해서도 일반 상법상 이사회에 관한 규정 이외에 별도로 규율하고 있는 바가 없다. 스타트업의 이사회는 벤처투자자 지명이사가 선임되는 등 일반 회사의 이사회와는 구성 등에서 차이가 있음에도 이러한 차이가 법률 등에서 고려되지않고 있다. 그래서 벤처투자자 지명이사는 벤처투자자에게 부담하는 의무와 스타트업에 부담하는 의무 간의 충돌로 법률상 의무를 이행하기에 사실상 어려움에도 상법상 이사로서 동일한 의무와 책임을 지는데 이로인해 스타트업 이사회의 기능이 사실상 형해화되는 결과가 초래된다.

이처럼 제3장에서 지적한 스타트업 지배구조에서 발생하는 문제를 현행 법률과 계약으로 충분히 규율하지 못하고 있다. 스타트업 지배구조상 문제가 계속되면 궁극적으로 스타트업의 자금 조달이나 인력 채용이 어려워져서 스타트업을 통한 혁신이 어려워지는 결과가 초래될 수 있다. 따라서 법률과 계약을 통해 스타트업 지배구조상의 문제를 해결할 수 있는 방안을 도입하는 것은 스타트업의 존속과 성장에 매우 중요하다.

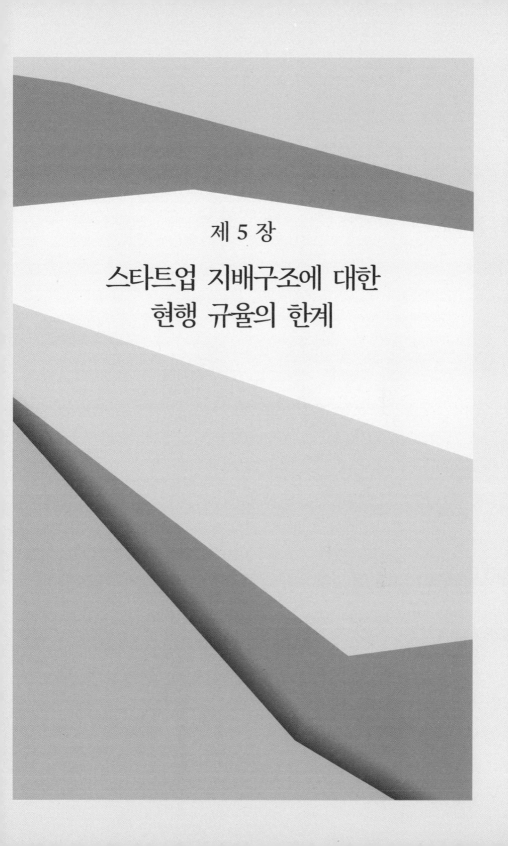

제 5 장

스타트업 지배구조에 대한
현행 규율의 한계

# 제1절 개설

제4장에서 검토한 것처럼 스타트업은 공개시장의 통제를 받지 않는 특이한 유형의 폐쇄회사로 미국에서는 계약을 기반으로 발전되었다. 그런데 우리나라 현행 법률 체계와 계약에는 스타트업의 지배구조상의 문제를 규율하기에 충분하지 않은 부분이 다수 발견된다. 자발적으로 모험 사업에 투자하고 이해관계자들 간의 합의로 계약 구조를 만들어나가고 법률상으로는 최소한의 규율을 하는 미국의 경우와 달리, 우리나라에서는 국가에서 신산업 발전을 위해 정책적으로 벤처투자와 스타트업을 발전시켰다. 그 과정에서 스타트업 이해관계자들 간의 협의를 통한 이해관계 조정이 법률상 가능한지 여부나 자금 조달의 특성에 따른 주주와 이사회 구성의 특징이 충분히 논의되지 못했다. 법률을 통해 벤처투자자의 법적 근거나 의무 등을 정하고 감독 체계를 만드는 과정에서 벤처기업법 등에 일부 규정된 사항이 있으나, 스타트업의 지배구조상의 특징이 충분히 반영되지 않았다.

본 장에서는 제4장에서 분석한 스타트업의 문제를 규율하는 법률과 계약 등의 체계가 스타트업 지배구조상의 문제를 해결하는데 어떤 한계가 있는지 상세히 분석한다. 스타트업은 상장을 목표로 지속적으로 성장할 수 있어야 하고, 지배구조를 통해 상장을 위한 자금조달 및 임직원 보상 과정에서 발생하는 대리인 문제와 이익충돌, 주주이자 투자자 보호 등의 문제를 해결할 수 있어야 한다. 스타트업 지배구조가 이러한 역할을 수행해야 벤처투자자 등이 문제 발생 시 해결 가능성에 신뢰를 가지고 활발히 투자할 수 있고, 유능한 임직원도 성과 보상에 대한 예측가능성과 기대를 가지고 스타트업의 성장을 위해 일할 수 있게 된다.

따라서 본 장은 스타트업 지배구조에 대한 현행 규율 체계가 이러한 목표를 달성하고 문제를 해결하는데 어떠한 한계를 가지는지를 검토한다. 먼저, 스타트업에 필수적인 자금조달에 중요한 역할을 하는 벤처투자자와 최근 증가하고 있는 일반투자자와 관련한 벤처투자법상의 투자 관련 제도가 충분한지 여부를 검토한다. 그리고 스타트업의 자율성의 측면에서 자금조달 수단에 대한 법률상 한계와 계약의 통한 지배권 분배나 투자 회수에 관한 합의 효력의 한계 및 임직원에 대한 주식 보상제도의 한계를 분석한다. 마지막으로, 스타트업 지명이사의 이중신인의무자로서 부담하는 의무 간의 충돌 문제를 중심으로 이사회의 기능을 검토하고, 주식보상제도를 통해 스타트업의 주주가 되는 임직원의 주주로서 권리 행사에 대한 한계를 검토한다.

## 제2절 투자자 관련 규율의 한계

스타트업의 중요한 자금조달은 벤처투자자를 통해 이루어지고 최근에는 일반투자자의 투자도 증가하고 있음에도 불구하고, 벤처투자자와 일반투자자와 관련한 현행 규율에 아래와 같은 한계가 나타난다.

## Ⅰ. 벤처투자자 관련 규율의 문제

벤처투자법은 벤처투자 촉진을 위해 조건부 지분인수계약 등을 도입했으나 상법과 체계적 정합성을 갖추지 못해서 법률상 불명확한 부분이 발생한다. 또한, 스타트업 투자에 대한 근거를 정한 법률 간에도 주무부처에 따른 근거법률이 달라서 이원적인 규정이 적용되어 권리보호에 취약하다. 이로 인해 벤처투자자의 권리행사나 보호에 제약이 생기고 스타트업 투자에 소극적으로 임하게 되는 결과가 초래될 수 있다.

## 1. 조건부 지분인수계약 등 상법과 정합성 결여

상법과 스타트업 진흥법률 간의 통일되지 않은 체계로 스타트업 진흥 법률이 벤처투자자가 이용할 수 있는 신규 투자수단을 도입하더라도 상법상의 법적 효력이 불명확하다. 대표적으로 벤처투자법상 스타트업에 대한 투자 방법으로 추가한 조건부 지분인수계약(법 제2조 제1호 라목)을 통해 투자한 투자자가 스타트업에 대해 어떤 권리를 가지는지 명확하지 않다. 조건부 지분인수계약을 벤처투자법으로만 규율하면서 상법상 근거를 두고 있지 않아서 이를 통해 투자한 이의 상법상 지위가 분명하지 않다.[1]

먼저, 조건부 지분인수계약의 법적 성격을 어떻게 볼 것인지 불명학하다.[2] 조건부 지분인수계약 투자자가 스타트업의 후속 투자 유치시에 계약상 권리 행사가 의제되어 바로 주주의 지위를 가지게 되는 일종의 형성권을 가지는지, 아니면 스타트업이 신주를 발행해야 비로소 주주의 지위를 가지는 청구권을 가진다고 보아야 하는지의 문제이다.[3] 미국 실리콘밸리에서 쓰이는 조건부 지분인수계약은 벤처투자라는 조건이 성취되면 자동으로 정해진 조건에 따라 스타트업 주식으로 자동 전환되는 것으로 정한다. 조건부 지분인수계약 투자시에 주주에 준하는 지위를

---

1) 양영석(2019), 141쪽(SAFE 활성화를 위해서는 자본시장법, 회사법상 법적 근거를 마련할 필요가 있다는 주장); 성희활(2022), 496-507쪽(SAFE가 유가증권 법정주의로 인해 효력이 인정될 수 있을지 여부가 불분명하다는 주장).

2) 박용린, 천창민(2018), 17-20쪽.

3) 박용린, 천창민(2018), 17쪽(형성권인 주식매수선택권과 SAFE 투자자의 권리를 비교함).

가지되, 스타트업 가치 평가의 어려움으로 취득하는 주식의 수만 후속 벤처투자시의 가치평가에 연동해서 정한다는 점을 고려한 것이다. 반면, 우리나라에 도입된 조건부 지분인수계약은 그 명칭이 나타내듯이 비전형 사적계약을 전제로 하는 것으로 보인다.4) 이에 따르면 조건부 지분인수계약 투자자는 스타트업에 청구권을 가지는 채권자의 지위를 갖는데, 스타트업이 벤처투자를 받아 투자자에게 주식을 발행하지 않거나 조건에 대한 해석이 상이한 경우 조건부 지분인수계약으로 투자한 이의 권리 보호가 취약해진다.5) 조건부 지분인수계약 투자자는 전환증권 방식의 투자자와 달리 원리금의 상환을 받을 권리도 없다는 점을 고려하면 투자자가 권리 보호를 받기 더욱 어렵다.

이 문제는 투자한 스타트업이 회생이나 파산 등의 절차가 개시되었을때 조건부 지분인수계약 투자자들이 가지는 권리와도 관련된다.6) 조건부 지분인수계약 투자를 받은 이후 스타트업이 후속 벤처투자를 유치하지 못한 채 파산 절차가 개시된 경우, 해당 투자자가 스타트업에 대한 채권자로서 채권신고를 해야 할지, 주주의 지위에 준하여 채권자보다 후순위로 잔여재산을 분배받을 수 있는지가 명확하지 않다. 미국에서는 계약을 통해 조건부 지분인수계약 투자자는 스타트업의 회생 또는 파산 시에 우선주주와 동일하게 취급하여 채권자보다 후순위, 우선주주와 동순위, 보통주주보다는 선순위로 잔여재산을 분배받도록 정하는 경우가

---

4) 박용린, 천창민(2018), 19쪽("조건부 지분인수계약을 무기명으로 다수의 불특정 투자자에게 발행하게 될 경우에는 이를 민법상 무기명 채권(민법 제523조)으로 볼 수 있을 것이다. 그외, 민사법적으로는 비전형 계약의 일종으로 볼 수밖에 없을 것이다.").

5) 한국벤처캐피탈협회가 발표한 '표준 조건부지분인수계약서'에서는 제4조(투자자의 지위)에 "제3조(회사 등의 의무)에 따른 신주발행이 완료되기 전까지 투자자는 주주로서의 권리가 없으며 채권자의 지위에 선다."라고 규정하여 기본적으로 채권자로 약정하고 있다.

6) 松尾順介, 梅本剛正(2017), p.15(SAFE가 투자자 보호의 측면에서 적합하지 않은 측면이 있으므로 크라우드펀딩에 이용되지 못하도록 하는 등의 방안을 마련해야 한다는 주장).

많다. 우리나라에서 스타트업의 회생 또는 파산 시에 조건부 지분인수
계약 투자자를 채권자로 보고 주주보다 선순위로 잔여재산을 분배받는
다고 볼 수 있을지 명확하지 않다.

　다음으로, 벤처투자법은 조건부 지분인수계약을 벤처투자 방식의 하
나로 법적 근거를 마련하고 있으나, 후속 벤처투자 등 조건 성취시 스타
트업의 신주 발행 근거는 명시하고 있지 않다.[7] 이를 허용하는 별도의
예외 규정이 없으면 스타트업은 조건 성취 시에도 상법상 신주 발행 절
차에 따라 정관에 근거를 두고 이사회가 제3자 배정 신주 발행을 결의
해야 하는데(제418조 제2항), 이는 조건부 지분인수계약이 예정한 방식
이라고 보기 어렵다. 현행 상법상 제3자 배정 신주 발행으로 진행하는
경우에는 조건부 지분인수계약에 따른 발행이 정관상 정한 제3자 배정
에 해당하는지 추가적인 검토가 필요하다. 또한, 조건부 지분인수계약
체결 당시에 이미 주주들의 동의를 받아 체결된 것이고 조건 성취 시에
는 주주 발행이 예정되어 있어서 별도로 주주에게 통지나 공고의 절차
를 거칠 필요는 없음에도 상법상 제3자 배정 방식에 따르면 2주 전에 주
주에게 통지하거나 공고하는 절차를 거쳐야 한다(제418조 제4항).

　이처럼 조건부 지분인수계약과 같은 신규 투자방식을 상법과의 정합
성을 고려하지 않은 채 벤처투자법으로 법적 근거만 마련하면 신규 투
자방식으로 투자한 이의 권리가 불명확해진다. 신규 투자방식이 익숙치
않은 데다가 법적 불명확성까지 있으면 실제로 벤처투자자 등이 그 방
식을 투자에 이용할 것을 기대하기 어렵고, 이를 통한 스타트업의 자금
조달의 활성화도 이루기 어렵다.

---

7) 박용린, 천창민(2018), 19쪽.

## 2. 스타트업 투자 관련 법률 간의 규제차익

벤처투자자 등에 의한 스타트업 투자의 근거를 마련하고 활성화하기 위해 만들어진 벤처투자법과 여신전문금융업법 간의 이원화된 구조로 인해서 각 근거 법률상 벤처투자조합의 유형에 따라 규제 차익이 발생한다. 스타트업 투자 진흥을 위한 각 법률은 그 동안 벤처투자 활성화를 위해 역할을 수행해왔고 법률 체계를 정비하고자 2020년 벤처투자법이 제정되었지만, 여전히 이원적 체계에 따른 문제가 나타난다.[8]

실제로 벤처투자법상 벤처투자회사와 여신전문금융업법상 신기술사업금융회사는 이들이 업무집행조합원으로서 결성하는 투자조합의 자산으로 투자할 수 있는 회사의 범위에 차이가 있을 뿐 본질적으로 유사한 기능을 수행한다. 실무상으로도 두 형태는 설립시 요구되는 자본금의 액수와 주무부처 및 규제 정도의 차이만 있을 뿐 사실상 동일한 기능을 수행하는 것으로 인식되고 있다. 그럼에도 불구하고 벤처투자법은 스타트업과 벤처투자조합 또는 벤처캐피탈 회사와의 관계에서 발생할 수 있는 이익충돌이나 대리인 문제 등을 일부 고려하여 지배구조적 측면을 부분적으로 규율하는 반면, 여신전문금융업법은 이런 내용을 정하지 않고 있다.[9] 또한, 벤처투자법은 벤처캐피탈 회사와 벤처투자조합에 대한 공시 제도를 정하고 있으나, 여신전문금융업법은 신기술사업금융회사에 대한 공시 제도를 정하고 있지 않다.[10] 이와 같이 이원화된 규제 체계 하에서 스타트업이 벤처투자법상의 벤처투자조합으로부터 투자를 받았는지, 여신전문금융업법상의 신기술사업금융조합으로부터 투자받

---

8) 중소벤처기업부 보도자료, 벤처 생태계, 민간 중심으로 확 바뀐다!, 2020.2.11(벤처투자촉진법 제정안과 벤처기업법 개정안 공포); 신경희, 2020, 5쪽(벤처투자촉진법 제정에 따른 벤처생태계 활성화에 대한 기대).

9) 최민혁, 김민철(2018), 125쪽; 본 논문 제4장 제2절 II.3.

10) 최민혁, 김민철(2018), 125쪽; 본 논문 제4장 제2절 II.3.

았는지에 따라 스타트업과 벤처투자자의 관계에 대한 규율이 달라지게 된다.

아래에서는 벤처투자조합의 조합 구성과 투자 의무를 중심으로 이원화된 규제에 따른 문제를 자세히 검토한다.

### 가. 조합 구성에 대한 규제

벤처투자법과 여신전문금융업법은 벤처투자조합과 신기술금융조합의 구성과 운영 등에 대한 규율에 차이가 있다. 먼저, 투자조합을 구성할 때 벤처캐피탈 회사는 출자자인 유한책임조합원의 풀(pool)과 투자 범위를 넓히기 위해 다른 회사와 공동업무집행조합원(co-GP)이 되고자 하는 경우가 있는데, 이 경우 벤처캐피탈 회사가 아닌 일반 회사를 공동업무집행조합원으로 할 수 있는지 여부가 각 조합 유형마다 다르게 해석된다. 여신전문금융업법상의 신기술사업금융조합은 신기술금융업자가 업무의 전부 또는 일부를 다른 이에게 위탁할 수 있다는 조항(법 제44조 제1항 제1호)에 근거해서 일반 회사와 공동업무집행조합원이 될 수 있는 것으로 해석한다.11)

반면, 벤처투자법에 따른 벤처투자조합의 공동업무집행조합원이 되려면 법률상 업무집행조합원이 될 수 있다고 열거된 주체에 해당해야 하기 때문에(법 제50조 제1항 각 호) 일반 회사는 벤처투자조합의 공동업무집행조합원이 될 수 없다고 본다.12) 벤처투자법은 시행규칙으로 자본시장법에 따른 투자매매업자, 투자중개업자, 집합투자업자는 공동업무집행조합원이 될 수 있다고 규정하지만(시행규칙 제24조 제5항), 자본시장법 및 하위 법령에 금융투자업자가 영위할 수 있는 다른 금융업무로 열거되지 않아(자본시장법 제40조 제1항) 실무상 공동업무집행조합

---

11) 변승규, PEF, VC 법률가이드, Co-GP 펀드(공동 업무집행조합원·사원), 2021.4.28, Platum(https://platum.kr/archives/161978).

12) 앞의 글.

원이 되지 못하는 것으로 해석하고 있다.13) 그 결과 신기술사업금융회사는 일반 회사와 공동업무집행조합원이 되어 용이하게 신기술사업금융조합을 결성할 수 있지만, 벤처투자조합은 일반 회사와 공동업무집행조합원이 될 수 없어서 벤처투자조합을 결성하는데 제약이 생긴다.

신기술사업금융회사나 벤처투자법상 벤처투자회사가 각 근거법률을 달리하는 벤처투자법상의 벤처투자조합이나 여신전문금융법상의 신기술사업금융조합에 출자하거나 업무집행조합원이 될 수 있는지 여부도 다르게 정하고 있다. 현행 법률상 신기술사업금융회사는 특별한 제한 규정이 없어 벤처투자법상 벤처투자조합의 업무집행조합원 또는 공동업무집행조합원이 될 수 있지만, 창업투자회사는 벤처투자법상 금융회사에 출자를 금지하는 규정(법 제39조 제1항 제3호, 동 시행령 제25조 제2호 가목)으로 신기술사업금융조합에 출자하거나 출자 의무를 수반하는 공동업무집행조합원이 될 수 없는 것으로 해석된다. 즉, 신기술사업금융회사는 벤처투자조합에 출자하고 운용할 수 있는 폭이 넓은 반면, 창업투자회사는 신기술금융조합에 출자하고 운용할 수 없는 것이다.

이처럼 신기술사업금융회사와 창업투자회사, 신기술사업금융조합과 벤처투자조합에 규제 차익을 두는 것은 합리적 사유가 없고 형평에 부합하지 않는다. 신기술사업금융회사의 자본금 요건이 창업투자회사에 비해 높아 자본건전성이 더 높다는 점을 고려할 수 있겠지만, 스타트업 투자와 관련한 지배구조상의 문제는 창업투자회사와 특별한 차이가 없다는 점을 생각하면 규제를 달리 할 합리적 근거는 없는 것으로 보인다.14) 이런 규제 차익은 오히려 투자 현장에 혼선을 가져올 뿐 아니라 스타트업에 대한 원활한 투자를 저해하는 요소가 될 수 있다.

---

13) 2023.6.23. 더벨 개최 '2023 the bell Venture Caiptal Forum' 법무법인 이후 이종건 변호사 발표내용(https://youtu.be/H8y-c_bzThE).
14) 최민혁, 김민철(2018), 125쪽.

## 나. 투자 의무에 대한 제한

벤처투자법은 벤처투자법상 인정되는 투자 방식을 한정적으로 열거하고(법 제2조 제1호) 벤처투자조합과 벤처캐피탈 회사로 하여금 일정 기간 내에 의무적으로 투자할 비율을 정하고 있다. 벤처투자법 제정 전보다는 투자 방법을 확대하고 의무 투자 비율을 완화했지만 이러한 규정은 벤처투자조합의 투자와 스타트업의 자금조달을 어렵게 하는 요인이 된다. 벤처투자조합은 등록시로부터 3년 이내에 의무적으로 일정 비율 이상의 금액을 창업자 또는 중소기업이나 벤처기업의 신주 인수 방식으로 투자해야 하고(법 제38조 제1항, 제51조 제1항)[15] 이를 준수하지 않을 경우 등록취소나 업무정지명령, 시정명령, 경고조치 등 제재 사유가 된다(법 제49조 제1항 제4호, 제62조 제1항 제3호).

이 제한으로 인해서 한 동안 다른 벤처투자조합 등이 보유한 스타트업의 기발행 주식 취득을 주목적으로 하는 M&A 또는 세컨더리 투자조합 결성이 법률상 불가능하다는 해석이 있었고,[16] 이후 고시 개정으로 해당 투자조합의 경우에만 예외를 허용하다가 결국 2023년 6월 법률 개정으로 예외 규정을 추가했다(개정법 제51조 제6항).[17] 이처럼 벤처투자조합의 특징이나 스타트업이 처한 경제적 환경에 따라 법률에서 정한 방식의 의무 투자 비율을 두는 것이 적합하지 않은 경우가 있음에도 일률적으로 의무 투자 비율을 정하면 업무집행조합원이 상황에 맞게 유연하게 조합 자산을 운용하기 어려워진다. 이는 투자조합의 수익률의 악화를 초래할 수 있고 이전에 성공적으로 청산한 투자조합의 투자 수익 성과를 이용해 신규 투자조합을 결성해야 하는 벤처캐피탈 회사는 조합

---

15) 벤처투자조합의 경우, 동일한 업무집행조합원이 운용하는 모든 벤처투자조합의 출자금액의 합의 40% & 각 벤처투자조합의 출자금의 20% 이상으로 정하고 있다.
16) 정강훈, 벤촉법, 세컨더리 전문 펀드 불가능해진다. 2020.8.19. 딜사이트(https://dealsite.co.kr/articles/64324).
17) 해당 내용의 벤처투자법은 2023.6.20. 개정 되었고, 2023.12.21.부터 시행 예정이다.

결성에 어려움을 겪을 수 있다.

반면, 여신전문법상 신기술사업금융회사와 신기술사업금융투자조합은 벤처투자법과 같은 투자 방식이나 의무투자비율의 제한을 받지 않아 규제차익이 발생한다. 앞서 언급했듯이 사실상 동일한 기능을 수행하는 벤처투자조합과 신기술사업금융조합 규율에 차이를 둘 합리적 이유를 찾아보기 어렵다. 2020년 벤처투자법 제정 이전에는 벤처기업법상 한국벤처투자조합을 결성하려면 모태펀드의 출자가 필수적이었고, 벤처투자조합에 대한 모태펀드의 출자 비중이 높아서 투자 방식 법정화나 의무투자비율 강제를 두고 준수하지 않을 경우 행정 제재를 할 필요가 있었을 것이다. 그러나 2020년 벤처투자법 제정 이후 벤처투자조합 결성에 모태펀드의 출자가 필수적으로 요구되지 않을 뿐 아니라, 점차 모태펀드의 출자를 줄이고 민간 모태펀드를 결성하여 민간의 벤처투자에 대한 출자비중을 늘리도록 변화하는 상황에서는 벤처투자법상의 벤처투자조합에만 이런 제한을 둘 합리적 이유를 찾기 어렵다.[18]

스타트업 투자 활성화를 위해서는 위 벤처투자법의 내용을 벤처투자조합의 목적에 따라 출자자인 유한책임조합원과 협의를 통해 조합 규약을 통해 투자 방식과 의무 투자비율 등을 정하고 이를 위반할 경우 후속 출자 약정을 철회하는 등의 페널티를 부과하는 방식으로 대체할 수 있다.[19] 출자자로부터 출자를 받아서 벤처투자조합을 결성하여 관리보수와 성공보수를 수취해야 하는 업무집행조합원에게 조합 규약 위반시 후속 출자 약정이 철회될 수 있다는 점은 의무 준수를 촉진하는 기능을 한다. 또한, 투자 상의 필요에 따라 조합원 간의 합의로 조합 규약의 투자비율이나 방식에 대한 규율을 조정할 수 있게 되면 벤처투자자가 상황

---

18) 중소벤처기업부 보도자료, 「역동적 벤처투자 생태계 조성 방안」발표, 2022.11.4 (민간 벤처모기금 펀드 조성을 지원해서 국내 민간자본 유입을 촉진하겠다고 발표하였다).

19) Litvak(2004), p.772, pp.787-789; 日本ベンチャーキャピタル協会(2019), pp.63-64.

에 맞는 수단을 선택하여 스타트업에 투자할 수 있다.

## 3. 벤처투자조합 조합원의 권리 보호 미흡

스타트업 자금조달 활성화를 위해서는 결국 벤처투자조합에 대한 출자가 활성화되어야 하고, 이를 위해서는 벤처투자조합의 법적 성격과 조합원 간의 권리 관계를 명확하게 정할 수 있어야 한다. 그래서 벤처투자조합과 관련해서 발생하는 문제를 법적으로 해결하고 권리를 보호받는다는 점을 기대할 수 있어야 벤처투자조합에 대한 출자가 활발해질 수 있다. 그러나 벤처투자법 및 벤처투자법이 준용하는 상법상 합자조합의 규정은 벤처투자조합과 관련한 법적 관계를 명확히 정하고 있지 않고, 조합원 간의 이익충돌에 대한 고려도 충분히 반영되어 있지 않다. 이처럼 벤처투자조합에 출자한 경우 법적으로 권리 보호를 기대하기 어려우면 출자자는 벤처투자조합에 출자를 꺼리게 되고 이는 결국 스타트업의 자금조달상의 어려움으로 이어질 수 있다.

### 가. 합자조합으로서 벤처투자조합

현행 법률상 스타트업 투자의 중요한 도관(vehicle)인 벤처투자조합의 법적 성격과 그 구성원 간의 법률관계가 명확하지 않다. 벤처투자법은 벤처투자조합과 개인투자조합 및 그 구성원 간의 권리관계의 일부만을 정하고 나머지 내용은 상법상 합자조합의 규정을 준용한다(법 제65조). 여신전문금융업법에 따른 신기술사업금융조합은 상법상 합자조합 규정을 적용한다는 내용조차 명시하고 있지 않아서 법적 성격이 모호하고, 출자자의 유한책임을 인정할 수 있을지 여부도 불분명하다.[20]

---

20) 권철호·양선영·이지영, 신기술사업투자조합의 등기 기타 유한책임조합원의 유한책임 보장방안, 2021.12.3, 서울지방변호사회보(http://news.seoulbar.or.kr/news/articleView.html?idxno=2428).

상법상 합자조합 조항은 2011년 상법 개정 시에 미국의 유한 파트너십(Limited Partnership)을 모델로 추가되었는데, 이 조항이 벤처투자조합에 준용될 가능성을 염두하고 규정된 것인지 의문이 있다.[21] 한 예로, 2011년 도입 초기에는 주식회사가 합자조합의 업무집행조합원이 될 수 있는지 여부가 논의되었다. 회사가 다른 회사의 무한책임사원이 되지 못한다고 정한 규정을 유추적용하여(상법 제173조) 회사가 합자조합의 무한책임조합원이 될 수 없다고 해석해야 하는지가 논란이 된 것이다. 벤처투자조합과 유사한 자본시장법상 투자합자회사는 상법 제173조에 대한 예외를 규정하고 있는데 반해(자본시장법 제214조 제1항), 상법과 스타트업 진흥법률은 이런 예외를 규정하지 않고 있다. 이에 대해 주식회사는 주주의 유한책임을 이용해서 합자조합의 무한책임조합원으로서의 무한책임을 회피할 수 있어서 무한책임조합원이 될 수 없다는 견해가 있었다.[22] 현재는 상법상 합자조합 도입 이전부터 벤처투자조합이 결성되었다는 점을 고려하면 입법의 미비로 보고 주식회사가 업무집행조합원이 될 수 있다고 보는 것이 일반적이다. 그러나 입법의 미비 문제는 이후에도 수정되지 않고 여전히 남아있다.[23]

다음으로, 벤처투자조합은 업무집행조합원인 벤처캐피탈 회사가 여러 개의 조합을 만든다는 것을 전제로 하는데 반해서, 상법상 합자조합 규정은 업무집행조합원이자 무한책임조합원에게 합명회사 사원의 규정을 준용해서 다른 조합원의 동의가 있어야만 경업을 할 수 있도록 정하

---

21) 한국사법행정학회 I(2013), 50쪽에서는 중소기업창업투자조합 등의 투자조합은 각각 별도 법률에서 정한 투자업에 한해 운영되고 일정한 감독을 받기 때문에 일반적인 공동기업의 유형으로서의 합자조합과는 성격이 다소 다르다고 지적한다: 최민혁, 김민철(2018), 115-116쪽(상법상 합자조합을 준용하고 있을 뿐 합자조합으로 보기는 어렵고 민법상 일반 조합으로서 특수한 형태라는 분석).

22) 유시창(2014), 45쪽(상법 제173조의 취지는 회사의 독립적인 운영을 전제로 하는 회사법의 원칙에 따라 허용할 수 없다는 것이므로 회사는 합자조합의 무한책임조합원이 될 수 없다고 해석해야 한다고 한다고 주장함).

23) 곽수현(2012), 32쪽; 한국사법행정학회 I(2013), 53-54쪽.

고 있다(상법 제86조의8 제2항, 제198조). 해당 규정은 임의규정이지만 기본적으로 상법상 정한 합자조합의 규정은 실제 결성되어 운용되는 벤처투자조합과는 거리가 있다.[24]

### 나. 조합 출자자 권리 보호 미비

벤처투자와 관련한 규율은 벤처투자조합의 유한책임조합원과 업무집행조합원 간의 이익충돌의 문제를 충분히 규율하지 못한다. 벤처투자 진흥에 중점을 둔 규율 체계 하에서 조합원 간의 이익상충이 제대로 검토되지 못한 것이다. 벤처투자법은 업무집행조합원의 행위제한 사항으로 자기나 제3자의 이익을 위해 벤처투자조합의 재산을 사용하거나, 업무집행조합원 및 업무집행조합원의 특수관계인 또는 조합의 주요출자자 등에게 투자조합이 보유한 자산을 거래하는 행위를 금지하는 규정을 두고 있다(법 제52조 제2항 제1호, 동 시행령 제36조 제3호). 그러나 이처럼 금지하는 행위를 열거하는 방식은 제3장에서 살펴본 업무집행조합원과 다른 조합원 간에 발생할 수 있는 이익충돌의 일부만을 규율하고, 벤처투자조합이 투자한 스타트업의 성장과정이나 투자조합의 기간 경과 동안 다양한 양상으로 나타나는 이익충돌 상황에 적용할 원칙이나 가이드가 부재하다. 벤처투자조합 규약에서도 이러한 이익충돌 상황이 발생했을 때의 절차나 기준 등을 정한 경우를 찾아보기 어렵다.

또한, 벤처투자법의 규율은 실제 벤처투자조합 조합원 간에 운영상의 필요에 따른 예외 인정의 가능성을 포함하고 있지 않다. 조합원 간의 이익 상충 가능성으로 조합과 조합원 간의 거래는 원칙적으로 금지할 필요가 있지만, 경우에 따라서는 업무집행조합원 및 특수관계인이 합리적인 절차에 따라 투자조합과 거래를 하는 것이 상호 이익이 되는 경우

---

24) 최민혁, 김민철(2018)은 개선안으로 벤처투자조합의 명칭을 벤처투자합자조합으로 변경하고 상법상 합자조합임을 명확히 하되, 상법상 합자조합 규정 중 등기 관련 규정, 경업금지 등의 규정을 배제하는 방식을 제안한다(116쪽).

도 있다. 예를 들어, 업무집행조합원이 운용하는 선행 투자조합의 만기가 도래했고 만기 연장이 불가능한 상황에서 포트폴리오 스타트업 주식이 유동성이 없는 경우,[25] 해당 주식이 경제적 가치가 있다면 동일한 업무집행조합원이 운용하는 후행 투자조합에 적절한 가치로 내부 절차를 거쳐서 매도하는 방식으로 유동화할 여지도 있다. 그러나 위 벤처투자법 규정은 업무집행조합원 및 그 특수관계인이 소유한 주식이나 지분을 벤처투자조합이 취득하는 행위를 금지해서 예외적인 상황에 불가피하게 자기거래를 할 가능성을 차단하고 있다. 현재는 중소벤처기업부 고시인 관리규정에 따라 만기 도래시에 현금화가 어려운 조합 자산을 조합원 총수 및 조합 총지분의 각 과반수의 동의를 받아 업무집행조합원이 직접 매입하는 것만 가능하다(벤처투자조합 등록 및 관리규정 제10조 제1항).

앞서 설명한 경우와 같이 여신전문금융업법상의 신기술금융투자조합의 경우 벤처투자법에서 규정한 이익충돌에 관한 내용이 전혀 포함되어 있지 않아 신기술금융투자조합에 출자한 유한책임조합원의 권리보호에 취약하다. 신기술금융투자조합은 벤처투자조합에 비해 투자방식이나 조합 구성에 대한 제약도 적고 투자 가능 범위도 넓어서 업무집행조합원과 유한책임조합원 간의 이익충돌의 여지가 더 크다고 볼 수 있다. 그럼에도 불구하고 신기술금융투자조합에 대해서는 이러한 조항을 별도로 두지 않아 규제의 공백이 발생한다.

---

25) 日本ベンチャーキャピタル協会(2019), p.74; 벤처투자조합 만기가 다가오는데 피투자 스타트업이 상장이나 매각되지 않으면 벤처투자조합을 청산하고 수익을 분배하기 어렵다[하란, 김종우, '5조 벤처펀드' 만기 다가오는데…IPO 막힌 스타트업, 대출로 연명, 2023.3.26.한경경제(https://www.hankyung.com/economy/article/2023032643901)].

### 다. 벤처투자조합의 공시 의무

벤처투자법상 업무집행조합원은 공시 의무를 부담하고 있으나, 해당 공시를 통해 유한책임조합원이 권리 보호에 필요한 실질적인 정보를 얻기 어렵다. 업무집행조합원은 매년 벤처투자조합의 운영 성과와 매 회계연도 결산서 등을 공시할 의무가 있다(법 제61조).[26] 그러나 이러한 공시는 투자자들이 벤처투자조합을 통해 투자한 스타트업에 대한 정보나 투자 현황 등에 대한 내용을 포함하지 않아서 출자자인 유한책임조합원은 이를 통해 실질적인 권리 보호에 필요한 정보를 얻을 수 없다. 위 공시는 주무부처인 중소기업벤처기업부가 벤처투자조합 등을 관리하고 투자의무 준수 의무 등을 확인해서 미준수시에 징계를 부과하는 수단으로 이용되는 경우가 많다.[27] 또한, 앞서 지적했듯이 여신전문금융업법에 따른 신기술금융투자조합은 이런 공시 제도조차 없어서 출자자들은 해당 조합의 업무집행조합원이 자발적으로 정보를 제공하지 않는 한 조합이 투자한 스타트업의 현황이나 조합 재산의 운용 상황 등에 대한 정보를 얻기 어렵다.


## II. 일반투자자 관련 규율의 문제

일반투자자의 스타트업 투자가 증가하고 정책적으로도 장려하고 있음에도 불구하고, 벤처투자법상으로 개인투자조합 등을 통한 스타트업 투자의 법률상 근거 이외에 투자자 보호장치 두고 있지 않다. 또한, 스타트업의 정보 공개는 매우 제한적이어서 일반투자자는 스타트업에 대

---

[26] 중소기업창업투자회사 전자공시시스템(http://diva.kvca.or.kr/div/cmn/DivDisclsMainInq); 벤처확인기관 벤처확인 종합관리시스템(https://www.smes.go.kr/venturein/pbntc/searchVntrCmp).

[27] 위 중소기업창업투자회사 전자공시의 '법규위반'에 제재 조치가 별도로 공시된다.

한 정보를 얻기도 어렵다. 이처럼 일반투자자에 대한 투자자 보호가 이루어지지 않으면 일반투자자의 스타트업 투자가 위축되고 결국 스타트업이 자금조달에 어려움을 겪게 된다.

## 1. 투자자 보호장치의 미비

앞서 언급했듯이 일반투자자가 스타트업의 자금 조달에 주도적인 역할을 하지는 않지만, 엔젤투자자나 개인투자조합을 통한 일반투자자도 존재함에도 불구하고 현행 규율은 스타트업에 투자하는 일반투자자의 보호를 충분히 고려하고 있지 않다. 먼저, 현행 법률은 스타트업에 투자할 수 있는 일반투자자의 범위를 제한하지 않는다. 스타트업에 대한 투자는 불확실성이 매우 크고 위험도가 높아 일반투자자의 투자대상으로 적합하지 않은 측면이 있다.28) 벤처투자법은 '전문개인투자자'에 대한 규정을 추가해서 여러 혜택을 주고 있지만, 전문개인투자자가 아니어도 스타트업에 대한 투자가 제한되지 않는다. 또한, 개인투자조합을 통한 스타트업 투자를 활성화하기 위해 2022년 개인투자조합을 결성할 수 있는 주체를 확대하고 업무집행조합원의 의무 출자비중을 낮추었다.29) 개인투자조합에 대해 2023년 12월부터 시행될 개정 벤처투자법상 업무집행조합원이 운용하는 조합의 규모가 일정 금액 이상인 경우 공시의무가 추가된 것 이외에는(개정법 제21조의2) 일반투자자의 보호와 관련한 사항이 논의되고 있지 않다.

이런 상황에서 스타트업에 투자하는 일반투자자가 권리보호를 위해 취할 수 있는 법적 조치는 많지 않다. 스타트업의 자금 조달은 자본시장법상 사모 발행 방법으로 이루어지는 경우가 대부분이고, 사모 발행에

---

28) Alon-Beck(2020), pp.998-999.
29) 중소벤처기업부 보도자료, 「벤처투자 촉진에 관한 법률 시행령」개정안 국무회의 통과, 2022.12.13.

해당하는 경우 자본시장법상 증권발행신고를 비롯한 발행 규제와 투자자 보호 법제가 적용되지 않는다.30) 벤처투자법 역시 벤처투자조합의 조합원이 대부분 전문투자자의 지위를 가진다는 전제 하에 일반투자자에 대한 설명의무 등을 규정하고 있지 않다. 그래서 현재 스타트업에 투자한 일반투자자는 스타트업 창업자나 경영진이 형법상 사기죄나 횡령죄에 해당하는 행위를 하지 않는 한 투자자로서의 권리를 보호받기 어렵다.

## 2. 스타트업 투자자의 정보 비대칭 문제

스타트업은 상장회사와 같은 공시의무를 부담하지 않고 정보가 제한적으로만 공개되어 스타트업에 대한 일반투자자의 정보 비대칭 문제가 두드러진다. 아래에서는 현재 스타트업 및 투자와 관련한 공시 내용을 알아보고 그 한계를 검토한다.

### 가. 스타트업의 공시의무 현황

#### (1) 법인등기부등본과 정관

현재 일반투자자는 스타트업의 법인 등기 부등본이나 정관을 확인하는 방법으로 스타트업에 대한 정보를 확인할 수 있는데, 이를 통해 얻을 수 있는 정보는 매우 제한적이다. 일반투자자는 법인 등기부등본으로 스타트업의 주식 발행 현황이나 상환전환우선주 발행 현황 및 조건, 주식매수선택권의 근거 규정이나 등기임원 선임 현황 등을 확인할 수 있

---

30) 다만, 금융감독원은 증권회사가 신기술사업금융조합에 대한 개인투자자의 출자를 권유하는 경우 판매규제를 준용하기 위한 행정지도를 마련했다(금융감독원 2021.11.30.자. 보도자료 "증권사의 사모 신기술조합 투자(출자)권유시 판매절차 마련을 위한 행정지도 시행").

다. 그러나 스타트업의 자금조달 현황이나 벤처투자시 가치평가액, 벤처
투자자에 대한 지배권 분배에 관한 사항, 주요 주주 구성, 자회사 현황,
임직원에 대한 주식보상의 내용 등과 같이 일반투자자의 권리에 영향을
미치는 사항에 대한 구체적인 정보를 얻을 수 없다.[31] 뿐만 아니라, 법
인 등기부 등본조차 스타트업의 홈페이지 등을 통해 실시간 확인을 할
수 있는 것이 아니라 별도의 절차와 비용을 들여 확인을 해야 해서 일반
투자자 입장에서 접근이 용이하지 않다.

일반투자자는 스타트업 정관을 통해서도 필요한 정보를 충분히 얻기
어렵다. 스타트업 정관은 업계에서 통용되는 내용을 바탕으로 우선주
발행에 관한 사항을 일부 추가해서 작성된 경우가 많고, 투자자의 투자
의사결정이나 위험관리에 필요한 실질적 내용이 포함되어 있지 않다.
또한, 상법상 정관과 주주총회 의사록 등을 본점에 비치할 의무가 있지
만(제396조 제1항) 실제로 스타트업이 정관을 본점에 비치하는 경우는
드물어서 주주가 정관을 열람하기 쉽지 않다. 상법상 주주로서 정관에
대한 열람·등사 청구권을 가지지만(법 제396조 제2항), 실제로 일반투자
자가 이 권리를 행사하기는 어렵다.

### (2) 외부감사법에 따른 공시

스타트업이 주식회사 등의 외부감사에 관한 법률(이하 "외부감사법")
에 따라 직전 사업연도 말의 자산총액 또는 매출액이 500억원 이상이
되면 독립된 외부감사인으로부터 회계감사를 받아 감사인이 감사보고
서를 제출하여 공시할 의무를 부담한다(제4조, 제23조). 그러나 대부분
의 스타트업은 대규모 자산을 보유하는 경우가 드물고 매출액이 미미한
수준에 그치는 시기가 길어서 외부감사대상이 되기 전까지의 상당한 기
간 동안 스타트업의 정보가 외부에 공개되지 않는다. 그리고 외부감사

---

31) Alon-Beck(2019), pp.184-186.

법에 따른 공시 대상이 되더라도 스타트업의 감사보고서에 기재된 재무 관련 정보만이 공개될 뿐 스타트업의 계획과 전망 및 투자자 또는 임직원이 보유한 주식 가치의 희석 가능성 등에 대한 내용은 공시 대상에 포함되지 않는다. 스타트업에 대한 투자는 현재 기업가치가 아니라 추후의 성장가능성에 대한 투자이기 때문에 현재의 재무상태를 보더라도 투자의사 결정이나 투자위험 관리에 큰 도움이 되지 않는 경우가 많다.[32) 그래서 외부감사법에 따른 공시로 일반투자자의 스타트업에 대한 정보 비대칭 문제를 해결하기는 어렵다.

### (3) 자본시장법에 따른 공시

스타트업이 신주 발행 형태로 자금을 조달하더라도 자본시장법상 사모에 해당하는 한 특별히 공시의무를 부담하지 않는다. 사모를 통한 자금조달의 경우에도 Form D 등을 통해 제한적인 범위 내에서 공시를 하도록 하는 미국 증권법의 경우와는 달리,[33) 자본시장법은 공모와 사모의 이분화에 따라 사모인 경우 증권신고서 등의 제출 의무가 부과되지 않는다. 그래서 대부분 사모의 형태로 이루어지는 스타트업의 자금 조달에 대해서는 외부 투자자가 확인하기 어려운 경우가 많다.

자본시장법은 앞서 본 외부감사대상인 스타트업 가운데 증권 소유자가 500인 이상인 경우에는 사업보고서를 제출할 의무가 있고 상장법인에 준하는 공시의무를 지는 것으로 정한다(법 제159조 제1항, 동 시행령 제167조 제1항 제3호).[34) 외부감사대상으로 거의 상장회사와 유사한 규

---

32) Park(2022), pp.118, 152(스타트업과 같이 성장하는 기업(Emerging companies)의 경우 현재 재무상태보다는 추후의 성장에 대한 합리적인 예측이 중요하다고 설명함).

33) 본 논문 제4장 제1절 Ⅲ.2.가. 참고.

34) 2012년 미국에서 자본시장접근개혁법(JOBS Act)를 통해 Section 12(g)를 추가해서 공개회사의 기준이 변경되기 이전의 내용과 유사한 내용이다(본 논문 제4장 제1절 Ⅲ.2.다 참고).

모로 성장하여 다수의 주주가 관여되고 기업공개를 앞둔 시기가 되어서
야 스타트업의 정보가 공시가 되는 것이다. 그러나 상장을 앞둔 단계의
소수의 스타트업만이 이에 해당하고 대다수의 스타트업은 이 공시의무
를 부담하지 않는다.

[표 5] 스타트업 관련 현행법상 공시제도

|  | 공시 대상 | 공개되는 정보 |
|---|---|---|
| 법인등기부등본 및 정관 | 모든 회사 | 등기임원, 기발행주식의 종류와 수량, 주식매수선택권 발행규정, 회사가 발행가능한 사채 및 주식의 종류와 내용 등 |
| 외부감사법에 따른 공시 | 직전 사업연도 말의 자산총액 또는 매출액이 500억원 이상 등인 경우 | 회계감사 받아 감사보고서 제출 |
| 자본시장법 대상 공시 | 외부감사대상인 스타트업 가운데 증권 소유자가 500인 이상인 경우 | 상장법인과 동일한 공시의무 |

### 나. 일반투자자의 정보비대칭 문제

이처럼 스타트업이 일정 수준 이상 성장해서 외부감사법과 자본시장
법에 따른 공시의무를 부담하기 전까지는 일반투자자가 스타트업에 대
한 정보를 얻을 수 있는 방법이 거의 없다. 벤처투자자는 투자 전에 기
업실사를 통해 회사 현황과 리스크를 파악할 수 있고, 투자 후에는 지배
구조에 관여하여 정보 비대칭 문제를 일부 해소할 수 있는데 반해, 일반
투자자는 스타트업에 대한 정보를 얻고 이를 통해 정보에 기반한 투자
의사결정(informed decision)을 내리기 어렵다.

특히, 최근 증가하고 있는 비상장주식 거래 플랫폼을 통해 스타트업
의 주식을 매수하는 일반투자자는 플랫폼에서 대상 스타트업 관련 공개
된 정보를 취합하여 제공하는 정보를 바탕으로 매수 의사 결정을 하는

데, 해당 정보의 정확성을 담보하기 어렵다. 현재 거래 활성화를 위해 플랫폼에서 정한 매출액 등의 기준에 해당하는 스타트업 중 플랫폼을 통한 거래에 동의하는 경우에 거래가 가능하게 하고, 감사보고서 등의 공시나 주요 경영 상황이 발생한 경우 수시공시 의무 등을 일부 부담시키고 있다.[35] 그러나 공시 내용이 제한적이고 플랫폼에서 거래되는 스타트업의 공시 정보가 부재하여 스타트업이 유리한 정보를 선별하여 발표한 보도자료를 기반으로 작성된 언론 기사를 스크래핑 한 정보를 제공하는 경우가 다수를 차지한다. 스타트업의 경영상의 위험 등에 관한 정보는 스타트업이 구조조정에 착수하거나 형사 사건화 되기 전에는 알려지지 않는 경우가 많아서 일반투자자는 스타트업에 대한 긍정적 편향을 가질 위험이 있고, 투자자로서 충분한 보호를 받지 못하게 된다.[36]

## 제3절  강행규정으로 인한 자율성의 한계

앞서 지적했듯이 스타트업이 활발히 벤처투자를 받고 유능한 임직원의 채용을 통해 성장하기 위해서는 상황에 맞게 다양한 자금 조달 수단을 이용할 수 있어야 하고, 필요한 경우 벤처투자자와 지배권 분배나 투자 회수에 관한 사항도 별도로 합의해서 스타트업 투자에 따르는 위험을 낮출 필요가 있다. 또한, 스타트업의 상황에 맞게 주식보상제도를 설계하여 유능한 임직원을 채용해서 지속적으로 성장해야 한다. 이를 위

---

35) 비상장주식 거래 플랫폼인 서울거래 비상장은 자본전액잠식 상태가 아니고, 최근 사업연도의 매출액이 5억원 이상이며, 감사인의 감사의견의 적정일 것 및 발행기업이 등록에 대해 동의할 것 등의 등록 요건을 둔다(https://www.seoulexchange.kr/boards/faq/38/).

36) Pollman(2012), pp.207-208; Alon-Beck(2020), p.997.

해서는 정관을 바탕으로 자율적인 지배구조를 형성할 수 있어야 하는
데, 우리나라 상법은 법률에서 명시적으로 허용하지 않는 한 단체법적
법률관계를 안정적, 획일적으로 정하기 위해 상법의 규정이 강행적으로
적용되어서 스타트업의 자율성을 보장하기 어렵다.37)

# I. 자금 조달 수단 관련

스타트업이 벤처투자를 받기 위해 스타트업 투자에 따르는 위험도나
특징 등을 고려해서 다양한 형태의 주식을 발행할 필요가 있음에도 상법
상 발행가능한 종류주식의 제한으로 자금조달에 제약이 생긴다. 또한, 다
양한 종류주식의 발행이 불가능하다보니 스타트업에 대해 각자 다른 권
리를 가진 주주들 간의 이해관계를 조정하는 방법도 매우 제한적이다.

## 1. 종류주식의 제한적 발행 및 활용

종류주식을 발행하면 상법상 주주평등 원칙의 예외로 인정되어 보통
주식과는 다른 권리의 내용을 정할 수 있지만, 상법은 종류주식으로 다
르게 정할 수 있는 권리의 내용을 제한적으로 정하고 있어서 스타트업
에 대한 벤처투자 시의 다양한 권리 부여에 대한 수요를 충족시키지 못
한다. 2011년 상법 개정으로 회사가 발행가능한 종류주식의 유형은 늘
어났지만 스타트업의 다양한 상황에 맞는 자금조달 수요를 충족시키기
에 충분하지 않다.38) 각 스타트업마다 발생하는 주요 대리인 문제나 업

---

37) 김홍기(2020), 287쪽(다수인이 관여하는 회사 관계의 안정을 위해 법률관계를 강
    행적, 획일적으로 확정될 필요가 있고, 이는 사적자치가 넓게 허용되는 상거래법
    과는 다른 회사법의 특징이라고 설명함).
38) 한국사법행정학회 II(2014), 499-503쪽에 따르면 2011년 개정상법을 통해 종류주

종 등 특성에 따라 투자자들이 해당 스타트업의 주주로서 확보하고자 하는 권리가 다른데, 스타트업이 종류주식을 통해 주주에게 부여할 수 있는 권리가 제한적이면 투자자들이 투자위험 관리에 필요한 권리를 얻기 어렵다. 특히 불확실성이 큰 스타트업에 투자하는 벤처투자자는 출자자인 유한책임조합원에 대한 투자 수익 분배 의무에 따라 스타트업에 대한 투자 위험을 줄일 필요가 있다. 이처럼 투자 위험을 낮출 수 있는 우선권을 보장받아서 투자금 회수 가능성을 높여야 하는 경우에도 제한적인 내용의 종류주식만 이용할 수 있어서 필요한 권리를 확보하기 어렵다.39) 주로 벤처투자자는 주주간 계약 등으로 별도 권리를 부여받지만, 뒤에서 볼 것처럼 이 약정의 효력도 법적으로 불분명하다.

그 결과 벤처투자자들은 스타트업 투자에 따르는 위험을 통제하기가 어려워지고 스타트업 투자에 보수적으로 임하게 된다. 투자에 따른 불확실성을 관리할 수단이 제한적인 벤처투자자들은 시장에서 어느 정도 사업모델이 입증되어 위험이 낮은 성숙기 이후 스타트업에 투자를 집중하고, 정작 자금이 필요한 초기 스타트업의 자금 조달은 어려워지게 된다.40)

---

식을 개정하기 이전에 법무부는 3차례에 걸쳐 종류주식 다양화를 위한 개정안을 발표했고, 2009년 개정안에서는 특별결의요건가중제도, 복수의결권주식, 동의권부주식, 이사선해임권부주식, 신주인수선택권에 관한 개정안을 마련했으나, 적대적 M&A의 방어수단으로 이용될 수 있다는 이유로 신주인수선택권에 관한 내용만 입법예고되었고 신주인수선택권도 결국 입법에 이르지 못했다.

39) 상법의 개정이 이루어지지 않은 상태에서 거부권이 부여된 주식과 같은 종류주식 발행은 주주평등의 원칙 중 1주 1의결권 원칙이라는 회사법의 대원칙을 위반하는 중대한 무효행위로 볼 수 있다는 주장으로 한국상사법학회 I (2022), 453쪽.

40) 스타트업뿐 아니라 주식회사 전체의 맥락에서 우리나라 기업규모나 글로벌 경영환경 고려시 주식제도가 기업의 창조적 경영활동 제약요인이 되어서는 안 되기 때문에 종류주식에 대한 규제완화가 필요하다는 견해로 한국상사법학회 I (2022), 493쪽.

## 2. 주주간 이해조정 방법의 부재

스타트업이 자금 조달을 하면서 벤처투자자 등 우선주주를 비롯한 다양한 주주가 생기고 주주들 상호 간에 이해관계가 달라지는 경우가 다수 발생하지만, 제4장에서 살펴본 법률과 계약에는 이러한 이해관계 충돌을 조정할 수 있는 메커니즘이 충분하지 않다.[41] 현재 법률은 보통주주들은 회사에 대해 동일한 이해관계를 가지고, 동일한 종류주식을 보유한 주주간의 이해관계가 단일하다는 전제 하에 특정 종류주주에 손해를 미칠 경우에 종류주주총회를 통해 이해관계를 조정하도록 하고 있다.[42] 또한, 종류주주총회가 필요한 경우도 회사의 정관 변경이나 회사의 분할 또는 분할합병, 주식교환, 주식이전 및 회사 합병로 한정하고 있다(상법 제435조, 제436조). 위 조항을 주주총회와 종류주주총회 간의 권한 분쟁을 강행적으로 정한 규정으로 보고 각 회사가 정관으로 종류주주총회의 권한을 확장 또는 축소할 수 없다고 해석하는 견해가 있다.[43] 이에 따르면 법정된 사유 이 외에는 주주 간에 이익상반 상황에서 종류주주총회를 거치는 것으로 합의하거나, 생략하는 것으로 합의해도

---

41) Pollman(2019), pp.179-196(미국에서도 회사관련 법제가 공개회사를 위주로 논의되어서 스타트업의 지배구조를 고려하고 있지 않고, 이에 따라 주주와 경영진 간의 대리인 문제와 이해관계 충돌 문제는 법률과 계약으로 다루고 있지만 주주 간의 이해관계 충돌(horizontal conflicts of interests) 문제는 법률이나 계약으로 제대로 다루어지지 않고 있다는 점을 지적한다); 김지환(2009), 91쪽.

42) 종류주주에게 손해를 미치게 되는 경우에 대한 판단과 관련해 대법원은 "외견상 형식적으로는 평등한 것이라고 하더라도 실질적으로는 불이익한 결과를 가져오는 경우도 포함되며, 어느 종류의 주주의 지위과 유리한 면과 불이익한 면을 함께 수반하는 경우도 포함된다"라고 판시했다(대법원 2006.1.27.선고2004다44575, 44582판결)[송옥렬(2020a), 983쪽; 윤영신(2016), 10쪽].

43) 이철송(2012), 610쪽("종류주주총회 제도는 특별결의를 지배하는 다수자 주주로부터 소수자 주주를 보호하기 위한 것이므로 아래 요건에 해당되는 한 반드시 그 결의를 거쳐야 하며, 정관으로 특정사항에 관해 종류주주총회를 생략한다는 뜻을 정하더라도 그 정관규정은 무효이다."); 권기범(2016), 179쪽.

법적인 효력이 없다.

앞서 지적한 것처럼 동일한 스타트업에 투자한 벤처투자자들은 모두 동일한 상환전환우선주로 투자하더라도 투자 라운드 별로 조건 등이 달라서 별도의 조(series)를 구성하지만, 상법상 동일한 종류주주로 보아 이들 간의 이익상반 시의 조정 방안은 규정되어 있지 않다.[44] 동일한 라운드에 투자한 벤처투자자가 아닌 한 동일한 주주간 계약의 계약 당사자가 되어 이익 충돌 시의 조정 방안을 정하는 경우는 드물다. 설령 미국의 경우처럼 주주간 계약으로 페이투플레이 조항을 규정한다고 해도 주주 간에 체결한 계약의 채권적 효력만 인정하는 통설에 따르면[45] 그 효력을 스타트업에 주장하기는 어렵게 된다.

## II. 지배권 분배 관련

제4장에서 검토한 것처럼 스타트업의 예측불가능성을 줄이고 대리인 문제를 방지하기 위해서 벤처투자자는 계약을 통해 스타트업과 창업자로서부터 추가적인 권리를 부여받아 스타트업의 지배구조에 참여한다. 그런데 다른 주주들에게는 부여되지 않고 벤처투자자에게만 권리가 부여되어 행사하는 경우 다른 주주들과의 관계에서 주주평등의 원칙에 위반되는 것은 아닌지의 관점에서 논란이 제기되는 경우가 있다. 상법상 주주평등의 원칙은 법률상 명문의 규정은 없으나 의결권(제369조 제1항), 이익배당(제464조), 신주인수권(제418조 제1항), 잔여재산분배청구권(제538조) 등의 규정을 근거로 주주보호와 형평의 차원에서 인정되어

---

44) 박철영(2005), 75쪽[회사가 동일한 주식을 수회에 걸쳐 권리내용이 다르게 발행할 경우 권리내용이 동일한 주식(series, 조) 별로 종류주주총회를 개최해야 한다는 주장]: 본 논문 제4장 제2절 IV.1. 참고.

45) 이중기(2019), 373쪽.

왔다.46) 이에 대해 기존 학설과 일부 판례는 주주의 비례적 이익을 지키는 것에 중점을 두고 주주가 회사에 대해 가지는 권리의 절대적·형식적 평등을 의미하는 것으로 해석하는 경향이 있었다.47) 그러나 최근에는 주주평등의 원칙을 도식적으로 적용하고 합리적 사유가 있는 경우의 예외까지 인정하지 않으면 실질적인 투자자 보호가 되지 않는다고 보고 실질적 평등과 공평의 견지에서 주주평등의 원칙을 해석해야 한다는 견해가 증가하고 있고, 이에 따른 하급심 판결도 찾아볼 수 있다.48)

아래에서는 벤처투자자가 계약으로 지배권에 대해 부여받는 대표적인 권리 별로 지배권 분배와 관련한 주주간 계약에 대해 주주평등의 원칙의 관점에서 법적으로 논의되는 사항을 검토한다.

## 1. 지명이사 선·해임 약정의 효력

### 가. 이사 지명권의 효력

주주간 계약을 통한 벤처투자자의 이사 지명권은 앞서 분석한 것처럼 이사 선임권이 아닌 이사 후보 지명권과 의결권 구속약정의 실질을 가진다.49) 먼저, 이사 후보 지명권은 특정 주주에게 스타트업의 이사를 추천할 권리를 부여하는 것인데, 주주평등의 원칙의 관점에서 논의될 수 있다. 이에 대해 주주이자 채권자의 지위를 가지는 투자자가 임원추천권을 가지되 추천권을 행사하지 않을 경우 회사로부터 매월 약정금을

---

46) 김홍기(2020), 395쪽; 천경훈(2021), 82쪽; 정준혁(2022), 224-225쪽.

47) 한국사법행정학회II(2014), 316쪽("주주평등의 원칙은 강행법적 성질을 가져서 이 원칙에 위반하는 정관규정, 주주총회 결의, 이사의 업무집행행위가 있을 때 불이익을 받은 주주가 승인하지 않는 한 회사 측의 선의·악의를 불문하고 효력이 없다."); 기존 판례 법리에 대한 정리와 분석으로 정준혁(2022), 228-229쪽.

48) 김태진(2008), 38-40쪽; 송옥렬(2020b), 335쪽; 천경훈(2021), 111쪽; 정준혁(2022), 229-243쪽.

49) 본 논문 제4장 제2절 II.3.나.(2) 참고.

수령하기로 하고 약정금을 받은 사안에서 대법원은 회사의 차입금 변제로 투자자가 주주의 지위만을 갖게 된 경우 이러한 약정금 지급 약정은 주주평등원칙에 위배되어 무효라고 판시한 바 있다(대법원 2018.9.13.선고2018다9920, 9937판결).[50] 이 판결은 특정 주주가 임원추천권 행사에 갈음하는 약정금을 수령하기로 한 계약의 효력을 판시한 것으로 임원추천권에 대한 효력을 판시했다고 보기는 어렵지만, 종류주주가 아닌 특정 주주에게 회사에 대해 행사할 수 있는 추가적인 권리를 부여한 것이 주주평등원칙에 반한다고 판시한 것이다. 이 판결의 취지와 주주 간의 형식적 평등을 기준으로 주주평등원칙 위반 여부를 판단해온 기존 일부 판례의 취지에 따르면, 특정 주주에게 이사후보 지명권을 부여하는 것도 주주평등의 원칙에 비추어 무효라고 볼 소지가 있을 것으로 보인다.

### 나. 의결권 구속약정의 효력

벤처투자자의 이사 지명권 약정에 명시적 또는 묵시적으로 포함되는 의결권 구속 약정(voting agreement)의 경우, 창업자 등 주주의 의결권 행사에 대한 약정이고 스타트업에 대한 벤처투자자의 권리 행사 문제는 아니라서 주주평등의 원칙이 문제될 소지는 낮다. 그런데 문제는 이 약정이 주주간의 채권적 효력만을 가진다고 보면 창업자가 약정을 위반하여 의결권을 행사했을 때 벤처투자자가 취할 수 있는 조치가 거의 없다는 점이다.[51] 이에 따르면 창업자 등이 주주간 계약을 위반하여 주주총회에서 벤처투자자가 지명한 이를 이사로 선임하지 않거나 벤처투자자 지명이사를 해임하는 결의에 찬성하지 않더라도 주주총회 결의에는 아무런 하자가 없고, 벤처투자자가 행사할 수 있는 실효적 구제수단이 거의 없다.[52]

---

50) 해당 판결에 대한 분석으로 김재범(2019), 159-164쪽; 천경훈(2021), 100-102쪽; 정준혁(2022), 248-249쪽('광남자동차 제2판결'이라고 지칭하여 논한다).

51) 천경훈(2013), 4쪽; 권오성(2009), 429쪽; 백숙종(2018), 80쪽; 송옥렬(2020b), 335쪽.

벤처투자자의 권리를 효과적으로 보장하려면 약정에 따른 의결권 행사를 구하는 사전처분을 인용해야 하지만, 현재 주주간 계약에 따른 적극적인 의결권 행사를 구하는 사전처분을 인정하는 판례는 찾기 어렵다. 주주간 계약에 반하는 의결권 행사를 금지하는 가처분에 대해 피보전권리와 보전의 필요성을 인정하여 인용한 하급심 판례는 발견되는 반면(서울중앙지방법원 2014.5.8.선고 2014카합655 결정),53) 주주간 계약의 내용에 따른 의결권 행사를 구하는 가처분을 인용한 경우는 거의 없는 것이다.54) 벤처투자자가 창업자 등 주주를 상대로 약정에 따른 의결권을 구하는 장래이행의 청구를 본소로 제기할 수 있다고 해도 문제되는 주주총회 결의는 이미 이루어진 후이므로 큰 의미가 없고,55) 의결권 구속 약정에 반하는 의결권 행사가 이루어진 주주총회 결의에 하자가 있다고 볼 수 없다는 일반적인 견해에 따르면 사후적으로 주주총회 결의의 효력을 다투기도 어렵다.56) 이 경우 벤처투자자는 사후적으로 약정 위반을 이유로 창업자 등 다른 주주에게 손해배상을 청구할 수 있지만, 손해배상청구로는 스타트업 경영에 참가해서 경영을 감독하고자 하는 목적을 달성하기 어렵다.57)

---

52) 송옥렬(2020a), 945쪽(통설에 따르면 의결권 구속계약에 위반하여 의결권을 행사하더라도 주주총회 결의에는 하자가 없고 다만 당사자 사이에서 주주간 계약 위반에 따른 손해배상의 문제가 될 뿐이나, 합작회사나 폐쇄회사에서는 당사자 사이에 미리 경영권을 배분할 필요성이 있으므로 이러한 법리는 바람직하지 않다는 주장).

53) 백숙종(2018), 94-95면에 인용된 서울중앙지방법원 2014.5.8.자2014카합655결정으로 주주간 계약에 반하는 의결권 행사를 금지하는 가처분 신청에 대해 피보전권리와 보전의 필요성을 인정해서 인용했다.

54) 천경훈(2013), 34-40쪽에 인용된 서울중앙지방법원 2008.2.25.자2007카합2556결정 및 서울중앙지방법원 2012.7.2.자2012카합1487결정; 백숙종(2018), 95-98쪽에 인용된 서울고등법원 2013.10.7자2013라916결정.

55) 천경훈(2013), 35쪽.

56) 백숙종(2018), 90쪽; 김건식, 노혁준, 천경훈(2020), 320쪽.

57) 송옥렬(2020b), 359쪽.

## 2. 사전 동의권의 효력

벤처투자자가 계약으로 스타트업의 합병이나 영업양도, 중요계약 체결 등에 대해 부여받은 사전 동의권의 유효성에 대해 주주평등원칙의 관점에서 최근 논의가 많았다.[58] 벤처투자자가 스타트업의 주요 경영사항에 대해 사전 동의권을 가지고 다른 주주가 보유하지 않은 사실상 거부권을 가지는 것으로, 주주평등원칙을 주주가 가지는 권리 간의 형식적 평등으로 해석하면 주주평등원칙 위반으로 무효로 볼 여지가 있다. 벤처투자자 등 투자자에게 사전 동의권을 부여하는 것으로 약정했음에도 사전 동의를 받지 않고 영업양도 등을 진행해서 실제 문제된 사안에 대해 하급심 판결은 통일되지 않은 판시를 해왔다.[59]

2017년 서울고등법원은 우선주주인 투자자에 대한 사전 서면동의권 약정의 효력을 인정하여 투자자의 사전 동의없이 대표이사를 변경하고 영업양도를 한 회사의 투자자에 대한 투자금 상당의 손해배상청구를 인용하였다(서울고등법원 2017.6.29.선고2016나2064211판결).[60] 주주평등의 원칙에도 합리적인 사유가 있으면 예외가 인정될 수 있다는 것을 전제로 투자자에게 약정한 사전 동의권의 효력과 위반 시의 구제수단에 대한 약정의 효력을 인정하는 취지이다. 그런데 이후 2021년 서울고등법원은 우선주주인 투자자의 주요 경영사항에 대한 사전 동의권 약정에도 불구하고 투자자의 동의없이 신주 또는 주식관련 사채를 발행한 회사에 대해 투자자가 조기상환청구 및 위약벌을 청구한 사안에서 투자자에 대한 사전 동의권 약정과 위반시의 제재에 대한 약정은 주주평등원칙 위반으로 무효라고 판시했다(서울고등법원 2021.10.28.선고2020나

---

58) 박상철(2018), 413쪽; 남궁주현(2022), 19쪽.

59) 천경훈(2021), 109쪽(관련 판례 정리); 정준혁(2022), 217쪽.

60) 이 판결에 대한 정리와 해석으로 천경훈(2021), 104-105쪽 및 전준영(2023), 64-67쪽.

2049059 판결).61) 서울고등법원의 위 판결 이후 선고된 항소심 판결은 엇갈린 판시를 했는데, 회생절차 개시 신청시에 주주의 사전 동의 조항을 약정한 것이 무효라고 판시한 판결과62) 사업 중단시에 주주의 사전 동의 조항을 약정한 것이 유효라고 판단한 판결이 있었다.63)

위 항소심 판결 간에는 각 사건에서 약정한 구제 수단의 내용과 투자자인 원고의 청구원인 간에 다소간의 차이가 발견된다.64) 예를 들어, 위 서울고등법원 2017년 판결은 투자자가 사전 동의권 위반을 이유로 회사를 상대로 주위적으로 투자계약상 손해배상청구를 하고 예비적으로 주식매수청구를 하였고, 이에 주위적 청구인 투자금 상당의 손해배상청구를 인정하는 판결을 한 것이다. 투자자가 주주의 지위가 아닌 약정 위반에 따른 손해배상채권을 가진 채권자의 지위에서 손해배상액의 지급 청구를 한 것으로 해석한 것으로 보인다.65) 그런데 서울고등법원 2021년 판결은 투자자가 사전 동의권 위반을 이유로 투자계약상의 조기상환권 행사를 청구해서 투자금 및 일정 이율을 더한 금액 지급을 청구하였고 서울고등법원은 이를 기각하였다. 이 때, 투자계약상의 조기상환권은 상환주식의 상환권이 아니라 계약상의 의무 위반시에 계약에 따라 행사할 수 있는 권리로 제4장 제2절에서 언급한 계약상 주식매수요청권(put option)의 성격을 가진 것으로 보인다. 이에 재판부는 조기상환권 행사에 따른 투자금 상환청구는 판례에 따라 주주평등원칙 위반으로 무효라고 판시했던 투자 수익금 보장약정과 유사한 것으로 판단했을 가능성이

---

61) 천경훈(2021), 117쪽 각주 90); 정준혁(2022), 249쪽.

62) 부산고등법원 2023.1.12.선고2022나52563판결[해당 판결에 대한 평석으로 전준영(2023), 59-62쪽].

63) 수원고등법원 2022.8.25.선고2021나27191판결[해당 판결에 대한 평석으로 전준영(2023), 62-64쪽].

64) 판결 간에 사전 동의 조항의 강제수단 조항을 동의 조항의 유효성 판단에서 고려한 것인지에 대한 차이가 있는 것으로 본다는 견해로 전준영(2023), 68쪽.

65) 전준영(2023), 65-66쪽.

있다.66)

그러나 투자자 권리 행사의 전제가 되는 사전 서면동의권 약정의 내용은 두 판결이 거의 유사함에도 불구하고 그 법적 효력에 대한 서울고등법원의 상반된 판시로 실무상 큰 혼란이 발생했다.67) 벤처투자자는 창업자의 대리인 문제를 방지하는 주요 방법으로 스타트업의 주요 경영 사항에 대한 사전 동의권을 부여받았고 위반시의 권리 구제수단을 약정해 왔는데, 2021년 서울고등법원의 판결로 사전 동의권의 효력이 인정되지 않을 수 있게 된 것이다. 벤처투자자에게 사전 동의권을 부여하고 높은 가치로 투자를 받을지 또는 사전 동의권을 부여하지 않고 낮은 가치로 투자받을지 여부는 창업자 등 경영진의 경영판단에 속하는 영역임에도 전자의 선택지를 배제하도록 해서 창업자 등 경영진의 투자에 관한 선택지를 줄이는 결과를 초래한다는 비판도 있었다.68)

이러한 논의를 고려해서 대법원은 위 서울고등법원 2021년 판결에 대한 상고심에서 특정 주주에게 부여된 사전 동의권의 유효성을 인정할 수 있다는 점을 설시하여 파기환송하였다(대법원 2023.7.13.선고 2021다293213 판결). 차등적 취급을 정당화할 사유가 있는 경우 특정 주주에게 추가적인 권리를 부여해도 주주평등의 원칙 위반이 아니라는 전제 하에 해당 사안에서 회사에 투자금이 반드시 필요했고 투자 유치를 위해 투자자인 주주에게 사전 동의권을 부여하는 것이 불가피했다고 보았다. 또한, 경영 감시 목적의 사전 동의권 부여로 다른 주주에게 실질적인 손해가 발생했다거나 이해관계가 대립된다고 보기 어렵고, 사전 동

---

66) 투자수익금 보장약정이 주주평등원칙에 위반되는 것으로 무효라고 판시한 대법원 판결로 대법원 2003.5.16.선고2001다44109 판결(대한종금 사건), 대법원 2007.6.28.선고2006다38161,38178 판결(평화은행 사건), 대법원 2020.8.13.선고2018다236241 판결(셀텍 사건)이 대표적이다. 이에 대한 자세한 설명으로 천경훈(2021), 97-100쪽, 102-103쪽; 정준혁(2022), 209-215쪽(셀텍 사건에 대한 설명).

67) 천경훈(2021), 117쪽 각주 90).

68) 정준혁(2022), 235-236쪽.

의권 행사의 대상인 유상증자는 이사회 결의 대상으로 주주총회의 결의 대상은 아니므로 다른 주주의 의결권을 침해한다고 보기 어렵다고 판시했다. 위 대법원의 판결로 사전 동의권의 해석에 대해 엇갈렸던 견해가 통일되고 사전 동의권에 대한 실무가 정립되어 갈 것으로 기대된다.

### 3. 정보요청권의 효력

벤처투자자인 우선주주가 창업자 등 경영진과 정보비대칭에 따른 대리인 문제를 방지하고자 계약을 통해 부여받는 정보요청권 역시 형식적 평등에 따른 주주평등원칙을 적용하면 다른 주주들에게 없는 추가적인 권리를 벤처투자자에게 부여하는 것으로 무효로 판단될 여지가 있다. 특정 주주에게 정보요청권을 부여하는 약정의 법적 효력을 직접 다룬 판례는 찾기 어렵지만, 사전 동의권 등 다른 주주들에게 인정되지 않는 우월한 권리를 특정 주주에게 부여한 약정의 효력을 인정하지 않았던 위 하급심 판례의 취지에 따르면 벤처투자자에게 정보요청권을 부여하는 것도 주주평등원칙 위반으로 무효라고 볼 가능성이 있다.

그러나 이러한 해석에 따르면 벤처투자자는 창업자 등 경영진과의 정보비대칭을 줄일 수 있는 중요한 감시 수단을 이용하지 못하고 대리인 문제의 발생을 방지하기 어렵다. 앞서 본 것처럼 창업자 등 경영진의 사익추구나 자기거래의 문제 등에 대한 정보를 알고 방지하거나 조기에 해결하기 어려워지는 것이다.[69] 또한, 사전 동의권의 경우와 마찬가지로 창업자 등 경영진은 벤처투자자에게 정보요청권을 부여하고서라도 투자를 받을 수 있는 선택지가 없어져서 자금조달에 제약이 생길 수 있

---

69) 정준혁(2022), 233쪽(주주평등의 원칙을 형식적 평등에 기초해 엄격하게 적용하면 "지배주주에 의한 비공식적 경영 관여나 사익편취는 용납하는 반면, 비지배주주의 투자계약에 기한 경영 관여나 지배주주에 대한 감시는 무력화하는 수단으로 악용될 수 있다.").

다. 따라서 정보요청권 역시 사전 동의권에 대한 대법원 판결의 취지에 따라 벤처투자자의 자금 조달시에 정보 제공을 통한 경영 감시의 필요성이 있어 약정한 경우에는 그 효력을 인정할 필요가 있다.

## III. 투자 회수 관련

스타트업의 중요한 자금조달 방법인 벤처투자를 활성화하기 위해서는 벤처투자자가 스타트업에 대한 투자 회수 기회를 확보할 수 있어야 한다.[70] 특히, 스타트업이 성공적으로 상장하거나 매각되는 경우가 아닌 상황에서도 투자 회수 방법이 있어야 벤처투자조합의 출자자인 유한책임조합원에 대한 의무를 다할 수 있고 후속 벤처투자조합 결성을 할 수 있다.[71] 이를 위해 스타트업은 벤처투자자에게 종류주식상의 권리나 계약상의 권리를 추가로 부여하고 있는데, 이러한 권리가 상법상 강행규정으로 이해되는 자본유지의 원칙 위반이나 주주평등원칙 위반으로 인정되지 않아서 벤처투자자의 투자 회수에 제한이 되는 경우가 많다.

### 1. 상환권 행사 재원의 제한

벤처투자자는 상환권이 있는 우선주식으로 투자하고 상환권 행사는 벤처투자자의 투자 위험을 보호하기 위한 방법임에도 불구하고 사실상 상환권을 행사해서 투자 회수를 하기는 어렵다. 이는 상법상 주식회사에 강행적으로 적용되는 자본 및 배당가능이익의 제한이 스타트업에도 적용되어[72] 주주에 대한 상환의 재원이 배당가능이익으로 제한됨에 따

---

70) 벤처투자자의 투자회수 방법으로 본 논문 제2장 제2절 II.4. 참조.
71) Feld& Mendelson(2011), p.76.
72) 박상철(2018), 405쪽; 김한철(2021), 134-138쪽.

른 것이다. 상법상 주주가 회사에 출자한 자본금은 회사가 해산되지 않는 한 법률에서 정한 사유 없이는 주주에게 환급되지 못하도록 하는 자본유지의 원칙이 인정되고, 이에 따라 상법은 법정준비금과 이익준비금으로 적립할 회사의 의무를 규정하고 배당가능이익의 범위를 엄격히 규정하고 있다.[73] 2011년 상법 개정시 일부 개선되었지만, 우리나라는 배당가능이익 산정에 대한 여러 기준 중 대차대조표상 이익잉여금 기준 중에서도 여러 공제항목을 규정한 강화된 이익잉여금 기준을 채택하고 있다.[74]

그런데 스타트업의 경우 상법상 배당가능이익 산정 기준에 따르면 스타트업에 배당가능이익이 발생하는 경우가 거의 없다. 배당가능이익은 재무상태표의 순자산액에서 자본금을 공제한 후 이미 적립된 법정준비금을 공제하고 당기 적립할 이익준비금을 공제한 뒤 재무상태표상 미실현이익을 공제하여 산정된다(상법 제462조 제1항). 준비금을 과다적립한 경우 준비금을 배당가능재원으로 활용할 수 있도록 2011년 상법 개정으로 준비금 감소 절차를 추가했지만(법 제461조의2), 준비금이 자본금의 1.5배를 초과하는 경우에만 1.5배 초과부분에 대해 준비금 감소 절차를 할 수 있도록 하여 그 기준이 엄격한 편이다.[75] 또한, 회사는 주식배당을 제외한 배당시에 이익배당액의 10%를 자본금의 1/2이 될 때까지 이익준비금을 적립해야 하는데(법 제458조), 이익준비금은 배당가능이익 산정시 순자산액으로부터 공제대상이 되는 법정준비금이라서 이익준비금을 적립하면 배당가능이익이 감소한다. 이런 기준에 따라 산정하면 매출이나 이익의 규모가 크지 않은 스타트업은 배당가능이익이

---

73) 김홍기(2020), 342쪽('자본금불변의 원칙'이라고 한다); 한국상사법학회 I (2022), 477쪽.

74) 김순석(2012), 43쪽("우리나라의 현행 배당기준은 미국의 대차대조표 기준 중에서 이익잉여금 기준에 유사하지만 공제항목이 더 많으므로 이른바 강화된 이익잉여금 기준이라 할 수 있다.").

75) 김순석(2012), 26쪽.

산정되는 경우가 거의 없어서 벤처투자자는 사실상 상환권을 행사해서
투자 회수를 하기 어렵다.[76]

## 2. 주식매수요청권의 효력

벤처투자자가 상환우선주에 따른 상환권 행사가 아니라 계약에 따라
스타트업 또는 창업자의 의무 위반시에 스타트업에 주식매수를 요청할
수 있는 권리의 효력도 자본유지원칙과 자기주식 취득 제한으로 인정되
지 않을 가능성이 높다.[77] 벤처투자자가 스타트업에 주식매수요청을 하
고 스타트업이 이를 벤처투자자의 투자금에 일정 이율을 더한 금액으로
매수하면 스타트업의 자기주식 취득에 해당하고, 자본유지원칙에 따라
법률상 정해지지 않은 사유나 방법으로 자기주식을 취득할 수 없다.[78]
하급심 판례도 주주가 회사를 상대로 계약에 따른 주식매수요청권을 행
사해서 주식매매대금의 지급청구 또는 이에 갈음하는 손해배상청구를
구한 사건에서 1심 판결은 자기주식취득금지 및 자본충실원칙에 위반해
서 무효라고 판시하고, 항소심 판결은 주주평등의 원칙 및 사회질서에
위반되어 무효라고 판시한 바 있다.[79] 또한, 이 약정은 스타트업이 일정
사유 발생시에 벤처투자자에게 투하 자본 회수를 보장하는 약정을 한
것으로 해석될 수 있고, 특정 주주에게 수익 보장 약정이나 투하 자본
회수 약정을 하는 것은 주주평등의 원칙 위반으로 무효라고 판시한 판

---

76) 박상철(2018), 405쪽; 김한철(2021), 134-138쪽.

77) 천경훈(2021), 85쪽.

78) 김한철(2021), 150-152쪽(인적회사의 성격이 강한 벤처회사에 대한 자기주식취득
   제한 규제 완화를 주장); 한국사법행정학회Ⅱ(2014), 463쪽에 따르면, 다수설과
   판례는 배당가능이익이 없음에도 자기주식을 취득한 경우 자본충실의 원칙과 자
   기주식취득으로 인한 위험 방지 차원에서 무효설을 취한다.

79) 천경훈(2021), 107쪽(서울고등법원 2011.6.23.선고2010나124153 판결 및 이에 대
   한 1심인 서울중앙지방법원 2010.10.28.선고 2010가합29312 판결에 대한 설명).

례에 따르면 효력이 인정되지 않을 가능성이 높다.80)

## 3. 간주청산우선권의 효력

미국에서 벤처투자 시에 대부분 이용되는 간주청산우선권 역시 우리나라에서는 자본유지원칙과 주주평등의 원칙 위반으로 효력이 인정되지 않을 가능성이 높다. 간주청산우선권의 법적 효력을 판단한 명시적 판결은 찾기 어렵지만 간주청산우선권은 상법상 정한 종류주식의 내용으로 보기 어렵고, 특정 주주에게 우선하여 투자금에 상응하는 자금을 취득할 권리를 보장하는 일종의 수익보장약정으로 보면 앞서 지적한 특정 주주에 대한 수익보장약정을 무효로 판단한 판결에 따라 간주청산우선권의 효력이 인정되지 않을 것이다.81)

다만, 주주간 계약을 통해 벤처투자자가 창업자 등에게 주식양도 방식의 매각시에 매각으로 얻은 이익을 벤처투자자에게 우선 지급하도록 약정한 경우에는 주주간의 약정금 지급에 대한 합의로 법적 효력이 인정될 여지가 있다.82) 이에 대한 판례는 찾기 어렵지만, 창업자가 매각 대가를 수령한 후에 벤처투자자에게 매각 대가 중 투자금에 상응하는 금액을 지급하는 약정으로 보면 주주간의 약정금 지급청구가 되어 자본

---

80) 대법원 2003.5.16.선고2001다44109 판결(대한종금 사건), 대법원 2007.6.28.선고 2006다38161,38178 판결(평화은행 사건), 대법원 2020.8.13.선고2018다236241 판결(셀텍 사건).

81) 박상철(2018), 404쪽(간주청산시의 우선권에 대해 "자본유지원칙을 강행적 원리로 이해하는 통설 하에서는, 상법에서 허용하지 않는 방식의 출자금의 환급으로서 자본유지원칙을 위반하여 회사법상 효력뿐 아니라 당사자 간의 채권적 효력 또한 무효라고 해석할 수밖에 없다"라고 한다).

82) 박상철(2018), 404-405쪽; 한국벤처투자(2018), 22쪽(이해관계인에게 매수의무 또는 채무부담의무를 부담하는 형태로 사용될 수 있다고 지적하면서 이 경우 그 조건 및 사안을 이해하고 해당 의무를 부담할지 여부를 이해관계인 스스로 판단해야 한다고 조언함); VLF(2020), p.80.

유지의 원칙이나 주주평등의 원칙에 위반한다고 해석할 근거를 찾기 어렵다. 이렇게 간주청산우선권의 법적 효력을 인정하지 않고 창업자의 약정금 합의의 효력만 인정될 경우, 창업자가 약정금 지급 의무를 부담하지 않으려고 주식양도 방식의 매각은 피하고 합병 방식을 선호할 가능성이 높아서 창업자에 인센티브 왜곡이 발생하고 결과적으로 매각을 통한 벤처투자자의 투자회수를 지연시킬 가능성이 있다.[83]

## 4. 대안적 투자 회수 방법

이처럼 벤처투자자의 상환권 행사가 사실상 어렵고 계약상 주식매수요청권이나 간주청산우선권이 인정되지 않으면, 스타트업이 성공하지 못한 경우에 투자 회수 기회가 제한되어 벤처투자에 보수적으로 임하게 되고 이는 스타트업의 자금조달에 어려움을 초래할 수 있다.[84] 미국에서는 2022년 4분기 스타트업 투자건 269건 중 간주청산우선권을 약정하지 않은 건이 0.4%에 불과할 정도로 보편적으로 이용되어 벤처투자자의 하방위험을 보호하고 투자 회수 기회를 보장하는 기능을 한다.[85] 반면, 우리나라 벤처투자자의 제한적인 투자 회수 기회는 벤처투자가 활성화되지 못하는 원인 중 하나로 지적할 수 있다.

우리나라에서는 벤처투자자의 투자회수 기회 확보를 위해 창업자 개인에게 주식매수요청권을 행사할 권리를 부여받고 약정한 사유 발생 시에 이를 행사하여 창업자를 상대로 투자금을 회수하려는 경우가 실무상 다수 발견된다.[86] 하급심 판결 역시 창업자에 대한 주식매수요청권 행

---

83) VLF(2020), p.80(주식양도와 합병 등의 경우에 간주청산우선권 행사 가부에 차이를 두면 인센티브 왜곡이 있을 수 있다는 점을 지적함).

84) 박상철(2018), 397쪽(자본유지원칙으로 회사의 재무구조가 안정되는 것이 아니라 자금조달의 어려움으로 재무구조가 도리어 악화될 수 있다고 주장함); 김한철 (2021), 137쪽.

85) Cooley Go(2022)(https://www.cooleygo.com/trends/).

사는 회사가 아닌 주주 개인에 대한 권리이므로 주주평등의 원칙에 반하지 않는다는 판시를 한 바 있다.[87] 창업자 개인에 대한 주식매수요청권 행사는 벤처투자자의 스타트업에 대한 간주청산우선권 행사가 활발한 미국의 경우에는 찾아보기 어려운 사례로,[88] 스타트업이 아닌 창업자 개인에게 주식매수요청권을 행사할 경우 창업자에게 지나친 경제적·법적 부담이 되어 스타트업 창업이 위축될 가능성이 높다.[89]

## IV. 주식 보상 제도의 경직성

### 1. 주식매수선택권

#### 가. 주식매수선택권 규정을 강행규정으로 해석한 판례

앞서 본 것처럼 스타트업의 경우 벤처기업법의 주식매수선택권 규정이 적용되는데, 상법상 주식매수선택권에 관한 규율 내용을 강행규정으로 판시한 판례가 있어 주의를 요한다. 주식매수선택권에 관해 상법에서 비상장회사와 상장회사, 벤처기업법에서 벤처회사의 경우를 별도로

---

86) 김한철(2021), 126쪽.

87) 천경훈(2021), 107-108쪽에서 설명하는 서울중앙지방법원 2010.3.11.선고2009가합113358 판결 및 서울중앙지방법원 2010.9.2.선고2010가합39968 판결로, 회사에 대한 청구는 기각하고 개인 대주주에 대한 청구는 인용했다.

88) 천경훈(2021), 91쪽(미국 벤처투자표준계약에서는 회사 또는 지배주주에 대한 주식매수청구권을 규정하고 있지 않다고 설명함); 미국 NVCA의 표준 회사 설립헌장(Certificate of Incorporation)(2020년 버전)의 Section 6은 상환권(redemption rights)을 규정하고 있으나, 해당 헌장 각주 69)에서 실제로 상환권이 계약에 포함되는 경우는 적고 행사되는 경우는 적다고 설명한다.

89) 박상철(2018), 413쪽; 정준혁(2022), 236쪽(창업 활성화 측면에서도 바람직하지 않고 개인에 대한 연대보증책임을 부분별하게 지우는 것을 줄여야 한다는 사회적 분위기나 국제 관행과 배치된다고 설명).

규정하면서 행사요건에 대한 예외 규정 등에 차이를 둔 것을 판례가 법적인 의미가 있다고 해석한 것이다(대법원 2011.3.24.선고 2010다85027 판결).

사안은 비상장회사의 임직원으로 본인의 책임이 아닌 사유로 퇴임 또는 퇴직한 이에게 주식매수선택권의 행사요건인 2년 이상 재임 또는 재직에 대한 예외를 인정할지 여부가 문제된 경우였다. 상법의 상장회사 특례 규정(법 제542조의3 제4항, 동 시행령 제30조 제5항)과 벤처기업법(법 제16조의5 제1항, 동 시행규칙 제4조의4 제2항)은 각각 시행령과 시행규칙으로 본인의 책임이 아닌 사유로 퇴임 또는 퇴직할 경우 2년 이상 재임 또는 재직 요건을 적용하지 않고 행사할 수 있다는 예외 규정을 두고 있다. 반면, 비상장회사에 대한 상법상 주식매수선택권 규정은 이러한 예외를 정하고 있지 않다. 해당 사안에서 대법원은 이러한 법률 규정상의 차이를 강행규정으로 해석하고 비상장회사의 임직원이 사업 구조조정으로 다른 계열사로 이직하면서 본인의 책임이 아닌 사유로 퇴사하여 해당 회사에서 2년 동안 재직하지 못한 사안에서 주식매수선택권 행사가 불가능하다고 판시했다.[90]

위 판결의 취지에 따르면 벤처기업법상 주식매수선택권 규정도 강행규정으로 해석될 가능성이 높아진다. 그 결과 스타트업 정관으로 벤처기업법상 규정과는 다른 주식매수선택권의 내용을 정하고 주주총회 특별결의 등을 거치더라도 법률의 내용과 다른 약정의 효력을 인정받기 어려워진다.[91] 그러나 이러한 해석은 스타트업이 임직원에 대한 인센티

---

90) 한국사법행정학회II(2014), 455쪽; 상장회사의 경우에만 이런 예외를 인정한 이유를 설명하기 어렵고 중요도가 떨어지는 상법 제340조 제1항을 강행규정으로 해석하는 것은 과도하다는 견해로 송옥렬(2011), 22-23쪽.

91) 조용현(2011), 81, 90쪽(관련 규정의 연혁을 분석하고, 문언에 따라 2년의 재임 요건을 충족하지 않은 비상장회사의 전 직원은 주식매수선택권을 행사할 수 없는 것이 타당하다는 의미); 송옥렬(2011), 3-23쪽(상장회사와 비상장회사 간의 입법상의 차이가 특별한 정책적 고려에 따른 것이 아니라 연혁상의 이유에 불과하

브 부여를 위해 주식매수선택권을 적절히 활용하는데 제약이 된다.92) 예를 들어, 스타트업이 임직원의 근속 유도를 위해 주식매수선택권의 분할 행사 방식을 정하거나, 부여 당시 행사가격을 정하는 것이 아닌 행사가격 산정 기준을 정할 수 없다.93) 그 결과 스타트업이 상황에 맞게 주식보상제도를 활용할 수 없고 능력있는 임직원을 채용하고 고용 관계를 유지하는데 어려움을 겪게 된다.

### 나. 주식매수선택권에 대한 벤처기업법의 규정

위 판례에 따라 강행규정으로 해석될 가능성이 높은 벤처기업법상 주식매수선택권의 규정은 주주총회를 통한 엄격한 통제를 전제로 하고 있어 스타트업이 상황에 따라 유연하게 주식매수선택권을 설계하기 어렵다. 임직원에게 주식매수선택권을 부여하려면 주주총회에서 부여 대상자와 부여 수량, 행사 가격 등을 정해야 한다(법 제16조의3 제1항, 제3항).94) 각 임직원마다 스타트업에 입사하는 시기가 다른데, 주주총회

---

므로 상법 제340조의4 제1항의 2년 이상 재임 또는 재직 요건을 강행규정으로 해석할 필요는 없다는 취지).

92) 주식매수선택권 관련 상법규정을 강행규정으로 판단한 판례에 대한 비판으로 송옥렬(2011), 21-23쪽; 고재종(2021), 52-59쪽(현행 벤처기업법상 주식매수선택권의 법적 불명확성을 지적하면서 일본의 신탁형 스톡옵션 제도를 보완책으로 제시함).

93) 예를 들어, 주식매수선택권을 할증행사하도록 설계해서 1년차에는 10%, 2년차에는 15%, 3년차에는 20%, 4년차에는 25%, 5년차에는 나머지 30%의 주식매수선택권을 행사할 수 있게 하는 방식은 상법 제340조의4 제1항에서 2년의 의무재직기간을 정해서 기간 경과시에만 주식매수선택권을 행사할 수 있다고 보는 법원의 견해에 따라 가능하지 않을 것이라고 보는 견해(한국상사법학회 I (2022), 790쪽).

94) 주주총회 특별결의로 주식매수선택권을 부여받을 자의 성명, 부여방법, 행사가격과 행사기간, 각자가 행사시 내줄 주식의 종류와 수를 정하도록 한다. 다만, 주식매수선택권 부여 수량의 20%의 범위 내에서 벤처기업 임직원 외의 자에게 일정 범위 내의 주식을 주식매수선택권으로 부여하는 경우 부여받을 자의 성명, 각자가 행사시 내줄 주식의 종류와 수는 이사회에서 정할 수 있고 이후 개최되는 주주총회에서 사후 승인을 받게 할 수 있다(벤처기업법 제16조의3 제4항).

특별결의를 거쳐 주식매수선택권을 부여하려면 정기주주총회에 일률적으로 부여하거나 별도의 임시주주총회를 소집해야 한다. 신규 임직원이 입사할 때마다 스타트업이 임시주주총회를 개최하기 어렵기 때문에 정기주주총회에서 일률적으로 주식매수선택권을 부여하는 특별결의를 하도록 하는 경우가 많다. 그 결과 임직원이 회사의 발전에 기여한 정도가 아닌 입사연도나 근속연수에 따라 통일해서 주식매수선택권을 부여하게 되어 임직원의 근속에 대한 보상이 되는 경우가 많다.[95]

　주주총회의 엄격한 통제 하에 주식매수선택권을 부여하도록 하는 취지가 벤처투자자인 우선주주나 일반투자자의 지분희석에 대한 우려라는 점을 고려하면 과도한 통제로 보인다. 투자자의 지분희석과 관련해서는 주식매수선택권이 총 발행주식에서 차지하는 비중이나 행사 가격 설정이 중요하고, 각 부여 대상자의 신원이나 개별 부여 수량은 다른 주주의 지분 희석과는 관련이 없다. 그럼에도 불구하고 주식매수선택권 부여를 주주총회의 강력한 통제 하에 두어 스타트업에 지나친 부담이 되고, 상황에 따라 유연하게 주식매수선택권을 부여하고 행사조건 등을 설정하여 유능한 임직원을 채용하기 어려워진다.

## 2. 성과조건부 주식

　성과조건부 주식은 임직원이 발행가격을 납입하지 않고도 부여 요건을 충족하면 스타트업의 주식을 취득할 수 있어 주식매수선택권에 비해 임직원에 대한 투자자 보호 문제가 발생하지 않는 주식보상방식으로 미국 스타트업 등에서 널리 이용되었다.[96] 그런데 우리나라는 성과조건부

---

95) 고재종(2021), 36쪽("결과적으로 주식매수선택권 제도는 도입취지인 성과보상이 아닌 2년 이상의 재임 내지 재직 기간 만료 후에 자신의 노력과는 무관하게 받을 수 있는 보너스의 성격으로 바뀌었다고 할 수 있다.").

96) Alon-Beck(2019), pp.169-170(양도제한조건부주식(RSU)가 투자자 보호 측면에서 주식매수선택권(stock option)보다 낫다는 설명).

주식을 발행할 법적 근거가 부족하고 상법상 신주발행이나 자기주식취득의 제한을 준수하면서 성과조건부 주식을 발행하기 어려운 측면이 많아 제한적으로 이용되었다.

임직원에게 양도제한부 주식을 부여하려면 스타트업이 신주를 무상으로 발행해서 부여하거나 보유하고 있는 자기주식을 제공해야 한다. 그런데 스타트업이 임직원에게 무상으로 신주를 발행하면 액면미달 발행에 해당하는데, 액면미달 발행은 원칙적으로 금지되고 설립시로부터 2년이 경과했을 때 주주총회 특별 결의와 법원의 인가를 얻은 경우에만 예외적으로 허용된다(상법 제330조, 제417조). 스타트업이 실제로 이러한 절차를 거쳐 액면미달 발행의 형태로 성과조건부 주식을 발행하기는 어렵다. 또한, 주주 배정 신주발행이 아닌 제3자 배정 신주발행을 하면서 시가보다 현저히 낮은 가액으로 신주를 발행하는 경우 시가로 발행하는 경우와의 차액만큼 회사에 손해가 발생했다고 보아 이사의 책임이 인정될 수 있다는 취지의 판례에 따르면,97) 임직원에게 무상으로 신주 발행시에 신주의 저가 발행으로 인한 이사의 책임이 문제될 소지가 있다.

스타트업의 자기주식을 성과조건부 주식으로 임직원에게 부여하는 방법 역시 활용이 제한적이었다. 스타트업이 자기주식을 보유하고 있는 경우는 거의 없고, 성과조건부 주식 부여를 위해 스타트업이 주주로부터 자기 주식을 취득하면 주주에게 환급을 해주는 결과가 되어 상법상 자본유지의 원칙에 따라 제한된다. 상법상 스타트업과 같은 비상장회사는 배당가능이익의 범위 내에서 모든 주주에게 통지 또는 공고해서 취득하거나 공개매수하는 방법으로만 자기주식을 취득할 수 있다(법 제341조 제1항 제2호, 동 시행령 제9조). 그러나 스타트업에 배당가능이익이 있는 경우는 드물고, 모든 주주를 대상으로 공고해서 취득하거나 공개

---

97) 대법원 2009.5.29. 선고 2007도4949 전원합의체 판결(다만, 해당 사안은 주주 배정 신주 발행으로 전환사채 저가 발행시에 회사의 손해가 없어 이사의 배임죄가 성립되지 않는다고 판단했다; 정봉진(2015), 709쪽.

매수 등을 진행하기도 어려워서 실제로 자기주식을 취득하기 어려웠다.

이 점을 고려하여 2024년 벤처기업법 개정으로 벤처기업법상 스타트업이 성과조건부 주식 발행 목적으로 행하는 자기주식 취득 요건을 완화하는 조항을 추가했다.[98] 회사의 자기주식취득 시에 적용되는 취득 재원상의 제한과 취득 방법상의 제한 가운데 취득 재원상의 제한을 완화하여 회사가 자본잠식 상황이 아닌 한 임직원에 대한 성과조건부 주식 교부 목적의 자기주식 취득을 할 수 있도록 한 것이다 (벤처기업법 제16조의18). 다만, 해당 개정법에서는 성과조건부 주식 교부를 위한 자기주식 취득의 방법에 대해서는 상법에서 정한 방법에 따라 모든 주주에게 자기주식 취득 통지 또는 공고를 하거나 공개매수하는 방식으로 취득하도록 하였다 (벤처기업법 제16조의18 제2항).

## 제4절 이사의 책임과 임직원의 역할 부재

스타트업의 이사회는 창업자 및 경영진에 대한 감시와와 주주간 이해관계 조정 역할을 수행해야 함에도 실질적인 역할을 수행하지 못하는 경우가 많다. 그 원인으로 이사의 회사법상 의무에 대한 법리가 벤처투자자 지명이사의 실제 역할이나 맥락을 고려하여 구체화되지 못했다는 점을 지적할 수 있다. 스타트업의 성장 과정에서 이사회는 구성상의 특징으로 이해관계의 조정보다는 이해관계를 대변하면서 형식적인 역할을 수행하고, 벤처투자자 지명이사가 상충되는 법적 의무를 부담하여 사실상 형해화되는 것이다. 또한, 스타트업 성장과정에서 중요한 역할을

---

98) 벤처기업법 2024.1.9. 법률 제정이유; 중소벤처기업부 2024.1.2.자 보도자료 '벤처생태계를 지속 성장시킬 「벤처기업법」 개정안 국무회의 의결.

수행하는 임직원은 주식보상제도를 통해 임직원이자 주주의 지위를 갖지만 실제로 주주로서 권리를 행사하기 어렵다.

# Ⅰ. 이중신인의무자인 지명이사의 의무

## 1. 이중신인의무자

스타트업 이사회의 벤처투자자 지명이사는 벤처투자자와 스타트업 모두에 신인의무를 가지는 이중신인의무자(dual fiduciary)에 해당하는데, 두 가지 의무가 상충될 때 벤처투자자 지명이사가 어떤 법적 의무와 책임을 부담해야 할지 명확하지 않다.99)

### 가. 지명이사가 의무를 부담하는 상대방

벤처투자자는 업무집행조합원인 벤처캐피탈 회사의 임직원을 벤처투자자 지명이사로 선임하는 경우가 대부분이다. 벤처캐피탈 회사 내부에서 해당 스타트업에 대한 투자 집행과 관리를 책임지는 임직원이 벤처투자자 지명이사로 선임된다. 해당 스타트업에 대한 투자가 벤처투자조합의 성과에 차지하는 비중이 큰 경우 업무집행조합원인 벤처캐피탈 회사의 대표이사가 스타트업의 벤처투자자 지명이사로 선임되기도 한다. 또한, 벤처캐피탈 회사의 임직원은 한 개 이상의 스타트업 투자 집행과 관리를 책임지는 일이 많아서 복수의 스타트업에 지명이사로 선임되는 경우가 일반적이다.

그래서 벤처투자자 지명이사는 각기 다른 상대방에게 의무를 부담하

---

99) Pollman(2019), p.185; Fan(2022), p.332("벤처캐피탈이 벤처투자펀드의 업무집행조합원으로 유한책임조합원에 부담하는 의무와 이사회의 구성원으로 보통주주에게 부담하는 의무 간에 균형을 잡는 것은 매우 어렵다.").

는 이중신인의무자(dual fiduciaries)의 지위를 가진다.100) 벤처투자자 지명이사는 벤처투자조합의 유한책임조합원에게 선량한 관리자의 주의를 부담하는 업무집행조합원의 의무를 위임 또는 고용계약을 통해 대리해서 부담한다(벤처투자법 제52조 제1항). 이 때 벤처투자자 지명이사가 의무를 부담하는 상대방은 벤처투자조합의 유한책임조합원 또는 유한책임조합원에게 의무를 부담하는 업무집행조합원인 벤처캐피탈 회사가 된다.

반면, 벤처투자자자 지명이사는 스타트업의 이사로 선임되면 이사로서 스타트업에 대해 이사로서의 법적 의무를 부담한다(상법 제382조의3 등). 이 때 벤처투자자자 지명이사가 부담하는 의무의 상대방은 회사인 스타트업인데, 회사에 대한 의무는 일반적으로 주주의 비례적 이익을 증진할 의무로 볼 수 있으므로101) 결국 주주에 대한 의무를 부담한다고 해석할 수 있다. 이사의 신인의무는 주주의 이익이 보유 주식 수에 따른 차이 이외에는 일치한다는 전제하에 이사가 회사와 주주에 대해 분리되지 않는 충실의무(undivided loyalty)를 진다고 보는데, 스타트업의 경우 앞서 본 것처럼 우선주주와 보통주주, 우선주주 상호 간의 이익이 달라지는 경우가 발생한다.102) 그 경우 벤처투자자 지명이사는 주주와 유한책임조합원의 이익을 모두 추구해야 하는 법적 의무를 부담하는데, 양측의 이익이 상반되는 상황에서는 이 의무를 모두 이행할 수 있는 가능성은 매우 낮다. 벤처투자자 지명이사가 여러 스타트업의 지명이사를 겸직하는 경우에는 피투자 스타트업 상호간의 이익도 달라져서 벤처투자자자 지명이사가 부담하는 의무의 이행이 더욱 어려워진다.

---

100) Pollman(2019), p.185.
101) 김건식, 노혁준, 천경훈(2020), 409-410쪽.
102) Woolf(2001), p.498; Sepe(2013), pp.342-345.

## 나. 지명이사의 상반되는 의무가 문제되는 경우

일반적인 경우에는 스타트업의 성공을 통한 벤처투자조합의 투자 회수와 주주의 이익이 일치해서 지명이사의 상반되는 의무가 특별히 문제되지 않는다. 그런데 앞서 본 것처럼 스타트업의 온건한 하락세 상황에서 벤처투자자인 우선주주와 창업자인 보통주주의 이익이 상반되는 경우처럼 우선주주와 보통주주의 이해관계가 달라지면 벤처투자자 지명이사가 벤처투자조합의 유한책임조합원에게 부담하는 의무와 스타트업의 주주에게 부담하는 의무가 충돌되는 경우가 발생한다.

스타트업이 재무 상태 악화로 금융기관으로부터 자금 차입 등이 어렵고 다운라운드 투자를 진행할지, 또는 제3자에 매각할지에 대한 결정이 대표적인 경우이다.103) 벤처투자자는 다운라운드 투자 진행으로 지분이 크게 희석될 수 있고 후속 투자자가 다른 유리한 조건을 보장받을 수 있어 투자보다는 스타트업을 제3자에 매각하여 투자원금이라도 회수하고자 할 것이다. 반면, 창업자는 다운라운드 투자를 통해 스타트업을 존속시켜서 계속 사적 이익을 누리고자 할 인센티브가 있다. 이 때 벤처투자자 지명이사가 벤처투자조합의 투자 수익 회수를 고려해서 제3자에 대한 매각을 의결하면 스타트업 이사로서 창업자 등 다른 보통주주의 이익을 고려하지 못한 결정으로 주주에 대한 의무 위반이 될 소지가 있다. 그런데 만약 벤처투자자 지명이사가 창업자 등 다른 보통주주의 이익을 고려하여 다운라운드 투자 진행을 의결하면 벤처투자자의 투자 회수가 어려워질 수 있어 유한책임조합원에 대한 의무 위반의 가능성이 있다.104) 이처럼 이중신인의무자인 벤처투자자 지명이사가 의무를 부담하는 상대방 간의 이익이 달라지는 경우 지명이사가 그 중 한 측의 이익을 위해 행위하거나 의사 결정하면 다른 측에 대한 의무를 위반할 수 있

---

103) 본 논문 제3장 제3절 III.1.
104) Veasey& Guglielmo(2008), p.768; Gelter & Helleringer(2015), pp.1106-1108.

는 법적 위험이 있다.

## 2. 지명이사의 신인의무

현행 이사의 의무에 대한 법률과 이를 해석하는 법리는 이사가 부담하는 의무의 상대방은 회사라고 전제한다.[105] 법적 의제에 해당하는 회사에 대한 의무는 주주 이익을 증진할 의무로 해석할 수 있는데,[106] 주주의 이익이 일치하지 않고 스타트업의 경우처럼 우선주주와 보통주주간, 우선주주 간의 이익이 달라지는 경우에 벤처투자자 지명이사의 의무의 내용을 어떻게 해석할지 문제된다. 현재 이사의 의무에 관한 법리해석에 주주 간 이익상반의 가능성이 고려되지 않아 벤처투자자 지명이사가 법률상 부담하는 의무나 책임과 실제 벤처투자자 지명이사가 수행하는 기능이나 역할 간에 간극이 발생한다.

### 가. 지명이사가 지명주주의 이익을 추구하는 경우

벤처투자자 지명이사의 신인의무와 관련해서 지명이사가 지명주주인 벤처투자자의 이익을 추구하는 행위를 할 수 있는지 여부가 문제된다. 통설은 상법상 충실의무(제382조의3)를 포괄규정으로 주의의무와같은 내용을 규정한 것이라고 보지만, 최근 판례의 취지처럼 주의의무와는 다른 내용을 규정한 조항이라고 보면[107] 벤처투자자 지명이사가

105) 주진열(2020), 22-23쪽(우리나라 상법은 회사와 이사의 위임 관계를 전제로 이사 충실의무의 수혜자를 회사로 보는 법인모델을 택하고 있다는 분석); 송옥렬(2020a), 1041쪽; 김건식, 노혁준, 천경훈(2020), 409쪽.
106) 김건식, 노혁준, 천경훈(2020), 409쪽("회사에 대한 신인의무는 단순히 회사의 자산을 늘릴 의무를 의미하는 것이 아니라 결국 주주 이익을 보호하는 것을 그 주요한 내용으로 한다.") 및 410쪽("여기서 말하는 주주이익이란 특정주주의 이익이 아니라 모든 주주의 비례적 이익을 의미함을 물론이다").
107) 김지안(2019), 243-244쪽; 송옥렬(2020a), 1041쪽; 앞 두 문헌에서 인용되는 최근 판결은 대법원 2016.1.28.선고2014다11888 판결과 대법원 2016.8.24.선고

다른 보통주주의 이익에 우선하여 지명주주의 이익을 고려하여 행위한 경우 스타트업 이사로서 충실의무 위반 여부가 문제될 수 있다. 즉, 앞서 든 예에서 벤처투자자 지명이사가 스타트업의 다운라운드 투자가 아니라 매각을 의결하는 경우 지명이사가 이사의 충실의무를 위반한 것으로 볼 수 있는지의 문제이다. 이 때, 만약 벤처투자자 지명이사가 이사회의 소수로 이사회의 의결에 별다른 영향을 미치지 못하는 경우에는 특별히 문제되지 않을 것이나, 성숙기 이후의 스타트업으로 벤처투자자 지명이사가 과반수를 차지하는 경우에는 이사회 의결에 영향을 미치므로 이들의 충실의무 위반 여부가 문제될 수 있다.108)

　　행동주의 펀드의 상장회사 지명이사를 중심으로 이 문제를 논한 연구에 따르면, 이에 대한 학설을 크게 세 가지로 정리할 수 있다.109) 지명이사가 ①배타적으로 회사의 최선의 이익만 고려해야 한다고 보는 견해와 ②회사의 이익의 범위 내에서 지명주주의 이익을 추구하는 것이 가능하다는 견해 및 ③회사의 이익에 반하지 않는 한 지명주주의 이익을 추구하는 것이 가능하다고 보는 견해이다.110) ①의 견해에 따르면 위 예시에서 벤처투자자 지명이사가 스타트업의 매각을 의결하는 경우에 이사의 의무 위반으로 판단될 가능성이 높다. ②와 ③의 견해에 따르면 위 예시의 경우 매각과 다운라운드 투자의 구체적인 조건 및 이에 따른 다른 주주의 이해관계에 대한 영향 등을 고려하여 지명이사의 의무 위반을 판단하는데, 회사의 이익에 반하지 않으면 지명주주의 이익을 추구할 수 있게 하는 ③의 견해가 ②의 견해보다 더 넓게 지명주주의 이익 추구를 허용하는 견해이다. 해당 연구는 영국의 최근 판례 및 다수설은 회사 이익의 범위 내에서 지명주주의 이익을 우선시하는 것이 허용된다고

---

2016다222453 판결.
108) Veasey& Guglielmo(2008), p.774.
109) 김지안(2019), 250쪽; 김지안(2022), 72쪽.
110) 김지안(2019), 250쪽.

보아 ②의 견해에 가까운 것으로 분석했다.111)

상법상 이사의 충실의무에 대해 지명이사의 특수성을 고려한 해석법리가 존재하지 않는 우리나라에서는 벤처투자자 지명이사의 경우에도 ①의 견해에 따라 배타적으로 회사의 이익만을 고려해야 한다고 볼 가능성이 높다. 이 경우, 앞서 든 예시에서 벤처투자자 지명이사는 벤처투자조합의 유한책임조합원에 대한 의무 위반의 가능성을 감수하고 스타트업의 다운라운드 투자를 의결해야만 이사로서 의무를 다하는 것으로 해석된다. 이는 사실상 벤처투자자 지명이사의 의결권을 제한하게 되고, 벤처투자조합 유한책임조합원에 대한 의무 위반의 법적 위험을 감수하면서 벤처투자자 지명이사를 선임하고 스타트업에 투자하고자 하는 인센티브가 줄어든다. 그 결과, 벤처투자자는 벤처투자자 지명이사 선임을 통해 투자 위험을 낮출 것을 기대하고 투자할 수 있었던 초기 스타트업 등에 투자를 꺼리게 되고 스타트업 투자에 보수적으로 임하게 될 가능성이 높다.112)

### 나. 지명이사의 정보취득 및 정보제공 관련

벤처투자자 지명이사의 스타트업에 대한 정보 취득 행위 및 취득한 정보를 지명주인 벤처투자자에게 전달하는 행위가 상법상 이사의 비밀유지의무 의무에 위반되는지 여부의 문제이다. 이러한 벤처투자자 지명이사의 스타트업에 대한 정보 취득 및 정보 제공은 지명이사를 선임하는 이유이자 주된 역할이고, 지명이사가 제공하는 정보를 통해 벤처투자자는 스타트업에 대한 투자 위험을 관리하고 창업자의 대리인 문제

---

111) 김지안(2019), 250쪽; 김지안(2022), 73쪽; Witney(2021), pp.103-104.

112) 김지안(2022), 74쪽은 "캐나다의 Ballard 판결(1991)[Ontario Inc. v. Harold E. Ballard Ltd(1991) O.J.No.266, 1991 판결]에서 법원이 이사의 회사에 대한 신인의무가 지명주주에 대한 의무에 우선한다는 점을 고수하면서도, 지명이사가 지명주주의 이익에 반하는 방향으로 의사결정하는 것은 현실적으로 힘들다는 점을 인지하고 있다."라고 설명한다; Sepe(2013), p.341.

를 감독할 수 있다.113) 지명이사를 통해 정보를 취득해서 정보비대칭을 줄이고 대리인 문제를 방지할 수 있다는 점은 벤처투자자가 예측가능성이 낮고 투자 위험이 높은 스타트업에 투자할 수 있게 하는 중요한 요인 중 하나이다.114)

그런데 벤처투자자 지명이사의 정보 취득 및 정보 제공 행위는 스타트업 주주의 비례적 이익이 아닌 지명주주인 벤처투자자를 위한 것이기 때문에 상법상 이사의 비밀유지의무에 위반하는지 여부가 논의될 수 있다.115) 상법 해석에 따르면 벤처투자자 지명이사가 취득하여 벤처투자자에게 제공한 정보 중에 스타트업의 영업상 비밀이 포함된 경우 비밀유지의무 위반으로 볼 여지가 있다(법 제382조의4). 그러나 이러한 해석에 따르면 벤처투자자 지명이사는 수행할 것으로 기대되는 역할을 하였음에도 스타트업에 대한 의무를 위반하는 결과가 될 수 있다. 또한, 벤처투자자 지명이사가 개인적 이익이나 제3자의 이익을 위하여 스타트업의 정보를 취득해서 제공한 경우와 지명주주인 벤처투자자의 투자 위험 관리를 위하여 정보를 취득해서 제공한 경우를 구별하지 않고 모두 이사의 비밀유지의무 위반으로 판단하게 된다. 상법상 주로 이사의 비밀유지의무 위반으로 보는 전자의 경우뿐 아니라 후자의 경우까지 전자와 동일한 비밀유지의무 위반으로 해석하면 벤처투자자 지명이사가 기대되는 역할을 수행했음에도 불구하고 비밀유지의무 위반으로 책임을 지게 되어 실무와의 괴리가 생긴다.

### 다. 지명이사의 회사기회 유용금지 관련

여러 개의 포트폴리오에 분산 투자하는 벤처투자자는 임직원을 여러

---

113) Sepe(2013), p.341; Gelter & Helleringer(2015), pp.1115-1117.

114) Sepe(2013), p.341.

115) 상장회사에 선임된 행동주의 펀드의 지명이사 맥락에서 이사의 비밀유지의무를 논한 글로 김지안(2019), 282-295쪽.

개의 피투자 스타트업의 지명이사로 선임하여 겸직하게 하는 경우가 일
반적이다. 특정 분야에 전문성을 가진 벤처투자자는 동일하거나 유사한
업종의 스타트업에 투자하는 경우가 많고, 이 경우 벤처투자자 지명이
사는 동일하거나 유사한 영업을 하는 복수의 스타트업에 이사로 선임되
어 그에 대한 정보를 취득하게 된다. 그런데 상법상 이사의 경업금지 의
무(법 제397조)와 회사기회 유용금지 의무(법 제397조의2)는 이사가 다
른 회사의 이사직을 겸직하는 것이 예외적인 경우로 전제하고 이사회의
승인 하에서 겸직하거나 회사 기회를 이용할 수 있게 규정한다. 이와는
달리 여러 스타트업의 이사직을 겸직하는 것이 일반적인 벤처투자자 지
명이사의 경우 상법상 이사의 경업금지 의무와 회사기회 유용금지 의무
를 어떻게 해석할지에 대한 문제가 제기된다.116)

상법에 따르면 벤처투자자 지명이사가 상법상 정한 절차를 준수하지
않고 다른 동종의 영업을 하는 스타트업에 이사로 선임되거나 회사의
기회를 이용하면 의무를 위반한 것이 된다. 벤처투자자 지명이사가 다
른 스타트업의 이사에 선임되는 경업의 경우에는 상법상 정한 이사회
사전 승인의 절차를 거쳐 경업에 대한 승인을 받을 수 있어 의무를 준수
하기가 비교적 용이하다. 그런데 지명이사가 동일하거나 유사한 영업을
하는 복수의 스타트업에 이사로 선임된 이후에 알게 된 다양한 회사 기
회와 관련해서 회사기회 유용금지 의무를 준수하기는 쉽지 않다.

예를 들어, 복수의 스타트업에 지명이사로 선임되어 겸직 중인 지명
이사가 이사로 재직 중인 피투자 스타트업 모두에 기회가 될 수 있는 거
래 기회를 알게 되었을 때 그 중 가장 적절하다고 판단한 피투자 스타트
업 한 곳에 연결해준 경우를 생각해보자.117) 이 때, 상법의 해석에 따르

---

116) Woolf(2001), pp.489-490.
117) Woolf(2001), pp.489-490에서 제시한 예시는 벤처투자자 지명이사가 여러 기
　　술 기반 스타트업의 이사를 겸직하고 있는데, 웹서버를 판매하는 판매자가 벤처
　　투자자 지명이사에게 할인율을 적용한 거래를 제공한다면, 지명이사는 자신이

면 사전 이사회 승인 없이 직무상 알게 된 기회를 다른 스타트업에 연결해준 경우 회사 기회 유용금지 의무 위반에 해당한다고 볼 여지가 있다.

그러나 거래의 성격이 기밀을 요하는 등의 이유로 벤처투자자 지명이사가 다른 스타트업 이사회로의 사전 승인을 받기 어려운 경우에도 벤처투자자 지명이사가 의무를 위반했다고 해석하면 지명이사의 역할을 무력화하는 결과가 야기될 수 있다. 스타트업에 지명이사로 선임되어 스타트업에 도움이 될 수 있는 거래 기회나 잠재적인 고객 등을 소개하지 않고 아무런 역할을 하지 않는 이는 법적 책임을 부담하지 않는 반면, 적극적으로 스타트업의 발전을 위해 거래 기회 등을 소개한 지명이사는 법적 책임을 부담하게 된다. 그 결과 벤처투자자 지명이사가 이런 법적 위험을 무릅쓰고 스타트업의 발전을 위해 노력할 것을 기대하기 어렵고, 스타트업의 성장에도 도움이 되지 않는다.118)

### 3. 미국의 관련 판례

벤처투자자 지명이사의 신인의무에 대해 미국에서도 논의가 계속 진행 중이다. 스타트업에 대한 투자가 활발한 미국에서는 계약을 통한 사적 자치(private ordering)로 스타트업과 벤처투자에 관한 주요 내용을 규율하고, 규율과 관련해서 분쟁이 발생한 경우 이사의 신인의무 위반 여부를 기준으로 판단하는 법리가 발전했다. 미국은 이사의 신인의무의

---

이사로 재직하고 있는 다른 스타트업에도 해당 거래를 알리고 거래 기회를 가질 수 있도록 해야 회사 기회 유용에 따른 책임을 면할 수 있는지 판단이 어려운 상황이 발생할 수 있다는 것이다. 만약 해당 지명이사가 다른 스타트업에도 해당 거래를 알리고 제안한다면 결국 해당 거래를 하는 모든 스타트업의 할인율이 낮아지거나 모두 거래를 하지 못하는 결과가 발생할 수 있다고 지적한다.
118) Woolf(2001), p.498(벤처투자자 지명이사에게 엄격하게 충실의무를 적용하면 벤처투자자가 동종업계에 대한 투자를 통해 투자위험 분산이 어려워지고 이는 벤처투자를 통한 혁신과 성장을 방해할 수 있다고 주장).

상대방이 회사 및 주주라고 보는 판례가 확립되었는데,119) 스타트업의 맥락에서는 벤처투자자로부터 자금을 조달한 이후 주주 간의 이익이 상충될 때 이사가 누구에게 신인의무를 부담한다고 보아야 하는지의 관점에서 주로 논의된다.120)

벤처투자자 지명이사의 신인의무 위반 여부가 문제된 사안은 주로 스타트업의 재무 상태가 악화되었을 때 이사회가 스타트업을 매각하거나 흡수합병시킨 경우이다. 미국의 경우 벤처투자자가 대부분 간주청산 우선권을 갖기 때문에 스타트업의 매각이나 흡수합병시에 벤처투자자인 우선주주와 보통주주 간에 이익상충이 두드러진다.121) 벤처투자자 지명이사가 과반수를 차지하는 이사회가 후속 다운라운드 투자를 받거나 대출 등을 통해 스타트업을 존속시키지 않고 스타트업을 매각하는 결정을 한 경우, 벤처투자자 등 우선주주는 간주청산우선권 행사하여 매각 대가를 보통주주에 우선하여 수취하게 된다. 이 경우 스타트업 매각의 대가를 분배받지 못한 보통주주가 매각을 결정한 이사회를 상대로 의무 위반을 주장하면서 소송을 제기한 것이다.

이와 관련해서 2009년 In Trados Inc. 판결에서 델라웨어 형평법원의 판시에 큰 변화가 있었다.122) Fried 교수와 Ganor 교수의 분석에 따

---

119) 이사가 회사 및 주주에게 의무를 부담한다고 판시한 판례로 Revlon, Inc. v. MacAndres& Forbes Holdings, Inc., 506 A.2d 173,179(Del.1986)("[T]he directors owe fiduciary duties of care and loyalty to the corporation and its shareholders···."); eBay Domestic Holdings, Inc. v. Newmark, 16 A.3d 1(Del.Ch.2010)(이베이의 craglist Inc. 투자 이후 인수 시도에 대해 craglist Inc. 의 이사회가 포이즌필 도입을 의결한 것은 이사의 경영권 유지에 대한 사적 이익을 위한 것으로 주주의 이익을 위한 이사의 의무를 위반했다고 판단한 사례, Bartlett(2015), pp.286-290).

120) Veasy& Guglielmo(2008), p.762; Sepe(2013), p.343; Gelter& Helleringer (2015), p.1071.

121) 본 논문 제4장 제1절 Ⅲ.3.나.; Broughman& Fried(2013), pp.1326-1328; 홍성균(2023), 157-161쪽.

122) Bartlett(2015), p.290; Pollman(2019), p.216.

르면, 이 판결 이전에는 델라웨어 법원이 이사회를 누가 지배하는지에 따라 이사회의 의무가 있다고 판단하는 법리(control-contingent approach)를 취했다.123) 이에 따라 보통주주가 이사회를 지배하는 스타트업의 경우 이사는 보통주주의 최대 이익을 도모할 의무가 있고, 우선주주의 계약상 권리만 보호하는 것으로 충분하다는 판시가 있었다.124) 반면, 벤처투자자 지명이사가 스타트업 이사회를 지배하는 경우에는 이사는 보통주주의 이익을 추구할 의무를 부담하지 않고 경영자 또는 보통주주의 기회주의적 행위를 방지하기 위해 보통주식의 가치를 낮추는 행위까지 할 수 있다고 판시한 바 있었다.125) 그런데 델라웨어 법원은 아래의 In Trados Inc. 판결에서 벤처투자자 지명이사가 이사회를 벤처투자자 지명이사가 이사회를 지배하는 경우에도 이사는 보통주주에 대한 의무를 부담한다고 판단하여 학계의 논의를 촉발시키고 실무에 변화를 가져왔다.

### 가. In Trados Inc. 판결

스타트업을 흡수합병시키기로 한 이사회의 결정에 대해서 델라웨어 형평법원은 In Trados Inc. 판결로 이사회가 보통주주를 위해 의사결정할 신인의무가 있다고 판시해서 기존의 판례를 변경하는 취지의 판시를 했다.126) 이 사건에서 번역 소프트웨어 스타트업인 Trados라는 회사의 이사회는 벤처투자자 지명이사 3명, 보통주주인 이사 2명, 독립이사 1명으로 구성되었는데, Trados가 예상대로 성장하지 못하자 전문경영인을 대표이사로 선임해서 실적을 개선하고 매수자를 물색하였다. 결국 이사

---

123) Fried& Ganor(2006), p.976, pp.992-993.
124) Fried& Ganor(2006), p.976; 아래 Equity-Linked Investors L.P. v. Adams 판결.
125) Fried& Ganor(2006), p.990; 아래 Orban v. Field 판결.
126) In re Trados Inc.S'holder Litig.,Civ.A.No.1512-CC, 2009WL 2225958(Del. Ch.July 24, 2009)(이사들의 각하 청구(motion to dismiss)를 법원이 기각함); In re Trados Inc.,S'holder Litig.,73A.3d 17(De.Ch.2013)(원고들의 본안소송에 대한 판결).

회는 대상회사를 6,000만 달러의 대가를 받고 흡수합병시켰고, 회사의
벤처투자자인 우선주주는 간주청산우선권을 행사해서 5,220만 달러를
우선 수령하고 경영진이 매각에 대한 인센티브(MIP, management
incentive plan)로 780만 달러를 수령한 반면 보통주주는 아무런 대가를
수령하지 못했다.127) 이에 보통주주가 이사의 신인의무 위반을 주장하
며 소송을 제기한 것이다.

이 사건에서 델라웨어 형평법원은 우선주주가 지배하는 이사회라 하
더라도 보통주주의 이익을 위할 신인의무를 가진다고 보고, 우선주주에
대해서는 채권자와 유사하게 계약적인 권리를 보장해주는 것으로 충분
하다고 판단했다.128) Trados의 이사가 흡수합병 결정에 대해 보통주주
에 대한 신인의무를 위반했는지 여부에 대해 법원은 우선주주가 지명한
이사들이 회사의 흡수합병과 관련해서 이해관계 충돌이 있다고 보고 경
영판단의 원칙이 아니라 전체적 공정성 기준(entire fairness standard)을
판단 기준으로 적용했다.

법원은 Trados의 흡수합병이 공정한 절차에 따라 이루어진 것인지
여부(fair dealing)와 공정한 가격으로 이루어진 것인지(fair price)로 나
누어 판단했는데, 이사들이 보통주주의 이익을 고려하지 못했고 이익충
돌을 심화시키는 경영진의 인센티브(MIP)를 도입한 것 등에 비추어 공
정한 절차에 따라 이루어지지 않았다고 판단했다.129) 그러나 법원은
Trados가 우선주주의 간주청산우선권 행사 후에 보통주주에게 이익을
분배할 정도로 성장할 가능성이 없었다고 보고 합병 이전의 보통주 가

---

127) Katz(2018), pp.240-241; Bartlett(2015), p.291.
128) In re Trados Inc.,S'holder Litig.,73A.3d 17(De.Ch.2013), * 41"it is the duty
    of directors to pursue the best interests of the corporation and its common
    shareholders, if that can be done faithfully with the contractual promises
    owed to the preferred."(LC Capital, 990 A.2d at 452를 인용함, 밑줄 필자 추가).
129) In re Trados Inc.S'holder Litig.,73A.3d 17(De.Ch.2013), *55-56; Katz(2018),
    p.243.

치를 0달러 이상으로 보기 어려워서 공정한 가격으로 합병이 이루어진 것으로 판단했다.130) 결과적으로 법원은 주주들의 이사에 대한 손해배상청구를 기각했지만, 보통주주와 우선주주의 권리가 충돌하는 상황에서 이사회가 보통주주에 대한 신인의무를 부담한다고 판시한 부분이 이후 실무와 학계에 큰 영향을 미쳤다.

### 나. 이사 신인의무에 대한 학계 및 실무의 동향

In Trados Inc. 판결 이후 벤처투자자 지명이사의 스타트업에 대한 신인의무와 관련하여 미국 학계와 실무에서 많은 논의가 있었다. 스타트업 내의 벤처투자자 지명이사의 역할과 벤처투자의 중요성을 강조하는 측은 벤처투자자 지명이사가 보통주주에 대한 신인의무를 부담한다고 판단한 부분은 스타트업에서 발생하는 주주간의 이해관계 충돌의 문제를 충분히 고려하지 않았다고 분석했다.131) 또한, 해당 판결이 회사 가치를 증진시키는 수단으로써 보통주주의 이익 극대화가 아니라 보통주주 이익 극대화 자체를 목적으로 본 것으로 비판하면서 델라웨어주 판례법과 불완전한 계약 이론에 반한다는 주장도 있었다.132) 해당 판결이 벤처투자자들이 지명이사 선임을 통해 예측가능성이 낮고 위험이 높은 스타트업에 투자할 수 있다는 점을 간과하고 벤처투자자 지명이사에게 보통주주의 이익을 극대화할 의무를 부담시킴으로써 벤처투자를 위축시킬 우려가 있다는 지적도 있었다.133)

---

130) In re Trados Inc.,S'holder Litig.,73A.3d 17(De.Ch.2013), *76-78; Katz(2018), p.243; 이사의 신인의무를 행위기준과 심사기준을 나누어 다시 절차적 공정성과 가격의 공정성을 기준으로 심사하고, 결국 가격의 공정성을 기준으로 판단한 해당 판결에 대한 자세한 분석으로 홍성균(2023), 163-173쪽.

131) Pollman(2019), p.162; Nir(2020), pp.19-21.

132) Bratton& Wachter(2013), pp.1885-1887; Bartlett(2015), pp.294-296; Nir (2020), pp.19-21.

133) Sepe(2013), pp.342, 345.

한 편, In Trados Inc. 판결은 벤처투자자 지명이사가 보통주주의 이익보다 벤처투자자의 고유한 이익만을 추구하는 경우 이사로서 부담하는 충실의무 위반이라는 점을 판시한 취지라고 보고 찬성하는 견해가 있다.134) 이사회에서 이해관계를 대변할 수 없는 엔젤투자자나 임직원인 주주들의 이해관계를 고려해서 이들에게 적절한 대가를 지급할 의무를 설시한 판결로 보아야 한다는 것이다.135) 나아가 이사의 신인의무에 대한 본 판결의 판시에 찬성하면서 보통주주에게 손해배상을 인정하지 않은 부분에 대해 비판하는 견해도 있다. 이 견해는 이사회의 흡수합병 결정으로 회사가 계속 사업을 영위 시에 보통주주들이 추후에 이익을 받을 수 있었던 권리를 박탈당한 측면을 법원이 간과했다고 비판한다.136) 행사 가격이 회사의 주가보다 높은 스톡옵션(underwater options)의 경우 회사가 영속적으로 사업을 계속하면 주가가 상승할 수 있다는 점을 고려해서 양의 가치로 거래된다는 점을 고려하면, 합병 시점에 회사 주식의 평가 가치가 0이라도 추후 회사의 가치 상승시에 보통주주에 귀속되는 이익을 고려하면 해당 주식은 0를 초과하는 가치를 가진다는 주장이다.137)

In Trados Inc. 판결은 미국의 벤처투자 실무에도 영향을 미쳤다. 해당 판결에 따른 스타트업 지명이사의 법적 책임 소지를 낮추기 위해 보통주주의 권리를 보호하는 절차를 추가하는 사례가 생겼다.138) 스타트업 매각이나 흡수합병 시에 이해관계없는 이사회 구성원이나 주주들로부터 승인을 받는 절차를 추가하거나, 보통주주에게도 일부 사항에 대해 우선권을 부여하거나 회사 가치를 확인하고 검토하는 구체적인 절차

---

134) Strine Jr.(2013), pp.2038-2039; Broughman& Wansley(2023), p.65.
135) Broughman& Wansley(2023), p.66.
136) Katz(2018), p.247.
137) Katz(2018), pp.248-249.
138) Cable(2020), pp.343-349.

를 만드는 경우가 생겼다.139)

반면, In Trados Inc. 판결에서 이사회는 우선주주에게 계약상 명시된 권리를 보장하는 것으로 충분하다고 한 설시로 인해 벤처투자자인 우선주주가 스타트업의 매각을 강제할 수 있는 동반매도요구권(sales rights, drag-along rights)을 계약에 추가할 유인이 증가했다는 분석도 있다.140) 일정 비율 이상의 우선주주가 스타트업 매각을 요청하면 다른 주주가 찬성할 것을 약정하고, 적절한 매수자를 찾았는데도 이사회가 거래를 거절하면 우선주주는 해당 거래와 동일한 조건으로 회사에 상환권을 행사할 권리를 가진다는 점을 계약에 명시하는 것이다. 이 경우, 이사회가 계약상의 의무에 따라 매각을 승인하면 신인의무를 위반하지 않은 것으로 해석할 여지가 생긴다.141) 이처럼 미국에서 계속 진행 중인 벤처투자자 지명이사의 스타트업에 대한 의무에 관한 논의를 우리나라의 관련 논의에도 참고할 필요가 있다.


## II. 주요 임직원의 주주 권리 행사 제약

### 1. 주주 권리 행사에 대한 제한

혁신적인 사업모델로 빠른 성장을 달성해야 하는 스타트업에서 임직원이 스타트업 성장에 중요한 역할을 함과 동시에 주식보상제도를 통해 스타트업의 주주가 된다. 그런데 임직원에 대한 보상의 측면 이외에 임

---

139) Cable 2020), pp.343-349(In Trados 판결 이후 미국 벤처투자 및 스타트업 관련 실무가들을 인터뷰한 결과이다).

140) Bartlett(2015), p.294 각주 172)에 따르면, NVCA는 2014년 표준의결권 구속계약(Model Voting Agreement) 각주 32에 In Trados 사건에서와 같은 책임을 방지하기 위해 투자자의 강제매각요청권(Sales Rights)를 추가했다고 밝혔다.

141) Bartlett(2015), p.294면 각주 172)의 설명.

직원들이 스타트업의 주주로서 권리를 가지고 행사할 수 있다는 점과 스타트업의 투자자로서의 지위를 가진다는 점이 지배구조 규율에 거의 반영되지 못하고 있다.[142] 제3장에서 본 것처럼 주식보상제도를 통해 스타트업의 보통주주가 된 임직원의 이익이 우선주주나 창업자 등 다른 보통주주와 충돌되는 경우가 있음에도 불구하고, 임직원은 벤처투자자와는 달리 이사회에 참여하여 스타트업 지배구조에 관여할 방법이 없다. 또한, 스타트업이 일정 수준 이상으로 성장한 이후에는 임직원이라 하더라도 스타트업에 대한 정보를 알기가 어려워서 주식매수선택권 행사여부 결정 등을 할 때 정보비대칭 문제가 발생한다.[143] 그러나 스타트업이 주식매수선택권 행사 여부를 결정하는데 필요한 정보를 임직원에게 제공하거나 설명할 법적인 의무를 규정하고 있지 않고, 계약상 권리로 약정하는 경우도 드물다.

이처럼 주요 임직원은 스타트업의 주주이자 투자자로서 권리 보호에 취약한데, 주요 임직원이 회계장부 등의 열람·등사권(상법 제466조) 등 정보접근권과 같은 권리를 실질적으로 행사할 수 있는 방법에 대한 논의가 부족하다. 최근 대법원은 소수주주의 회계장부 등에 대한 열람·등사청구권 행사시에 소수주주가 제출해야 하는 '이유를 붙인 서면'의 범위를 넓게 해석해서 소수주주의 권리행사 범위를 넓히는 취지의 판결을 했지만,[144] 여전히 임직원은 경영진과의 관계 등으로 소수주주로서의

---

142) Cable(2017), p.615; 미국에서도 주요 임직원의 스타트업 주주로서의 지위를 고려하지 않고 회사로부터 지급받는 '보상'의 측면에서만 고려된다고 비판으로 Aran(2019), pp.902-905; Alon-Beck(2022), p.1180.

143) Fan(2016), pp.603-605면; Alon-Beck(2022), p.1187.

144) 대법원 2022.5.13.선고2019다270163 판결(회사가 열람·등사에 응할 의무의 존부를 판단하거나 열람·등사에 제공할 회계장부와 서류의 범위 등을 확인할 수 있을 정도로 열람·등사청구권 행사에 이르게 된 경위와 행사의 목적 등을 구체적으로 기재되면 충분하고, 더 나아가 그 이유가 사실일지도 모른다는 합리적 의심이 생기게 할 정도로 기재하거나 그 이유를 뒷받침하는 자료를 첨부할 필요는 없다고 판시했다. 해당 판결에서는 모색적 증거 수집을 위한 열람·등사청

권리를 실제로 행사하기 어렵다. 일반적으로 회사가 적대적 인수합병 대상이 되었을 때 임직원이 경영진에 우호적인 결정을 하는 경향이 있다는 점에 비춰보면145) 임직원이 스타트업 경영진 등과 이익이 상반되는 경우에 경영진의 의사에 반해서 주주로서 권리를 사실상 행사하기 어렵다.

## 2. 미국의 사례

임직원의 주주로서 권리 행사에 대한 제한은 임직원에 대한 주식보상이 활발한 미국 스타트업에서도 논란이 되고 있다. 대표적으로 우버는 임직원들이 일정 시점 이후부터 보유한 주식을 창업자였던 트래비스 칼라닉에게 적절한 가치평가를 통한 금액으로 환매할 수 있는 약정(employee stock buyback program)을 체결하게 했고, 그 대가로 해당 임직원이 스타트업의 주식을 보유하는 동안 의결권 등 주주로서의 권리는 창업자에게 위임하게 했다.146) 그 결과 창업자는 본인이 보유한 주식 이상의 의결권 등 권리를 행사할 수 있게 되고 임직원은 사실상 주주로서의 권리를 행사하지 못하게 되었다.

최근 미국 델라웨어 주법원에서 임직원인 주주의 회계장부 조사권을 인정한 판결에 대한 논의도 있었다. 스타트업 임직원들이 스톡옵션 행사로 주주가 된 이후 스타트업에 회계장부 등의 열람을 신청했다가 거절당하자 회계장부 등에 대한 조사권(inspection rights) 행사를 청구하는 소송을 제기했고, 델라웨어 법원이 이들에게 조사권을 인정한 것이

---

구는 허용될 수 있다고 판시함).

145) Hollo(1992), pp.572-576.

146) ‘Katie Benner, How Uber's Chief is Gaining even more Clout in the Company, June 12, 2017, The New York Times (https://www.nytimes.com/2017/06/12/technology/uber-chief-travis-kalanick-stock-buyback.html).

다.147) 그러나 해당 판결 이후 미국 스타트업에서는 임직원이 주주명부, 회계장부 등에 대한 조사권을 사전에 포기하겠다는 약정을 체결하게 하는 관행이 생겼고, 이에 따라 임직원이 주식보상을 받을 때 사전에 주주로서 조사권 행사를 포기하는 경우가 증가했다.148) 이와 관련하여 델라웨어 일반회사법상 주주로서의 권리로 명시된 조사권을 계약을 통해 사전 포기할 수 있는지 여부가 있는지 여부가 쟁점이 된 사건이 있었으나 델라웨어 법원이 이 점에 대해 명확히 판단하지 않으면서 학계에서 논의가 계속되고 있다.149) 이러한 미국의 논의를 고려할 때 우리나라 스타트업도 주식보상제도 도입과 더불어 임직원인 주주의 주주권 행사에 대한 논의가 필요할 것으로 보인다.

## 제5절 소결

본 장에서는 스타트업 지배구조의 바람직한 규율 체계를 제안하기 앞서 제4장에서 검토한 스타트업 지배구조에 관한 규율 내용을 스타트업의 투자자 관련 규율 사항, 자금 조달 수단과 조건 및 임직원 보상 제도와 관련한 사항, 이사의 의무와 임직원의 역할로 나누어서 스타트업의 존속과 성장의 관점에서 어떤 한계가 있는지 검토했다.

먼저, 스타트업의 중요한 투자자로 자금조달원이 되는 벤처투자자에 관한 규율은 조건부 지분인수계약과 같은 신규 벤처투자 수단을 추가해

---

147) Alon-Beck(2022), pp.1204-1205; Biederman v. Domo (No.12660-VCG, 2017 WL 1409414(Del.Ch.Apr.19, 2017).

148) Alon-Beck(2022), pp.1206-1209.

149) DGCL §220; Alon-Beck(2022), p.1209; JUUL Labs, Inc. v. Grove[238 A.3d 904 (Del.Ch.2020)].

도 상법과의 정합성 결여로 투자자의 권리가 불분명한 문제가 있고, 벤처투자 진흥을 위한 법률이 이원화되어 규제 차익이 발생한다. 또한, 스타트업 투자시 중요한 도관으로 이용되는 벤처투자조합 내부 조합원 간의 법적 권리관계도 명확하지 않다. 이처럼 벤처투자자의 권리 보호에 대한 예측가능성이 떨어지면 스타트업 투자가 활성화되기 어렵다.

스타트업에 보통주식의 형태로 투자하는 일반투자자는 벤처투자자보다 더 취약한 법적 권리를 가진다. 스타트업은 정보 비대칭이 심하고 투자 위험이 커서 일반투자자의 투자 대상으로 적합하지 않은 면이 있지만, 벤처투자법은 스타트업의 자금조달을 원활하게 하고자 일반투자자의 스타트업 투자를 허용하면서도 별도의 투자자 보호 방법을 마련하지 않고 있다. 스타트업은 상장회사와 같은 공시의무를 부담하지 않기 때문에 일반투자자는 스타트업 투자시에 심각한 정보 비대칭 문제를 겪게 되고 권리 보호에 취약해진다.

스타트업의 원활한 자금조달을 위해서는 스타트업이 벤처투자자와의 협의에 따라 다양한 주식을 발행하고 지배구조 분배나 투자 회수 방법을 약정할 수 있어야 함에도 불구하고 회사법상 주식회사의 조직과 지배구조에 대한 규정이 스타트업에도 일률적으로 적용되는 한계가 있다. 스타트업이 종류주식으로 발행할 수 있는 주식의 유형이 한정적이어서 업종의 위험성이나 투자자의 성향 등을 고려한 다양한 유형의 종류주식을 발행하기 어렵다. 뿐만 아니라, 스타트업이 자금조달 과정에서 벤처투자자와 협의를 통해 벤처투자자에 이사 지명권이나 사전 동의권을 부여하는 등 지배구조에 대해 약정하거나, 간주청산우선권 등 벤처투자자의 추가적인 투자 회수 방법을 정하더라도 상법상 주주평등의 원칙이나 자본유지의 원칙을 엄격하게 적용하면 그 효력이 인정되지 않을 우려가 있다.

또한, 스타트업이 성장을 위해 우수한 임직원을 채용하려면 주식보상을 활발히 활용할 필요가 있음에도 불구하고, 벤처기업법상 주식매수선택권에 대한 규정은 스타트업이 상황에 맞게 행사요건 등을 정하고 임직원에게 부여하는데 제한이 된다. 그리고 성과조건부 주식은 주식보상으로서 주식매수선택권보다 이점이 있음에도 현행 법률상 양도제한부 주식을 발행할 수 있는 근거가 없다. 그 결과 스타트업이 유능한 임직원에게 성장에 대한 인센티브를 부여하고 근속을 유도하는데 한계가 있다.

마지막으로, 스타트업 이사회는 창업자의 대리인 문제를 감시하고 주주간의 이해관계를 조정하며 경영진에게 조언을 하는 등의 중요한 역할을 수행해야 하지만, 이중신인의무자라고 볼 수 있는 벤처투자자 지명이사를 고려한 이사의 의무를 해석하는 법리가 발달하지 않았다. 벤처투자자 지명이사가 이사회에서 벤처투자자의 이익을 대표하고 스타트업에 대한 정보를 취득하기 위해 선임된다는 점을 고려하지 않고 다른 이사와 동일한 비밀유지의무나 회사기회유용 금지 의무를 부담한다고 해석하면, 실제 지명이사의 역할과 법적 의무와 책임 간에 괴리가 발생한다. 또한, 복수의 피투자 스타트업의 이사직을 겸직하는 벤처투자자 지명이사의 경우, 선임된 스타트업의 성장에 아무 역할을 하지 않는 경우에 비해 스타트업에 잠재 고객 등을 연결해 준 지명이사가 법적 책임을 부담하게 될 위험이 높아지는 결과가 되어 이사의 역할이 사실상 형해화 될 수 있다.

스타트업의 주요 임직원 역시 주식보상제도를 통해 주주로서 중첩적인 지위를 가지지만, 창업자나 경영진과의 관계로 인해 사실상 주주로서 권리를 행사하기 어렵다. 또한, 주식매수선택권을 행사해서 스타트업의 주주가 된 주요 임직원은 선택권 행사 시에 스타트업에 대한 투자의 의사결정을 한 것임에도 불구하고 스타트업이 일정 수준 이상 성장하면 스타트업에 대한 정보를 얻기도 어렵고 투자 결정에 필요한 설명도 받지 못하여 투자자로서 취약한 지위에 놓인다는 한계가 있다.

제 6 장

# 바람직한 지배구조 규율의 모색

# 제1절 개설

## I. 스타트업 지배구조 규율 개선

본 장에서는 제5장에서 분석한 스타트업 지배구조 규율의 한계를 극복할 방법을 제안하고 바람직한 규율방안을 모색하고자 한다. 스타트업은 원활한 자금조달이 필수적임에도 불구하고 스타트업의 지배구조상특징이 충분히 반영되지 않은 법률 규정으로 투자자들이 권리보호를 기대하기 어렵다. 또한, 스타트업에 상법상 주식회사의 강행규정이 적용되어 자율적인 협의를 통해 투자자에게 지배구조에 대한 권리를 추가로부여하여 투자를 받기 어렵다. 뿐만 아니라, 벤처투자자 지명이사의 충돌되는 의무나 책임에 대한 고려가 부족해서 스타트업 이사회도 사실상창업자 등에 대한 감시 기능 등 실질적인 역할을 하지 못하고, 주식보상제도를 통해 주주의 지위를 겸하는 주요 임직원도 투자자로 보호받지못하고 주주로서 권한 행사도 어렵다.

이런 한계를 개선할 수 있는 방안으로 본 장은 스타트업의 자금조달필요성과 지배구조상의 특성을 반영해서 스타트업 투자자의 권리를 보호하고, 스타트업의 정관 자치 범위를 넓히며, 이사회와 임직원의 스타트업 지배구조상의 역할을 강화할 방안을 제안한다. 스타트업에 대한지배구조 규율은 제3장에서 지적한 지배구조상 대리인 문제를 방지하고주주간 이해관계를 조정하며 투자자의 권리를 보호하여 자금조달을 촉진하는 역할을 하는 한편, 스타트업의 성장에 제약이 되지 않도록 해야한다. 그래서 본 장은 스타트업의 규율을 통한 지배구조상 발생하는 문제 해결과 스타트업 활성화를 통한 경제 성장 달성이라는 두 가지 목표

간의 균형을 고려해서 바람직한 지배구조 규율 방법을 제안하고자 한다.

본 장은 제5장에서 지적한 스타트업 지배구조 규율 상의 한계를 보완하는 방안으로 벤처투자자 및 일반투자자 권한 강화 및 투자자 보호에 대한 사항을 제시한다. 그리고 스타트업의 자율성을 확대하기 위한 방법으로 자금조달 수단의 다양화와 지배권 분배 및 투자회수에 대한 합의의 효력 인정 및 유연한 주식보상제도의 설계 허용에 대한 내용을 제안한다. 마지막으로 스타트업 이사회와 임직원의 법적 지위 강화를 위해 이사의 신인의무에 대한 법리를 발전시키고 임직원의 주주이자 투자자로서의 실질적인 권리 행사를 가능하게 하는 방안을 제안한다.

## II. 스타트업 지배구조 규율시 고려사항

### 1. 다양한 규율 방법의 제안

본 장에서는 스타트업 지배구조 규율을 개선할 수 있는 방법으로 입법 차원의 개선 방안과 현행 법률에 대한 해석론 및 스타트업의 모범 지배구조를 통한 연성법(soft law) 측면의 개선 방안을 논의하고자 한다. 스타트업 지배구조 규율을 개선하는 방안은 어느 한 가지 방법으로만 이루어지기는 어렵고 각 개선 방안에 맞는 적절한 방법을 선택할 필요가 있을 것이다. 따라서 아래에서는 스타트업 지배구조 규율 개선을 위해 제안하는 내용과 더불어 그 내용을 실현하기 위한 방법도 함께 제시한다.

#### 가. 모범지배구조를 통한 연성법 규율 방식

본 논문에서 스타트업 모범지배구조 등 연성법을 통한 규율을 제안하는 이유는 스타트업의 일반적으로 높은 실패 확률과 스타트업계의 현실을 고려한 것이다.1) 일반적인 우리나라 스타트업의 5년 생존률은 30% 정도로 알려졌는데,2) 이런 낮은 생존률을 고려할 때 스타트업을 대상으로 경성법 방식의 규율 체계를 신설하는 것은 규제의 효과 대비 비용이 더 큰 면이 있다. 상장회사에 비해 실패 확률이 높은 스타트업에 경성법의 방식으로 추가적인 법률상 의무를 부과하는 경우 장기적인 관점에서 중요한 법률 리스크로 인한 평판 저하나 법적 책임의 억지력이 크게 효과적이지 않다. 실제로 많은 스타트업들이 법적 책임에 대한 리스크를 무릅쓰고 법적으로 불확실한 영역의 사업을 강행하는 경우도 많다.3) 또한, 스타트업은 법률 위험을 관리할 자원이 부족한 경우가 많고 사업 성장도 어려운 경우가 많기 때문에 추가적인 법률상 의무를 부과하면 아직 발전 단계에 있는 스타트업 생태계의 성장에 방해 요인이 될 수 있다.

그래서 스타트업의 지배구조 규율 시에 연성법 방식을 활용해서 이를 준수하는 스타트업에게 지원책이나 혜택을 주는 것이 효과적인 면이 있다. 자금이나 인력 등 자원이 부족한 스타트업은 연성법 준수 시에 주어지는 인센티브에 크게 반응할 가능성이 있다. 또한, 스타트업계의 반복적인 참가자(repeat players)로 스타트업의 지배구조에도 관여하는 벤

---

1) 연성법(soft law)을 통한 규율 방식은 성문법이나 판례법 등 경성법(hard law)과 같은 제도화된 힘이 아닌 평판 등을 이용한 방식으로 행위에 영향을 주는 방식을 의미한다[Hill(2018), p.682]; Yan(2019), p.50은 연성법 방식의 특징으로 구체성의 결여, 개방성(open-endedness), 집행의 부재 및 규범 형성에 관여하는 이들이 경성법의 경우와는 다르다는 점을 들고, 법적으로 구속력이 없는 행위규범을 포함한다고 설명한다.

2) 과학기술정책연구원(2022), 43쪽(우리나라 창업기업의 1년 생존률은 63.7%이고 5년 생존률은 31.2%이라고 분석함).

3) Pollman& Barry(2017), pp.19-22 ['규제적 기업가정신(regulatory entrepreneurship)'이라고 하여 최근 테크 스타트업을 중심으로 법률상 불분명한 부분이 있는 사업을 강행하면서 자신들에게 유리한 방향으로 법률을 개선해나가고자 하는 흐름을 설명함].

처투자자를 통해 연성법을 통한 모범지배구조를 확산시킬 수도 있다. 그래서 본 논문에서는 스타트업의 지배구조 규율 개선 방안으로 입법적 제안과 법률 해석에 대한 수정 제안과 더불어 연성법을 활용한 방식을 함께 제안하고자 한다.

### 나. 연성법 규율 방법

스타트업 지배구조에 대한 연성법 규율의 주된 방법은 스타트업 모범지배구조(best practice)를 만들어 이를 준수할 준수할 인센티브를 부여하는 방법이다. 이 경우, 모범지배구조를 준수하는 스타트업이나 스타트업에 투자하는 벤처투자자에게 인센티브를 제공하는 방법을 다양하게 설계할 수 있다. 예를 들어, 모범지배구조를 준수한 스타트업이 신용보증을 받거나 벤처투자 등을 받을 때 평가 요소 중 하나로 지배구조를 추가하여 투자 조건에 일부 반영되도록 할 수 있다. 스타트업의 성장에 벤처투자가 필수적이라는 점을 고려할 때 실질적인 인센티브가 될 것이다.

또한, 벤처투자자를 이용해서 연성법 방식으로 스타트업 지배구조를 규율할 수 있다. 벤처투자자가 스타트업 지배구조에 관여한다는 점을 이용해서 벤처투자자를 통한 스타트업 지배구조 개선을 도모하는 것이다. 예를 들어, 피투자 스타트업이 모범지배구조를 준수하면 벤처투자조합의 업무집행조합원인 벤처캐피탈 회사에게 관리보수나 성공보수 조건을 유리하게 설정하는 방법을 고려할 수 있다.4) 벤처캐피탈 회사는 관리보수와 성공보수에 민감하다는 점을 고려하면 효과적인 스타트업 지배구조 개선 방안이 될 수 있을 것이다. 그리고 벤처캐피탈 회사가 모태펀드의 출자를 받아 후속 벤처투자조합을 결성할 경우 최근 청산한 벤처투자조합에서 투자했던 스타트업의 지배구조를 평가해서 가산점을

---

4) 본 논문 제4장 제2절 Ⅲ.3.다.에서 지적한 것처럼 관리보수나 성공보수는 구체적인 산정 방식에 따라 실제 업무집행조합원인 벤처캐피탈 회사에 귀속되는 이익이 달라진다.

주는 방법도 생각해 볼 수 있다.5) 계속적으로 벤처투자조합을 결성할
필요가 있는 벤처캐피탈 회사는 투자한 스타트업으로 하여금 모범지배
구조를 따르도록 유도할 충분한 인센티브가 될 것이다.

## 2. 입법적 조치 관련

본 장에서 제안할 세 가지 방법 중 입법상 조치는 주로 벤처기업법의
개정을 의미한다. 입법 개선 차원의 제안은 대부분 상법상 주식회사에
적용되는 강행규정에 대한 예외규정이므로 편제상으로 대다수 스타트
업이 해당되는 법령상 벤처기업에 대한 특례를 정한 벤처기업법에 정하
는 것이 바람직할 것으로 본다. 상법상 주식회사의 일반규정에 직접 예
외를 두면 본 논문에서 지적한 스타트업의 지배구조상의 특징이 나타나
지 않는 회사들까지 예외가 적용이 되는 것으로 오인될 가능성이 있으
므로 벤처기업법에 규정하여 스타트업에 해당하는 회사들에 적용된다
는 점을 명확히 할 필요가 있다.

그런데 벤처기업법상 입법적 조치를 통해 스타트업 지배구조 규율을
개선하려면 두 가지 전제 조건이 선행적으로 충족되어야 한다. 먼저, 벤
처기업법이 논의하는 벤처기업에 본 논문에서 논의한 스타트업이 포함
되도록 현재 자산 규모와 매출을 기준으로 정의된 중소기업을 전제로
하는 벤처기업의 정의를 수정해야 한다.6) 만약 벤처기업의 정의를 개정
하지 않고 벤처기업에 본 논문에서 제안한 내용을 규정한다면 유니콘
스타트업은 규정 적용 대상이 되지 않는 문제가 발생한다.7) 그러므로

---

5) 모태펀드의 출자를 받고자 하는 벤처투자회사의 경쟁률이 높은 편이다(남미래,
　모태펀드 2차 출자에 88개 펀드·1.1조원 신청…경쟁률 3.4대1, 2023.4.19. 머니투
　데이, https://news.mt.co.kr/mtview.php?no=2023041916021063235); 모태펀드
　의 자펀드 선정시 벤처캐피탈 회사의 비재무적 역량을 고려할 필요가 있다는 주
　장으로 송민규(2023), 8쪽.
6) 본 논문 제1장 제3절 II.3.참고.

유니콘 스타트업의 경우에도 상장 이전에는 본 논문에서 제안한 규정이 적용될 수 있도록 벤처기업법의 벤처기업 정의를 개정할 필요가 있다.8) 다음으로 스타트업의 지배구조에 대한 벤처기업법의 내용이 상법에 우선 적용된다는 점을 명확히 하여 상법상 주식회사의 지배구조 규정에 우선하여 적용되도록 명시할 필요가 있다. 본 논문에서 논하는 입법적 조치에 대한 제안은 이 두 가지 요건이 충족되었음을 전제로 한다.

본 절에서 제시한 방법에 따라 아래에서는 제5장에서 지적한 현행 규율 상의 한계를 개선할 수 있는 방법을 제시한다. 아래부터는 제5장에서 분석한 한계에 대응한 개선방안을 제시하는 것으로, 각 주제 별로 적절한 개산방안의 내용을 제시하는 과정에서 입법상의 방법과 해석상의 개선점, 연성법 활용 방안을 혼용해서 제시한다는 점에 유의할 필요가 있다.

# 제2절 투자자 권한 강화 및 투자자 보호

벤처투자자 및 일반투자자의 투자자로서의 권한을 강화하고 권리를 보호받을 수 있도록 법률 체계와 제도를 정비할 필요가 있다.

---

7) 본 논문 제1장 제3절 Ⅲ. 참고.
8) 벤처기업법상 벤처기업 정의에 대한 문제 지적으로 Kim(2008), pp.148-149.

# I. 벤처투자자인 우선주주

## 1. 조건부 지분인수계약 등 상법상 체계 정비

벤처투자법상 신규 투자 수단으로 도입된 조건부 지분인수계약에 관한 내용을 실제 활용 가능성을 고려하여 상법상 체계에 맞게 정비할 필요가 있다.[9] 먼저, 조건부 지분인수계약의 법적 성격을 명확히 정해야한다. 조건부 지분인수계약의 이용 활성화를 위해 조건부 지분인수계약투자자는 후속 투자라는 조건 성취 시에 계약상 권리행사가 의제 되어주주로서의 권리를 자동으로 취득하는 법적 지위를 가진다는 점을 명확히 할 필요가 있다. 조건부 지분인수계약 투자자가 스타트업에 대해 청구권만을 가진다고 보면 스타트업의 이행 여부에 따라 권리 취득 가능성이나 권리의 내용이 달라져서 예측가능성이 낮고, 투자자 입장에서이용할 인센티브가 크지 않다. 따라서 조건부 지분인수계약 투자 시에스타트업의 주식 취득을 전제로 주주에 준하는 지위를 가지지만, 후속벤처투자의 가치평가에 따라 취득하는 주식 수가 확정된다는 점을 명확히 해야 한다. 이를 통해 조건부 지분인수계약 투자자의 권리 보호를 강화하면 초기 스타트업의 자금 조달 수단으로서 이용을 촉진할 수 있을것이다.

또한, 벤처투자법상 조건부 지분인수계약 투자 이후 조건 성취시에스타트업이 자동으로 신주를 발행할 수 있는 상법상의 예외를 인정하는조항을 추가할 필요가 있다. 이는 상법상 예정하는 주주 배정이나 제3자배정 방식의 신주 발행과는 다른 방법에 해당하고, 조건 성취 시에 '자동으로' 발행이 되어야 실질적인 의미가 있다. 따라서 벤처투자법상 조건부 지분인수계약의 조건 성취시에 신주를 자동으로 발행할 수 있도록

---

9) 박용린, 천창민(2018), 20쪽; 성희활(2022), 509-512쪽(조건부 지분인수계약의 상법상 근거를 두어 법적 성격을 명확히 할 필요가 있다는 주장).

하여 상법상 제3자 배정 방식의 신주 발행에 대한 예외를 허용하는 규정을 신설해서 실질적인 이용을 활성화시키는 것이 바람직하다.

## 2. 스타트업 진흥법률 간의 통일적인 규율

사실상 동일한 기능을 수행하는 벤처투자 도관(vehicle)에 대한 벤처투자법과 여신전문금융업법 간의 이원화된 체계를 통일하여 근거법률에 따른 규제 차익을 없애고 통일적인 규율을 할 필요가 있다.10) 앞서 지적한 것처럼 벤처투자조합과 신기술사업금융조합 간에 공시의무, 조합 구성이나 투자 의무 등에 대한 규제 상의 차이를 둘 합리적인 이유를 찾기 어렵다. 그러므로 양 법률 상 규율 내용과 명칭 등을 통일하여 양 법률 하의 벤처캐피탈 회사와 벤처투자조합을 합리적인 수준에서 규율하고 통일성을 기할 필요가 있다.

통합된 법 규제 체계 내에서는 벤처투자조합 구성 및 투자 방식이나 투자 의무에 대해 벤처투자법상의 한정적 열거 방법과 여신전문금융업법상의 규제의 부재를 절충한 방법으로 규율하는 것이 바람직할 것이다. 법률을 통해 벤처투자조합을 구성할 때 공동업무집행조합원이 될 수 없는 경우나 투자 방식으로 허용되지 않는 경우를 명시하고, 이에 해당하지 않는 경우에는 조합원 간의 합의에 따라 조합 규약으로 정할 수 있도록 허용하는 것이 벤처투자를 활성화하는 방법이 될 수 있다.11) 벤처투자조합과 벤처투자회사의 공시의무에 대해서도 관리 목적 이외에 일반투자자나 조합 출자자에 대한 정보 제공의 기능을 할 수 있도록 통

---

10) 최민혁, 김민철(2018), 125쪽(벤처투자법이 중기부 산하의 법률만을 통합했다고 평가하고 여신전문법상의 신기술금융사와는 통합되지 못하여 규제 차익이 있다는 점을 지적함).

11) 한정미, 성희활(2018), 115쪽(투자 대상을 한정적 열거주의에서 포괄주의로 전환하거나, 한정적 열거주의를 예시적 열거주의로 전환하고 중소기업벤처부 장관이 지정할 수 있도록 위임규정을 도입하는 방안을 제시).

합할 필요가 있다.

의무 투자 비율 역시 법률상으로는 최소한의 내용만을 정하고, 구체적인 사항은 각 투자조합의 성격에 맞게 조합원 간의 협의를 통해 규약으로 정할 수 있게 하고, 경제 상황이나 투자 환경의 변화 등이 발생한 경우 합의를 통해 조정할 수 있도록 하는 것이 바람직하다. 창업 진흥을 위해 벤처투자조합의 법률상 의무 투자 비율을 높일 필요가 있다는 견해가 있으나,12) 개별 상황에 따른 예외를 열거하기 어려운 법률로 의무 투자 비율을 정하기보다는 규약을 통해 정할 수 있게 하는 것이 효율적일 것으로 생각된다. 뿐만 아니라, 현재 의무 투자 비율 미준수 시에 제재 대상이 되어 법적 위험이 큰데,13) 미준수 시 제재 대상으로 삼기보다는 성공보수 비율을 조정하도록 하거나 비율 준수 시 세제 등 추가 혜택을 주는 방법도 고려해 볼 수 있다. 이를 통해 벤처투자에 따르는 불필요한 제한을 없애고 필요한 사항을 법률이나 규약을 통해 규율하여 스타트업에 활발하게 자금 공급을 할 수 있을 것이다.

### 3. 벤처투자조합원의 권리 보호 강화

#### 가. 업무집행조합원의 의무 강화

벤처투자조합의 조합원 간의 이익상충 상황에서 유한책임조합원의 권리를 보호하기 위해 아래 일본의 법률을 참고하여 업무집행조합원의 의무를 강화하고 유한책임조합원과의 이익상충을 줄이도록 할 필요가 있다.

---

12) 창업 활성화를 위한 정책적 목표를 고려해서 벤처투자조합의 의무투자비율을 늘려야 한다는 견해로 최민혁, 김민철(2018), 118-119쪽.
13) 벤처투자법 제62조에서 정한 등록취소, 업무정지명령, 시정명령 또는 경고조치 등의 제재 규정.

(1) 일본의 금융상품거래법

일본은 금융상품거래법은 조합원이 벤처투자 목적으로 만들어진 조합에 출자하여 취득하는 권리가 금융상품거래법에서 정한 유가증권에 해당한다고 보고(법 제2조 제2항 제5호), 유한책임조합원에 대한 업무집행조합원의 출자 권유 행위를 집합투자기구(scheme)에 대한 '모집 또는 사모'에 해당한다고 정한다(법 제2조 제3항).[14] 업무집행조합원으로서 유한책임조합원에게 출자권유를 해서 조합을 결성하기 위해서는 금융상품거래법상 투자운용업 등록을 하거나(법 제29조), 요건을 갖추어 적격기관투자가 등의 특례업무로 신고해야 한다(법 제29조의5, 제63조).[15] 이에 따라 업무집행조합원은 투자운용업자 또는 적격기관투자가로서 출자자인 유한책임조합원에 대해 선관주의의무와 충실의무를 부담한다(법 제42조 제1항 및 제2항, 제63조 제11항).[16]

이에 따라 업무집행조합원은 유한책임조합원의 투자자로서의 권리를 보호하기 위해 법률상의 구체적 의무를 부담한다. 첫번째로, 업무집

---

14) 日本ベンチャーキャピタル協会(2019), pp.34-35; 금융상품거래법 제2조 유가증권의 정의에 유한책임조합법에 근거한 조합계약에 따른 권리 중 출자 대상 사업으로부터 발생하는 수익의 배당 또는 재산의 분배를 받을 수 있는 권리를 포함시키고(제2조 제2항 제5호), 이에 따른 유가증권의 취득 신청을 권유하는 행위를 '유가증권의 모집'이라고 정한다(제2조 제3항).

15) 벤처투자자에 적용되는 특례는 금융상품거래법 시행령 제17조의12 제2항과 내각부령 제233조의2에 따른 것으로, 출자금의 80%를 초과해서 비상장주식 등의 투자를 할것과 차입액이나 채무 보증액이 출자액의 15% 미만일 것, 부득이한 경우를 제외하고 출자자의 청구에 의한 환급을 하지 않을 것, 계약에 의해 재무제표 등의 작성, 출자자에 대한 감사보고서 등의 제공, 투자실행 시 출자자에 대한 보고, 연차출자자총회에 의한 보고, 출자자 다수결에 의한 펀드 자산운용자의 선·해임, 출자자의 다수결에 의한 계약 변경 등의 요건을 정한다[伊東, 本柳, 内田 (2022), pp.69-70].

16) 금융상품거래법 제42조는 투자운용업자의 충실의무 및 선량한 관리자의 주의의무를, 법 제63조 제11항은 특례업무 신고자가 적격기관투자가 등 특례업무를 하는 경우 금융상품거래업자로 간주하고 의무를 부담한다는 점을 규정한다.

행조합원은 출자 관련 계약을 체결하기 전과 계약 시에 유한책임조합원에게 서면을 교부할 의무(법 제63조 제11항, 제37조의2, 제37조의3)와 출자자의 지식, 경험, 재산상황 등에 적합한 경우에 투자를 권유해야 하는 적합성의 원칙을 준수할 의무를 부담한다(법 제63조 제11항, 제40조).[17]

다음으로, 이익충돌 방지를 위해 원칙적으로 업무집행조합원이 조합재산 운용시 자기거래 등을 할 수 없도록 금지하고, 복수의 조합을 운용하는 경우에는 업무집행조합원이 운용하고 있는 재산 상호간의 거래 금지의무를 원칙으로 한다(법 제63조 제11항, 제42조의2 제1호, 제2호).[18] 다만, 예외적으로 자기거래 등이 불가피한 경우 모든 유한책임조합원에게 자기거래나 운용재산 상호간 거래의 내용을 설명하고 출자 지분의 2/3 이상의 동의를 받는 경우에 공정한 금액으로 거래할 수 있도록 한다(내각부령 제128조 제2호, 제129조 제1항 제1호).[19]

마지막으로, 업무집행조합원은 조합재산과 자신의 고유재산을 분별해서 관리해야 하고(법 제63조 제11항, 제42조의4), 정기적으로 출자자인 유한책임조합원에게 운용보고서를 교부해야 할 의무를 부담한다(법 제63조 제11항, 제42조의7).

### (2) 우리나라에 함의

위와 같이 일본은 업무집행조합원이 금융상품거래법의 금융상품거래업자인 투자운용업자의 실질을 가지고 있다고 보고 금융상품 거래업자가 부담하는 의무를 업무집행조합원에게 부과한다. 모태펀드 등 정책금융을 중심으로 벤처투자가 형성된 우리나라는 유한책임조합원의 투

---

17) 日本ベンチャーキャピタル協会(2019), pp.46-47(금융상품투자업자의 의무에 대한 규정을 적격기관투자자로 특례업무 신고자에 준용하는 방식으로 규정한다. 이하 동일하다).

18) 日本ベンチャーキャピタル協会(2019), pp.72-73.

19) 日本ベンチャーキャピタル協会(2019), pp.74-76.

자자 권리 보호보다는 정책금융에 대한 규율과 공시를 중심으로 제도가 형성되었는데,[20] 투자운용업자에 준해서 투자자 권리 보호 의무를 부과하는 일본법의 내용을 참고해서 벤처투자조합의 업무집행조합원의 의무의 내용을 보완할 필요가 있다.

먼저, 업무집행조합원이 출자자인 유한책임조합원에 대한 설명의무와 서류 교부 의무를 부과하고 적합성의 원칙을 준수하여 출자 권유를 하고 투자자로서의 권리를 보호하도록 할 필요가 있다.[21] 또한, 조합이 결성된 이후에도 업무집행조합원으로 하여금 유한책임조합원에게 정기적으로 조합 재산의 운용에 대해서 보고하고 정보를 제공하도록 해야 한다.[22] 이를 통해 업무집행조합원과 유한책임조합원 간의 정보 비대칭을 해소하고 유한책임조합원이 정보에 기반한 투자 의사결정을 할 수 있도록 하는 것이 바람직하다.

뿐만 아니라, 업무집행조합원의 자기거래나 운용재산 상호 간의 거래에 대해서는 현행 법률처럼 원칙적으로 금지하되, 예외적인 경우에는 일본의 경우와 같이 조합원에게 고지하고 동의를 얻어 허용하는 방법을 고려할 수 있다. 앞서 지적한 조합 만기 시에 비유동 자산을 유동화할 필요가 있을 때[23] 업무집행조합원 뿐 아니라 업무집행조합원이 운용하

---

20) 한 예로, 벤처투자법 제54조는 벤처투자조합의 결산보고 의무를 규정하고 있는데, 결산보고의 상대방이 출자자가 아니라 중소벤처기업부장관으로 되어 있다.

21) 금융감독원에서 행정지도의 형태로 증권회사가 출자자를 모집하는 신기술사업금융조합에 적합성의 원칙을 준수하도록 하는 것이 본 논문에서 주장하는 것과 같은 맥락으로 볼 수 있다(금융감독원 2021.11.30.자. 보도자료 "증권사의 사모 신기술조합 투자(출자)권유시 판매절차 마련을 위한 행정지도 시행").

22) 미국의 경우 벤처투자펀드의 업무집행조합원의 책임에 대한 논의가 많지 않다가 최근 스타트업의 실패로 업무집행조합원인 벤처캐피탈 회사의 책임론이 불거지면서 SEC에서 벤처투자펀드 업무집행조합원의 유한책임조합원에 대한 책임을 강화하는 내용의 규칙 개정을 발표하고, 유한책임조합원에 대한 정기적인 정보 제공 의무를 강화하고 이해상충을 방지할 의무 등을 정했다(SEC Press Release, SEC Proposes to Enhance Private Fund Investor Protection, 2022-19, https://www.sec.gov/news/press-release/2022-19).

는 다른 투자조합이 이를 양수할 수 있도록 하되, 공신력 있는 기관으로부터 비유동 자산의 가치평가를 받아서 양수할 고지하고 조합원의 특별결의를 통한 사전동의를 받게 하는 등 공정한 절차에 따르도록 규율하는 것에 중점을 두는 것이 바람직하다. 이를 통해 벤처투자조합의 만기 도래가 임박한 경우에 투자 자산을 유동화할 수 있는 선택지가 생겨서 투자회수 목적의 스타트업 조기 상장이나 매각 등의 압박을 피할 수 있다.

현행 법률처럼 업무집행조합원의 자기거래 금지를 비롯한 금지행위의 범위를 세분화해서 열거하기보다는 이익충돌 금지의 원칙에 따른 판단이 가능하도록 원칙과 절차를 정하는 방법으로 개편하는 방안을 고려할 필요가 있다. 법령을 통해 업무집행조합원과 유한책임조합원 간에 이익충돌을 판단할 수 있는 기준을 제시하고, 이익상충을 방지하기 위해 업무집행조합원이 노력할 의무를 규정하되, 불가피한 경우에는 이익상충을 최소화하면서 거래할 수 있는 절차를 규정하는 것이다. 세부적인 사항에 대해서는 법령상 원칙과 기준을 바탕으로 모범규준(best practice)을 만들어서 벤처투자조합과 이를 운용하는 업무집행조합원들이 활용할 수 있도록 하고, 조합별 다양한 상황에 맞게 모범규준을 바탕으로 규약을 통해 구체적인 기준과 절차를 정하도록 하는 것이 벤처투자 활성화 측면에서 바람직하다.

### 나. 벤처투자조합의 정보제공 의무 개선

벤처투자조합에 출자하는 유한책임조합원의 권리를 보호하기 위해 현행 벤처투자조합의 정보제공 의무를 개선하여 실질적으로 투자자 보호에 필요한 정보를 제공하도록 할 필요가 있다. 앞서 제안한 것처럼 신기술금융투자조합 역시 통합적 법제 하에서 벤처투자조합과 동일한 정보제공 의무를 부담하도록 하고, 주무부처의 관리에 필요한 정보뿐 아

---

23) 본 논문 제5장 제2절 1.3.다.

니라 투자자가 자신이 보유한 지분가치를 평가하고 위험을 관리하는데 필요한 정보를 제공하도록 해야 한다. 그래서 유한책임조합원의 투자회수 가능성에 중요한 영향을 미치는 벤처투자조합의 해산시까지 잔여 기간, 주요 포트폴리오 스타트업의 현황, 업무집행조합원인 벤처캐피탈의 심사역의 변동 현황 등은 정보제공 내용에 포함될 필요가 있다. 다만, 벤처투자조합에서 투자한 스타트업의 실적이나 전망, 투자회수 가능성 등에 대한 상세 정보를 대중을 상대로 공개할 필요성은 크지 않으므로 해당 벤처투자조합에 출자한 유한책임조합원만 열람할 수 있는 방법으로 정보 제공하는 것이 바람직하다.

## II. 일반투자자인 보통주주

스타트업에 투자하는 일반투자자의 권리를 보호하기 위해 아래와 같이 스타트업에 투자할 수 있는 일반투자자의 범위를 제한하고, 일반투자자에 대한 설명의무 및 비상장거래 플랫폼을 통한 투자자에 대한 스타트업의 공시의무를 강화할 필요가 있다.

### 1. 일반투자자의 투자 제한

스타트업 투자의 큰 불확실성과 위험을 고려해서 벤처투자조합이나 개인투자조합에 출자하여 스타트업에 투자하는 일반투자자의 범위를 제한할 필요가 있다. 스타트업은 기본적으로 예측가능성이 낮고 공개되는 정보도 제한적이어서 일반투자자의 투자 대상으로 적합하다고 보기 어렵다.[24] 그러나 스타트업 자금조달 확대를 위해 개인투자조합 등을

---

24) Gornall& Strebulaev(2020), p.142.

통한 일반투자자의 투자를 확대하고자 하는 정책을 고려할 때, 스타트업 자금조달의 필요성과 일반투자자 보호를 비교 형량하여 스타트업에 투자할 수 있는 일반투자자의 범위를 적절한 범위 내로 제한하는 것이 바람직하다. 아래와 같이 일본과 미국의 비교법상 예를 참고할 수 있다.

### 가. 일본의 경우

일본은 2015년 일반투자자들이 위험성이 높은 벤처투자조합에 출자하여 사기의 피해를 당한 이후에 벤처투자조합에 출자할 수 있는 일반투자자의 범위를 제한했다.[25] 일본에서는 금융상품거래법으로 벤처투자조합을 운용할 수 있는 업무집행조합원의 등록 의무와 해당 유한책임조합에 투자할 수 있는 투자자의 범위를 연계해서 규제하는 방식을 취한다.[26] 즉, 조합의 업무집행조합원(무한책임조합원)은 원칙적으로 금융상품거래업자로 등록하되(법 제29조), 예외적으로 출자자인 유한책임조합원 중 1명 이상의 적격기관투자가가 포함되어 있으면 49명 이내의 특례업무대상 투자가가 참여한다는 전제 하에 적격기관투자가 등의 특례업무 신고로써 조합을 결성할 수 있게 하는 것이다(법 제63조 제1항).[27]

이전에는 적격기관투자가 이외의 특례업무대상투자가의 범위를 별도로 제한하지 않았으나, 2015년 이후 투자 판단 능력이 없는 일반 개인투자자는 제외해야 한다는 견해에 따라 법 시행령에서 열거하는 이들로 제한한다.[28] 특례업무대상투자가는 투자에 관한 지식과 경험을 보유한 이로, 자본금이나 순자산총액이 5천만엔 이상으로 유가증권보고서를 제출하는 상장법인의 임원, 투자성 금융자산이 1억엔 이상으로 신고된 펀드의 업무집행조합원인 법인의 임원, 전문적인 능력을 가지고 합병, 회

---

25) 배승욱(2019), 48쪽; 日本ベンチャーキャピタル協会(2019), pp.11-12.

26) 伊東, 本柳, 内田(2022), p.70.

27) 日本ベンチャーキャピタル協会(2019), p.36.

28) 日本ベンチャーキャピタル協会(2019), pp.41-42.

사 분할, 사업양수도, 주주총회 및 이사회 관련 업무를 5년 이내에 1년 이상 수행한 임직원 등을 포함한다(법 시행령 제17조의12 제1항, 제2항, 내각부령 제233조의3 각 호).[29]

### 나. 미국의 경우

미국에서는 스타트업에 직접 투자하거나 벤처투자자에게 출자하는 경우 기본적으로 증권법 관련 규정이 적용된다고 보고 실무상으로는 사모발행에 따른 예외규정에 따라 투자 또는 출자를 진행한다.[30] 가장 빈번하게 이용되는 사모발행 예외규정인 Rule 506(c)는 모집할 수 있는 금액에 제한을 별도로 두지 않고, 전문투자자(accredited investor)의 숫자에는 제한이 없으나 비전문투자자의 경우에는 35인까지만 투자를 할 수 있도록 제한한다.[31] 이에 따라 비전문투자자도 스타트업에 투자할 수는 있지만 그 숫자가 제한되어서 결국 전문투자자에 해당하는지 여부가 중요하다.

전문투자자인지 여부는 투자에 대한 이해도와 관련 지식을 가지고 필요한 정보에 접근하여 스스로를 보호할 수 있는지 여부를 기준으로 판단한다.[32] 이 기준을 구체화한 Rule 501를 제정하여 개인의 경우 순자산이나 연소득이 높으면 투자자로서 권리 보호를 위해 필요한 외부 자문을 받을 능력이 있다고 보고 순자산이 100만 달러 또는 연소득이 20만 달러 이상인 경우를 전문투자자로 본다(Rule 501(a)(5)).[33] 최근에는 순자산이나 연소득 금액이 반드시 금융이나 투자에 대한 이해도를

---

29) 伊東, 本柳, 内田(2022), pp.45-47.

30) 본 논문 제4장 제1절 II.3. 참고.

31) 17 CFR §230.501(a)(5); Osovsky(2014), p.91.

32) SEC v. Ralston Purina Co., 346 U.S.119(1953); Aran(2019), pp.884-887.

33) 17 CFR §230.501(a)(5); Osovsky(2014), p.86; Thomspon& Langevoort(2013), p.1618(해당 기준이 인플레이션을 반영해서 조정되지 않음에 따라 자산에 연금 액도 포함되어 대다수의 중산층이 전문투자자에 해당하게 된다는 측면의 비판).

반영하지는 않는다는 견해를 반영해서 자율규제기관인 FINRA에서 투자에 관한 일정 교육을 받고 자격을 취득한 경우에도 전문투자자가 될 수 있도록 하였다(Rule 501(a)(10)).[34]

### 다. 우리나라에 적용

위 일본과 미국의 경우를 참고해서 우리나라에서도 스타트업에 벤처투자조합 또는 개인투자조합에 출자하는 방식으로 투자하는 일반투자자의 범위를 제한할 필요가 있다. 스타트업의 자금조달 필요성과 일반투자자 보호의 필요성을 동시에 고려하면, 개인의 벤처투자조합 등 출자를 전면 금지하기보다는 스타트업 투자에 수반되는 위험을 이해하고 판단할 수 있는 개인으로 벤처투자조합 등의 출자 자격을 제한하는 것이 바람직할 것이다. 조합의 업무집행조합원이 해당 자격을 충족한 개인인지 여부를 판단할 의무를 부담하도록 하고, 이를 제대로 이행하지 않은 경우 의무 위반에 따른 책임을 부과함으로써 실효성을 확보할 수 있다.

벤처투자조합 또는 개인투자조합에 출자할 수 있는 자격의 판단 기준으로 벤처투자법상의 '전문개인투자자'를 활용하는 방법을 고려할 수 있다(법 제9조 제2항, 동 시행령 제4조). 전문개인투자자는 스타트업에 대한 투자 실적이 있는 개인으로 일정 경력과 자격을 갖춘 이로 규정되는데,[35] 투자 경험을 바탕으로 스타트업 투자에 수반되는 위험을 이해하고 출자 여부를 결정할 능력이 있어서 투자자 보호 측면의 위험성이

---

34) Bristow, King& Petillon(2004), p.118.

35) 전문개인투자자는 스타트업에 대한 투자 경험이 있는 이들 가운데 관련 업무 경력이 있는 사람으로 정해진다. 이에 따라 현재 최근 3년간 스타트업 등에 투자한 금액의 합계가 1억원 이상인 투자 실적을 보유한 이들 중에 주권상장법인의 창업자 또는 대표이사이거나 벤처기업의 창업자이거나 창업자였던 사람, 벤처투자 관련 업무를 한 경력이 있는 사람 등으로 정하고 있다(벤처투자법 제9조 제2항, 동 시행령 제4조).

낮다. 현재 전문개인투자자로 등록하면 세제 혜택 등이 부여되는 기준으로 활용되는데, 이를 벤처투자조합이나 개인투자조합에 출자할 수 있는 개인의 자격요건으로 정함으로써 투자자 보호를 강화할 수 있다. 자본시장법상 개인인 전문투자자의 요건을 별도로 정하고 있으나,36) 일반 금융투자상품에 대한 투자 경험과 스타트업에 대한 투자는 위험도나 특성에서 차이가 크다. 따라서 자본시장법상 전문투자자 기준보다는 벤처투자법상 전문개인투자자의 기준으로 벤처투자조합과 개인투자조합에 대한 출자 자격을 정하는 것이 바람직할 것이다.

다만, 스타트업에 엔젤투자자로 투자하는 개인의 범위까지 전문개인투자자로 한정할 필요는 없을 것으로 보인다. 스타트업 초기의 엔젤투자는 창업자의 지인이나 가족을 중심으로 제한적인 범위 내에서 이루어지기 때문에 정보 취득이 비교적 용이해서 투자자 보호 위험이 발생할 여지가 낮다. 또한, 스타트업이 아닌 일반 폐쇄회사의 경우에도 지인이나 가족이 초기 투자를 하는 경우가 많다는 점을 고려하면 스타트업의 경우에만 초기투자자인 엔젤투자자를 전문개인투자자로 자격을 제한할 이유는 없을 것이다.

## 2. 일반투자자에 대한 설명의무

앞서 제안한 것처럼 벤처투자조합이나 개인투자조합에 출자하는 개인의 범위를 전문개인투자자로 제한하더라도 이들에게 업무집행조합원이 설명의무를 부담하고 필요한 정보를 제공하도록 해야 한다. 전문개인투자자가 투자 경험이나 경력을 통해 투자 결정을 할 수 있는 능력을 갖추었더라도 스타트업에 대한 정보는 제한적으로만 공개되어 정보에

---

36) 자본시장법상 전문투자자는 일정 금액 이상의 금융투자상품 투자 잔고를 가진 사람 중에 소득, 자산, 또는 전문성 요건을 가진 사람으로 정의된다(자본시장법 제9조 제5항, 동 시행령 제10조, 금융투자업규정 제1-7조의2).

기반한 출자나 투자 여부를 결정이 어렵다. 투자 경험이나 지식을 바탕으로 상장회사 등이 공시한 정보를 분석해서 스스로의 권리를 보호할 수 있는 자본시장법상 전문투자자와는 다른 것이다. 그러므로 벤처투자조합이나 개인투자조합의 업무집행조합원이 전문개인투자자에게 관련 정보를 설명하고 정보를 제공할 의무를 부담하도록 해서 전문개인투자자가 스스로의 권리를 보호할 수 있도록 해야 한다.

업무집행조합원이 전문개인투자자에게 설명할 내용은 투자조합의 성격에 따라 달리 정할 필요가 있다. 프로젝트형 개인투자조합이나 벤처투자조합으로 조합 결성 당시 투자 대상 스타트업이 특정된 경우,[37] 해당 스타트업에 대한 현황과 지배구조 및 재무상황, 벤처투자 현황과 사업모델 관련 주요 위험, 산업 현황과 주요 경쟁회사 관련 정보 등이 될 것이다. 조합 결성 당시 투자 대상 스타트업이 특정되지 않은 블라인드형 투자조합의 경우에는 결성 당시에는 투자조합의 투자 전략과 투자 계획, 예정된 투자 대상이나 운용 계획 등을 설명할 의무가 있고, 이후 조합이 스타트업에 투자를 진행했을 때 피투자 스타트업에 대한 정보를 전문개인투자자에게 제공하도록 해야 한다. 이러한 전문개인투자자에 대한 업무집행조합원의 설명의무와 함께 앞서 제안한 것처럼 벤처투자조합 등의 정보제공 의무를 개선한다면[38] 전문개인투자자의 투자자로서의 권리 보호에 보다 충실할 수 있을 것으로 보인다.

## 3. 비상장거래 플랫폼을 통한 투자자 보호 의무

비상장거래 플랫폼을 통해 스타트업의 주식을 매수하는 투자자를 보호하기 위해 법적 근거와 함께 투자자 보호제도를 도입할 필요가 있다.

---

37) 프로젝트형 투자조합과 블라인드 투자조합의 구분으로 본 논문 제2장 제2절 II.2.
38) 본 논문 본 장 제2절 I.3.다.

현재 금융 혁신서비스로 지정되어 자본시장법상의 예외를 인정받아 운영 중인 비상장주식거래 플랫폼을 통한 거래가 증가하고 있고,[39] 비상장거래 플랫폼을 통해서 스타트업 투자자들이 상장 이전에 투자회수를 할 수 있다는 장점도 있다는 점을 고려하면[40] 비상장거래 플랫폼에 대한 법적 근거를 마련하고 투자자를 보호하기 위한 제도를 마련할 필요가 있다.[41]

비상장거래 플랫폼에 대한 제도를 만들 때 먼저 앞서 언급한 '전문개인투자자'의 개념을 활용해서 투자할 수 있는 투자자의 범위를 제한하는 방안을 고려할 필요가 있다. 현재 각 플랫폼이 내부 정책에 따라 투자자의 개념을 나누고 있는데, 이를 법제화해서 전문개인투자자와 비전문개인투자자를 구별하여 규정하는 것이다. 그래서 전문개인투자자의 경우 비상장거래 플랫폼을 통한 거래에 특별한 제한을 두지 않되, 전문개인투자자에 해당하지 않으면 플랫폼을 통한 거래 금액과 횟수 등을 제한하는 방법을 고려할 수 있다. 이를 통해 일반투자자가 위험성이 높은 스타트업에 투자하여 얻을 수 있는 피해를 방지할 수 있다.

다음으로, 현재 법률상 제한적으로 존재하는 스타트업에 대한 공시제도를 개선해서 비상장주식거래 플랫폼을 통해 주식이 거래되는 스타트업의 공시의무를 강화할 필요가 있다.[42] 스타트업이 정확성을 확인해서 공시하는 정보 없이는 전문개인투자자라고 하더라도 정보비대칭으로 인해 제대로 된 투자 의사결정이나 관리를 할 수 없다. 그러므로 일

---

39) 금융위원회 2022.3.31.보도자료, 혁신금융서비스 심사결과(2021.11.월 말 기준 증권비상장플러스는 누적 가입고객이 약 70만명, 누적 거래대금이 약 6,500억원을 기록해서 운영성과를 인정하여 혁신금융사업자 지정을 연장함).

40) Pollman(2012), p.182.

41) 금융위원회 역시 혁신금융서비스 기간이 종료되는 2024.3. 이전까지 비상장주식거래 플랫폼을 인가제로 하여 법제로 도입하는 방안을 고려 중이다(정혜윤, 비상장주식 플랫폼 인가제 도입…채권투자 세제혜택 커진다, 2023.1.30. 머니투데이, https://news.mt.co.kr/mtview.php?no=2023013012331355885).

42) Pollman(2012), pp.222-223과 Rodrigues(2015), p.1561.

정 수 이상의 매도인, 매수자가 플랫폼을 통한 거래를 희망하면 스타트업 측이 정보를 공시하도록 하고, 해당 정보에 기반하여 거래하도록 할 필요가 있다. 플랫폼을 통해 이루어지는 공시의 내용은 스타트업의 현황 및 지배구조, 주요 주주, 재무 상황에 대한 정보에 추가하여 투자자의 권리에 영향을 미칠 수 있는 정보를 포함시킬 필요가 있다. 예를 들어, 스타트업의 벤처투자 현황과 투자 형태, 투자시 가치평가액 및 투자의 주요 조건 중 투자자의 지분 희석에 영향을 미칠 수 있는 정보를 제공하도록 할 수 있다.[43]

## 제3절 스타트업의 자율성 확대

제5장에서 지적한 현행 규율상 스타트업의 제한적인 자금 조달 수단과 주식보상제도를 개선해서 스타트업이 다양한 수단을 통해 자금을 조달하고, 필요한 경우 벤처투자자와 지배권의 분배를 합의하거나 투자 회수 방법을 추가적으로 보장하여 자금을 조달할 수 있도록 하며, 임직원을 위한 유연한 주식보상제도를 활용할 수 있도록 할 필요가 있다.[44]

---

43) Aran(2019), pp.952-955; Fan(2016), pp.608-610.
44) 우리나라 기업 중 중소기업 비중이 90% 이상이고 그 중 95% 이상이 주식회사의 형태를 하고 있는 상황에서 상법의 주식회사 편에 중소기업을 고려한 규정이 매우 부족하다는 의견으로 최수정(2019), 48-49쪽; 우리나라 회사 중 소규모 비상장회사가 주를 이룸에도 불구하고 대규모 주식회사를 전제로 한 강행규정을 부과하는 것은 적절하지 않다는 주장으로 맹수석(2019), 28-29쪽.

# Ⅰ. 종류주식 범위 확대 및 주주간 이해조정

## 1. 종류주식 범위 확대

벤처기업법에 상법상 종류주식에 관한 예외 규정을 추가해서 스타트업의 경우 상장 이전까지 다양한 종류주식을 발행할 수 있도록 하는 입법적 조치를 취할 필요가 있다. 이를 통해 스타트업의 경우 필요에 따라 다양한 방법으로 자금 조달을 할 수 있도록 아래 비교법을 참고하여 다양한 종류주식의 발행을 인정할 필요가 있다.[45]

### 가. 비교법적 검토

비교법적으로 증권거래소의 규정으로 정한 경우가 아닌 한 회사가 발행할 수 있는 주식의 종류를 회사법으로 특별히 제한하지 않는 경우를 다수 찾아볼 수 있다. 영미법은 특정 주주에게 추가적인 권리를 부여하는 주식의 발행을 특별히 제한하지 않고, 추가적인 권리 부여를 약정한 계약의 해석 문제로 논의하는 경우가 많다.[46] 대표적으로 대부분의 미국 실리콘밸리 스타트업들이 설립 준거지로 하는 델라웨어주 회사법은 정관에 근거를 두거나 정관이 이사회에 권한을 위임한 경우 이사회의 결정으로 자유롭게 주식의 내용을 정해서 발행할 수 있도록 한다.[47] 이에 따라 대부분의 실리콘밸리 스타트업은 정관에 따라 이사회에서 의결권, 배당, 잔여재산 분배, 상환, 전환 등에 대해 다른 내용을 가진 여

---

45) 김지환(2009), 99-100, 104쪽; 박정국(2020a), 272쪽; 박정국(2020b), 36-37쪽; 최수정(2019), 64-70쪽.

46) Bratton&Wachter(2013), pp.1819-1821; Welch, Turezyn& Saunders(2012), p.357 ("Rights of preferred stock are primarily but not exclusively contractual in nature.").

47) 임정하(2015), 133쪽; 박정국(2020a), 254-258쪽; 한국상사법학회Ⅰ(2022), 492쪽; DGCL§151(a); Model Business Corporation Act(2016년 버전)§6.01(a), §6.02.

러 종류의 주식을 발행할 수 있다.[48)

한편, 회사가 종류주식으로 다르게 정할 수 있는 권리의 내용을 다양하게 정하고 있는 일본 회사법도 참고할 수 있다. 일본 회사법은 2005년 개정을 통해 정관자치의 인정 범위 확대에 대한 벤처기업 등의 수요를 반영하여[49) 종류주식으로 다르게 정할 수 있는 권리의 내용을 9가지로 정하고 있다(제108조 제1항).[50) 이에 잉여금의 배당(제1호), 잔여재산의 분배(제2호), 주주총회에서 의결권 행사에 관한 사항(제3호), 양도 제한(제4호)에 대해 달리 정하여 종류주식을 발행할 수 있다. 또한, 상법상 상환주식과 유사하게 주주가 회사에 매수 요청할 수 있는 주식(제5호) 또는 회사가 주주로부터 강제취득 할 수 있는 주식(제6호) 및 주주총회의 결의로 전부 강제취득할 수 있는 주식(제7호)을 종류주식으로 발행할 수 있다. 뿐만 아니라, 주주총회 결의 이외에 해당 종류주주의 종류주주총회 결의를 받도록 해서 사실상 거부권을 가지는 주식(제8호) 및 회사의 이사 또는 감사를 선임 또는 해임할 권리가 있는 주식(제9호)을 발행할 수 있다.[51) 그 중 이사 또는 감사 선임 또는 해임권부 주식은 위원회 설치회사나 공개회사는 발행할 수 없도록 제한하고 있지만(제108조 제1항 제9호),[52) 대부분 스타트업은 이에 해당하지 않아 해당 주식을 발행할 수 있다.

### 나. 발행가능한 종류주식의 내용

위 비교법을 참고해서 벤처기업법상 스타트업의 경우 상법의 종류주

---

48) DGCL§151(b)(c)(d)(e)(f); 박정국(2020a), 254-258쪽.

49) 神田(2021), p.80.

50) 한국사법행정학회II(2014), 503쪽; 이효경(2019), 247쪽; 박정국(2020b), 23쪽; 神田(2021), p.79-80; 한국상사법학회I(2022), 492쪽; 다만, 일본 회사법상 제108조 제1항에서 정하지 않은 내용의 종류주식은 발행할 수 없다[白井正和(2022), p.50].

51) 桃尾·松尾·難波法律事務所(編)(2022), pp.42-45; 白井正和(2022), pp.51-52.

52) 神田(2021), p.94; 한국상사법학회I(2022), 492쪽.

식 규정의 예외를 허용하여 종류주식으로 정할 수 있는 권리의 내용을 확대하고, 이를 바탕으로 자금 조달의 필요에 따라 여러 속성을 조합해서 종류주식을 발행할 수 있게 할 필요가 있다. 스타트업이 자금 조달의 필요와 조건에 따라 투자자와 논의해서 생각할 수 있는 조건을 모두 예상해서 종류주식의 종류를 한정적으로 열거하는 것은 불가능하므로 자금조달시에 다양한 방법을 이용할 수 있도록 예시적으로만 열거하는 것이 자금조달의 필요에 부합할 것이다.

　종류주식으로 달리 정할 수 있는 주주 권리의 내용은 의결권, 배당에 대한 권리뿐 아니라 이사 선임 및 해임에 대한 권리를 달리 정하는 주식과 스타트업의 중요 의사 결정에 대해 거부권을 가지는 주식 등을 포함한다. 이렇게 다양한 종류주식을 발행할 수 있게 허용하면 실무상으로는 창업자와 벤처투자자간 협의를 통해 스타트업의 가치평가나 투자 조건 등을 고려해서 주식에 부여할 권리의 내용을 정할 수 있을 것이다. 사실상 현재 주주간 계약을 통해 벤처투자자에게 부여되는 위 권리를 종류주식의 내용으로 정할 수 있게 되면 정관이나 법인등기부등본 등을 통해 다른 주주들이 열람할 수 있고, 벤처투자자도 스타트업에 명확하게 효력을 주장할 수 있어 주주간 계약으로 정하는 경우보다 실효성도 확보할 수 있다.[53]

　다만, 다양한 종류주식의 발행은 스타트업이 상장하기 전까지만 가능하게 하고 이미 발행된 종류주식은 상장 시에 자동으로 상법상 정한 종류주식의 형태로 전환되도록 정할 필요가 있다. 상장 이후에는 공개시장을 통한 자금조달이 가능해서 다양한 권리를 조합한 종류주식을 통한 벤처투자자의 투자를 받을 필요성이 낮아진다. 또한, 일반투자자가

---

53) 박철영(2005), 54쪽(주주간 계약의 내용을 종류주식의 내용으로 편입하여 주주간 계약의 실효성을 확보할 필요성을 주장함); Fisch(2021), p.956(스타트업의 경우 주주간 계약으로 지배구조를 정하기보다는 정관이나 부속정관을 활용해야 한다는 주장함).

다양한 권리의 종류주식 발행에 따른 영향을 제대로 평가하거나 예측하기 어려워 불측의 손해를 입을 수 있다. 그러므로 다양한 종류주식의 발행이 가능한 기간에 대한 종기를 상장 시로 설정할 필요가 있다.

## 2. 주주간 이해관계 조정

이처럼 스타트업이 다양한 종류의 주식을 발행할 수 있게 되면 스타트업의 기업공개나 합병, 청산 등의 중요한 의사결정에 대해 상이한 권리를 가진 주주 간에 이익충돌이 발생할 수 있다. 이를 해결하기 위한 방안으로 스타트업에 넓은 범위의 정관 자치를 허용하여 정관을 통해 자율적인 이해관계 조정 방법을 정하고, 회사 차원의 의사결정이 필요한 경우 정관을 근거로 이사회나 종류주주총회를 통해 의사결정을 할 수 있도록 해야 한다.

### 가. 정관을 통한 주주간 이익조정

스타트업 정관으로 스타트업이 발행할 수 있는 종류주식의 내용이나 수량뿐 아니라 스타트업 주주들 간의 권리 조정과 관련한 사항을 정할 수 있도록 하고, 정관에 정한 경우 그 효력을 인정하는 방법을 도입할 필요가 있다.54) 주주 구성과 각 주주가 가지는 권리를 고려해서 이익충돌이 발생할 수 있는 경우를 미리 상정해서 사전에 정관으로 이익조정 방법을 정할 수 있게 하고 그 법적 효력을 인정하는 것이다. 정관으로 주주간에 이익충돌이 발생할 수 있는 모든 경우를 정할 수는 없으므로 주주간 이익충돌시의 판단 기준이나 절차나 원칙을 포함시키는 것이

---

54) 박철영(2005), 70쪽(종류주주간에 정관을 통해 이해관계를 조정할 수 있도록 함); 윤영신(2016), 22쪽(상법 제436조의 반대해석으로 정관으로 미리 주주 간의 권리 조정방법을 규정하면 제436조에 따른 종류주주총회는 필요하지 않다는 결론을 낼 수 있다고 주장함).

바람직하다. 우선주주와 보통주주간 뿐 아니라 우선주주 및 보통주주 내부의 이익조정까지 정관을 통해 정할 수 있으면 각 스타트업의 다양한 주주 구성에 적합한 이익조정을 할 수 있게 된다.

　이를 발전시켜서 동일한 스타트업에 각기 다른 라운드에 투자한 벤처투자자인 우선주주간의 이해관계도 정관을 통해 조정할 수 있다. 예를 들어, 미국 실리콘밸리에서 이용되는 페이투플레이(pay-to-play) 조항의 근거를 정관으로 정하고 그 구체적인 내용을 주주간 계약에 포함시켜서 그 효력을 스타트업에 주장할 수 있게 하면 스타트업의 재무 상태 악화 상황에서 우선주주 간의 이해관계를 조정할 수 있다.55) 성장하지 못하고 자금난을 겪고 있는 스타트업에 추가 투자를 하여 자금을 제공하는 우선주주에게는 그 대가로 우선권리를 보장하고, 추가적인 투자를 하지 않는 다른 우선주주에게는 우선주식이 자동으로 보통주식으로 전환되도록 약정하는 것이다. 이를 통해 스타트업이 자금난을 극복하고 다시 성장하는데 기여한 벤처투자자와 그렇지 않은 벤처투자자 간의 권리 조정을 할 수 있고, 벤처투자자의 조력에 대한 인센티브도 부여할 수 있다.

　이를 위해 스타트업 모범지배구조를 통해 스타트업 정관에 주주간 이익조정 사항을 임의 규정으로 포함시키도록 하고 해석을 통해 정관의 해당 규정의 법적 효력을 적극적으로 인정하는 것이 바람직하다. 대다수의 스타트업이 정관을 상세히 검토하지 않고 표준 양식에 일부 내용만을 변형해서 규정하는 현실을 고려할 때, 모범지배구조를 통해 스타트업 정관에 주주간 이익조정 사항을 포함시키도록 유도할 필요가 있다. 그리고 스타트업 정관의 주주간 이익조정에 관한 규정을 유익적 기재사항으로 보아 법적 효력을 인정하는 방향으로 해석하는 법리를 발전시킬 수 있다. 일본 회사법은 정관의 유익적 기재사항으로(제29조) 주주

---

55) 본 논문 제4장 제2절 IV.3.나.

간 권리조정 사항을 정할 수 있다고 보고, 정관의 간주청산우선권 조항을 유익적 기재사항으로 인정하는 해석을 하고 있다.[56] 이를 참고해서 스타트업이 주주간 이익충돌의 문제를 정관을 통해 사전에 정할 수 있도록 하고 이런 정관 규정에 법적 효력을 인정하는 법리를 발전시키는 방법을 고려할 수 있다.

### 나. 이사회 및 종류주주총회를 통한 이익조정

스타트업 정관 자치의 범위를 확대하여 주주 간 이익 상충 시 해결방안에 대한 절차적 방법으로 이사회와 종류주주총회를 필요에 따라 활용할 수 있도록 해석할 수 있다. 정관으로 주주간에 발생할 수 있는 이익상반의 문제를 모두 규정하기 어렵고 정관의 해석에 대한 이견도 생길 수 있으므로 주주간 이익충돌시에 이사회를 통해 해결하고, 사후에 이사회 결의의 공정성 여부를 판단할 수 있도록 하는 것이다.[57] 제4절에서 제안할 것처럼 이사의 신인의무에 대한 법리 발전과 이사회 구성과 운영상 개선이 수반된다면 이사회를 통해 주주간 이익충돌의 문제를 효과적으로 해결할 수 있을 것이다.

또한, 스타트업이 정관으로 주주간의 이익충돌의 정도가 큰 사안은 임의로 종류주주총회의 결의가 필요한 사항으로 포함시키도록 하고 그 효력을 인정하는 해석도 가능하다. 현행법상 종류주주총회 결의가 필요한 경우로 정한 사유는 강행규정으로 해석되어 정관으로 변경할 수 없

---

56) 田中(2022), pp.588-589(정관의 상대적 기재사항과 임의적 기재사항에 대한 설명); 田中(編)(2021), p.187(회사법 제29조에 따라 정한 주주간 권리조정의 내용으로 정관에 근거를 둔 간주청산우선권의 효력을 인정할 수 있다는 내용).

57) 박철영(2005), 77-78쪽(이사의 충실의무 범위를 확대해서 종류주주의 이해조정의무를 포함시켜야 한다고 주장함); 김지환(2009), 98쪽(미국의 경우 종류주주간의 이익충돌을 이사 또는 지배주주의 신인의무 내지 충실의무로 해결하고 있다고 설명함); 임정하(2015), 165쪽(동일한 내용을 설명하면서 우리나라에서도 종류주주간 이익충돌이 있거나 주주간 형평성이 문제되는 경우 이사의 선관의무가 실효성있는 구제법리로 작용할 수 있다고 주장함).

다고 보는 견해가 있지만,58) 스타트업의 경우 정관의 임의적 규정을 통해 종류주주총회의 범위를 확대하거나 축소할 수 있는 것으로 해석하는 것이다. 예를 들어, 정관으로 스타트업의 매각이나 후속 다운라운드 투자 유치 결정 등을 종류주주총회의 대상에 포함시킬 수 있다. 반대로, 우선주주의 사전 동의권 등으로 갈음할 수 있는 경우에는 법정된 사유라도 정관으로 종류주주총회를 생략할 수 있도록 정하면 그 효력을 인정하는 방법도 고려할 수 있다. 종류주주총회의 결의는 종류주주에게 일종의 거부권(veto right)을 부여하는 것으로 결의가 필요한 사항의 범위가 넓어지면 특정 주식을 보유한 주주가 의도적으로 의사결정을 어렵게 하는 지연문제(hold up problem)가 발생할 수 있다.59) 이러한 점을 고려해서 스타트업의 주주들이 종류주주총회의 필요성과 의사결정 지연의 가능성을 형량해서 협의를 통해 종류주주총회가 필요한 사항을 정관에 명시할 수 있게 하고, 명시한 경우 그 법적 효력을 인정해 주어야 한다.

## II. 지배권 분배 관련

스타트업이 벤처투자 유치 시에 약정을 통해 벤처투자자에게 지배권을 분배하면서 추가적으로 부여하는 권리를 실질적 주주평등원칙의 관점에서 해석할 필요가 있다. 해당 약정의 효력을 주주 간의 형식적인 평등이 아니라 실질적인 평등의 관점에서 합리적인 사유가 있는지 여부와

---

58) 이철송(2012), 610쪽; 권기범(2016), 179쪽.

59) 윤영신(2016), 31-32쪽(종류주주총회제도는 종류주주를 보호하는 수단으로 매우 경직적이고 극단적인 측면이 있고 종류주주가 찬성할 인센티브도 크지 않다고 설명함); 송옥렬(2020a), 795쪽(상법은 종류주주에게 회사관계로부터 탈퇴할 수 있는 권리가 아니라 종류주주총회 결의를 추가적으로 요구하여 거부권을 부여했다고 설명함).

다른 주주의 권리에 손해를 미치는지 등을 종합적으로 검토하여 판단하는 것이다.60) 최근 실질적 평등의 관점에서 주주평등의 원칙을 해석해야 한다는 견해가 늘어나고 있으므로 이를 적용하여 스타트업의 지배권 분배에 대한 약정 사항의 효력을 판단하는 해석을 확립할 수 있다.61)

주주간 실질적 평등 기준을 적용하면 스타트업이 자금을 조달하면서 우선주주인 벤처투자자에게 다른 주주에게는 인정되지 않는 추가적인 권리를 부여하는 것에 합리적 사유가 인정될 가능성이 높다. 스타트업의 생존과 성장을 위해서는 적시에 자금을 조달할 필요가 있고, 예측 가능성이 낮고 불확실성이 큰 스타트업에 투자가 이루어지도록 하려면 투자 위험을 관리할 수 있는 권리를 투자자들에게 부여할 필요가 있다.62) 또한, 엔젤투자자 등 일반투자자는 상장회사의 일반투자자에 비하면 소수일 뿐 아니라, 스타트업이 벤처투자를 받아 성장한 경우의 수익을 공유하기를 기대하는 장기 투자자이다.63) 일반투자자도 벤처투자자에게 지배구조상의 권리를 추가로 부여하지 못해서 스타트업 투자가 경색되는 것보다는 합의에 따라 벤처투자자에게 추가 권리를 부여하고 투자를 받아 성장하는 것이 이익이 된다.64) 그러므로 스타트업이 상장하기 전까지는 지배권 분배에 대해 주주간 합의를 통해 벤처투자자에게 추가적으로 권리를 부여할 합리적인 근거가 있다.65)

아래에서는 벤처투자자에게 부여되는 각 권리의 내용 별로 검토한다.

---

60) 천경훈(2021), 111쪽; 정준혁(2022), 239쪽.

61) 김태진(2008), 36쪽; 박상철(2018), 406-408쪽; 천경훈(2021), 111쪽; 정준혁(2022), 239쪽; 전준영(2023), 78-79쪽.

62) 천경훈(2021), 74-78쪽; 맹수석(2019), 28-29쪽.

63) Ibrahim(2008), p.1428(대부분의 엔젤투자자는 후속 벤처투자에 대한 기대로 스타트업에 투자하고 스타트업을 벤처투자자에 연결시켜주는 역할을 한다고 설명).

64) Ibrahim(2008), pp.1428-1431.

65) 천경훈(2021), 112쪽(스타트업 기업이 벤처캐피탈에게 계약상 권리 부여하면서 좋은 조건으로 투자를 유치해서 회사의 성장이 촉진되고 기존 주주에게 이익이 되었다면 주주평등원칙에 반하여 무효라고 볼 수 없다고 주장).

## 1. 지명이사 선·해임 약정 효력 인정

벤처투자자가 스타트업 운영에 대한 정보를 취득하고 창업자와 경영진을 감독하여 대리인 문제를 효과적으로 방지할 수 있도록 실질적 주주평등의 원칙에 기반하여 지명이사 선·해임 약정의 효력을 인정하는 해석을 할 필요가 있다. 벤처투자자라는 특정 주주에게 이사 지명권을 부여하는 것은 다른 주주보다 벤처투자자를 우대하는 것으로 볼 수 있지만, 지명이사를 통한 투자 위험 관리가 벤처투자의 중요한 요소이므로 이를 인정할 합리적인 사유가 있다. 또한, 벤처투자자 지명이사가 창업자 등 경영진을 감독함으로써 다른 주주 역시 대리인 문제를 방지할 수 있다는 이익을 얻을 수 있다. 따라서 벤처투자자에게 이사 지명권을 부여하는 합리적인 사유가 있는 경우로 주주총회에서 이사를 선임할 주주의 권리를 해하는 것은 아니기 때문에 그 법적 효력을 인정할 수 있다.[66] 또한, 만약 선임된 벤처투자자 지명이사를 지분율이 높은 창업자가 주주총회 특별결의를 통해 해임할 수 있다면 실질적인 이사 지명권이 보장되지 않으므로[67] 별도로 약정한 사유 없이는 지명이사를 해임하지 않겠다는 약정도 포함된 것으로 해석해야 할 것이다.

벤처투자자가 지명한 후보를 주주총회에서 선임하는 의결권 구속 약정에 따른 의결권 행사를 구하는 적극적 가처분을 통해 실질적인 권리 구제를 받을 수 있도록 해석할 필요가 있다. 벤처투자자와 창업자 간의 의결권 구속 약정이 스타트업 자금 조달에 미치는 중요성을 고려해서 약정에 따른 의결권 행사를 구하는 가처분의 피보전권리와 보전의 필요성을 적극적으로 인정하는 해석을 하는 것이다.[68] 최근 주주 전체가 정

---

66) 김재범(2019), 169쪽(약정을 위반한 주주총회 결의는 결의방법이 현저히 불공정한 경우로 결의하자가 있어 취소 사유가 된다는 견해).
67) 김지안(2022), 89쪽.
68) 백숙종(2018), 98쪽(벤처투자자의 맥락은 아니나, 일반적으로 의결권 구속계약에

관에 근거를 두고 체결한 주주간 계약의 효력을 당사자 간뿐 아니라 회사에도 인정해야 한다는 견해가 증가하고 있는데,69) 이에 따라 위 의결권 구속 약정의 효력을 스타트업에도 주장할 수 있다고 보면 약정에 따른 의결권 행사를 구하는 가처분 신청시 피보전권리와 보전의 필요성을 인정하기 보다 용이할 것이다.70) 나아가 창업자의 주도로 벤처투자자가 지명한 자가 아닌 다른 이를 이사로 선임하는 주주총회 결의가 이미 이루어진 경우에도 벤처투자자는 해당 주주총회 결의 방법의 하자를 다툴 수도 있다.71) 이를 통해 벤처투자자는 지명이사 선임 보장을 통해 투자 위험을 줄일 수 있고, 불확실성이 큰 초기 스타트업의 투자 위험도 관리할 수 있게 되어 투자 활성화로 이어질 수 있다.

## 2. 사전 동의권의 내용과 방법 등

최근 선고된 대법원 판결의 취지와 같이 스타트업이 지배권 분배 차원에서 벤처투자자에게 중요한 의사결정에 대해 사전 동의권을 부여하

---

따른 의결권 행사를 명하는 가처분을 활발하게 명하는 것이 주주의 기회주의적 행동을 효과적으로 규제할 수 있고 주주간 계약의 신뢰를 높여 자금유치를 원활하게 하는 등의 장점이 있다고 주장함); 송옥렬(2020), 360쪽(소수주주에게 이사 선임 약정이 중요하므로 계약대로 의결권 행사하도록 사전에 강제할 수 있어야 하고 계약대로 의결권 행사하지 않은 경우 사후에 다툴 수 있어야 한다고 주장함).

69) 천경훈(2013), 40쪽; 천경훈(2021), 74-78쪽; 김건식(2019), 372-373쪽; 이중기(2019), 413쪽; 김재범(2019), 168-169쪽; 송옥렬(2020b), 352-356쪽.

70) 백숙종(2018), 98쪽(주주간 계약을 통해 주주의 출자를 활성화하려는 절실한 필요에도 불구하고, 그 동안 법원은 당사자 간의 개별적 계약 내용을 단체법에 뿌리를 두고 있는 회사법에 그대로 수용할 수 없다는 전제 하에, 또는 만족적 가처분은 엄격히 소명해야 한다는 원칙 하에 판단해서 주주간 약정에 기한 당사자 보호에 소홀하다는 비판에서 자유로울 수 없었다고 주장함).

71) 김재범(2019), 168쪽(총주주가 약정하면서 대표이사가 참석해서 함께 약정하거나, 주주간 약정을 정관에 기재해서 회사가 인지한 것이 인정되면 약정을 회사에 주장할 수 있다는 견해).

는 조항 역시 합리적 사유가 있는 차별로 실질적 주주평등의 원칙에 따라 법적 효력을 인정할 필요가 있다.72) 벤처투자자는 사전 동의권을 통해 창업자의 기회주의적 행동이나 사익 추구를 막고 투자 위험을 관리할 수 있다는 기대를 가지고 불확실성이 높은 스타트업에 투자할 수 있다. 또한, 다른 주주들 입장에서도 벤처투자자가 창업자의 기회주의적 행동 등을 감독하고 통제하는 권한을 가지는 것이 대리인 문제로 인한 손해를 방지할 수 있어 이익이 된다. 벤처투자자의 사전동의와는 별개로 주주총회의 결의가 필요한 사안에 대해서는 결의를 진행하기 때문에 주주의 권리나 주주총회 권한을 침해한 것으로 보기도 어렵다.73)

스타트업의 지배권 분배 약정을 통한 자금조달 활성화를 위해서는 사전 동의권과 관련해서 주주평등의 원칙에 대한 논의를 넘어 사전 동의권의 구체적인 내용과 그 행사 방법에 대한 논의를 진전시키는 것이 바람직하다.74) 사전 동의권의 내용에 대한 논의는 벤처투자자의 경영 관여 범위와 관련되는데, 기본적으로 당사자 간에 지배권 분배에 대해 약정한 내용의 효력을 인정할 필요가 있다.75) 당사자의 약정에도 불구하고 사후적으로 법원이 사전 동의권의 효력을 개별적으로 판단하여 제한하는 범위가 넓어지면 지배권 분배의 합의로 형성되는 스타트업 지배구조의 특성에 부합하지 않고, 당사자들이 추후 법적 효력이 부인될 가능성이 있는 사전 동의권을 보장할 것을 기대하기 어려워진다. 또한, 현재 벤처투자시 사전 동의권 대상은 주로 스타트업이 자금을 차입하거나 자회사를 만드는 경우, 주요 자산을 양도 또는 처분하는 경우, 주식 또는 주식으로 전환할 수 있는 사채를 발행하는 경우, 회생 또는 파산을

---

72) 대법원 2023.7.13.선고2021다293213 판결; 천경훈(2021), 114쪽; 정준혁(2022), 236-237쪽; 전준영(2023), 80-81쪽.
73) 정준혁(2022), 249쪽.
74) 유사한 취지로 전준영(2023), 81-90쪽.
75) 미국에서의 사전 동의권에 대한 논의로 Chesley(2021), p.100

신청하는 경우 등 스타트업의 다른 주주들의 권리의 측면에서도 추가적인 통제가 필요한 경우로 합리적인 범위 내로 볼 수 있다. 그러므로 투자 위험 관리와 투자자의 권리와 관련없는 이례적인 사항에 대한 사전 동의권의 경우를 제외하면 당사자들이 약정한 사전 동의권의 효력을 인정할 필요가 있다.[76]

그리고 사전 동의권의 행사 방법에 대해 개별 투자자에게 사전 동의권을 부여하기 보다는 동일한 시리즈에 투자한 투자자들의 집합적인 권리나 벤처투자자 지명이사의 권리로 정할 수 있도록 하는 방법을 고려할 필요가 있다.[77] 개별 투자자에게 사전 동의권을 부여하는 경우 스타트업이 신주 발행 등 특정 행위를 하려고 할 때 해당 행위에 대해 사전 동의권을 가지는 벤처투자자 간에 의견이 다르면 교착 상태에 빠질 수 있다. 그러므로 개별 투자자의 사전 동의권의 법적 효력을 부인할 필요는 없으나, 스타트업 모범지배구조 등을 통해서 동일한 시리즈에 투자한 주주의 과반수의 사전 동의를 받도록 하는 집합적인 권리로 약정을 하거나, 벤처투자자 지명이사 과반수의 사전 동의를 요구하는 지배구조상의 권리로 약정하도록 하는 것이 바람직하다.

다만, 벤처투자자의 사전 동의권 위반으로 약정한 구제 수단에 대해서는 아래에서 살펴볼 투자 회수와 관련한 회사법상 규정이나 원칙에 위반되지 않는지를 기준으로 별도 검토할 필요가 있다.[78] 벤처투자자의 사전 동의권을 실질적으로 보장하려면 이를 위반한 경우 벤처투자자의 구제 수단을 인정해야 한다. 그러나 구제 수단으로 사전 동의권 위반 시 벤처투자자가 스타트업으로부터 투자금을 환급받을 권리를 약정한다면

---

76) 전준영(2023), 82쪽(사전 동의권에 대한 법원의 심사 필요성은 인정하면서 심사의 정도가 제한적이어야 한다고 주장함).

77) 앞서 소개한 미국 NVCA에서 제시한 표준계약서 상의 사전 동의권 약정 방법과 유사하다(본 논문 제4장 제2절 II. 3.나(1); 천경훈(2021), 91쪽).

78) 본 장 본 절 III.의 내용; 천경훈(2021), 115쪽; 정준혁(2022), 243쪽; 전준영(2023), 83-90쪽.

이는 주주평등의 원칙 차원이 아닌 자본유지의 원칙 위반으로 약정의 효력을 인정하기 어려울 것이다.79)

### 3. 정보요청권의 효력 인정

벤처투자자의 스타트업에 대한 정보요청권 약정 역시 실질적 주주평등의 관점에서 법적 효력을 인정하는 해석을 할 필요가 있다.80) 벤처투자자는 정보요청권을 행사하여 스타트업에 대한 정보비대칭을 해소하고 취득한 정보를 통해 창업자 등을 감독할 수 있다. 이를 통해 불확실성이 높은 스타트업의 투자 위험을 관리할 수 있어 벤처투자가 촉진될 수 있고, 다른 주주들도 벤처투자자의 감독으로 창업자의 대리인 문제가 방지되면 이익을 얻을 수 있다. 이처럼 벤처투자자에게 정보요청권을 인정할 합리적인 이유가 있고, 이를 인정하더라도 다른 주주들이 소수주주권 행사를 통해 정보를 제공받을 권리는 행사할 여지는 남아있으므로 다른 주주들의 권리를 침해한다고 보기도 어렵다.81)

벤처투자자의 정보요청권 행사에도 불구하고 스타트업이 정보를 제공하지 않는 경우의 구제수단에 대해서는 사전 동의권의 경우처럼 회사법상 자본유지의 원칙이나 이에 따른 자기주식취득 관련 규정 등에 위반하지 않는 범위 내에서 인정할 필요가 있을 것이다.

---

79) 천경훈(2021), 110쪽(주주평등의 원칙은 일반적이고 추상성이 높은 법리로 자기주식취득금지 또는 출자환급금리 법리에 뒤이어 보충적으로 적용되어야 한다는 견해); 정준혁(2022), 242쪽.

80) 정준혁(2022), 249쪽.

81) 정준혁(2022), 249쪽.

## III. 투자 회수 관련

스타트업의 벤처투자 활성화를 위해 스타트업이 성공하지 못한 경우에도 벤처투자자가 일정 부분 투자 회수를 받을 수 있도록 할 필요가 있다. 그 방법으로 아래와 같이 벤처기업법을 개정하여 상환주식의 상환권 행사 재원을 명시하고 정관에 근거한 간주청산우선권의 효력을 인정하는 방법을 고려할 수 있다.

### 1. 상환권 행사의 재원 확대

벤처기업법을 개정하여 스타트업의 경우 상환주식 상환의 재원이 되는 '이익'의 범위를 스타트업의 실질 재무상태를 기준으로 한 이익으로 명시할 필요가 있다. 상법은 회사 채권자 보호를 위해 회사 자본의 사외유출을 제한하는데, 회사 채권자를 보호할 수 있는 수준의 자본금을 유보하는 경우 나머지 '이익'을 상환재원으로 하여 벤처투자자의 상환에 응할 수 있도록 하는 방법이다. 이를 통해 벤처투자자가 투자회수 방법의 하나로 스타트업에 상환권 행사가 가능하게 함으로써 벤처투자를 촉진하는 것이다.[82] 다만, 벤처투자자의 상환권의 이러한 특칙을 도입하더라도 아래 비교법적 검토를 고려해서 회사 채권자를 보호할 수 있는 수준의 자본금을 유보하고 있는지 판단하는 기준을 둘 필요가 있다.

### 가. 비교법적 검토

일반적인 회사의 법정자본금제도와 배당가능이익의 제한에 대해 미국 각 주의 회사법은 우리나라 상법에 비해 유연한 규정을 두고 있다. 캘리포니아 주를 비롯한 일부 주는 법정자본금제도가 실질적으로 채권

---

82) 유사한 취지로 박상철(2018), 413쪽; 김한철(2021), 150-152쪽.

자 보호의 역할을 수행하지 못하고 회계의 발달과 공시제도의 정립 등으로 다른 채권자 보호 수단이 증가했다고 보아 법정자본금제도를 폐지했다.83) 주식회사의 배당가능이익에 대한 제한 방법은 크게 세 가지로 나뉘는데, ①법정자본금제도를 유지하고 있는 델라웨어 주 등에서 주로 택하는 자본기준(equity fund approach)과84) ②법정자본금제도를 폐지한 캘리포니아 주와 같은 곳에서 중첩적으로 이용하는 지급불능 기준(insolvency approach)과 ③재무비율기준(financial ratio approach)이다.85)

이 중 ①자본기준 방식은 i) 순자산에서 자본금을 공제한 잉여금을 기준으로 배당가능이익을 설정할 수 있도록 하는 잉여금 기준 방식과 ii) 순자산에서 자본금과 자본잉여금을 공제하는 이익잉여금 기준 방식이 있다.86) ②지급불능 기준은 스타트업이 실질적으로 채권자 등에 지급불능이거나 이익배당 또는 상환으로 지급불능이 되는 경우가 아닌 한 이익배당이나 상환의 재원으로 삼을 수 있게 한다.87) ③재무비율 기준은 이익잉여금을 초과하지 않는 범위 내이거나. 이익잉여금이 충분하지 않을 경우에는 배당 후 회사의 총자산이 총부채의 1.25배를 초과하고 유동자산이 유동부채를 초과하는 때에 이익배당을 할 수 있도록 한다.88)

### 나. 우리나라에 함의

스타트업의 상환주식 상환 재원이 되는 '이익'의 범위를 현실화하기위해 미국 캘리포니아주 등에서 채택하고 있는 지급불능 기준(insolvency

---

83) 김순석(2004), 330-332쪽; 김순석(2012), 38쪽; Ho.J.(2017), p.8(1975년 California Corporations Code 개정으로 액면가액 폐지와 함께 법정자본금 제도가 폐지되었다).

84) DGCL§154.

85) 김순석(2004), 330-332쪽; 김순석(2012), 38-40쪽; 심영(2014), 47-51쪽; 김지평 (2017), 144-145쪽.

86) 김순석(2012), 38-39쪽; 심영(2014), 47-50쪽.

87) 김순석(2012), 39-40쪽; 심영(2014), 51쪽.

88) 김순석(2012), 39-40쪽; 심영(2014), 51쪽.

approach)과 재무비율 기준(financial ration approach)을 중첩적으로 적용하여 해석하는 방법을 고려할 수 있다.89) 즉, 스타트업이 ①벤처투자자에 대한 상환으로 인해 지급불능에 빠지지 않고, 동시에 ②이익잉여금의 범위 내에서 벤처투자자에 상환할 수 있거나 벤처투자자에 상환 후에도 스타트업의 총자산이 총부채의 1.25배를 초과하고 유동자산이 유동부채를 초과하는 경우라는 조건을 만족할 때 벤처투자자가 스타트업에 상환권을 행사하도록 하는 것이다. 이를 통해 일정 수준으로 스타트업 채권자를 보호하고 스타트업 재정 상태를 악화시키지 않는 수준에서 상환 재원의 범위를 해석할 수 있다.

또 다른 방법으로는 현행 기준에 따라 상법상 산정된 배당가능이익을 상환의 재원으로 유지하되, 스타트업은 상환을 위한 준비금 감소의 범위를 넓혀서 상환목적의 배당가능이익이 증가하도록 하는 방법도 고려할 수 있다. 현재 회사 자본금의 1.5배를 초과하는 준비금이 적립된 경우 이를 초과하는 범위 내에서 준비금을 감소할 수 있는데(상법 제461조의2), 스타트업의 경우 자본금의 0.25배를 초과하는 준비금이 적립된 경우 초과하는 범위 내에서 감소가 가능하도록 하는 것이다.90) 배당가능이익 산정시 순자산액에서 공제대상이 되는 준비금이 줄어들면 배당가능이익이 많아져서 상환주식의 상환 재원이 증가한다. 비교법적으로도 미국 대부분의 주가 법정준비금 제도를 두고 있지 않고, 일본은 2005년 회사법 개정으로 법정준비금 감소 한도에 대한 제한을 폐지했다는 점을 고려할 때 비교법적으로도 가능한 방안으로 보인다.91)

---

89) 배당가능이익 제한에 대한 기준으로 윤영신(2007), 711쪽; 김순석(2012), 42-43쪽; 심영(2014), 52-67쪽; 김지평(2017), 143-154쪽; 박정국(2020a), 270-271쪽(상환주식의 상환재원을 배당가능 이익 이외에 신주 매각대금과 법정준비금까지 포함시킬 수 있도록 해야 한다는 주장).

90) 김순석(2012), 26쪽(준비금의 자본금 감소가 자본금의 1/4까지 가능한 것으로 할 필요가 있다는 주장).

91) 김순석(2012), 26쪽(일본의 경우 2005년 개정 전에는 법정준비금의 감소 한도가

위의 두 가지 방법을 채택할 경우 회사법 전반적인 체계상의 문제가 발생할 가능성은 높지 않다. 스타트업에 대한 상환주식의 상환권 행사 재원을 확대하는 방법은 스타트업의 자기주식 취득 재원을 완화하는 경우에 비해서 간명하다.92) 투자위험 관리를 위해서 스타트업에 대한 주식매수요청권(put option)을 가진 벤처투자자가 주식매수청구권 행사를 하면 스타트업이 자기주식취득을 하는 결과가 되는데, 이 경우 회사의 자기주식취득에 대한 규정이 적용되어 자기주식의 취득 재원이나 취득 방법에 대한 제한을 받는다. 그래서 스타트업의 자기주식취득에 대한 예외를 인정하기 위해서는 취득 재원뿐 아니라 취득 방법 등에 대한 예외까지 인정해야 한다.

반면, 상환주식은 발행시부터 상환사유가 생겨서 주주가 상환권을 행사하면 이익으로서 상환할 것을 예정하고 있는 주식으로, 상법상 주주평등원칙의 예외로 인정되는 종류주식이다.93) 상환주식은 본질상 채권과 유사한 성격을 가져서 회사가 이자없이 자금을 조달하는 대신 상환사유가 발생 및 상환재원이 있는 경우 주주가 상환받을 수 있도록 하는 것으로 상환주식을 보유한 주주의 상환권 행사는 법령상 자본유지원칙의 예외에 해당한다.94) 따라서 스타트업에 한해 상환주식의 상환재원이 되는'이익'의 범위를 확대하는 방법은 스타트업의 일반적인 배당가능이익을 넓히는 논의나 자기주식취득 규제 완화에 대한 논의와 비교했을 때 간명하다.

이처럼 벤처투자자의 상환권 행사에 대한 재원을 넓게 정하면 결과

---

자본금의 1/4까지였으나, 법률 개정으로 법정준비금이 0일때까지 감소 가능하다); 일본 회사법 제448조 제2항은 법정준비금의 감소액이 감소 효력발생일 기준 법정준비금을 초과할 수 없다고 정하는데, 이는 법정준비금이 마이너스가 되면 안 되기 때문이다[田中(2022), p.466].

92) 스타트업의 자기주식 취득 재원과 규제를 완화하자는 견해로 김한철(2021), 152쪽.
93) 한국상사법학회 I(2022), 523-524쪽.
94) 한국상사법학회 I(2022), 523-524쪽; 정수용·김광복(2012), 106쪽.

적으로 주주에게 투자금의 환급이 일어나게 되고 회사 자산이 유출되어 스타트업에 대출을 해준 금융기관 등 채권자 보호에 소홀해지는 것이 아닌지 반론이 있을 수 있다. 그러나 본 논문의 제안은 지불불능 기준과 재무비율 기준을 중첩적으로 이용해서 채권자를 보호하는 한도 내에서 상환 재원에 대한 해석을 하는 방안으로, 채권자를 실질적으로 보호하는 방법을 배제하는 것은 아니다. 또한, 스타트업에 실행되는 대출은 벤처투자를 통한 스타트업의 성장을 전제로 실행된다는 점을 고려하면 벤처투자자에게 실질적인 상환권 행사를 가능하게 해서 스타트업이 자금조달을 활발히 해야 채권자의 이익에도 부합한다.[95] 뿐만 아니라, 스타트업 채권자는 기술보증보험 등의 보증을 받아 대출을 하는 경우가 많고, 계약상의 확약(covenants)을 통해 스타트업에 직접적으로 의무를 부담시키는 등으로 보호를 받을 수 있다.[96] 실리콘밸리의 스타트업에 대한 대출 실무는 스타트업이 보유한 지적재산권을 가치평가해서 담보로 설정하는 경우가 많은데, 우리나라에서도 지적재산권 금융이 발달하면 채권자들이 추가로 권리를 확보할 수 있을 것으로 본다.[97]

## 2. 간주청산우선권 효력 인정

아래와 같은 일본의 논의를 참고하여 우리나라에서도 정관에 근거를 둔 간주청산우선권 규정의 효력을 인정해서 벤처투자자가 이를 통해 하방위험을 보호받을 수 있도록 할 필요가 있다.

---

95) Ibrahim(2010a), p.1184.

96) Gullifer& Payne(2011), p.154; 정준혁(2022), 231쪽(주주의 권리와 비교하는 맥락에서 확약을 통한 채권자의 권리보호 방법을 제시함); 중소벤처기업부 보도자료, 2023년 기술보증을 통해 5.7조원 신규자금 지원, 2023.1.12.자.

97) 이효섭(2022), 1쪽; 특허청 보도자료, 지식재산 금융, 2030 청년창업을 지원하겠습니다!, 2021.6.29.자.

### 가. 비교법적 검토

미국에서는 간주청산우선권의 효력이 당연히 인정되는 것을 전제로 이로 인한 이익상반 등을 다룰 뿐,[98] 그 효력의 무효 여부를 다투는 논의를 찾아보기는 어렵다. 일반적으로 벤처투자시에 스타트업의 정관을 수정하여 흡수합병, 신설합병, 매각, 중요한 자산이나 영업 양도 등을 청산 간주 사유(deemed liquidation event)로 정하고,[99] 해당 사유가 발생한 경우 회사 청산시의 잔여재산우선권과 마찬가지로 벤처투자자인 우선주주가 보통주주에 우선하여 합병 등의 대가를 분배를 받을 수 있도록 한다.[100] 이렇게 수정된 정관을 근거로 벤처투자자의 간주청산우선권에 대한 효력을 인정하는 것이다.

일본의 학설과 실무 역시 실무상 널리 쓰이는 간주청산우선권의 법적 효력을 인정하는 견해가 많다.[101] 일본 학설도 간주청산우선주식이 일본 회사법상 잔여재산우선권을 부여하는 종류주식의 일종으로 보기는 어렵다고 보는 견해가 많다.[102] 그러나 일본 회사법은 정관으로 간주청산우선권을 정한 경우 주주간 권리 조정 사항을 정한 유익적 기재사항으로 효력이 있다고 보아 그 효력을 인정하는 견해가 다수이다. 회사법상 합병계약 등으로 소멸회사 등이 발행한 종류주식의 내용에 따라 금전 등의 배당에 대해 주식의 종류 별로 각기 다른 취급을 할 수 있다고 정한 규정과(제749조 제2항) 정관으로 주주 간 권리 조정사항을 정한 경우 그 법적 효력을 인정한다는 점을 근거로(제29조) 정관에 근거한 간주청산우선권 부여를 인정할 수 있다고 본다.[103]

---

98) Lemon, J(2003), p.3; Bartlett(2006), p.76.

99) 미국 NVCA 표준(2020년 버전) 수정 정관 §2.3.1조.

100) 미국 NVCA 표준(2020년 버전) 수정 정관 §2.1조.

101) 田中(編)(2021), pp.187, 384(일본 학설·실무에서는 간주청산우선권을 인정하는 견해가 많다는 설명); 藤原総一郎(編)(2021), p.193; VLF(2020), p.80.

102) 田中(編)(2021), pp.187, 384.

103) 田中(編)(2021), pp.187, 384; 藤原総一郎(編)(2021), p.193; VLF(2020), p.80.

일본에서는 벤처투자계약에서 널리 이용되는 간주청산우선주식의 법적 효력을 인정하여 벤처투자를 활성화할 필요성을 고려하고, 회사법상 규정을 통해 그 근거를 찾는 것이 불가능하지 않다는 점에서 그 효력을 인정하는 것으로 보인다.104) 이에 따라 일본 학설은 정관으로 우선주주의 간주청산우선권을 정하면 이사는 이를 합병계약에 반영할 의무가 있고, 간주청산우선권을 위반해서 이루어진 합병은 정관에 위반한 합병으로 유지청구 또는 합병무효의 대상이 될 수 있다고 해석한다.105) 또한, 주식양도 방식에 의한 지배권 이전 시에도 주주간계약으로 이를 약정하면 주식양도계약에 그 내용을 반영함으로써 간주청산우선권을 행사할 수 있다고 보고, 정관으로 주식양도 방식의 지배권 이전의 경우에 간주청산우선권을 행사할 수 있다는 규정을 둔 경우 유익적 기재사항으로 효력이 있다고 해석한다.106)

### 나. 우리나라에 함의

우리나라의 경우에도 일본의 해석론을 참고해서 스타트업이 정관으로 간주청산우선권에 대한 사항을 규정한 경우에는 그 효력을 인정할 수 있도록 벤처기업법에 근거를 두는 방법을 고려할 필요가 있다. 상법상 정관에 법정 기재사항뿐 아니라 임의적 기재사항을 추가할 수 있으므로107) 정관으로 주주 간의 권리조정에 관한 사항으로 간주청산우선권을 추가하는 것이 명문의 규정에 반한다고 해석하기는 어렵다. 또한, 상법은 종류주식을 발행한 경우 정관에 정함이 없는 경우에도 주식의 종류에 따라 회사의 합병·분할로 인한 주식의 배정에 관하여 특수하게 정

---

104) 田中(編)(2021), pp.187, 384.

105) 田中(編)(2021), pp.386-387.

106) 田中(編)(2021), pp.190-191; VLF(2020), pp.81-85; 藤原総一郎(編)(2021), pp.194-195.

107) 송옥렬(2020a), 757쪽.

할 수 있다고 정하고 있어(법 제344조 제3항) 이를 근거로 벤처투자자인 우선주주에 대한 간주청산우선권의 효력을 인정할 가능성도 있다.108) 벤처투자자에게 합병 등의 대가를 우선 분배하는 것에 대한 주주평등의 원칙 위반 여부에 대해서는 앞서 본 실질적 의미의 주주평등을 기준으로 스타트업의 자금조달을 위한 합리적인 이유가 있는 차별로 해석할 여지가 있다. 그러나 간주청산우선권을 행사하면 다른 주주의 경제적 이익을 해할 수 있으므로 벤처기업법에 별도로 근거를 규정하고 필요한 경우 스타트업의 정관 개정을 통해 도입할 수 있게 하는 것이 바람직하다.

이렇게 간주청산우선권을 약정할 수 있는 법적 근거를 두더라도 창업자와 벤처투자자의 협상력에 따라 간주청산우선권 부여 여부를 협의하여, 투자에 따르는 불확실성이 커서 하방위험을 막을 필요가 있는 경우에만 약정하도록 실무를 형성해 나갈 수 있다. 벤처투자자가 간주청산우선권을 가지면 보통주주인 창업자 등이 합병 등으로 얻을 이익이 크지 않아서 매각이나 합병 등의 기회에 소극적으로 임할 가능성이 있다.109) 그러므로 벤처투자자는 해당 스타트업에 대한 투자의 하방위험을 막을 필요성과 매각이나 합병을 통한 투자회수의 필요성을 형량하여 간주청산우선권을 포함시킬지 여부를 협의할 것이다.

다만, 미국에서도 간주청산우선권은 주주간 이익상반을 초래하는 주된 원인으로 지적하는 견해가 있고,110) 권리 행사 시에 주주가 얻을 수 있는 이익이 상이할 수 있으므로 이를 보완할 방법을 함께 마련해야 한다. 벤처투자시에 간주청산우선권 약정을 한 경우 다른 벤처투자자나 일반투자자 등 보통주주에게 이를 고지하여 이를 알 수 있도록 하고, 추후 스타트업에 투자를 고려하는 투자자들에게도 이를 알릴 필요가 있

---

108) 홍성균(2023), 146쪽.

109) Broughman& Fried(2013), pp.1333-1335.

110) Lemon, J(2003), p.3; Bartlett(2006), p.76(우선주주 간에도 간주청산우선권의 내용에 따라 이익상반이 초래됨).

다.111) 또한, 벤처투자자가 간주청산우선권을 행사하는 경우에도 앞서 소개한 미국의 판례를 참고해서 보통주주의 이익이 보호될 수 있도록 이사의 의무를 구체화하고 강화하여 보완할 필요가 있다.112)

## 3. 대체적 투자 회수 방법 관련

벤처투자자가 대체적인 투자 회수 방법으로 활용하는 스타트업에 대한 주식매수요청권(put option)의 경우, 계약상 약정이 있더라도 스타트업이 특정 주주로부터 자기주식을 취득하고 투자금을 환급하는 결과가 되어 자기주식 취득금지 위반으로 그 효력을 인정하기 어렵다.113) 이와 관련해서 스타트업의 경우 자기주식 취득 금지 규정을 완화하여 벤처투자자의 회수를 촉진할 필요가 있다는 주장이 있으나,114) 앞서 제안했듯이 상환주식상 상환재원의 범위를 넓게 규정하거나 정관에 기반한 간주청산우선권의 효력을 인정하는 방향으로 충분할 것으로 보인다. 벤처투자자가 스타트업에 대한 주식매수요청권이 무효일 것에 대비해 창업자 개인을 상대로 주식매수요청권을 부여받은 경우, 그 법적 효력을 부인할 근거는 없으나 이는 스타트업 창업을 위축시킬 가능성이 높고115) 창업자 개인에게 스타트업의 책임을 묻는 것은 바람직하지 않으므로 실무상 사용을 줄이도록 할 필요가 있다.116)

벤처투자자가 스타트업이나 창업자의 계약상 의무 위반이나 진술 및

---

111) Alon-Beck(2019), p.184.
112) 본 논문 제5장 제4절 I.3. 미국의 관련 판례.
113) 천경훈(2021), 115쪽; 정준혁(2022), 246-247쪽.
114) 김한철(2021), 152쪽(벤처투자법에 상법에 비해 완화된 자기주식취득규제 내용을 추가신설하는 방법을 검토할 수 있다고 제안).
115) 박상철(2018), 413쪽; 김한철(2021), 126쪽; 정준혁(2022), 236쪽.
116) 전준영(2023), 89쪽은 이해관계인에 대한 주식매수요청권의 법적 유효성은 인정되지만, 불공정 계약의 우려가 있으므로 투자의 전제조건이 무너지는 정도의 중대한 의무 위반시로 제한하여 해석하는 방법을 고려할 필요가 있다고 주장한다.

보장 위반시에 스타트업에 대해 손해배상책임을 물을 수 있도록 하고 손해배상액을 투자금액에 일정 이율을 더한 금액으로 예정하는 조항을 두는 경우, 이는 계약상 손해배상책임을 묻는 것으로 효력을 인정하지 않을 이유는 없을 것으로 보인다.117) 손해배상액이 투자금액에 상응한다는 점 때문에 사실상 투자 회수를 받는 결과가 된다는 이유로 그 효력이 다투어지는 경우가 있으나, 이는 산정이 어려운 손해배상액을 당사자 간에 미리 합의한 조항으로 필요한 경우 법원이 감액할 수 있는 조항으로118) 투자의 환급으로 보기는 어려울 것이다.

## IV. 주식보상제도의 설계

아래 미국의 경우를 참고해서 스타트업의 유연한 주식보상제도 설계를 가능하게 하고, 이를 통해 스타트업이 유능한 임직원을 채용하고 고용 관계를 유지하여 성장해 나가도록 할 필요가 있다.

### 1. 비교법적 분석

미국의 델라웨어 주를 설립지로 하는 스타트업은 정관을 기반으로 주식보상제도에 따른 권리 부여와 이에 따른 주식 발행을 이사회에서

---

117) 정준혁(2022), 251쪽(신주인수계약상 진술 및 보장 위반으로 인한 손해배상 조항이 주주들의 회사에 대한 신주인수권을 침해했다고 보기 힘들어 주주평등원칙 위반으로 무효로 보기 어렵다고 설시); 반면, 전준영(2023)은 손해배상액의 예정이나 위약별 조항이 주식인수대금 전액과 그 이자 상당액을 정한 것으로 출자 환급을 약정한 것이 명확하다면 회사에 대해서는 무효라고 설시한다(85-86쪽).
118) 정준혁(2022), 242쪽(손해배상 예정액이 과도한 경우 이를 무효로 보아 주주가 아무런 손해배상도 청구하지 못한다고 보기 보다는 손해배상액을 합리적인 수준으로 감액할 수 있다고 설명).

정할 수 있도록 한다. 델라웨어주 회사법에 따르면 회사는 임직원에 대한 인센티브 및 보상 계획, 주식 보너스, 스톡 옵션 등을 수립하여 실행할 수 있고[119] 사업 및 회사 운영에 관한 사항을 관리할 권한을 이사회에 위임하므로[120] 이사회가 스톡옵션 등을 임직원에게 부여할 수 있다.[121] 임직원 주식보상으로 인한 다른 주주의 지분 희석보다는 회사의 임직원에 대한 보상의 측면을 고려해서 주식 보상의 내용에 대해서는 회사법으로 사전적 규율을 거의 하지 않는다.[122] 일반적으로 스타트업은 임직원에 대한 주식매수선택권 및 성과조건부 주식 발행 한도와 내용 및 구조에 대한 주식보상계획(employee stock compensation plan)을 만들어 주주의 승인을 받고, 벤처투자를 받을 시점에 임직원에게 부여할 주식의 범위(stock option pool)를 벤처투자자와 협의해서 정한다.[123] 실제 임직원에게 주식보상을 부여할 때에는 정관과 주식보상계획 및 벤처투자자와 협의한 범위 내에서 이사회가 부여 대상과 부여 조건, 부여 수량을 정하게 된다.

　최근 델라웨어 일반 회사법은 이사회가 임직원에 대한 권리나 옵션 부여에 대한 결정을 위원회나 이사가 아닌 제3자에게 위임할 수 있도록 개정해서 이사가 아닌 경영진이 주식보상 관련 사항을 정할 수 있도록 했다.[124] 다만, 만약 이사회가 이사에게 주식보상을 부여하는 등 이해상

---

119) DGCL §122(15).

120) DGCL §141(a).

121) DGCL §157(a)(c); Johnson L.(2000), p.151; 미국의 경우 주식보상제도와 관련해서 법률상 발행 가부의 문제보다 세법상의 문제를 주로 논하는 것으로 보인다.

122) Johnson L.(2000), p.151; Wagner& Wagner(1997), p.6; Fried(2008), p.855(다만, 뉴욕주 비즈니스 회사법 Section 505(d)는 주주 과반수의 승인을 받아 스톡옵션 등을 부여하거나 주주의 승인을 받은 스톡옵션플랜에 따라 부여하도록 하여 주주의 제어 장치를 두고 있다).

123) Morgan McDonald, Joshua Sved, Everything you need to know about stock options, DLA Piper (https://www.dlapiper.com/en-ca/insights/publications/2023/01/everything-you-need-to-know-about-stock-options).

충의 소지가 있는 경우에는 사후적으로 주주가 이사회의 주식보상 결정을 다투는 경우에 대비해서 절차적 정당성을 확보하기 위해 주주총회의 승인을 받는 경우가 많다.125) 이사회가 주주총회의 승인 등 공정성 담보 절차를 거쳐 주식보상을 결정한 경우 주식보상의 효력을 다투는 측이 주식보상 결정과 관련한 이사의 의무위반에 대한 입증책임을 부담한다.126)

델라웨어 주 회사법 상으로는 정관 및 주식보상계획에서 정한 바에 따라 성과조건부 주식의 발행도 가능하다. 이사회 등이 임직원에게 회사 주식을 취득할 수 있는 권리(rights)를 부여할 수 있고, 이에 따른 권리를 가진 이는 이사회가 정한 조건으로 회사가 발행한 주식을 취득할 수 있다는 조항을 근거로 성과조건부 주식을 활발히 이용한다.127) 임직원에게 성과조건부 주식이 더 확실한 보상이 되고 투자자 보호의 문제가 발생하지 않으며 세제상 유리해서 최근 미국에서는 스톡옵션보다 성과조건부 주식의 부여가 증가하고 있는 경향이 있다.128)

델라웨어주 법원은 판례법을 통해 사후적으로 이사회의 임직원에 대한 과도한 스톡옵션 부여가 회사 재산 낭비(corporate waste)로 신인의무에 위반한 것인지를 판단하는 법리를 발전시켜왔다.129) 이에 대한 판단 기준으로 기존에는 다소 엄격한 기준인 비례성 테스트(proportionality test)를 적용해서 ⅰ) 회사에 주식보상에 따라 얻는 이익이 존재하는지

---

124) DGCL §157(c); Barbara Baska, *Who can approve equity grants? New flexibility for Delaware corporations*, Sep 22, 2022, National Assocation of Stock Plan Professionals(https://www.naspp.com/blog/equity-grant-approval-authority).

125) Johnson L.(2000), pp.154-155; Wagner& Wagner(1997), p.23.

126) Johnson L.(2000), pp.154-155; Wagner& Wagner(1997), pp.24-25.

127) DGCL §122(15) 및 §157(a).

128) Ades-Laurent(2017), p.372, Table 1(미국 상장회사는 2014년 기준 스톡옵션은 9.98%, 양도제한부 주식은 34.2%의 비율로 활용하고 있다고 분석함).

129) Johnson L.(2000), p.155.

여부 및 ii) 회사가 얻는 이익에 상응하는 가치가 임직원에게 부여된 것인지 여부를 판단 기준으로 삼았다.130) 그러나 1980년대 이후 기관투자자에 의한 감시 강화로 엄격한 판단 기준을 적용할 필요성이 감소해서 일반적인 상인의 기준에서 보았을 때 합리적이지 않을 정도인지 여부를 기준으로 하는 고전적인 낭비 기준으로 회귀하였다(classic waste standard).131) 이 기준은 주식보상에 대한 이사회의 결정을 가능한 한 경영에 대한 판단으로 존중하는 것으로 이사의 재량을 넓게 인정하는 취지로 해석된다.

## 2. 우리나라에 함의

### 가. 주식매수선택권 규정을 임의규정으로 해석

우리나라 스타트업에서도 위 미국 델라웨어 주의 규율을 참고해서 임직원에 대한 보상 제도가 될 수 있도록 주식 보상과 관련해서 이사회에 대한 위임 가능 범위를 넓힐 필요가 있다. 벤처기업법에서 정한 주식매수선택권 관련 내용을 임의규정으로 해석하고 주식보상의 설계와 관련해서 이사회에 대한 위임 범위를 확대하는 것이다.132) 이를 근거로 정관에 이사회에 대한 위임 범위를 정한 스타트업의 경우, 벤처기업법의 규정을 기본으로 해서 이사회가 스타트업의 상황에 맞게 주식보상의 세부 사항을 정할 수 있게 하는 것이다. 주주총회의 특별결의로 주식보상으로 부여할 수 있는 주식의 총 한도(pool)와 주식보상제도의 개요를 승인하면 그 범위 내에서 이사회가 구체적인 부여대상이나 행사가격, 행사요건, 행사기간, 취소 등과 관련한 사항을 정할 수 있다.

---

130) Johnson L.(2000), pp.157-162.

131) Johnson L.(2000), pp.165-167; Wagner& Wagner(1997), p.24.

132) 송옥렬(2011), 23쪽(상법상 비상장회사의 주식매수선택권 조항인 제340조 제1항을 강행규정으로 해석할 필요가 없다는 주장).

이를 통해 이사회가 각 스타트업의 상황과 보상의 목적에 맞게 주식매수선택권의 내용을 설계할 수 있다. 예를 들어, 주식매수선택권 행사를 성과 달성과 연동해서 인센티브를 부여할 필요가 있는 경우, 이사회에서 행사요건에 재직 기간뿐 아니라 임직원이 담당하는 업무의 세부 성과 지표 달성을 추가할 수 있다.133) 행사 기간에 대한 다양한 설정도 가능한데, 2년 이상 재직시에 행사요건을 충족하되, 정해진 2년이 도과하는 시점부터 4년에 걸쳐 1/4씩 나누어 행사할 수 있도록 하여 임직원의 장기 근속을 유도할 수도 있다.134)

### 나. 성과조건부 주식 활용을 위한 제도 정비

임직원에 대한 보상의 효과가 큰 성과조건부 주식을 많은 스타트업이 이용할 수 있도록 법률상의 제도를 정비할 필요가 있다. 2023년 벤처투자법 개정으로 스타트업이 보다 원활하게 자기주식을 취득하여 임직원에게 성과조건부 주식을 교부하여 보상 수단으로 활용할 수 있을 것으로 기대된다. 법 시행 이후 스타트업이 각 상황에 따라 성과조건부 주식을 활용하여 본래의 취지에 맞게 활용되어 임직원의 성과나 기여 여부를 조건으로 설정하여 임직원 보상의 수단으로 활용할 수 있도록 추가적인 제도 정비가 필요할 것으로 보인다. 성과조건부 주식과 관련한 세제를 정비하고, 스타트업이 임직원과 성과조건부 주식에 대한 사항을 협의하여 상세한 내용의 교부 계약을 체결하고 계약상 조건에 따라 성과조건부 주식의 교부가 이루어지는 실무가 정착되도록 지속적으로 제

---

133) 이를 마일스톤 행사요건(milestone vesting)이라고 하여 회사의 가치가 일정 수준에 도달하는 것을 행사요건으로 하거나, 각 직무상 담당하는 제품의 로드맵상 일정 단계에 도달하는 것을 행사요건으로 정하게 된다(Restricted Stock Units (RSUs): What you need to know, July 13, 2020, https://www.employeecapitalpartners.com/blog/restricted-stock-units-guide).

134) 앞서 소개한 단계적 일정에 따른 행사 기간 설정이다(본 논문 제4장 제3절 II.2. 참고).

도를 정비할 필요가 있다.

# 제4절 이사회 및 임직원의 역할과 지위 강화

앞서 제안한 것과 같이 스타트업이 다양한 종류주식을 활용할 수 있게 하고 주주간 계약의 효력을 인정하는 등 자율성을 부여하는 대신, 이사회의 권한을 강화해서 스타트업과 관련해서 발생하는 대리인 문제와 이익충돌 문제를 해결하고 창업자 및 경영진에 대한 감시의무를 제대로 수행하도록 할 필요가 있다. 그래서 스타트업 이사가 창업자 등 경영진에게 조언을 하여 부족한 경험과 전문성을 보완하고 필요한 자원과 유능한 인재를 연결해주는 역할을 적극적으로 수행하고, 동시에 창업자 등 경영진을 감시하여 대리인 문제를 방지하며, 주주간 이해관계가 상반되는 의사결정에 대해서는 이해관계를 조정하는 역할을 실질적으로 수행할 수 있도록 해야 한다.135) 또한, 주식보상제도를 통해 주주가 된 임직원의 스타트업에 대한 권리행사가 제한되지 않을 수 있도록 제도를 정비할 필요가 있다. 아래에서 자세히 검토한다.

## I. 지명이사의 의무 구체화

스타트업 이사회가 권한을 강화하고 실질적으로 역할을 수행할 수 있도록 아래와 같이 벤처투자자 지명이사의 법적 의무와 책임을 실제 기능과 역할에 맞게 해석하는 법리를 발전시킬 필요가 있다.

---

135) Bainbridge [Gordon&Ringe(eds)(2018), pp.282-284]; Blair(2015), p.299.

## 1. 이사의 신인의무 법리의 발전

벤처투자자 지명이사의 이중 신인의무자로서의 지위를 고려해서 지명이사의 법적 의무의 내용을 구체화하는 법리를 발전시킬 필요가 있다. 먼저, 벤처투자자 지명이사의 행위 규범과 관련해서 스타트업 이사회에서 지명주주의 이익을 고려할 수 있는지 여부에 대해 영국의 최근 판례 및 다수설의 법리에 따라 회사 이익의 범위 내에서 지명주주의 이익을 고려할 수 있다는 해석론을 발전시킬 수 있다.136) 지명이사가 원래 기대되는 역할과 기능에 따라 지명주주의 이익을 고려할 수 있도록 하되, 이사로 선임된 스타트업의 이익을 추구하는 범위 내로 제한을 두는 것이다.137) 이를 통해 지명이사가 실제 수행할 것으로 기대되는 역할을 수행할 수 있게 하면서 이사로 선임된 스타트업에 대한 법적 의무를 다할 수 있도록 균형잡힌 해석을 가능하게 할 수 있다.

그리고 벤처투자자인 우선주주와 창업자 등 보통주주 간의 이익이 극명하게 대비되는 거래와 관련한 이사 의무 위반에 대한 판단 기준은 앞서 검토한 미국 판례를 참고하되 전체 주주의 이익을 기준으로 판단하도록 법리를 발전시킬 수 있다.138) In Trados Inc. 사건에서 델러웨어주 형평법원은 지명이사라도 지명주주의 이익이 아닌 보통주주의 이익을 추구할 의무를 부담한다고 판단했는데, 이 판결에 대해 미국 내에서도 보통주주의 이익이 회사의 이익과 반드시 일치하지 않는다는 측면에서 비판이 있었다.139) 회사의 이사가 부담하는 의무의 상대가 주주가 아닌 회사로 규정된 우리나라 상법에서는 미국의 논의를 참고해서 회사

---

136) 김지안(2019), 256-257쪽; 김지안(2022), 73쪽.
137) 김지안(2022), 74쪽.
138) 본 논문 제5장 제4절 I.3.의 In Trados, Inc. 판결.
139) Sepe(2013), pp.342-345; Bartlett(2015), pp.294-295; Pollman (2019), p.162; Nir (2020), pp.19-21.

의 이익을 대변하는 전체 주주의 이익을 기준으로 지명이사가 부담하는 의무의 내용을 구체화할 필요가 있다[140]. 주주 상호 간의 이익이 충돌하는 거래와 관련해서 해당 거래가 스타트업에 필요한지 여부를 고려해서 스타트업의 보통주주와 우선주주를 포함한 모든 주주가 얻게 되는 대가가 공정한 거래를 할 의무로 이사 의무의 내용을 해석하는 것이다.[141] 합병이나 매각 등 거래에 대한 이사의 의무 위반 여부를 미국의 판례와 같이 절차의 공정성과 대가의 공정성으로 나누어 판단하되, 대가의 공정성 부분은 스타트업의 상황을 고려해서 특정 종류의 주주가 아닌 전체 주주가 받는 대가를 기준으로 한 공정성 여부를 판단하는 법리를 발전시킬 수 있다.

## 2. 지명이사의 정보취득 및 제공 관련

벤처투자자 지명이사의 스타트업에 대한 비밀유지의무에 대한 법리 역시 개인적 차원의 사적 이익을 위한 경우와 지명주주의 투자위험 관리 등을 위해 정보를 취득하여 제공한 경우를 구분하여 해석하는 법리를 발전시킬 필요가 있다. 벤처투자자 지명이사가 선임되는 주요 이유가 피투자 스타트업에 대한 정보를 취득하여 지명주주의 정보비대칭을 줄이고 창업자 등 경영진의 대리인 문제를 방지하기 위한 것이므로 지명주주의 투자위험 관리를 위한 목적으로 스타트업의 정보를 취득하여 제공하는 것은 의무 위반으로 해석하지 않는 것이다.[142] 또한, 벤처투자자 지명이사의 지명주주에 대한 정보취득과 제공 관련 행위 기준을 구체화하기 위해 각 스타트업마다 정관이나 정관에 근거한 특약을 통해 정보 취득이나 제공과 관련한 세부 기준을 제정할 수 있게 하고, 이를 지명

---

140) VLF(2020), pp.45-46; 홍성균(2023), 179쪽.
141) VLF(2020), p.45; 홍성균(2023), 179쪽.
142) 김지안(2019), 287쪽; 김지안(2022), 81쪽.

이사의 의무 이행에 대한 판단 기준으로 삼는 방법을 고려할 수 있다.143)

## 3. 지명이사의 회사기회 유용 금지

벤처투자자 지명이사의 회사기회 유용 금지 의무도 지명이사가 실제 수행하는 역할이나 기능에 맞게 구체적 타당성을 기준으로 판단하는 법리를 발전시킬 필요가 있다. 동일하거나 유사한 영업을 하는 여러 피투자 스타트업의 이사를 겸임하는 지명이사가 스타트업 이사회로부터 경업 승인을 받을 때 이사회로 하여금 사업기회와 관련한 행위기준을 정하게 하고, 이를 통해 지명이사가 부담하는 의무의 내용을 구체화하고 위반 여부에 대한 판단 기준으로 삼을 수 있다.144)

예를 들어, 지명이사는 이사의 지위에서 알게 된 사업기회가 있으면 이사로 선임된 관련 스타트업에 고지할 의무가 있는 것을 원칙으로 하고, 다만 사전에 고지하면 사업기회 박탈의 우려가 있는 경우 지명이사의 재량으로 특정 스타트업에 해당 기회를 제공하되 사후에 판단 내용과 사유를 스타트업에 고지하도록 정할 수 있다.145) 이를 통해 지명이사의 지위에서 알게 된 사업기회를 스타트업에 이용하게 한 경우 불합리하게 의무 위반으로 법적 책임을 부담할 위험을 줄이고 지명이사가 적극적으로 스타트업의 성장에 조력할 인센티브를 갖게 할 수 있다.

---

143) 김지안(2022), 85쪽.

144) Witney(2021), pp.121-126(사모펀드 지명이사의 경우 이사가 해당 회사의 이사가 아닌 다른 자격으로 얻은 기밀 정보를 해당 회사에게 공개하지 않아도 될 의무 등에 대한 신인의무의 제한 범위를 정관으로 구체화 할 수 있다고 설시).

145) Woolf(2001), p.504[개정 통일파트너십법(Revised Uniform Partnership Act) 등에서 계약을 통해 신인의무에 대한 예외를 정할 수 있게 한 점을 참고해서 벤처투자자 지명이사의 경우에도 계약을 통한 신인의무 예외 설정이 가능하게 할 필요가 있다는 주장].

## II. 이사회 운영 및 구성 관련

다음으로 스타트업 이사회의 기능을 강화하기 위해 스타트업 이사회의 운영 및 구성에 대한 모범지배구조(best practice)를 만들어 이사회 내에서의 이익상반을 방지하도록 하고, 스타트업 이사가 상반되는 주주의 이익을 대변할 경우 독립적 지위의 이사가 최종 결정할 수 있도록 할 필요가 있다.

### 1. 이사회 운영 기준

이사회 내에서의 심결과 의결이 공정하게 이루어질 수 있도록 스타트업 정관에 이사회 운영 및 구성에 대한 공정한 절차를 정하도록 스타트업 모범지배구조를 만들 수 있다. 특히, 앞서 본 것처럼 이사회의 심결과 의결에 대해 벤처투자자 지명이사 등이 특별이해관계인에 해당하는지에 대한 판단이 어려운 부분이 있으므로146) 특별이해관계인으로 이사회에서 의결권이 배제되는 사안을 판단하는 기준을 정관이나 위임규정으로 구체화할 필요가 있다. 이 경우, 특별이해관계인의 범위를 판단하는 이사의 개인적 이해관계를 넓게 해석하면 스타트업 이사회의 대부분의 안건에 대해 벤처투자자인 지명이사와 창업자인 대표이사가 직·간접적인 개인적 이해관계를 가진다고 판단될 여지가 있다. 이렇게 벤처투자자인 지명이사와 창업자인 대표이사가 특별이해관계인으로 이사회에서 의결권이 배제되면 사실상 이사회의 의결을 불가능하게 하는 결과가 된다. 그러므로 창업자인 대표이사의 보유주식 매각이나 벤처투자자 지명이사가 개인적으로 스타트업과 계약을 체결하거나 거래하는 경우와 같이 직접적으로 이해관계를 가지는 경우에만 특별이해관계인으로

---

146) 본 논문 제4장 제4절 II.1.다.

이사회에서 의결권이 배제된다고 보는 것이 바람직할 것이다.147)

이 외의 안건에 대해서는 창업자인 대표이사나 벤처투자자 지명이사도 이사회에서 심결과 의결을 할 수 있다고 보고, 이사회의 심결이나 의결이 공정한 절차를 거쳐서 이루어졌는지 여부를 이사의 신인의무 위반의 관점에서 사후적으로 판단하는 법리를 발전시킬 필요가 있다. 모범지배구조를 통해 스타트업 이사회의 심결 과정이나 의결 내용을 상세히 의사록에 기재하는 것을 공정한 절차의 내용으로 구체화하고, 이사회의 의결이 사후에 문제되는 경우 해당 의사록을 기준으로 공정한 절차를 통해 이루어진 의결인지 여부를 판단할 수 있다.

## 2. 독립적 지위의 이사 선임

### 가. 독립이사 선임의 필요성

스타트업 이사회의 역할 강화를 위해 이사회의 운영뿐 아니라 구성 면에서도 독립성을 갖춘 이사(independent director)를 선임하도록 할 필요가 있다. 스타트업 창업자나 벤처투자자 어느 한 쪽과 이해관계를 같이 하지 않는 이사를 선임하여 다양한 이해관계자들의 이익충돌을 조정하고 이익충돌 상황에서 최종 결정을 할 권한을 부여하는 것이다.148) 앞서 지적했듯이 창업자와 벤처투자자, 임직원 등의 이해관계가 충돌하는 경우에 창업자 측과 벤처투자자의 이익을 대표하는 이사만으로 이사회가 구성되면 스타트업의 의사결정이나 이해관계의 조정이 어려워진다. 그러므로 벤처투자자 지명이사와 창업자인 이사의 합의로 벤처투자자나 창업자와 이해관계가 없는 독립적 지위의 이사를 선임하고, 벤처

---

147) 김지안(2019), 278쪽(지명이사가 특별이해관계인에 해당하여 의결권이 배제된다고 보면 이사 후보 추천권을 특정 주주에게 부여한 사적 협상의 취지를 몰각하는 것이 될 수 있다고 지적함).

148) Broughman(2010), pp.499-501.

투자자와 창업자의 이익이 상반되어 이사회가 교착 상태에 빠졌을 때 독립이사로 하여금 결정권(casting vote)을 행사하게 하는 규정을 정관이나 정관에 기반한 이사회 규정으로 정할 수 있도록 할 필요가 있다.149)

이처럼 스타트업에 독립적 지위의 이사를 선임하면 이사회에 지명이사를 지명하거나 창업자처럼 본인이 직접 이사가 되어 이해관계를 대변할 수 있는 상황에 놓이지 않은 주주나 임직원 등과 관련한 이해관계를 이사회에서 대변하고 관련한 문제를 논의할 수 있게 된다. 스타트업의 독립이사 필요성은 실증 연구로도 뒷받침된다. 2002년부터 2017년까지 미국의 7,201개 스타트업을 연구한 결과에 따르면, 벤처투자자로부터 투자를 받은 스타트업에서 독립적 지위에 있는 이사는 주주간 교착 상태를 해소하는 역할을 주로 수행했다.150) 뿐만 아니라, 독립적 지위의 이사는 벤처투자자와 다른 주주들 간의 이해관계를 효율적으로 조정하고 스타트업의 가치를 최대화하는 조치를 취하는 경향을 보였다.151)

### 나. 독립이사 선임 방법 등

독립적인 지위의 이사를 선임하는 방법으로 창업자인 대표이사와 벤처투자자 지명이사가 합의하여 후보를 지명하고 최종적으로 주주총회를 통해 이사로 선임하는 방법을 고려할 수 있다.152) 독립적 지위의 이사가 상반되는 주주간 이익을 조정하는 역할을 한다는 점에서 이사의 독립성을 판단하는 자격요건을 구체적으로 규정하는 것보다는 이 역할을 수행할 수 있는 이를 상호 합의를 통해 선임하는 것이 바람직하다. 상법은 상장회사 사외이사의 결격사유를 엄격하게 정하고 있지만(제542

---

149) Broughman(2010), pp.480-486; Blair(2015), pp.325-327; Pollman(2015), pp.639-643.

150) Ewen& Malenko(2020), p.29.

151) Ewen& Malenko(2020), p.31.

152) Broughman(2010), pp.480-486.

조의8), 본 논문에서 제안한 스타트업의 독립적 이사의 경우 반드시 해당 기준을 따를 필요는 없을 것으로 보인다. 상장회사의 경우보다는 일반 투자자인 주주의 수가 적고 자원이 한정적인 스타트업의 현실을 고려하면 스타트업의 성장과 직접 관련없는 지배구조 관련 사항을 상장회사에 준하는 수준으로 정하는 것은 현실성이 없다. 그러므로 스타트업의 독립이사는 상법상 상장회사의 사외이사와는 다른 제도로 이해되어야 하고 사외이사의 엄격한 자격 요건을 스타트업의 독립이사에 적용할 필요는 없을 것이다.

## III. 임직원의 법적 지위 강화

스타트업 임직원이 주식보상제도를 통해 주주가 되면 실질적으로 주주로서 권리를 행사할 수 있도록 보장하고, 주식보상제도와 관련해서 임직원에 대한 스타트업의 설명의무를 강화해야 한다. 아래에서는 이를 위해 해석론과 모범지배구조를 활용한 방식을 제안한다.

### 1. 임직원의 주주로서 권리 행사 보장

스타트업의 임직원이자 주주가 실질적으로 주주로서 권리를 행사할 수 있도록 적극적인 법률과 계약 해석을 통해 뒷받침할 필요가 있다. 먼저, 앞서 소개한 미국의 사례와 유사한 경우가 발생할 경우에 대비해서153) 스타트업이 합리적인 사유없이 임직원인 주주의 권리 행사를 제한하거나 방해하는 계약 조항이 포함된 경우 해당 조항을 무효로 해석하는 법리를 발전시킬 수 있다. 주주가 일정 기간 주주권을 포기하고 타

---

153) 본 논문 제5장 제4절 II.2.의 미국의 사례.

인에게 의결권 행사 권한을 위임하기로 약정한 사정만으로 주주로서 의결권을 직접 행사할 수 없게 되었다고 볼 수 없다고 판시했던 판결(대법원 2002.12.24.선고2002다54691 판결)의 취지를 적용해서 임직원인 주주의 권리 행사를 제한하는 약정의 효력을 해석할 필요가 있다. 그래서 임직원이 경영진과의 협상력 차이로 주주로서 권리 행사를 포기한다는 불공정한 계약을 체결한 경우에도 주주로서의 의결권이나 소수주주권을 행사할 수 있도록 해석해서 주주로서의 권리 행사를 가능하게 해야 한다.

또한, 스타트업이 매각이나 흡수합병되는 경우에 이사회가 임직원의 주식보상제도에 따른 권리를 비롯한 경제적 이익을 보호할 적극적인 의무를 가진다고 해석할 수 있다. 스타트업에서 자주 일어나는 매각 등 조직변경의 경우에 임직원의 경제적 이익이 보호될 수 있는 방법이 될 수 있을 것이다.

다음으로 스타트업의 모범지배구조를 통해 스타트업이 임직원의 주주로서의 정보접근권과 의결권 등 권리를 보장하고 이를 보장하기 위한 절차를 마련하여 이를 준수하도록 하는 방법을 고려할 수 있다. 스타트업이 실제로 임직원이자 주주가 회계장부의 열람·등사권 등을 행사할 수 있는 내부 절차를 정하고 이를 준수한 경우 정보를 제공하도록 하는 것이다. 이처럼 임직원의 권리 행사에 대한 구체적인 절차를 마련하여 이를 임직원에게 알려서 실질적으로 권리를 행사할 수 있도록 하고, 임직원이 절차를 준수하여 권리를 행사하면 그에 따른 정보제공 등을 하도록 할 필요가 있다.

## 2. 임직원에 대한 설명의무 강화

앞서 언급한 것처럼 주식보상제도 중 주식매수선택권 행사는 임직원의 스타트업에 대한 투자의 성격이 있으므로 벤처기업법 개정을 통해 임직원에게 주식매수선택권과 관련한 사항에 대해 설명할 의무를 스타트업에 부과할 필요가 있다. 이를 통해 스타트업이 주식매수선택권을 부여하는 시점과 임직원이 행사 요건을 갖추고 행사 여부 결정 시점에 필요한 정보를 제공하도록 하여 임직원이 정보에 기반해서 주식매수선택권의 행사 여부와 행사 시기를 정할 수 있게 하는 것이다. 임직원의 의사결정에 필요한 정보로는 스타트업의 현황과 전망, 주요 주주, 가치평가, 자금조달 계획, 합병 계획이나 기업공개 현황 등이 해당한다.154) 그래서 스타트업이 규모가 커진 이후에도 임직원이 스타트업의 전망에 대한 충분한 정보를 가지고 주식매수선택권 행사 여부를 결정할 수 있게 해야 한다. 이 경우 스타트업의 영업비밀 유출 우려에 대해서는 영업비밀로 별도로 보호를 하거나 임직원에게 비밀유지서약서 등을 통해 외부로 유출하지 못하게 하고 위반시 책임을 묻는 방법으로 보완이 가능할 것이다.

# 제5절 소결

본 장은 제5장에서 지적한 스타트업 지배구조 규율상의 한계를 극복하고 스타트업에 적합한 규율을 할 수 있도록 개선방안을 제안했다. 그 방안으로 벤처기업법 또는 벤처투자법 개정 등 입법을 통한 방안, 해석을 통해 법리를 보완하는 방안뿐 아니라 스타트업의 모범지배구조를 통한 방안을 소개했다.

스타트업의 투자자 관련 규율의 한계를 극복하기 위해 먼저 조건부

---

154) Alon-Beck(2019), pp.184-186; Aran(2019), pp.952-955면 Fan(2016), pp.608-610면.

지분인수계약과 같이 벤처투자법으로 도입한 신규 투자 수단에 대한 규정을 상법과의 정합성을 고려해서 보완할 필요가 있다. 조건부 지분인수계약 투자자가 가지는 권리의 성격을 명확히 하고, 스타트업이 후속투자 유치시 해당 투자자에게 주식을 발행할 근거를 별도로 마련해서 실제로 활용될 수 있도록 해야 한다. 또한, 벤처투자법과 여신전문금융업법상 벤처투자자에 대한 이원적 규율을 정비하여 합리적인 수준으로 벤처투자조합의 업무집행조합원에 대한 정보제공 의무를 부과하는 등 규제 차익을 줄이고, 업무집행조합원의 법적 의무 및 책임을 명확히 할 필요가 있다.

일반투자자의 개인투자조합 또는 벤처투자조합에 대한 출자에 대해서는 스타트업 투자에 수반되는 높은 투자위험을 고려해서 벤처투자법상 전문개인투자자로 자격을 한정하고, 전문개인투자자에 대한 업무집행조합원의 설명의무를 규정해야 한다. 또한, 현재 혁신금융서비스로 운영되는 비상장주식 플랫폼을 제도화할 때 플랫폼을 통해 거래할 수 있는 거래 주체를 전문개인투자자를 기준으로 차등화하고, 플랫폼에서 주식이 거래되는 스타트업은 투자자의 권리에 영향을 미치는 중요한 사항을 공시하도록 해서 정보비대칭을 줄일 필요가 있다.

스타트업의 자금조달과 성장과 관련한 운영 상의 한계를 개선하는 방법으로 벤처기업법을 개정해서 스타트업의 경우 필요에 따라 다양한 종류주식 발행을 허용할 것을 제안했다. 또한, 스타트업이 자금 조달을 위해 벤처투자자에게 지배권 분배와 관련해서 부여하는 이사 지명권이나 사전 동의권 등은 실질적인 주주평등의 원칙에 입각해서 합리적인 범위 내에서 법적 효력을 인정하고 각 권리의 세부 내용에 대한 실무를 발전시켜나갈 필요가 있다. 벤처투자자의 투자회수 가능성을 높여서 활발한 투자가 가능하도록 벤처기업법의 벤처투자자의 상환권 행사의 재원을 상세히 규정하고, 스타트업의 경우 정관으로 정한 경우 벤처투자자가 간주청산우선권을 행사할 수 있도록 근거 규정을 둘 필요가 있다.

그리고 스타트업이 주식보상제도를 활용해서 유능한 임직원을 고용하고 성장할 수 있도록 주식매수선택권에 대한 벤처기업법 조항을 임의규정으로 해석하고 이사회가 주주총회의 위임을 받아 행사 요건이나 기간, 부여 대상자 등의 세부 내용을 정할 수 있도록 위임에 대한 근거를 벤처기업법에 추가하는 방안을 제안했다. 또한, 스타트업이 투자자 보호문제의 발행 소지가 낮고 보상으로서의 효과가 큰 성과조건부 주식을 활발하게 활용할 수 있도록 벤처기업법의 성과조건부 주식에 대한 법제를 정비할 필요가 있다.

마지막으로 스타트업 이사회가 창업자 등 경영진을 감시하고 주주간 이익충돌 문제를 조정하는 등 실질적인 역할을 수행할 수 있도록 스타트업 이사의 신인의무에 대한 법리를 발전시킬 필요가 있다. 특히, 스타트업과 벤처투자자 출자자에게 동시에 의무를 부담하는 벤처투자자 지명이사의 경우 법적 의무의 내용을 구체화하는 해석을 발전시키는 것이 바람직하다. 그래서 벤처투자자 지명이사는 스타트업 이익의 범위 내에서 지명주주인 벤처투자자의 이익을 고려할 수 있게 하되, 주주 간의 이익이 상반될 경우에는 스타트업 주주 전체의 이익을 기준으로 행위하도록 할 수 있다.

또한, 이해관계를 대변하는 이사들로 구성된 스타트업의 이사회 운영에 대해서 벤처투자자 지명이사나 창업자인 이사 등이 개인적인 이해관계와 관련되지 않는 한 이사회 결의에 참여할 수 있도록 하되, 미국의 신인의무 관련 법리를 참고해서 스타트업 및 주주 전체를 위한 이사회의 결정이었는지 여부를 사후적으로 판단하는 법리를 발전시킬 필요가 있다. 그리고 스타트업 이사회에 대한 모범규준을 통해 스타트업이 벤처투자자나 창업자 등으로부터 독립적인 지위를 가지는 이사를 선임하도록 해서 벤처투자자나 창업자 등의 이익상반시 조정하는 역할을 수행할 수 있도록 하는 것이 바람직하다.

주식보상제도를 통해 스타트업의 주주가 된 임직원이 주주로서의 실질적인 권리행사를 할 수 있도록 임직원이 주주로서의 권리를 포기하는 조항이 포함된 계약이 체결된 경우 경영진과의 대등하지 않은 지위에 따라 체결된 계약으로 보고 무효로 해석하는 법리를 발전시킬 필요가 있다. 또한, 벤처기업법상 주식매수선택권을 부여받아 행사하는 임직원에 대한 스타트업의 설명의무를 추가하여 임직원이 충분한 정보를 가지고 권리 행사 여부를 결정할 수 있도록 하는 것이 바람직하다.

[표 6] 스타트업의 바람직한 지배구조 규율 제안 내용 정리

| 제안 사항 | 제안 목적 | 제안 내용 정리 |
|---|---|---|
| 투자자 권한 강화 및 투자자 보호 | 벤처투자자인 우선주주 권리 강화 | - 벤처투자법상 조건부 지분인수계약의 법적 성격을 명확히 하는 입법적 조치 및 후속 투자시 스타트업의 신주 발행 근거 마련<br>- 벤처투자자 관련 이익상반에 대해 벤처투자관련 법률개정을 통한 기준과 절차 마련 및 상세 원칙에 대한 모범지배구조활용 |
| | 일반투자자인 보통주주 권리 강화 | - 벤처투자법상 개인투자조합과 벤처투자조합에 출자할 수 있는 개인의 자격을 전문개인투자자로 제한하고, 업무집행조합원의 전문개인투자자에 대한 설명의무 규정 도입<br>- 비상장주식거래 플랫폼에 대한 입법을 통한 제도 마련시 투자자격 제한 및 플랫폼을 통해 거래되는 스타트업의 공시의무 부과 |
| 스타트업의 자율성 확대 | 종류주식 범위 확대 및 주주간 이해조정 | - 발행가능한 종류주식 범위 확대: 스타트업의 경우 정관에 근거하여 다양한 종류주식 발행을 허용하는 벤처기업법상 입법적 조치<br>- 주주간 이해관계 조정: 스타트업의 경우 정관자치에 기반한 이해관계 조정 합의 인정하는 법적 해석 및 정관에 기반한 종류주주총회 사유 확대에 대한 입법적 근거 마련 |
| | 지배권 분배 관련 | - 자금조달을 위해 지명이사의 지명권, 벤처투자자의 사전 동의권, 정보요청권을 약정한 경우, 실질적 의미의 주주평등의 원칙에 따라 약정의 효력을 인정하는 방향으로 법률 해석 |

| 제안 사항 | 제안 목적 | 제안 내용 정리 |
|---|---|---|
| | 투자회수 관련 | - 벤처기업법에 스타트업의 상환권 행사 재원을 별도로 규정하고, 정관에 근거를 두고 간주청산우선권을 규정한 경우 그 효력을 인정할 수 있도록 근거 규정 추가 |
| | 주식보상제도 설계 관련 | - 스타트업의 경우 벤처기업법상 주식매수선택권 규정을 임의규정으로 해석하고 이사회에 위임 범위를 넓히는 규정 추가<br>- 스타트업의 경우 성과조건부 주식을 유연하게 도입하여 활용할 수 있도록 법제도 정비 |
| 이사회와 임직원의 법적 지위 강화 | 지명이사의 의무와 책임 구체화 | - 벤처투자자 지명이사의 실질을 고려해서 비밀유지의무와 회사기회유용금지의무 등의 내용을 구체화하는 법리 발전<br>- 미국의 이사의 신인의무 판례를 참고해서 스타트업 이사회 결정을 사후 판단하는 법리 발전 |
| | 독립적 지위의 이사 선임 | - 스타트업 모범기업지배구조를 통해 독립적 지위의 이사를 선임하도록 인센티브 부여 |
| | 임직원의 법적 지위 강화 | - 벤처기업법상 주식보상제도 관련 스타트업의 임직원에 대한 설명의무 부과하는 입법 조치<br>- 임직원의 주주로서 권리를 적극적으로 해석하고 이를 방해하는 약정을 무효화하는 법적 해석 및 이를 위한 모범기업지배구조 활용 |

제 7 장

결 론

본 논문은 스타트업의 질적인 성장에 기여할 수 있는 지배구조 규율 방안을 제시하는 것을 목적으로 스타트업 지배구조상 발생하는 문제와 현행 법률과 계약상 스타트업에 대한 규율을 검토한 뒤, 현행 규율상의 한계를 분석하고 이를 개선할 수 있는 방안을 제안했다. 기술 기반의 혁신 사업을 영위해서 빠른 성장을 추구하는 스타트업은 최근 정부의 강력한 지원 정책과 더불어 급속도로 증가했다. 일반 회사와는 다른 자금 조달 방식과 임직원에 대한 보상 방식으로 스타트업의 지배구조는 고유한 특징을 가짐에도 불구하고, 법적인 관점에서 스타트업의 지배구조 규율을 검토한 선행 연구는 많지 않았다. 그러나 최근 차세대 유니콘 스타트업으로 주목받던 회사들의 증가하는 실패 사례에서 알 수 있듯이 스타트업이 양적인 성장을 넘어 질적인 성장을 하려면 스타트업의 지배구조를 법적인 관점에서 검토하고 바람직한 규율방법을 논할 필요가 있다.

이를 위해 먼저 본 논문은 '스타트업'을 벤처투자자 등 모험자본으로부터 자금을 조달하고 지배구조 분배가 이루어지며 임직원에게 적극적인 주식 보상을 하는 비상장 회사로 정의하고, 스타트업에서 발생하는 지배구조 문제를 검토했다. 스타트업은 폐쇄회사의 특수한 형태에 해당하는데, 자금 조달을 통한 성장 과정에서 점차 폐쇄회사와 다른 지배구조상의 특징을 가진다. 스타트업은 벤처투자자라는 모험자본으로부터 자금조달을 받으면서 주주 구성이 계속 변하고, 벤처투자자가 지명이사로서 지배구조에 관여하는 특징을 가진다. 특히, 스타트업에 비전을 제시하고 벤처투자 유치나 성장에 중추적 역할을 하는 창업자의 지분이 자금조달 과정에서 계속 희석되고 벤처투자자가 보유한 스타트업 지분이 점점 증가하면서 성숙기 이후의 스타트업의 이사회는 벤처투자자 지명이사가 과반수 이상을 차지하는 경우가 많다. 또한, 적극적인 주식 보상을 통해 임직원이 주주로서 중첩적인 지배구조상의 지위를 가진다는 특징이 있다.

스타트업은 기업공개라는 목표를 달성하기 위해 과도기적 지배구조를 형성하는 과정에서 일반 회사에서 주로 논의되는 창업자의 대리인 문제 뿐 아니라 주주 간의 이익충돌이 지배구조상의 중요한 문제로 등장한다. 주로 상환전환우선주의 형태로 투자하는 벤처투자자는 스타트업의 우선주주가 되어 보통주주인 창업자, 임직원, 일반투자자 등과 계층관계를 형성한다. 스타트업의 주주들은 스타트업의 성공에 대한 전체적인 이해관계는 일치하지만, 스타트업이 계획대로 성장하지 못해서 온건한 하락세를 겪게 될 때 스타트업을 매각할지, 가치를 낮추어서라도 후속 투자를 받을 것인지 등과 같은 결정과 관련해서 이익이 상반된다. 또한, 우선주주인 벤처투자자는 출자자의 출자를 받아 결성된 벤처투자조합인 경우가 많은데, 투자조합의 업무집행조합원은 유한책임조합원에게 조합의 만기 내에 수익을 배분할 의무를 비롯한 법적 의무를 부담하고, 이러한 중층적 이해관계가 스타트업 또는 창업자와의 이해관계에 영향을 미친다. 뿐만 아니라, 벤처투자자는 스타트업에 필요한 자금을 한 번에 투자하지 않고 스타트업이 단계별 마일스톤을 달성하는지 여부에 따라 단계별 투자를 진행하는데(staged financing), 이로 인해 각기 다른 시점에 동일한 스타트업에 투자한 벤처투자자 상호간에도 스타트업이 온건한 하락세를 겪을 때 이익이 상반된다.

스타트업의 임직원은 활발한 주식보상 제도를 통해 주주로서의 중첩적인 지위를 갖는 경우가 많은데, 주식보상 제도의 부여와 행사나 기업공개 등과 관련해서 우선주주인 벤처투자자 뿐 아니라 창업자와 이해관계가 달라지는 경우가 많다. 또한, 스타트업이 일정 규모 이상 커지면 임직원은 주식매수선택권 행사와 관련해서 필요한 스타트업에 관한 정보를 얻기도 어려워지는 상황에 놓여 투자자 보호 관점에서도 취약해진다. 스타트업의 자금조달을 원활히 하고자 엔젤투자자나 개인투자조합 등 일반투자자가 스타트업에 직·간접적으로 투자하는 경우가 증가하고 있는데, 이들 역시 투자 회수나 기업공개 결정 등과 관련해서 벤처투자자인 우선주주나 창업자와 이익이 상반되는 문제가 발생한다. 또한, 스타트업은 상장회사에 비해 공시의무를 거의 부담하지 않기 때문에 일반투자자에 대한 관계에서 스타트업의 정보비대칭에 따른 투자자 보호 문제가 발생한다.

이처럼 스타트업 지배구조상의 고유한 문제가 발생함에도 불구하고, 현재 스타트업에 적용되는 상법과 벤처투자 관련 법률은 스타트업의 지배구조상 특징을 충분히 반영하지 않고 있다. 상법의 소규모 주식회사 특례나 벤처기업법의 주식교환이나 합병 특례로는 앞서 지적한 문제를 충분히 규율하지 못하고, 2020년 벤처투자와 관련한 법제를 통일하고자 만들어진 벤처투자법 역시 주로 벤처투자자에 대한 규제에 중점을 두고 있어 지배구조상의 문제를 통합적으로 규율하지 못한다. 또한, 사실상 동일한 기능을 수행하는 벤처투자자를 벤처투자법과 여신전문금융업법이 각각 별도로 규율해서 이원적 체계를 형성하고 있고 양자 간의 규제 차익이 발생하는 문제가 여전히 남아있다. 뿐만 아니라, 정책 목표에 따라 벤처투자에 대한 근거 법률이 만들어지는 과정에서 벤처투자자나 일반투자자의 권리 보호의 측면이나 이익 상충의 가능성이 충분히 고려되지 못했다.

한편, 스타트업의 성장을 위해서는 벤처투자자로부터 자금 조달이 중요함에도 벤처투자자에게 우선적인 권리를 정하여 발행할 수 있는 주식의 종류는 상법에서 정한 제한적인 범위의 종류주식 뿐이다. 또한, 스타트업이 벤처투자자에게 지배권의 분배를 위해 약정하는 사전 동의권이나 정보 요청권, 이사 지명권 등도 주주평등의 원칙을 엄격하게 해석하는 견해에 따르면 효력이 인정되지 않을 수 있다. 뿐만 아니라, 벤처투자자는 출자자인 유한책임조합원에게 부담하는 의무로 인해 스타트업에 대한 투자 회수 기회가 매우 중요한데, 상법상 간주청산우선권의 효력은 인정되지 않을 가능성이 높고 벤처투자자가 상환권을 행사하더라도 상환의 재원인 배당가능이익이 없을 가능성이 높아 투자 회수 기회가 제한된다. 스타트업이 발달한 미국에서는 계약을 통해 벤처투자자에게 지배권을 분배하고 간주청산우선권을 통한 투자 회수를 가능하게 하여 스타트업의 높은 위험에도 불구하고 벤처투자가 활발해졌다는 점을 고려할 때, 우리나라에서 계약을 통한 지배권 분배의 어려움과 투자 회수의 어려움은 벤처투자 활성화에 걸림돌이 되는 주요 원인이다.

스타트업의 성장을 위해서는 유능한 임직원 채용이 필수적이고 이를 위해 스타트업은 주식보상제도를 활발히 활용할 필요가 있음에도 현행 법령상 주식 보상제도를 이용하는데 제약이 많다. 스타트업의 주식매수선택권 부여 절차나 행사 요건, 취소 등에 대해 엄격하게 규정한 벤처기업법 규정은 기존 판례에 따르면 강행규정으로 해석될 가능성이 높아 스타트업이 이와 다른 내용을 정하기 어렵다. 성과조건부 주식은 주식매수선택권보다 임직원에 대한 보상의 성격이 강함에도 불구하고 법률상 발행의 근거가 없어서 활용이 어려웠다.

그리고 주주들 간 이익충돌을 조정하고 창업자를 감시하는 역할을 수행해야 할 스타트업 이사회는 벤처투자자 지명이사를 비롯해서 주주의 이익을 대변하는 이사들로 구성되어 주주들 간에 이익이 상반되는 상황에서는 이해관계 조정 기구로 역할을 수행하기 어렵다. 특히, 벤처투자자 지명이사는 지명주주인 벤처투자자에 대한 의무와 이사로 선임된 스타트업에 대한 의무가 상충되는 이중신인의무자로서 상법상 회사의 이사로서의 의무나 책임을 다하기 어려운 지위에 있다. 뿐만 아니라, 스타트업에 직접 또는 간접적으로 투자하는 일반투자자가 증가하고 있음에도 불구하고 사모의 방식으로 투자가 진행되는 한 일반투자자를 보호할 방법이 거의 없다.

이러한 분석을 바탕으로 본 논문은 스타트업 지배구조에 적용되는 법률과 계약의 한계를 극복하고 지배구조상의 문제를 규율할 수 있는 방안을 투자자 권한 강화 및 투자자 보호의 측면, 스타트업의 자율성 확대의 측면, 이사회 및 임직원의 역할과 지위 강화의 측면으로 나누어 제안했다. 첫째, 스타트업의 자금조달의 활성화를 위해 현행 벤처투자관련 법령의 이원적 규정을 통일하고, 벤처투자조합의 출자자의 권리를 명확히 하고 법적 보호를 강화하며, 업무집행조합원의 책임을 강화할 필요가 있다. 그리고 스타트업 투자에 수반되는 큰 위험을 고려해서 스타트업에 직접 또는 개인투자조합 등을 통해 투자할 수 있는 일반투자자의 자격을 벤처투자법상 전문개인투자자에 한정하고, 이들에 대한 스타트업과 개인투자조합 업무집행조합원의 설명의무를 통해 투사자 보호를 강화하는 것이다.

둘째, 스타트업의 자금 조달 및 지배권 분배 등에 대한 자율성을 높이고 임직원 보상 제도 등을 유연하게 설계할 수 있도록 하는 방법이다. 스타트업의 경우에는 상법의 종류주식보다 다양한 내용의 종류주식을 발행할 수 있도록 벤처기업법을 개정해서 벤처투자자와의 협의에 따라 정관에 근거를 두고 이사 선임권부 주식이나 거부권부 주식 등 다양한 종류주식을 발행할 수 있도록 해야 한다. 그리고 스타트업이 필요에 따라 사전 동의권이나 정보 요청권, 이사 지명권 등의 권리를 벤처투자자에게 부여하는 경우, 실질적인 주주평등의 원칙에 따라 합리적인 이유가 있는 경우에는 법적 효력을 인정하는 해석을 발전시킬 필요가 있다. 또한, 스타트업의 경우 정관에 근거를 두고 벤처투자자의 간주청산우선권을 약정한 경우에는 그 효력을 인정하거나 벤처기업법에 상환권 행사의 재원을 지급불능 기준과 이익잉여금 기준으로 구체화하는 규정을 추가해서 스타트업이 성공적으로 상장하거나 매각하지 않은 경우에도 벤처투자자의 투자 회수가 가능하도록 선택지를 열어주는 방안을 고려할 수 있다.

또한, 스타트업이 적극적인 주식 보상제도를 통해 유능한 임직원을 채용하여 성장할 수 있도록 현재 벤처기업법상 주식매수선택권에 대한 규정을 임의규정으로 해석하고, 주주총회에서 부여 가능 주식 수와 부여 기준을 정해서 이사회에 위임할 수 있도록 하여 이사회가 부여 대상자와 행사요건 등을 유연하게 정할 수 있게 할 필요가 있다. 벤처기업법상 근거 규정이 신설된 성과조건부 주식은 실제로 활발히 활용될 수 있도록 관련 법제를 정비할 필요가 있다.

다음으로 스타트업 이사의 신인의무를 강화하고 이사회가 주주들 간의 이익충돌의 조정과 창업자 등 경영진에 대한 감시 등의 역할을 실질적으로 수행할 수 있도록 하는 방법을 제안했다. 이를 위해 벤처투자자 지명이사의 이중신인의무자로서의 실질을 고려해서 비밀유지의무나 회사기회유용 금지의무의 내용을 구체화하고, 스타트업의 이익의 범위 내에서 지명주주인 벤처투자자의 이익을 고려할 수 있게 하는 것이다. 다만, 사후적으로 스타트업에 대한 이사회의 결정에 대해 이사가 회사와 모든 주주의 이익을 위해 결정했는지 여부를 기준으로 신인의무 위반 여부를 판단하는 법리를 발전시킬 필요가 있다. 또한, 스타트업 모범지배구조 등을 통해 창업자나 벤처투자자와 이해관계가 없는 독립적 지위의 이사를 선임하도록 해서 주주들 간의 이익상반이 있는 사안에 대한 이사회의 의결에 결정 권한을 가지도록 하는 방안을 고려할 수 있다.

마지막으로, 임직원의 스타트업 주주로서 실질적인 권리 행사를 가능하게 하고 투자자로서의 보호를 강화할 필요가 있다. 스타트업이 일정 규모 이상으로 커지면 임직원은 스타트업의 내부자임에도 불구하고 스타트업에 대한 주식매수선택권 등을 행사할지 여부를 결정하기 위해 필요한 정보를 취득하기 어려워지며 소수주주권 등 권리 행사도 어려워진다. 따라서 스타트업이 임직원에게 주식보상을 부여하면서 소수주주권이나 의결권 등에 제한을 약정하는 경우에는 주주권 행사에 대한 비합리적인 제한으로 효력을 인정하지 않는 법리를 발전시켜서 주주로서 실질적인 권리 행사를 보장하고, 벤처기업법상 스타트업이 임직원에게 주식매수선택권 행사와 관련해서 필요한 정보를 제공할 의무를 정할 필요가 있다.

이상으로 본 논문에서는 스타트업의 지배구조상의 특징과 문제점을 검토하고 이를 규율하는 현행 법률과 계약상의 문제점과 한계를 검토한 후 한계를 개선할 수 있는 방안을 제안했다. 스타트업의 성장을 위해서는 스타트업에 대한 투자금과 지원금의 액수를 늘리는 것뿐 아니라 스타트업의 특성을 고려해서 적합한 지배구조 규율 방안을 만드는 것이 중요하다. 폐쇄회사의 특수한 일종으로 상장회사로 가는 과도기에 있는 스타트업의 특성을 고려해서 원활한 자금조달과 유능한 임직원 채용을 통해 목표를 달성할 수 있도록 스타트업의 정관자치 범위를 확대하되, 이사회를 통한 통제와 주주와 투자자의 권리 보호를 철저히 할 필요가 있다. 지금까지 적극적인 정부 정책으로 스타트업의 양적 성장을 이루었다면 스타트업 지배구조 규율 개선을 통해 스타트업의 질적 성장을 달성하도록 해야 할 것이다.

본 연구의 분석과 제안을 바탕으로 후속 논의를 지속하여 스타트업의 자금 조달 방식에 따른 지배구조 상의 특징 및 문제를 종합적으로 규율할 수 있는 법제와 실무를 발전시켜서 우리나라 스타트업 발전의 밑거름이 될 수 있기를 기대한다.

# 참/고/문/헌

**[단행본]**

[김건식·노혁준·천경훈(2020)] 김건식·노혁준·천경훈, 회사법, 박영사, 제4
판, 2020

[김홍기(2020)] 김홍기, 상법강의, 박영사, 제5판, 2020

[박준·한민(2022)] 박준·한민, 금융거래와 법, 제3판, 2022

[버커리(이정석 역, 2007)] 더멋 버커리, 이정석 옮김, 스타트업 펀딩, e비즈북
스, 2007

[송옥렬(2020a)] 송옥렬, 상법강의, 제11판, 2020

[이인찬(2003)] 이인찬, 한국의 벤처캐피탈, 도서출판 인성, 제1판, 2003

[이철송(2012)] 이철송, 상법강의, 제13판, 박영사, 2012

[임재연(2023)] 임재연, 자본시장법, 박영사, 2023

[최정우(2020)] 최정우, 스타트업은 어떻게 유니콘이 되는가, 쌤앤파커스, 2020

[한국사법행정학회I(2013)] 한국사법행정학회, 편집대표 정동윤, 주석 상법(총
칙·상행위편), 제4판, 2013

[한국사법행정학회II(2014)] 한국사법행정학회, 편집대표 정동윤, 주석 상법(회
사II), 제5판, 2014

[한국사법행정학회III(2014)] 한국사법행정학회, 편집대표 정동윤, 주석 상법(회
사III), 제5판, 2014

[한국상사법학회I(2022)] 한국상사법학회, 주식회사법대계I, 제4판, 2022

[한국상사법학회II(2022)] 한국상사법학회, 주식회사법대계II, 제4판, 2022

[한정미·성희활(2018)] 한정미·성희활, 중소벤처기업 법제연구(I) -혁신창업 활
성화를 위한 중소벤처기업 자금공급 확대방안 연구, 한국법제연구원,
2018

[Bainbridge(2020)] Stephen Bainbridge, Corporate Law (Concepts and Insights),
Foundation Press, 4th edition, 2020

[Carreyrou(2018)] John Carreyrou, Bad Blood: Secrets and Lies in a Silicon Valley Startup, Random House, 2018

[Cooke(2011)] Darryl J. Cooke, Private Equity: Law and Practice, Fourth Edition, Sweet& Maxwell, 2011

[Davies(2010)] Paul Davies, Introduction to Company Law, Second Edition, Oxford, 2010

[Davies& Worthington(2012)] Paul L.Davies, Sarah Worthington, Principles of Modern Company Law, Sweet& Maxwell, Ninth Edition, 2012

[Easterbrook&Fischel(1991)] Frank H. Easterbrook& Daniel R. Fischel, The Economic Structure of Corporate Law, Harvard University Press, 1991

[Feld& Mendelson(2011)] Brad Feld& Jason Mendelson, Venture deals-be smarter than your lawyer and venture capitalist, John Wiley& Sons, Inc., 2011

[Gomper& Lerner(2004)] Paul.A. Gompers& Josh Lerner, The Venture Capital Cycle, second edition, The MIT Press, 2004

[Gordon& Ringe,(eds)(2018)] Edited by Jeffrey N. Gorden, Wolf-George Ringe, The Oxford Handbook of Corporate Governance and Law, Oxford, 2018

[Gullifer& Payne(2011)] Louise Gullier, Jennifer Payne, Corporate Finance Law-Principles and Policy, Hart Publishing, 2011

[Joffe, Drake, Richardson, Lightman& Collingwood(2015)] Victor Joffe QC, David Drake, Giles Richardson, Daniel Lightman, Timothy Collingwood, Minority Shareholders Law, Practice, and Procedure, Fifth Edition, Oxford, 2015

[Kraakman(eds)(2017)] Kraakman et al (eds), The Anatomy of Corporate Law, Third Edition, Oxford, 2017

[Kupor(2019)] Scott Kupor, Secrets of Sand Hill Road: Venture Capital and How to Get It, Penguin Random House, 2019

[Mallaby(2022)] Sebastian Mallaby, The Power Law, Venture Capital and the Making of the New Future, Penguin Press, 2022

[Morck(eds)(2020)] Randall K.Morck(eds), Concentrated Corporate Ownership, University of Chicago Press, 2020

[Nicholas(2019)] Tom Nicholas, VC -An American History, Harvard University Press,

2019

[Reece Thomas & Ryan(2009)] Katherine Reece Thomas & Christopher Ryan, The Law
and Practice of Shareholders' Agreements, Lexis Nexis, 2009

[Spangler(2012)] Timothy Spangler, The Law of Private Investment Funds, Second
Edition, Oxford, 2012

[Steinberg(2018)] Marc I.Steinberg, Understanding Securities Law, Carolina Acamedic
Press, Seventh Edition, 2018

[Welch, Turezyn& Saunders(2012)] Edward P.Welch, Andrew J.Turezyn& Robert S.
Saunders, Folk on the delaware General Corporation Law: Fundamentals,
Aspen Publishers, 2012.

[Wiedman(2020)] Billion Dollar Loser: The Epic Rise and Spectacular Fall of Adam
Neumann and WeWork, Little, Brown& Company, 2020

[Witney(2021)] Simon Witney, Corporate Governance and Responsible Investment in
Private Equity, Cambridge University Press, 2021

[神田(2021)] 神田 秀樹, 会社法 第23版, 弘文社, 2021

[田中(編)(2021)]田中 亘(編集), 濱田松本法律事務所(編集), 会社・株主間契約の理論と
実務: 合弁事業・資本提携・スタートアップ投資, 2021

[田中(2022)] 田中 亘, 会社法, 第3版, 東京大学出版会, 2022

[伊東, 本柳, 内田(2022)] 伊東啓, 本柳祐介, 内田信也, ファンドビジネスの法務, 第4
版 (きんざい, 2022)

[日本ベンチャーキャピタル協会(2019)] 一般社団法人日本ベンチャーキャピタル協会
(著, 編集), 弁護士法人大江橋法律事務所 (著, 編集), EY 新日本有限責任監査
法人 (著, 編集), ベンチャーキャピタルファンド契約の実務, 2019

[藤原総一郎(編)(2021)] 藤原総一郎(編集), 株主間契約・合弁契約の実務, 中央経済グ
ループパブリッシング, 2021

[桃尾・松尾・難波法律事務所(編)(2022)] 桃尾・松尾・難波法律事務所(編集), ベンチャー
企業による資金調達の法務, 商事法務, 2022

[VLF(2020)] 宍戸善一, ベンチャー・ロー・フォーラム(VLF), スタートアップ投資契約,
商事法務, 2020

## [국내논문]

[고재종(2021)] 고재종, 벤처기업 주식매수선택권 제도의 활성화 방안, 상사판례연구 제34권 제2호(2021)

[곽관훈(2003)] 곽관훈, 벤처기업에 있어서의 주주간 계약 -의결권구속계약을 중심으로-, 상사법연구 제22권 제1호(2003)

[곽수현(2012)] 곽수현, 합자조합과 유한책임회사에 관한 법적 검토, 강원법학 제35권(2012)

[권기범(2016)] 권기범, 종류주식간의 이해조정, 서울법학 제24권 제3호(2016)

[권오성(2009)] 권오성, 주주간 계약의 효력에 관한 연구, 홍익법학 제10권 제3호(2009)

[권재열(2015)] 권재열, 1인의 이사를 둔 소규모 주식회사에 관련된 몇 가지 법적 쟁점의 검토 -이사의 선임과 해임 및 주주총회의 운영을 중심으로-, 기업법연구 제29권 제1호(2015)

[김갑래(2007)] 김갑래, 구글의 창업에서 기업공개에 이르는 과정에 관한 고찰 -벤처캐피탈 사이클 및 묵시적 계약 이론을 중심으로-상사판례연구 제20집 제2권(2007)

[김건식(2000)] 김건식, 벤처 투자와 법적 인프라, 증권법 연구 제1권 제1호(2000)

[김건식(2019)] 김건식, 이사회 업무집행에 관한 주주간계약, 비교사법 제26권 1호(통권84호)(2019)

[김만수·강재원(2021)] 김만수·강재원, 정책 패러다임 관점에서 살펴본 창업정책 변화, 벤처창업연구 제16권 제3호(통권75호)(2021)

[김순석(2004)] 김순석, 주식회사 법정준비금제도의 재검토, 상사법연구, 제23권 제3호(2004)

[김순석(2006)] 김순석, 미국의 배당규제와 자기주식 제도, 비교사법 제13권 제2호(2006)

[김순석(2012)] 김순석, 자본금 제도상 채권자 보호의 법적 과제, 기업법연구 제26권 제2호(통권 제49호)(2012)

[김순석(2015)] 김순석, 차등의결권주식의 도입에 관한 법적 쟁점, 기업법연구 제29권 제4호(통권 제63호)(2015)

[김신영(2020a)] 김신영, 미국에서의 차등의결권주식에 관한 논의 동향과 우리
　　　나라에서의 시사점, 기업법연구 제34권 제1호(통권 제80호)(2020)

[김신영(2020b)] 김신영, 국내 차등의결권제도 도입 방안에 관한 연구 -일본, 홍
　　　콩, 싱가포르, 상하이 차등의결권제도와의 비교를 중심으로-, 금융법
　　　연구 제17권 제1호(2020)

[김재범(2019)] 김재범, 주식양수를 위한 임원추천권과 금전지급 약정(주주간
　　　계약)의 효력, 상사판례연구 제32집 제4권(2019)

[김지안(2019)] 김지안, 주주의 경영 관여에 관한 법적 연구, 서울대학교 대학원
　　　박사학위 논문(2019)

[김지안(2022)] 김지안, 이사 선임을 통한 주주의 경영 관여, 저스티스 통권 188
　　　호(2022)

[김지평(2017)] 김지평, 주식회사 배당의 실무상 쟁점, 선진상사법률연구 통권
　　　제79호(2017)

[김지환(2009)] 김지환, 종류주주간의 이해조정에 관한 연구, 상사판례연구 제
　　　22권 제2권(2009)

[김지환(2018)] 김지환, 증권발행에 있어서 공모와 사모의 구별기준 및 사모발
　　　행제도의 개선방안에 관한 연구, 금융법연구 제15권 제2호(2018)

[김태진(2008)] 김태진, 주주평등원칙에 관한 소고, 기업법연구 제22권 제3호,
　　　한국기업법학회(2008)

[김한종(2001)] 김한종, 벤처기업에 대한 회사법적 특례적용, 한림법학 Forum
　　　제10권(2001)

[김한철(2021)] 김한철, 벤처투자계약 상 자기주식취득에 관한 법적 쟁점 검토
　　　-상환전환우선주를 중심으로-, 금융법연구 제18권 제2호(2021)

[남궁주현(2022)] 남궁주현, 중소벤처기업의 지배구조에 관한 법적 쟁점, 경제
　　　법연구 제21권 제1호(2022)

[노미은, 박철홍, 홍승일(2018)] 노미은, 박철홍, 홍승일, Pre-IPO 투자 시 주주간
　　　계약의 실무상 쟁점, BFL 제88호(2018)

[노승민(2018)] 노승민, 벤처투자계약의 실무상 쟁점, BFL 제88호(2018)

[노혁준(2018)] 노혁준, 주주인 이사에 대한 주주간 계약의 구속력 -대법원
　　　2013.9.13.선고 2012다80996 판례 평석-, 외법논집 제42권 제1호(2018)

[류지민(2020)] 류지민, 주주평등원칙의 변화에 따른 기업지배구조 문제의 이해
　　-미국의 차등의결권주식(Dual-class stock) 제도를 둘러싼 논의를 중심
　　으로-, 상사법연구 제39권 제2호(2020)

[맹수석(2019)] 맹수석, 중소벤처기업에 적합한 회사법제의 입법 필요성 검토 -
　　대, 중소회사 구분입법을 중심으로-, 충남대학교 법학연구 제30권 제2
　　호(2019)

[문준우(2022)] 문준우, 주식양도의무를 정한 근속조항 등(대법원 2021.3.11.선
　　고2020다253430 판결 등)에 대한 검토, 경제법연구 제21권 제1호(2022)

[박대현·류두진(2020)] 비상장주식거래 플랫폼이 기업가치와 기업지배구조에
　　미치는 영향, 한국증권학회지 제49권 제4호(2020)

[박상철(2018)] 박상철, 벤처투자계약의 국내법상 수용과 관련한 쟁점 -상환전
　　환우선주 조항의 효력을 중심으로-, 상사법연구 제37권 제2호(2018)

[박영준(2015)] 박영준, 상법상 유한책임회사제도의 도입과 전망 -비교법적 고
　　찰을 중심으로, 기업법연구 제29권 제4호(2015)

[박정국(2020a)] 박정국, 미국과 영국의 종류주식제도와 우리나라 상법에의 시
　　사점 및 개선방안, 기업법연구 제34권 제1호(2020)

[박정국(2020b)] 박정국, 종류주식제도에 관한 연구 -독일과 일본의 종류주식제도
　　와 그 시사점 및 개선방안을 중심으로-, 기업법연구 제34권 제2호(2020)

[박철영(2005)] 박철영, 종류주식의 확대와 주주간 이해조정, 상사법연구 제24
　　권 제2호(2005)

[백경희, 장연화(2021)] 백경희, 장연화, 주식매수선택권의 부여와 그 취소에 관
　　한 법적 고찰, 부산대학교 법학연구 제62권 제3호(2021)

[백숙종(2018)] 백숙종, 주주간 계약과 가처분, BFL 제88호(2018)

[서완석·이영철(2019)] 서완석, 이영철, 비상장회사의 지배구조와 감사제도, 경
　　영법학 제29권 제4호(2019)

[성희활(2022)] 성희활, 조건부지분인수계약(SAFE)의 법적 문제 -유가증권법정
　　주의를 중심으로-, 상사법연구 제40권 제4호(2022)

[손대수·정지윤(2019)] 손대수·정지윤, 벤처기업육성에 관한 특별조치법상의
　　몇 가지 법제적 쟁점에 관한 소고 -벤처기업요건·확인취소를 중심으
　　로-, 법제(2019)

[송옥렬(2011)] 송옥렬, 회사법의 강행법규성에 대한 소고 -대법원 2011.3.24.선고 2010다85027 판결 평석-, 상사판례연구 제24권 제3호(2011)

[송옥렬(2015a)] 송옥렬, 상장회사의 차등의결권 주식에 대한 비판적 고찰, 한국법경제학회 법경제학연구 제12권 제1호(2015)

[송옥렬(2015b)] 송옥렬, 복수의결권주식 도입의 이론적 검토, 상사법연구 제34권 제2호(2015)

[송옥렬(2020b)] 송옥렬, 주주간 계약의 회사에 대한 효력 -회사법에 있어 사적자치의 확대의 관점에서-, 저스티스(178)(2020)

[송옥렬(2021)] 송옥렬, 동반매도요구권과 대주주의 실사 협조의무 -대법원 2021.1.14.선고2018다223054 판결-, BFL 제108호(2021)

[송인방(2012)] 송인방, 벤처중소기업과 상법개정-유한책임회사제도의 적용상 문제를 중심으로-, 법학연구 제48권(2012)

[신영수(2021)] 신영수, 개정 공정거래법상 CVC(기업형 벤처캐피탈) 관련 규정에 대한 평가와 전망, 경영법률 제31권 제4호(2021)

[신호철(2022)] 신호철, 주주 간의 계약에 관한 주요쟁점 -동반매도참여권 (tag-along), 동반매각청구권(drag-along)을 중심으로-, 법학연구 제32권 제2호(2022)

[심영(2014)] 심영, 주식회사의 배당가능이익 계산과 미실현이익, 상사법연구 제33권 제3호(2014)

[양기진(2012)] 양기진, 개정상법상의 합자조합에 관한 연구 -합자조합의 법적 실체성 및 조합원의 지위에 관하여-, 홍익법학 제13권 제1호(2012)

[양만식(2019)] 양만식, 폐쇄회사에서의 소수주주의 보호, 경영법학 제29권 제2호(2019)

[양영석(2019)] 양영석, 중소벤처기업의 혁신성장과 자금조달 강화 방안 -"벤처투자촉진법"내 SAFE 도입규정 실행타당성 검토 중심으로-, 충남대학교 법학연구 제30권 제2호(2019)

[오성근(2008)] 오성근, 영국의 회사법제상 이사의 의무 및 입법적 효용성, 상사법연구 제27권 제3호(2008)

[유시창(2014)] 유시창, 합자조합의 유한책임조합원에 관한 소고, 경희법학 제49권 제1호(2014)

[유주선(2009)] 유주선, 2008년 독일 유한회사법의 개정과 시사점, 상사판례연구 제22집 제3권(2009)

[유주선(2015a)] 유주선, 주주평등원칙의 완화와 차등의결권주식의 도입 가능성, 증권법연구 제16권 제3호(2015)

[유주선(2015b)] 유주선, 중소기업에 대한 회사법 적용의 현실적 한계와 개선방안 -2011년 4월 11일 회사법 개정내용을 중심으로-, 상사법연구 제34권 제2호(2015)

[육태우(2006)] 육태우, 미국 판례법상 폐쇄회사의 소수파주주 보호의 발전, 한국경영법률학회(2006)

[윤영신(2007)] 윤영신, 자본유지제도의 채권자보호 기능의 한계에 대한 연구, 중앙법학 제9집 제2호(2007)

[윤영신(2016)] 윤영신, 종류주식 발행회사에서 종류주주총회 필요 여부의 판단기준 -정관변경, 신주인수 등과 합병 경우의 차별화-, 상사판례연구 제29호 제4권(2016)

[이정두, 김민석(2022)] 이정두, 김민석, 개인인 전문투자자 및 전문금융소비자의 분류기준과 보호수준에 대한 고찰, 증권법연구 제23권 제3호(2022)

[이정수(2013)] 이정수, 미국 자본시장접근개혁법('잡스법')의 제정과 우리나라에의 시사점, 증권법연구 제14권 제1호(2013)

[이중기(2019)] 이중기, 주주간계약의 회사규범성과 그 한계: 사적자치와 보충성의 원칙, 계약에 기한 특정이행청구의 가부를 중심으로, 홍익법학 제20권 제2호(2019)

[이효경(2018)] 이효경, 일본의 창업 벤처기업 자금조달 관련 증권시장의 변화와 차등의결권제도의 입법동향, 경영법학 제29권 제2호(2018)

[이효경(2019)] 이효경, 벤처투자 촉진을 위한 제도적 방안에 관한 일고찰, 상사법연구 제37권 제4호(2019)

[임정하(2015)] 임정하, 상환전환우선주의 발행 현황과 문제, 상사법연구 제34권 제1호(2015)

[전준영(2023)] 전준영, 약정에 의한 주주의 사전 동의권에 관한 검토, 상사법연구 제42권 제1호(2023)

[정대익(2021)] 정대익, 유한회사 활성화를 위한 상법 개정 방안, 경영법학 제32

권 제2호(2021)

[정봉진(2015)] 정봉진, 신주의 저가발행으로 인한 이사의 임무 위배 문제에 관한 비교법적 고찰, 강원법학 제44권(2015)

[정수용·김광복(2012)] 정수용·김광복, 개정상법상 종류주식의 다양화, BFL 제51호(2012)

[정준혁(2022)] 정준혁, 주주평등원칙의 발전적 해체와 재정립, 상사판례연구 제35권 제4호(2022)

[조용현(2011)] 조용현, 상법 제340조의4 제1항에서 주식매수선택권 행사 요건으로 '2년 이상 재임 또는 재직' 요건을 규정한 취지, BFL 제47호(2011)

[주재열(2020)] 주재열, 회사지배구조와 신인(충실)의무 구체화 문제에 대한 비교법경제학적 고찰, 상사판례연구, 제33권 제3호(2020)

[진홍기(2008)] 진홍기, 주주간 계약의 내용과 효력에 관한 연구: 영·미를 중심으로 우리나라와 비교법적 관점에서, 상사법연구 제26권 제4호(2008)

[천경훈(2013)] 천경훈, 주주간 계약의 실태와 법리 -투자촉진 수단으로서의 기능에 주목하여-, 상사판례연구 제26호 제3권(2013)

[천경훈(2021)] 천경훈, 회사와 신주인수인 간의 투자자보호약정의 효력 -주주평등원칙과의 관계를 중심으로-, 상사법연구 제40권 제3호(2021)

[최문희(2006)] 최문희, 이사의 책임제한 제도에 관한 입법론적 고찰 -2006년 상법(회사편), 비교사법 제13권 3호(2006)

[최민혁, 김민철(2018)] 최민혁, 김민철, 벤처투자 촉진에 관한 법률의 검토와 향후 과제, 법학논총 제42집(2018)

[최병규(2007)] 최병규, 독일의 유한회사법 개정과 비교법적 고찰, 기업법연구 제21권 제4호(2007)

[최수정(2019)] 최수정, 창업생태계 활성화 관점에서의 회사법 주요 쟁점, 법학연구, 제30권 제2호(2019)

[최수정(2021)] 최수정, 차등의결권주식의 도입에 관한 소고, 법학연구(연세대학교 법학연구원)제31권 제1호(2021)

[한원규, 이제원(2002)] 한원규, 이제원, 상환주식과 전환주식의 법적 성질, 증권법연구 제3권 제1호(2002)

[한철, 함철훈, 김원규(2000)] 한철, 함철훈, 김원규, 벤처기업육성법제의 제문

제, 상사법연구 제18권 제3호(2000)

[황학천(2012)] 황학천, 개정상법에 따라 도입된 합자조합과 유한책임회사에 관한 연구 -관련규정의 보완점과 제도도입에 대한 평가를 중심으로-, 상사법연구 제30권 제4호(2012)

[홍성균(2023)] 홍성균, 성공하지 못한 벤처투자에 관한 법적 분석 -실리콘밸리 벤처캐피탈과 창업자 사이의 긴장관계를 중심으로-, 서울대학교 법학 제64권 제2호(2023)

## [해외 논문]

[Ades-Laurent(2017)] Gala Ades-Laurent, Disappearing Stock Options: The Evolution of Equity Pay, 2017 COLUM.Bus.L.Rev.347(2017)

[Alon-Beck(2019)] Anat Alon-Beck, Unicorn Stock Options-Golden Goose or Trojan Horse? 2019 COLUM.Bus.L.Rev.107(2019)

[Alon-Beck(2020)] Anat Alon-Beck, Alternative venture capital: The new unicorn investors, 87 TENN.L.REV.983(2020)

[Alon-Beck(2022)] Anat Alon-Beck, Bargaining Inequality: Employee Golden Handcuffs and Asymmetric Information, 81 Md.L.Rev.1165(2022)

[Amornsiripanitch, Gompers& Xuan(2019)] Natee Amornsiripanitch, Paul A. Gompers, Yuhai Xuan, More than Money: Venture Capitalists on Boards, 35 J.Law Econ.Org., 513(2019)

[Aran(2018)] Yifat Aran, Beyond Covenants Not to Compete: Equilibrium in High-Tech Startup Labor Markets, 70 STAN.L.REV.1235(2018)

[Aran(2019)] Yifat Aran, Making Disclosure Work for Start-up Employees, 2019 COLUM.Bus.L.REV.867(2019)

[Atanasov, Black & Ciccotello(2011)] Vladimir Atanasov, Bernard Black & Conrad S. Ciccotello, Law and Tunneling, 37 J.Corp.L.1(2011)

[Atanasov, Hall, Ivanov & Litvak(2019)] Vladmir Atanasov, Thomas Hall, Vladimir Ivanov, Katherine Litvak, The Impact of Public Pension Funds and Other Limited Partners on the Governance of Venture Capital Funds, 9 Q.J.

Finance, 1940003(2019)

[Atanasov, Ivanov& Litvak(2012)] Vladimir Atanasov, Vladmir Ivanov and Kate Litvak, Does Reputation Limit Opportunistic Behavior in the VC Industry? Evidence from Litigation against VCs, 67 J Finance, 2215(2012)

[Babenko, Du & Tserlukevich(2020)] Ilona Babenko, Fangfang Du, and Yuri Tserlukevich, Will I get paid? Employee Stock Options and Mergers and Acquisitions, 56 J. Financ. Quant.Anal. 29(2020)

[Baker& Gompers(2003)] Malcolm Baker, Paul A. Gompers, The Determinants of Board Structures at the Initial Public Offering, 46 J.Law Econ. 569(2003)

[Bartlett(2006)] Robert P. Bartlett, Venture capital, agency costs, and the false dichotomy of the corporation, 54 UCLA L.Rev.37(2006)

[Bartlett(2015)] Robert P. Bartlett, Shareholder Wealth Maximization as Means to an End, 38 Seattle U.L.Rev. 255(2015)

[Basile, J.(1986)] Joseph J. Basile, Jr., The 1985 Delaware Revised Uniform Limited Partnership Act, 41 Bus.Law.571(1986)

[Bebchuk(2005)] Lucian A. Bebchuk, The Case for Increasing Shareholder Power, 118 HARV.L.REV.883(2005)

[Bebchuk & Kastiel(2017)] Lucian A. Bebchuk, Kobi Kastiel, The Untenable Case for Perpetual Dual-Class Stock, 103 VA.L.REV.585(2017)

[Black& Gilson(1998)] Bernard S. Black, Ronald J. Gilson, Venture capital and the structure of capital markets: banks versus stock markets, 47 J.financ.econ. 243(1998)

[Blair(2015)] Margaret M. Blair, Boards of Directors as Mediating Hierarchs, 38 Seattle U.L.REV.297(2015)

[Blair& Stout(1999)] Margaret M. Blair and Lynn A. Stout, A Team Production Theory of Corporate Law, 85 VA.L.REV, 247(1999)

[Bochner& Simmerman(2016)] Steven E. Boschner& Amy L. Simmerman, The Venture Capital Board Member's Survival Guide: Handling Conflicts Effectively While Wearing Two Hats, 41 DEL.J.CORP.L.1(2016)

[Bratton& Watchter(2013)] Bratton, William W., and Wachter, Michael L., A theory of preferred stocks, 161 U.Pa.L.Rev. 1815(2013)

[Bristow& Petillon(1999)] Duke K.Bristow& Lee R. Petillon, Public Venture Capital Funds: New Relief from the Investment Company Act of 1940, 18 ANN.REV. BANKING L.393(1999)

[Bristow, King& Petillon(2004)] Duke K.Bristow, Benjamin D. King, Lee R. Petillon, Venture capital formation and access: Lingering impediments of the Investment Company Act of 1940, 2004 COLUM.Bus.L.REV.77(2004)

[Broughman(2010)] Brian Broughman, The Role of Independent Directors in Startup Firms, 2010 Utah L.Rev.461(2010)

[Broughman & Fried(2013)] Brian J. Broughman, Jesse M. Fried, Carrots and Sticks: How VCs Induce Entrepreneurial Teams to Sell Startups, 98 Cornell L.REV. 1319(2013)

[Broughman& Fried(2020)] Brian Broughman, Jesse M.Fried, Do founders control startup firms that go public?, 10 HARV.Bus.L.REV.49(2020)

[Broughman& Wansley(2023)] Brian J.Broughman& Matthew T. Wansley, Risk-seeking Governance, 76 Vanderbilt Law Review.1(Forthcoming 2023)

[Brown & Wiles(2016)] Keith C. Brown, Kenneth W. Wiles, Opaque Financial Contracting and Toxic Term Sheets in Venture Capital, 28 J.Appl. Corp. Finance, 72(2016)

[Cable(2015)] Abraham J.B. Cable, Opportunity-Cost Conflicts in Corporate Law, 66 Case W.Rsrv.L.Rev.51(2015)

[Cable(2017)] Abraham J.B. Cable, Fool's Gold: Equity Compensation & the Mature Startup, 11 VA.L.&Bus.REV.613(2017)

[Cable(2020)] Abraham J.B. Cable, Does Trados Matter?, 4 J.Corp.L.311(2020)

[Chesley(2021)] Kaen A. Chesley, Not Without Consent: Protecting Consent Rights Against Deliberate Breach, 80 Md.L.Rev.95(2021)

[CLC(2010)] The Corporation Law Committee of the Association of the Bar of the City of New York, The Enforceability and Effectiveness of Typical Shareholders Agreement Provisions, 65 Bus.L. 1153(2010)

[Coyle(2014)] John F. Coyle, Contractual innovation in venture capital, 66 Hastings

L.J.133(2014)

[Coyle& Polsky(2013)] John F. Coyle& Gregg D. Polsky, Acqui-hiring, 63 Duke L.J.281(2013)

[Cumming&MacIntosh(2003)] Douglas J.Cumming& Jeffrey G.MacIntosh, Venture-Capital Exits in Canada and the United States, 53 U.TORONTO L.J.101(2003)

[Dammann(2014)] Jens Dammann, The Mandatory Law Puzzle: Redefining American Exceptionalism in Corporate Law, 65 HASTINGS L.J.441(2014)

[Dorney(2023)] John R.Dorney, Taking stock of startup stock options: addressing disclosure and liquidity concerns of startup employees, 76 Vand.L.Rev. 609(2023)

[Easterbrook& Fischel(1986)] Frank H. Easterbrook & Daniel R. Fischel, Close Corporations and Agency Costs, 38 Stan.L.REV.271(1986)

[Ewens& Malenko(2020)] Michael Ewens, Nadya Malenko, Board Dynamics over the Startup Life Cycle, NBER Working Paper No.27769(2020)

[Fan(2016)] Jennifer S. Fan, Regulating Unicorns: Disclosure and the New Private Economy, 57 B.C.L.REV.583(2016)

[Fan(2022)] Jennifer S. Fan, The Landscape of Startup Corporate Governance in the Founder-friendly Era, 18 NYU J.BUS.L.317(2022)

[Fisch(2021)] Jill E. Fisch, Stealth Governance: Shareholder Agreements and Private Ordering, 99 Wash.U.L.Rev.913(2021)

[Fried& Ganor(2006)] Jesse M. Fried; Mira Ganor, Agency Costs of Venture Capitalist Control in Startups, 81 N.Y.U.L.REV.(2006)

[Fried(2008)] Jesse M. Fried, Option Backdating and Its Implications, 65 Wash.&Lee L.REV.853(2008)

[Garg& Furr(2017)] Sam Garg, Nathan Furr, Venture Boards: Past Insights, Future Directions, and Transition to Public Firm Boards, 11 Strat.Entrepreneuriship J., 326(2017)

[Gelter& Helleringer(2015)] Martin Gelter, Geneviève Helleringer, Lift not the painted veil! To whom are directors' duties really owed?, 2015 U.ILL.L.REV.1069(2015)

[Georgiev(2021)] George S. Georgiev, The breakdown of the public-private divide in securities law: Causes, consequences, and reforms, 18 N.Y.U.J.L.&Bus. 221(2021)

[Gilson(1999)] Ronald J. Gilson, The legal infrastructure of high technology industrial districts: Silicon Valley, Route 128, and covenants not to compete, 74 N.Y.U.L.REV.575(1999)

[Gilson(2003)] Ronald J.Gilson, Engineering a Venture Capital Market: Lessons from the American Experience, 55 Stan.L.Rev.1067(2003)

[Gompers(1996)] Paul A. Gompers, Grandstanding in the venture capital industry, 42 J.financ.econ., 133(1996)

[Gompers, Gornall, Kaplan & Strebulaev(2020)] Paul A. Gompers, Will Gornall, Steven N.Kaplan, Ilya A. Strebulaev, How do venture capitalists make decisions?, 135 J.financ.econ., 169(2020)

[Gompers& Lerner(1996)] Paul Gompers, Josh Lerner, The use of covenants: An empirical analysis of venture partnership agreements, 39 J.L.&ECON. 463(1996)

[Gornall& Strebulaev(2020)] Will Gornall, Ilya A. Strebulaev, Squaring venture capital valuations with reality, 135 J.financ.econ., 120(2020)

[Goshen& Hamdani(2016)] Zohar Goshen& Assaf Hamdani, Corporate Control and Idiosyncratic Vision, 125 YALE L.J.560(2016)

[Grinapell(2020)] Adi Grinapell, Dual-Class Stock Structure and Firm Innovation, 25 Stan.J.L.Bus.&FIN.40(2020)

[Grundei& Talaulicar(2002)] Jens Grundei, Till Talaulicar, Company Law and Corporate Governance of Start-ups in Germany: Legal Stipulations, Managerial Requirements, and Modification Strategies, 6 J.Manag.Gov., 1(2002)

[Guidici& Agstner(2019)] Paolo Giudici, Peter Agstner, Startups and Company Law: The Competitive Pressure of Delaware on Italy (and Europe?), 20 Eur.Bus. Organ.Law Rev.597(2019)

[Guidici, Agstner& Capizzi(2022)] Paolo Guidici, Peter Agstner, Antonio Capizzi, The Corporate Design of Investments in Startups: A European Experience, 23 Eur. Bus.Organ.Law Rev.787(2022)

[Gurrea-Martinez(2021)] Aurelio Gurrea-Martinez, Theory, Evidence, and Policy on Dual-Class Shares: A Country-Specific Response to a Global Debate, 22 Eur. Bus.Organ.Law Rev.475(2021)

[Guttentag(2013)] Michael D. Guttentag, Patching a Hole in the JOBS Act: How and Why to Rewrite the Rules that Require Firms to Make Periodic Disclosures, 88 IND.L.J.151(2013)

[Hill(2018)] Claire A. Hill, Caremark as Soft Law, 90 TEMP.L.REV.681(2018)

[Ho.J(2017)] John Kong Shan Ho, Revisiting the Legal Capital Regime in Modern Company Law, 12 J.COMP.L.1(2017)

[Hollo(1992)] Elana Ruth Hollo, The Quiet Revolution: Employee Stock Ownership Plans and Their Influence on Corporate Governance, Labor Unions, and Future American Policy, 23 Rutgers L.J.561(1992)

[Ibrahim(2008)] Darian M. Ibrahim, The (not so) puzzling behavior of angel investors, 61 Vand.L.Rev.1405(2008)

[Ibrahim(2010a)] Darian M. Ibrahim, Debt as Venture Capital, 2010 U.Ill.L. Rev.1169 (2010)

[Ibrahim(2010b)] Darian M. Ibrahim, Financing the Next Silicon Valley, 87 WASH.U. L.REV.717(2010)

[Ibrahim(2012)] Darian M. Ibrahim, The New Exit in Venture Capital, 65 Vand.L. Rev.1(2012)

[Ibrahim(2019)] Darian M. Ibrahim, Public or Private Venture Capital?, 94 Wash.L. REV.1137(2019)

[Ibrahim(2021)] Darian M. Ibrahim, Corporate Venture Capital, 24 U.PA.J.Bus. L.209 (2021)

[Jensen(1963)] A.Ladru Jensen, Is a Partnership under the Uniform Partnership Act an Aggregate or an Entity, 16 Vand.L.Rev.377(1963)

[Johnson L.(2000)] Erick L. Johnson, Waste Not, Want Not: An Analysis of Stock Option Plans, Executive Compensation, and the Proper Standard of Waste, 26 J.Corp.L.145(2000)

[Johnson C.(2004)] Richard C. Johnson, A Critical Look at the Compensation Cost

Principle-Stock Options and Restricted Stock, 34 PUB.CONT.L.J.103(2004)

[Jones(2017)] Renee M. Jones, The Unicorn Governance Trap, 166 U.PA.L.REV. ONLINE, 165(2017)

[Kaplan& Strömberg(2003)] Steven N.Kaplan& Per Strömberg, Financial contracting theory meets the real world: An empirical analysis of venture capital contracts, 70 REV.ECON.STUD.281(2003)

[Kats(2018)] Adam M. Katz, Addressing the harm to common stockholders in Trados and Nine Systems, 118 COLUM.L.Rev. Online, 234(2018)

[Kim(2004)] Eugene Kim, Venture Capital Contracting under the Korean Commercial Code: Adopting U.S. Techniques in South Korean Transactions, 13 PAC.RIM L.&POL'y J.439(2004)

[Kim(2008)] Kab Lae Kim, Implication of U.S. Venture Capital Theories for the Korean Venture Ecosystem, 2 J.Bus.Entrepreneurship&L.142(2008)

[Langevoort& Sale(2021)] Donald C. Langevoort, Hillary A. Sale, Corporate adolescence: why did "we" not work?, 99 TEX.L.Rev.1347(2021)

[Leavitt(2005)] Jeffrey M. Leavitt, Burned Angels: The Coming Wave of Minority Shareholder Oppression Claims in Venture Capital Start-up companies, 6 N.C.J.L.&TECH.223(2005)

[Lemon, J(2003)] Joseph L.Lemon Jr., Don't Let Me down (Round): Avoiding Illusory Terms in Venture Capital Financing in the Post-Internet Bubble Era, 39 TEX.J.Bus.L.1(2003)

[Lin(2017)]Lin Lin, Engineering a Venture Capital Market: Lessons from China, 30 COLUM.J.of Asian L.160(2017)

[Litvak(2004)] Kate Litvak, Governance through exit: default penalties and walkaway options in venture capital partnership agreements, 40 Willamette L.Rev, 771(2004)

[Litvak(2009)] Kate Litvak, Venture Capital Limited Partnership Agreements: Understanding Compensation Arrangements, 76 U Chicago L.Rev, 161(2009)

[Liu& Paeglis(2006)] Xuan Liu, Imants Paeglis, Thomas Walker, Causes and consequences of venture capitalist litigation, 9 J.Priv.Equity, 59(2006)

[Mann(2004)] Ronald J. Mann, An Empirical Investigation of Liquidation Choices of Failed High Tech Firms, 82 WASH.U.L.Q.1375(2004)

[Mayer(2021)] Colin Mayer, Shareholderism versus Stakeholderism -A Misconceived Contradiction: A Comment on "The Illusory Promise of Stakeholder Governance," by Lucian Bebchuk and Roberto Tallarita, 106 Cornell L.REV. 1859(2021)

[Mollers(2021)] Thomas M.J.Mollers, The Wirecard Accounting Scandal in Germany, and How the Financial Industry Failed to Spot It, 54 Int.Lawyer, 325(2021)

[Morley(2013)] John Morley, The separation of funds and managers: a theory of investment fund structure and regulation, 123 Yale L.J.1228(2013)

[Nigro& Stahl(2021)] Casimiro A. Nigro, Jorg R. Stahl, Venture capital-backed firms, unavoidable value-destroying trade sales, and fair value protections, 22 Eur. Bus.Organ. L.Rev. 39(2021)

[Nir(2020)] Shachar Nir, One duty to all: The fiduciary duty of impartiality and stockholders' conflict of interest, 16 Hastings Bus.L.J.1(2020)

[Osovsky(2014)] Adi Osovsky, The curious case of the secondary market with respect to investor protection, 82 TENN.L.REV.83(2014)

[Padilla(2001)] Jose M. Padilla, What's wrong with a washout?: Fiduciary duties of the venture capitalist investor in a washout financing, 1 Hous Bus& Tax LJ 269(2001)

[Park(2022)] James J. Park, Investor Protection in an Age of Entrepreneurship, 12 HARV.Bus.L.REV.107(2022)

[Pollman(2012)] Elizabeth Pollman, Information issues on wall street 2.0, 161 U.PA.L.REV.179(2012)

[Pollman(2015)] Elizabeth Pollman, Team production theory and private company boards, 38 Seattle U.L.REV.619(2015)

[Pollman(2019)] Elizabeth Pollman, Startup Governance, 168 U.Pa.L.Rev.155(2019)

[Pollman(2020)] Elizabeth Pollman, Private Company Lies, 109 GEO.L.J.353(2020)

[Pollman(2023)] Elizabeth Pollman, Startup Failure, working paper, 72 Duke L.J. (Forthcoming 2023)

[Pollman& Barry(2017)] Elizabeth Pollman, Jordan M. Barry, Regulatory Entrepreneurship, 90 S.CAL.L.REV.383(2017)

[Polsky(2019)] Gregg Polsky, Explaining Choice-of-Entity Decisions by Silicon Valley Start-Ups, 70 Hastings L.J.409(2019)

[Rauterberg(2021)] Gabriel Rauterberg, The Separation of Voting and Control: The Role of Contract in Corporate Governance, 38 Yale J.on Reg.1124(2021)

[Reddy(2020)] Bobby V. Reddy, Finding the British Google: Relaxing the prohibition of dual-class stock from the premium-tier of the London Stock Exchange, 79 The Cambridge L.J.315(2020)

[Rock& Wachter(1998)] Edward B. Rock& Michael L. Wachter, Waiting for the Omelet to Set: Match-Specific Assets and Minority Oppression in Close Corporations, 24 J. Corp. L. 913(1998)

[Rodrigues(2015)] Usha Rodrigues, The Once and Future Irrelevancy of Section 12(g), 2015 U.Ill.L.Rev.1529(2015)

[Sahlman(1990)] William A. Sahlman, The structure and governance of venture-capital organizations, 27 J.financ.econ., 473(1990)

[Schawartz(2017)] Jeff Schwartz, Should Mutual Funds Invest in Startups: A Case Study of Fiedelity Magellan Fund's Investmetns in Unicorns (and Other Startups) and the Regulatory Implications, 95 N.C.L.REV.1341(2017)

[Sepe(2013)] Simone M.Sepe, Intruders in the boardroom: The case of constituency directors, 91 Wash.U.L.Rev.309(2013)

[Smith(1998)] D. Gordon Smith, Venture Capital Contracting in the Information Age, 2 J.Small& Emerging Bus.L., 133(1998)

[Smith(1999)] D.Gordon Smith, Team Production in Venture Capital Investing, 24 J.CORP.L.949(1999)

[Smith(2005)] D.Gordon Smith, The Exit Structure of Venture Capital, 53 UCLA L.Rev.315(2005)

[Stevenson(2001)] Shannon Wells Stevenson, The venture capital solution to the problem of close corporation shareholder fiduciary duties, 51 Duke L.J,1139 (2001)

[Strine Jr.(2013)] Leo E. Strine, Jr., Poor Pitiful or Potentially Powerful Preferred, 161 U.Pa.L.Rev.2025(2013)

[Thomspon& Langevoort(2013)] Robert B. Thomspon, Donald C. Langevoort, Redrawing the Public-Private Boundaries in Entrepreneurial Capital Raising, 98 Cornell L.Rev.1573(2013)

[Utset(2002)] Utset, Manuel A. Reciprocal Fairness, Strategic Behavior and Venture Survival: A Theory of Venture Capital-Financed Firms, 2002 Wis.L.REV. 45(2002)

[Veasey&Guglielmo(2008)] E.Norman Veasey, Christine T.Di Guglielmo, How many masters can a director serve? A look at the tension facing constituency directors, 63 Bus.Law.761(2008)

[Wagner& Wagner(1997)] Richard H.Wagner& Catherine G. Wagner, Recent Developments in Executive, Director, and Employee Stock Compensation Plans: New Concerns for Corporate Directors, 3 Stan.J.L.Bus.&Fin.5(1997)

[Wells(2021)] Harwell Wells, The Personification of the Partnership, 74 VAND.L.REV. 1835(2021)

[Winden(2018)] Andrew William Winden, Sunrise, Sunset: An Empirical and Theoretical Assessment of Dual-Class Stock Structures, 2018 COLUM.Bus. L.REV.852(2018)

[Woolf(2001)] Terence Woolf, The Venture Capitalist's Corporate Opportunity Problem, 2001 COLUM.Bus.L.REV.473(2001)

[Woronoff& Rosen(2005)] Michael A. Woronoff, Jonathan A. Rosen, Understanding Anti-Dilution Provisions in Convertible Securities, 74 Fordham L.Rev.129 (2005)

[Yan(2019)] Min Yan, Corporate Social Responsibility versus Shareholder Value Maximization: Through the Lens of Hard and Soft Law, 40 NW.J.INT'L L.&BUS. 47(2019)

[Yao & O'Neil(2022)] Ting Yao, Hugh O'Neil, Venture capital exit pressure and venture exit: A board perspective, 43 Stra Mgmt J, 1(2022)

[白井正和(2022)] 白井正和, スタートアップ投資・新規上場と種類株式, ジュリスト,

Monthly Jurist 1576 (有斐閣編,2022)

[松尾順介, 梅本剛正, 2017] 松尾順介, 梅本剛正, 将来株式取得略式契約スキームと
クラウドファンディング, 証券経済研究 第99号, 1-17(2017)

## [기타 자료]

[과학기술정책연구원(2022)] 과학기술정책연구원, 한국의 창업생태계 경쟁력
제고를 위한 국제비교 연구, 아산나눔재단(2022)

[곽기현(2019)] 곽기현, 모태펀드가 국내 벤처캐피탈 산업에 미치는 영향,
Venture Opinion, 한국벤처투자(2019)

[곽기현(2021)] 곽기현, 국내 LLC형 VC에 대한 심층분석, 이슈리포트, 한국벤처
투자(2021)

[김갑래(2022)] 김갑래, 상장법인 가상자산 발행규제의 필요성, 자본시장 포커
스, 2022-05호(2022)

[김정주(2013)] 김정주, 코넥스(KONEX)시장 활성화를 위한 정책방향, 이슈와 논
점 제700호, 국회입법조사처(2013)

[남재우(2022)] 남재우, 국내 정책펀드 현황 및 제도 개선, 자본시장연구원, 이
슈보고서 22-03(2022)

[디라이트·스타트업얼라이언스(2022)] 법무법인 디라이트·스타트업얼라이언스,
투자유치를 앞둔 창업자를 위한 투자계약서 가이드북(2022)

[맹주희(2021)] 맹주희, 국내외 기업형 벤처캐피탈(CVC)의 현황과 규제 특징, 자
본시장포커스, 자본시장연구원(2021)

[박용린(2021)] 박용린, 모험자본시장 발전을 위한 펀드구조조정 세컨더리의 역
할, 자본시장포커스 Opinion(2021)

[박용린, 천창민(2018)] 한국형 SAFE 도입의 경제적 의의와 법적 쟁점, 이슈보고
서 18-10, 자본시장연구원(2018)

[배승욱(2019a)] 배승욱, 미국 벤처캐피탈 펀드 규제체계에 관한 소고, 한국벤처
투자(2019)

[배승욱(2019b)] 배승욱, 미국 벤처캐피탈의 역사 및 시사점, 벤처오피니언(2019)

[배승욱(2019c)] 배승욱, 일본 벤처캐피탈 펀드 규제체계에 관한 소고 -역사 및

산업의 현황을 포함하여-, 한국벤처투자 연구보고서(2019)

[법무법인 세종(2020)] 법무법인 세종, 벤처기업에 복수의결권 도입, 뉴스레터
    (2020.10.19).

[법무법인 세종(2023)] 법무법인 세종, 벤처기업 복수의결권 주식 제도 국회 본
    회의 통과와 그 시사점(2023.5.8)

[법무법인 이후(2019)] 법무법인 이후, 벤처캐피탈 투자 법령 개관(2019)

[법무법인 화우(2023)] 법무법인 화우, 비상장 벤처기업 창업주는 1주당 최대 10
    개 의결권 허용, 복수의결권주식 관련 FAQ, Legal Update(2023.5)

[송민규(2023)] 송민규, 벤처캐피탈 시장에 대한 평가와 앞으로의 과제, 한국금
    융연구원 32권 13호(2023)

[스타트업 레시피(2022)] 스타트업 레시피, 2022 대한민국 벤처캐피털 현황 리
    포트, 주식회사 미디어레시피(2022)

[신경희(2020)] 신경희, 벤처투자촉진법의 제정과 의의, 자본시장포커스, 2020-
    05호(2020)

[샤이파일러(2018)] 이스라엘 혁신 생태계 고찰, 기술과 혁신, KOITA, Vol.420 (2018)

[양희태(2018)] 이스라엘 창업 시스템의 역사와 현황, 기술과 혁신, KOITA,
    Vol.420(2018)

[이성복(2013)] 이성복, 이스라엘의 요즈마펀드에 대한 고찰 및 시사점, 자본시
    장연구원(2013)

[이연임(2021)] 이연임, 증권형 크라우드펀딩의 제도 개선을 위한 방안 -발행한
    도 기준 및 계속공시의무 중심으로-, 금융투자협회(2021)

[이익현(2009)] 이익현, 여신전문금융업법령 해설, 법제처(2009)

[이종은(2022)] 비상장주식 거래 플랫폼의 대두, 자본시장 포커스, 2022-13호(2022)

[이지언(2018)] 이지언, 국내 벤처금융의 현황과 과제, 금융브리프, 27권 21호,
    한국금융연구원(2018)

[이효섭(2022)] 이효섭, 실리콘밸리은행그룹 모델의 국내 도입 가능성 진단, 이
    슈보고서 22-11, 자본시장연구원(2022)

[전성민, 최영근, 이승용(2020)] 전성민, 최영근, 이승용, 중소기업 모태조합(모
    태펀드) 출자사업의 효과성과 개선방향에 관한 연구, 국회예산정책처
    연구보고서(2020)

[조성훈(2020)] 조성훈, 상환전환우선주를 이용한 벤처캐피탈 투자 관련 이슈의 분석, 이슈보고서 20-20, 자본시장연구원(2020)

[중소벤처기업연구원(2021)] 중소벤처기업연구원, 비상장벤처기업 주식매수선택권 동향 및 이슈, 제21-24호(2021)

[한국벤처투자(2018)] 한국벤처투자㈜, 벤처기업을 위한 벤처캐피탈 투자계약서 해설서 [핸드북](2018)

[한국벤처캐피탈협회(2021)] 한국벤처캐피탈협회, Venture Capital Market Brief, 2021년(2021)

[Axelrad(2022)] Jonathan Axelrad, Founder friendly stock alternatives Ⅱ: getting liquidity and Class FF preferred, DLA Piper(2022)(https://www.dlapiper-accelerate.com/knowledge/2017/founder-friendly-stock-alternatives-getting-liquidity-and-class-ff-preferred.html)

[Barbash, Isom& O'Connor(2011)] Barry P. Barbash, Phillip Isom & Stephen O'Connor, SEC Adopts Rule Defining "Venture Capital Fund" For Purposes of Exemption From The Investment Advisers Act, The Metropolitan Corporate Counsel, 26-27(2011)

[Bellucci, Gucciardi&& Nepelski(2021)] Andrea Bellucci, Gianluca Gucciardi& Daniel Nepelski, Venture Capital in Europe Evidence-based insights about Venture Capitalists and venture capital-backed firms, JRC Technical Report, European Commission(2021)

[Cooley(2022)] Cooley, Q1 2022 Venture Financing Report -Deal Volume Remains High, Varies by Industry (https://www.cooley.com/news/insight/2022/2022-05-11-venture-financing-report-q1-2022)

[Cooley Go(2022)] Cooley Go, Q4 2022 Venture Financing Report (https://www.cooleygo.com/trends/).

[Kim& Jun(2020)] Daniel S Kim, Yong-Nam Jun, Venture capital investment in the United States: Market and regulatory overview, Practical Law(2020)(https://uk.practicallaw.thomsonreuters.com/7-501-0057)

[Zider(1998)] Bob Zider, How Venture Capital Works, HARV.BUS.REV., Nov.- Dec. 1998

# 서울대학교 법학연구소 법학 연구총서